Hannes Krall · Erika Mikula · Wolfgang Jansche (Hrsg.)

Supervision und Coaching

Hannes Krall · Erika Mikula
Wolfgang Jansche (Hrsg.)

Supervision und Coaching

Praxisforschung und Beratung im Sozial- und Bildungsbereich

VS VERLAG FÜR SOZIALWISSENSCHAFTEN

Bibliografische Information der Deutschen Nationalbibliothek
Die Deutsche Nationalbibliothek verzeichnet diese Publikation in der Deutschen Nationalbibliografie; detaillierte bibliografische Daten sind im Internet über <http://dnb.d-nb.de> abrufbar.

Veröffentlicht mit Unterstützung des Forschungsrates der Alpen-Adria-Universität Klagenfurt aus den Förderungsmitteln der Privatstiftung der Kärntner Sparkasse.

1. Auflage 2008

Lektorat: Kea Brahms

VS Verlag für Sozialwissenschaften ist Teil der Fachverlagsgruppe Springer Science+Business Media.
www.vs-verlag.de

Umschlaggestaltung: KünkelLopka Medienentwicklung, Heidelberg
Druck und buchbinderische Verarbeitung: Krips b.v., Meppel
Gedruckt auf säurefreiem und chlorfrei gebleichtem Papier
Printed in the Netherlands

ISBN 978-3-531-15298-1

Inhalt

II. Praxisforschung: Beratungsprozesse und Erkenntnisse für die Tätigkeit der SupervisandInnen/Coachees?

III. Praxisforschung von PraktikerInnen: Wie gelangen BeraterInnen zu Erkenntnissen über ihre Tätigkeit?

IV. Perspektiven: Wie lassen sich Praxisforschung und Beratung verknüpfen?

Einleitung

Forschen und Beraten – „Wie geht das zusammen?“

„Theorie und Praxis zu trennen ist künstlich,
sie zu verbinden ist Kunst“ (Paul Kim)

Forschen und Beraten – „Wie geht das zusammen?“ Diese Frage stand am Beginn des Symposiums „Supervision und Coaching. Praxisforschung und Beratung im Sozial- und Bildungsbereich“. Das Symposium wurde vom Institut für Erziehungswissenschaft und Bildungsforschung der Alpen-Adria Universität Klagenfurt und vom Institut für Pädagogische Grundwissenschaften, Schulentwicklung und Beratung der Pädagogischen Hochschule Kärnten[1] organisiert und gemeinsam mit der Österreichischen Vereinigung für Supervision und Coaching (ÖVS) veranstaltet.

WissenschafterInnen und BeraterInnen haben sich auf eine gemeinsame Spurensuche begeben und fragen, wie Wissen in und über Supervision und Coaching hervorgebracht wird und wie unterschiedliche Zugänge in Forschung und Beratung besser vernetzt werden können.

1. ForscherInnen und BeraterInnen kommen aus einander fremden ExpertInnenkulturen

Wissenschaft und Praxis unter einen „Praxis-Forschungs-Hut“ zu bringen, ist nicht ganz so einfach. Da sind zunächst die WissenschafterInnen, die das Forschen zu ihrem Beruf gemacht haben, die aber – so sagen es ihnen die SupervisorInnen und Coaches gerne nach – mit ihrer Forschung den Weg zum Arbeits- und Berufsalltag der Menschen nicht fänden und nicht ausreichend beachten würden, wie SupervisorInnen und Coaches arbeiten und mit welchen Problemen und Fragen sie täglich konfrontiert werden. Und beraten ließen sich WissenschafterInnen angeblich auch nicht gerne. „Forschen und Beraten sind – wie es

[1] Vormals das Pädagogische Institut des Bundes in Kärnten, Abteilung für Allgemeinbildende höhere Schulen

im Buch gleich zu Beginn erläutert wird – nicht nur „zwei Paar Schuhe", auch deren Besitzer und Träger sind recht verschieden.

Auf der Seite der BeraterInnen – die ja als „PraktikerInnen"-Gruppe gar nicht so homogen ist – ist festzustellen, dass SupervisorInnen und Coaches auch in ihren eigenen Aus- und Weiterbildungswelten arbeiten. Die Frage „Was machen eigentlich SupervisorInnen und Coaches?" – wie sie in einem Buchbeitrag gestellt wird – ist daher mehr als angebracht.

ForscherInnen und BeraterInnen gehören unterschiedlichen ExpertInnenkulturen an, in denen eigene Fachsprachen gesprochen und differierende Zielsetzungen und Werte angestrebt werden. Kurz gesagt: Sie sind einander fremd und betrachten den jeweils anderen bestenfalls freundlich-skeptisch. Wer das nicht glaubt, möge als ForscherIn eine SupervisorIn aufsuchen und ein Forschungsprojekt vorschlagen, oder als SupervisorIn versuchen, einer WissenschafterIn eine Beratung nahe zu legen.

Für unsere Zielsetzung beim Symposium und der vorliegenden Buchpublikation war es daher ein vordringliches Anliegen, einige „GrenzgängerInnen" zu finden, die in beiden Kulturen heimisch geworden sind – oder sich zumindest interessiert der Frage nach einem förderlichen Verhältnis von Forschung und Beratung zuwenden. Dies ist unserem Eindruck nach sehr gut gelungen.

2. Supervision und Coaching – Wie gelingt eine förderliche Vebindung mit Forschung?

SupervisorInnen und Coaches – so ein Ausgangspunkt der Überlegungen – sind mit den SupervisandInnen und Coachees im Beratungsprozess selbst forschend tätig. Eine Frage lautet zunächst, wie denn SupervisandInnen und Coachees mit Hilfe einer Beratung zu dem Wissen kommen, das sie für ihre professionelle Tätigkeit brauchen. Dieselbe Frage stellt sich natürlich auch für die SupervisorInnen und Coaches: Wie gelangen sie zu dem Wissen, das sie für ihre professionelle Beratungsarbeit benötigen? Wenn man sich nicht alleine auf das verlassen will, was gerade am Beratungsmarkt mehr angepriesen und verkauft wird, dann – so unsere These – sollte Beratungsarbeit verstärkt mit Forschungsprozessen verknüpft werden. Nur mit welcher Art von Forschung? Und mit welchen Zielsetzungen und Vorgangsweisen?

In einem ersten Schritt wird daher von bestehenden Forschungsarbeiten ausgegangen und nachgefragt, wie denn gegenwärtig geforscht und beraten wird. In weiterer Folge soll nach Konzepten und Möglichkeiten gesucht werden, Praxisforschung und Beratung verstärkt miteinander zu verbinden.

3. Die Beiträge im Überblick

Die Ergebnisse dieser gemeinsamen Spurensuche von WissenschafterInnen und PraktikerInnen sind in dem vorliegenden Buch zusammengefasst. Dazu im Folgenden ein Überblick:

Im *ersten Kapitel* finden sich Beiträge, die sich anhand wissenschaftlicher Analysen und Erkenntnisprozesse mit Supervision und Coaching bzw. dem Verhältnis von Beratung und Forschung befassen. Im Vordergrund stehen dabei die Fragen, welchen Zugang WissenschafterInnen wählen, mit welchen Themen und Fragestellungen sie sich beschäftigen und zu welchen Erkenntnissen sie gelangen.

Peter Heintel setzt sich aus philosophischer Sicht und mit Hilfe erkenntnistheoretischer Überlegungen mit dem Verhältnis von Forschen und Beraten auseinander. Dabei skizziert er Aspekte einer „wissenschaftlichen Praxeologie“, die auf partizipative Forschungsansätze ausgerichtet ist und die Selbstaufklärung der Subjekte zum Ziel hat.

Einen Überblick zur wissenschaftlichen Literatur im Bereich Supervision und Coaching findet man im Beitrag von *Brigitte Schigl.* Ausgehend von einer Bestandsaufnahme und Metaanalyse zur Fachliteratur formuliert sie zukünftige Herausforderungen für die Supervisionsforschung. Im Anschluss beschäftigen sich *Heidi Möller* und *Arthur Drexler* anhand empirischer Studien mit der Frage, wie Kompetenzentwicklung in der Ausbildung von BeraterInnen untersucht werden kann. Dabei stellen sie ein konkretes Forschungsdesign und einige Forschungsinstrumente vor.

Analysen zur Schnittstelle von Supervision in Organisationen thematisiert *Brigitte Hausinger*, die sich in ihrem Beitrag mit dem Strukturwandel von Arbeitsorganisationen und mit daraus folgenden Widersprüchen und Paradoxien als Supervisionsthemen auseinandersetzt.

Den Abschluss des ersten und gleichzeitig die Überleitung zum zweiten Kapitel setzen *Klaus Ottomeyer* und *Helga Mračnikar* mit der Frage „Was machen eigentlich SupervisorInnen?“ Anhand ethnografischer und gesellschaftskritischer Betrachtungen befassen sie sich mit der Tätigkeit von BeraterInnen und deren Rollen im gesellschaftlichen Zusammenhang.

Das *zweite Kapitel* geht der Frage nach, mit welchen Konzepten und Verfahren SupervisorInnen und Coaches relevantes Praxiswissen für die Tätigkeit der SupervisandInnen und Coachees hervorbringen. Unterschiedliche theoretische Konzepte und Methoden werden dabei sichtbar.

Matthias Varga von Kibéd stellt in seinem Beitrag Systemische Strukturaufstellungen als eine erlernbare Sprache vor, schildert Anwendungsmöglichkeiten und stellt Bezüge zu verschiedenen Forschungsarbeiten her. *Michael Worsch* erkundet in seinem Beitrag die Möglichkeiten der Bühne als soziale Lernarchitektur, erörtert deren theoretische Grundlagen mit Bezügen zur Theaterarbeit und beschreibt Anwendungsmöglichkeiten im Bereich des Coachings.

Winfried Münch stellt anhand von Praxisbeispielen und Literaturbildern das Dialogfeld Supervision dem Handlungsfeld der Praxis gegenüber und erläutert ein tiefenhermeneutisches, rekonstruierendes Verstehen als Verfahren. In weiterer Folge erläutert *Mechthild Beucke-Galm* am Beispiel eines Coachings mit einem Schulleitungsteam ihren systemischen und dialogischen Ansatz, der die drei Handlungsebenen – die Personen und ihre individuellen Präferenzen, die Gruppe und ihre Dynamiken und die Organisation mit ihrer Struktur und Kultur – aufeinander bezieht, um bei den Führungskräften ein Bewusstsein für die Wechselwirkungen auf diesen Ebenen zu fördern.

Gerald Knapp weist im Anschluss Möglichkeiten des Einsatzes von Collagen in der Praxisforschung hin. Im Zentrum stehen dabei die Problematiken sozialer Beziehungen in einem Jugendheim. *Gisela Schwarz* und *Hannes Krall* schildern zum Abschluss dieses Kapitels ein Beispiel systemischer Supervision mit narrativen und szenischen Arbeitsformen.

Im *dritten Kapitel* finden sich Beiträge zur Praxisforschung von BeraterInnen. Die Beiträge zeigen, wie BeraterInnen durch eigene Forschungen zu Erkenntnissen über ihre Tätigkeit gelangen. Im Vordergrund der Beiträge stehen die Entwicklung und Evaluierung von Konzepten zur Aus- und Weiterbildung im Bereich der Supervision und des Coachings bzw. die Auseinandersetzung mit speziellen inhaltlichen und methodischen Fragestellungen in der Beratungsarbeit.

Erika Mikula stellt in ihrem Beitrag ein von ihr entwickeltes Modell zur Institutionalisierung von Supervision und Coaching im Schulbereich vor. *Anneliese Theuermann* beschäftigt sich mit Supervision als Unterstützung bei der Entwicklung professioneller Kompetenzen im pädagogischen Bereich.

Im Anschluss daran beschreibt *René Reichel* vor dem Hintergrund seiner eigenen Beratungsarbeit mit „Freiberuflern“ (Selbständige, Ein-Personen-Unternehmen) spezielle beratungsrelevante Themen und Fragestellungen, die er als Orientierung in der Beratung und als Ausgangspunkt für weiterführende Forschungsprojekte sieht. *Georg Gombos* schildert Entwicklungen und Fallreflexionen zu einem Coaching-Konzept, dass sich mit der Überwindung von Sprach(lern)-blockaden befasst. Zum Abschluss des dritten Kapitels verweist *Gerhard Liska* in seinem Beitrag auf forschungsgestützte Analysen zu Wirkungen von Coaching im Kontext von Organisationen, die er mit seinen Beratungserfahrungen in Verbindung bringt.

Das *vierte Kapitel* setzt sich mit weiterführenden Perspektiven und Konzeptionen für eine stärkere Vernetzung von Praxisforschung und Beratung auseinander. Einleitend begründet *Ferdinand Buer*, dass eine stärkere Verbindung von Erfahrungswissen, wissenschaftlichem und philosophischem Wissen anzustreben sei, um verbesserte Konzepte von Supervision und Coaching entwickeln zu können.

Gerhard Fatzer zeigt in seinem Beitrag, welche Möglichkeiten der Dialog und die Arbeit mit Lerngeschichten im Beratungsprozess bieten. Dokumentation und Analyse von Lerngeschichten können BeraterInnen zu einer vertiefenden Auseinandersetzung mit Praxiserfahrungen anregen. In dem Beitrag von *Hannes Krall* werden das Psychodrama als Verfahren in der Praxisberatung und Praxisforschung vorgestellt und Querverbindungen zu anderen Ansätzen in der qualitativen Forschung betrachtet.

Schließlich begründet *Herbert Altrichter* anhand seines Beitrags, warum komplexe, nicht-routinehafte Tätigkeiten einer systematisch begleitenden Reflexion bedürfen und er legt dar, welche Möglichkeiten Aktionsforschung bietet, eine professionelle Reflexion anzuregen und zu unterstützen.

Abschließend wollen wir allen AutorInnen für ihre Beiträge danken.

In besonderer Weise wollen wir die Arbeit und das Engagement unseres Freundes, Kollegen und Mitherausgebers Wolfgang Jansche würdigen, der vor wenigen Monaten völlig unerwartet verstorben ist. Er hat mit seinem Einsatz und mit seinem herzlichen Wesen vieles erst ermöglicht. Wir vermissen ihn. Das Buch wollen wir ihm widmen.

Erika Mikula, Hannes Krall

Supervision und Coaching zwischen Praxisberatung und Praxisforschung – forschen und beraten, was der Fall ist

Hannes Krall

Supervision und Coaching sind wirksame Instrumente der Qualitätssicherung professioneller Arbeit im Sozial- und Bildungsbereich. Und mehr noch: Sie tragen als Praxisforschung zu Innovation und Entwicklung bei. SupervisorInnen und Coaches beforschen – unter Einbeziehung der professionell Handelnden – Praxis und schaffen Wissen: Situationsbeschreibungen, Veränderungsperspektiven und Handlungsstrategien – Innen(an)sichten von Arbeits- und Organisationszusammenhängen.

In diesem einleitenden Beitrag werden Supervision und Coaching nicht nur als Praxisberatung, sondern auch als Verfahren qualitativer Praxisforschung betrachtet. Es werden Gemeinsamkeiten und Unterschiede zu Formen wissenschaftlicher Generierung von Wissen angesprochen und Möglichkeiten skizziert, Praxisberatung und Praxisforschung stärker aufeinander zu beziehen.

1. Von Bankräubern und Beratern – der „Fall Poggersdorf"

Ich wurde einmal gefragt, was sowohl für eine gute Beratung als auch für einen erfolgreichen Bankraub unverzichtbar sei. Die Antwort: Man benötige einen gut ausgearbeiteten Plan, müsse aber dennoch bei der Umsetzung auf alles vorbereitet sein. Darüber hinaus wären Mut, starke Nerven, manchmal ein bisschen Gottvertrauen hilfreich. Und wenn alles nichts helfe, müsse ein Plan B her. Dazu fiel mir ein gescheiterter Bankraub in einem kleinen Ort nahe meiner Heimatstadt ein – der „Fall Poggersdorf". Ein Mann hat dort – in der Annahme es sei eine Bank – irrtümlicherweise das Gemeindeamt überfallen. Nach dem Satz „Geld her, das ist ein Überfall", musste ihm die Amtsleiterin – zutiefst erschrocken und aufgeregt, wie jeder verstehen wird – erklären, dass er sich am Gemeindeamt befinde und sie kein Geld habe. Der Bankräuber ergriff daraufhin die Flucht, wurde aber kurze Zeit später von der Polizei gefasst. Er gab zu Protokoll, dass er sich geirrt habe. Er entschuldigte sich und begründete seinen Irrtum damit, dass er von einem Bankomat vor dem Gemeindeamt getäuscht worden sei (in der kleinen Gemeinde gab es nämlich gar keine Bank, eben nur diesen einen Bankomat).

Auch wenn wir – hoffentlich alle – von der Bankräuberei nicht viel verstehen, ist die Sachlage klar: Es wurde äußerst mangelhaft recherchiert, Organisation und Strategie des Überfalls waren höchst stümperhaft. Der Bankräuber war auf Überraschungen nicht vorbereitet, er hatte ganz offensichtlich keinen Plan B und letztlich fehlte es auch am nötigen Glück, das auch Ungeschickten dann und wann aus der Klemme hilft.

Möglicherweise wären die gröbsten Fehler noch abzuwenden gewesen, hätte er im Team gearbeitet und sich dabei von einem guten Coach oder Supervisor begleiten lassen. Mit Unterstützung eines Beraters hätte er die Ausgangssituation systematisch und vor allem gründlich erforscht und analysiert, nach der bestmöglichen Strategie gesucht und schließlich auch erfolgreich umgesetzt. So aber hat der so ganz und gar nicht professionelle Bankräuber gleich eine ganze Berufsgruppe mit einem Schlag desavouiert.

Zugegeben: Diese Art des Scheiterns ist nicht alltäglich – das Prinzip dahinter hingegen schon. Als Führungskräfte oder Mitarbeiter in Organisationen müssen wir täglich Entscheidungen treffen. Diese erfolgen auf der Basis mehr oder weniger gut abgesicherten Wissens bzw. oft fragwürdiger Interpretationen und Schlussfolgerungen. Wer steht denn nicht immer wieder – im übertragenen Sinne – vor „Bankomaten", die zu falschen Schlussfolgerungen und Fehlentscheidungen (ver-) führen?

Das Problem mangelnder Orientierungssicherheit bei Entscheidungen spitzt sich zu, wenn wir mit Veränderungen in Organisationen und so auch mit neuen Entscheidungs- und Handlungserfordernissen konfrontiert sind. Eingespielte Alltagsroutinen helfen da nicht weiter – nicht selten werden neue Lösungswege durch sie geradezu verstellt.

In diesem Zusammenhang bedeutet professionelles Handeln zweierlei: auf der einen Seite Rückgriff auf abgesicherte und bewährte Wissensbestände und Handlungsmuster, auf der anderen Seite aber auch bewusste und systematische Auseinanderssetzung mit Unsicherheit, mit offenen Fragen und neuen Orientierungen. Professionelles Wissen und Handeln ist mit einer paradoxen Anforderung konfrontiert: Einerseits braucht es Wissen und „Könnerschaft" – Personal Mastery. Gleichzeitig braucht es aber auch eine Anerkennung des prinzipiellen „Nicht-Wissens" bzw. „Nicht-Könnens" und es braucht Zeit für Reflexion und Lernen, die oft nicht ausreichend zur Verfügung steht. Nicht zufällig wächst die Zahl der gescheiterten vermeintlichen Macher und Könner, die keiner mehr braucht. Und es boomt die Literatur der „So geht das"-Philosophen: „Coaching für alle Lebenslagen", „In sieben Schritten zum Erfolg" – und wie die Titel einschlägiger Werke alle lauten. Die inflationären Versprechungen von Schnell-Schuss-Experten lassen die Ratlosigkeit erkennen, die sie schnell aus der Welt schaffen wollen. Doch sie übersehen dabei, dass eben auch ein guter Bankraub solide gelernt, recherchiert und vorbereitet sein muss. Aus Personal Mastery wird allzu schnell Personal Misery – nicht nur bei gescheiterten Bankräubern. Forschen und beraten, was der Fall ist, ist eine Grundvoraussetzung qualitätsvollen professionellen Handelns in der Supervision und dem Coaching.

2. Bildung und Soziale Arbeit unter Veränderungsdruck – Supervision und Coaching als Unterstützung bei Innovationsprozessen

Einrichtungen im Bereich der Bildung und Sozialen Arbeit sind einem wachsenden Veränderungsdruck unterworfen. Gesellschaftliche Entwicklungen im Umfeld, wie der wachsende ökonomische Druck im Bildungs- und Sozialbereich, können ein Impuls sein, die eigene Arbeit verstärkt hinsichtlich der Qualität selbst zu überprüfen und effizienter zu gestalten, sie können aber auch zu Aktivitäten führen, die zu einem erhöhten bürokratischen Aufwand führen und letztlich nur eine Pseudolegitimation bestehender Arbeitsabläufe liefern.

In Zeiten rascher Veränderung und neuer Herausforderungen braucht es nicht nur bei der Reflexion von Alltagsroutinen kompetente Begleitung und Beratung, sondern vor allem auch bei der Analyse, Planung und Entscheidungsfindung in Innovationsprozessen. Gerade im Bereich der Bildung und Sozialen Arbeit erweisen sich die handelnden Individuen als Nadelöhr und Drehscheibe jeder Entwicklung. Reflexionsfähigkeit und Lösungskompetenz bilden die Grundlage innovativen Handelns. Bereitschaft und Kompetenz, sich mittels laufender Innovationen an die neuen Gegebenheiten in produktiver Weise anzupassen, sind in manchen Bereichen zu einem ökonomischen Überlebensprojekt geworden.

Bewältigung von Wandel und Veränderung macht individuelle und systembezogene Lernprozesse erforderlich. Diese sind nicht allein durch instruierendes Lehren und Lernen – also Training, Weiterbildung, schulisches Lernen – zu erreichen, sondern machen auch situatives, kontextgebundenes oder fallbezogenes Lernen notwendig. Die dafür erforderlichen Wissensbestände sind jedoch nicht in fertige und leicht konsumierbare Pakete geschnürt, sondern bedürfen erst einer Erarbeitung – also einer Generierung von Wissen und Handlungsmöglichkeiten, die für die jeweiligen Situationen angemessen sind. Um die vielfältigen Anforderungen im Sozial- und Bildungsbereich konstruktiv bewältigen zu können, bedarf es daher praktikabler Konzepte von Praxisforschung, Beratung und Entwicklung, die sowohl die Besonderheiten der jeweiligen Organisations- und Arbeitskontexte berücksichtigen, als auch die beteiligten Personen in angemessener Form mit einbeziehen.

3. Supervision und Coaching als Praxisberatung

Supervision und Coaching bezeichnen eigenständige Beratungsangebote für die arbeitsplatzbezogene Weiterbildung und Professionalisierung von Individuen, Gruppen, Teams oder Organisationseinheiten. Mit Hilfe spezieller Methoden werden Lernprozesse angeregt, wobei persönliche oder arbeitsplatzbezogene Aufgaben- oder Problemstellungen den Ausgangspunkt bilden. Supervision und Coaching tragen wesentlich zur Qualitätssicherung im Bereich der personalen, sozialen und/oder beruflichen Kompetenz bei (vgl. ÖAGG 2008: 1).

Supervision und Coaching haben zwar unterschiedliche Schwerpunktsetzungen, die Zielsetzungen, Arbeitsweisen und Anwendungsbereiche sind jedoch in der Praxis nicht eindeutig voneinander abzugrenzen. Gotthardt-Lorenz/Schüers sehen Supervision als „ein Instrument zur qualifizierten Bewältigung beruflicher Fragestellungen“: „Gegenstand von Supervision ist also die Reflexion der für professionelle Zusammenhänge relevanten Arbeitsbeziehungen und Arbeitsprozesse“ (1997: 14). Mit Nando Belardi (2002: 50) lassen sich folgende Funktionen in den Vordergrund stellen: *Personale Entfaltung* (Erweiterung des Wissens über sich und die eigenen Wirkung auf andere), *Beziehungs- bzw. Arbeitsgestaltung* (Kontakt, Begegnung, Harmonie, Konflikt, Lösungen), *strukturelle Entfaltung* (Rollen, Positionen, Funktionen, Aufgabenbewältigung des Einzelnen im beruflichen System), *methodische und instrumentelle Entfaltung* (Verbesserung von Kenntnissen und Fertigkeiten hinsichtlich des beruflichen Feldes, der Diagnose und Bewältigung von Arbeitsproblemen).

Supervision richtet sich in erster Linie an Personen in professionalisierten Feldern der Beziehungsarbeit, Coaching hingegen auch an andere Personen, die Führungsaufgaben wahrnehmen oder persönliche Ziele anstreben wollen und dabei unterstützend begleitet werden (vgl. Buer 2001b: 14). „Das basale Ziel von Coaching besteht in der Förderung beruflicher Selbstgestaltungspotentiale, also des Selbstmanagements von Führungskräften und Freiberuflern“ (Schreyögg 1998: 9). Die Deutsche Gesellschaft für Supervision sieht Coaching als „ein Beratungsangebot für Menschen mit *anspruchsvollen Aufgaben* und/oder *besonderen Funktionen* in Untenehmen und Organisationen. Fokus sind stets *Arbeit und Beruf*. Coaching dient der Stärkung und Stützung bei herausfordernden Entscheidungen, in Konflikt- und Krisensituationen oder bei der Mitgestaltung von Veränderungsprozessen in Unternehmen und Organisationen“ (DGSv 2008). Häufig werden die Begriffe Supervision und Coaching synomym verwendet (vgl. Luif 1997: 5), wobei der Begriff Supervision eher in den Bereichen der Psychotherapie und Sozialen Arbeit verwendet wird, während der Begriff Coaching – ursprünglich aus dem Sport kommend – vor allem als Unterstützung bei der Bewältigung von Führungsaufgaben in der Wirtschaft gesehen wird.

Supervision und Coaching können bei der Bewältigung von konkreten Aufgabenstellungen, Problemen oder Konflikten angeboten werden oder in Berufen, die phasenweise erhöhte Anforderung an die Beziehungsarbeit stellen, berufsbegleitend in vorgegebenen zeitlichen Abständen zum Einsatz kommen. Sie können sowohl als singuläres Unterstützungsangebot oder als integrierter Bestandteil einer umfassenderen Intervention zur Anwendung kommen. Supervision und Coaching sind in vielen Bereichen integrale Bestandteile von Aus- und Weiterbildung, Personal-, Team- und Organisationsentwicklung (vgl z.B. Scala/Grossmann 1997; Buchinger 1997; Buer 2001c: 75 ff.; Schwitalla 2001: 261 ff.; Weiß 2001: 299 ff.; Buchinger/Klinkhammer 2007).

Wenn Supervision und Coaching im Zuge eines stetig wachsenden Innovationsbedarfes im Sozial- und Bildungsbereich eine wichtige Rolle spielen sollen, brauchen sie vermehrt Klarheit darüber, welche Zielsetzungen, Aufgaben und Positionen in der sozialen Architektur eines umfassenden Innovationsmanagements angemessen und sinnvoll sind. Da es ein deklariertes Ziel von Supervision und Coaching ist, die Qualität professionellen Handelns zu sichern und weiter zu entwickeln, muss deutlich werden, wie professionelle methodische Standards und aktuelle (fach-) wissenschaftliche Diskurse und Erkenntnisse in der Reflexion und Entwicklung professioneller Praxis Berücksichtigung finden. Und es stellt sich die Frage, wie unterschiedliche Formen der Supervision und des Coachings mit ihren vielfältigen Methoden praxisrelevante Erkenntnisse hervorbringen und wie diese im Sinne einer Verbesserung professioneller Arbeit – unter Einbeziehung personeller, struktureller und kontextbezogener Gegebenheiten – wirksam werden können.

4. Praxisforschung: Schnittstelle von Wissenschaft und professioneller Praxis

Mit Praxisforschung meint Heinz Moser „wissenschaftliche Bemühungen, die an der Schnittstelle zwischen Wissenschafts- und Praxissystem angesiedelt sind und darauf abzielen, gegenseitige Anschlüsse zu finden und fruchtbar werden zu lassen" (Moser 1995: 9). Praxisforschung könne unterschiedlich angelegt sein: als *Praxisuntersuchung*, bei der Fragestellungen aus der Praxis wissenschaftlich untersucht werden; als *Evaluationsforschung*, wo untersucht werde, ob ein Vorhaben die gesetzten Ziele erreicht; als *Aktionsforschung*, bei der es zu einer Zusammenarbeit von Forschern und Praktikern komme.

Moser unterstreicht jedoch mit seinem Zugang, dass es nicht darum gehen könne, die Systemgrenzen zwischen professioneller Praxis und Wissenschaft aufzuheben. Im Wissenschaftssystem werde „Wissen generiert, das über den einzelnen Fall hinaus Gültigkeit beansprucht“ (Moser 1995: 73). Im Praxissystem hingegen werde stärker eine praktisch-konstruktive Intention orientiert an den Kriterien der Brauchbarkeit und des Erfolges verfolgt. In der Praxis werde Handlungswissen generiert, das flexibel an die sich variierende Situationen angepasst werden müsse. Dies wiederum bedeute, „dass Abstraktion und Universalität von Aussagen problematisch werden, weil allgemeine Aussagen die Spezifität konkreter Situationen nur mehr ungenügend berücksichtigen“ (Moser 1995: 74). Moser sieht daher auch Praxisforschung als eine von „professionellen Wissenschaftlern betriebene praxisnahe Forschung“, in der „das wissenschaftliche Handeln gegenüber der Praxis eine eigenständige Funktion (hat) – indem es Praxis aus der Distanz und handlungsentlastet beobachtet“ (Moser 2003: 7).

Annedore Prengel hingegen plädiert „für die Anerkennung der Pluralität von Forschungskonzeptionen. Praxisforschung arbeitet relativ *anders* als wissenschaftliche Forschung und ist ihr nicht unterzuordnen“ (Prengel 1997: 602). Sie definiert Praxisforschung als „forschende Tätigkeiten von PraktikerInnen, die dazu dienen, ihr Handeln zu fundieren“ (Prengel 1997: 599). „Ziel von Praxisforschung ist die Erkenntnisgewinnung zur Verbesserung pädagogischer Praxis“ (Prengel 1997: 620). Mit diesem Verständnis schließt Prengel an die Definition von Aktionsforschung an, wie sie etwa Herbert Altrichter und Michaela Thaler in Anlehnung an die angelsächsische Tradition vertreten. Aktionsforschung „findet statt, wenn Menschen ihre eigene Praxis untersuchen und weiterentwickeln, indem sie ihr Reflektieren und Handeln immer wieder aufeinander beziehen und ihre Erfahrungen anderen Personen, die von dieser Praxis betroffen oder an ihr interessiert sind, zugänglich machen“ (Altrichter/Thaler 1996: 89).

Während Moser versucht, eindeutige Grenzlinien zwischen Wissenschaft und Praxisreflexion zu ziehen, ist für Altrichter Wissenschaft nicht etwas, das aufgrund der handelnden Personen, der angewandten Methoden und Instrumente bereits vorauszusetzen ist, sondern erst durch einen Prozess hergestellt werden muss. Gemeinsam mit Feindt hebt Altrichter hervor, dass „Reflexivität und Selbstkritik der ForscherInnen ein für alle Forschungsprozesse prekäres Element (ist), das niemals vorauszusetzen ist“ (Altrichter/Feindt 2002: 16). Die Einbindung „individueller Forschung in 'professional communities'“ ist für Wissenschafter, die sich in klassischen Forschungsinstitutionen bewegen, zumeist selbstverständlich. Für Praktiker, die ihre Arbeit beforschen und entwickeln wollen, muss in der Regel diese „professional cummunity“ erst etabliert werden, was zumeist durch die Einbettung von Aktionsforschungsprojekten in einen förderlichen sozialen Kontext im Rahmen von größeren Projektzusammenhängen (Netzwerke von Initiativen zur Schulentwicklung, Lehrgänge, Forschungsprojekte) geschieht (vgl. z.B. Krall et al. 1995; Altrichter/Krall 2002).

Wie auch immer Praxisforschung konzipiert wird, sie setzt an der Schnittstelle von Wissenschaft und professioneller Praxis an und versucht die beiden Bereiche füreinander nutzbar zu machen. Chantal Munsch (2005: 925 f.) sieht im klaren Praxisbezug, in der anwendungsorientierten Forschung und der Kooperation zwischen ForscherInnen und PraktikerInnen die zentralen Charakteristika von Praxisforschung. Ziel dabei seien gemeinsame Lernprozesse, in denen ein theorie- und praxisübergreifendes Wissen durch die Verknüpfung unterschiedlicher Erfahrungen generiert werden könne. Was sie für die Sozialpädagogik beschreibt, könnte auch für Supervision und Coaching Programm sein.

5. Supervision und Coaching als qualitative Praxisforschung

Qualitative Sozialforschung hat in den letzten Jahrzehnten einen großen Aufschwung erlebt und sich im Spektrum der anerkannten Forschungsmethoden etabliert. Diskussionsprozesse über die Systematisierung und Differenzierung der einzelnen methodischen Zugänge leisten wertvolle Beiträge zur Weiterentwicklung und Absicherung qualitativer Forschungsmethoden (Mayring 2002; Friebertshäuser/Jakob 2001; Heinze 2001; Flick/von Kardorff/Steinke 2000; Friebertshäuser/Prengel 1997; Jakob/von Wensierski 1997).

Ebenso wie viele Konzepte zu Supervision und Coaching geht qualitative Forschung von der Gegenstandsannahme aus, dass die soziale Welt durch interaktives Handeln konstituiert wird und sowohl für einzelne Individuen als auch für Kollektive sinnhaft strukturiert ist. Traditionen, Institutionen und Strukturen sind demnach „verdichtete" Produkte eines vorangegangenen sozialen Prozesses. Qualitative Forschung orientiert sich daher „am Ziel einer möglichst gegenstandsnahen Erfassung der *ganzheitlichen*, kontextgebundenen Eigenschaften sozialer Felder. Diese ganzheitlichen Eigenschaften (qualia) stehen in enger Verbindung zu den Bedeutungen, die sie für die in diesem sozialen Feld handelnden Personen haben" (Terhart 1997: 27).

Qualitative Forschung bedeutet in Anlehnung an Flick et al. soziale Wirklichkeit als gemeinsame Herstellung und Zuschreibung von Bedeutungen zu verstehen, dem Prozesscharakter und der Reflexivität sozialer Wirklichkeit gerecht zu werden und zu erkennen, dass die 'objektiven' Lebensbedingungen erst durch subjektive Bedeutungen für die Lebenswelt relevant werden. „Der kommunikative Charakter sozialer Wirklichkeit lässt die Rekonstruktion von Konstruktionen sozialer Wirklichkeit zum Ansatzpunkt qualitativer Forschung werden" (Flick/von Kardorff/Steinke 2000: 22).

Wenn Supervision und Coaching sich nicht als reine Fachberatung bzw. Handlungsanleitung verstehen, so sind sie – unter Einbeziehung der professionell Handelnden – forschend, beratend und entwickelnd tätig. Supervision und Coaching können auch als spezifische Formen von Praxisforschung verstanden werden, die zu Innovation und Entwicklung beitragen können.

Beratungskonzepte, die nicht von vorgefertigten Lösungen ausgehen und die KlientInnen in einen Prozess gemeinsamer Reflexion und Wissensgenerierung einbinden, stehen in einem engen Naheverhältnis zu qualitativen Forschungsansätzen. „Supervision ist selbst eine Forschungsmethode" schreibt daher Wolfgang Weigand Im Vorwort zum Buch „Praxisnahe Supervisionsforschung" (Berker/Buer 1998) und greift damit implizit den Aktionsforschungsgedanken auf: „Der Supervisor erforscht im Diskurs und im interpersonellen Dialog einen Ausschnitt aus der Wirklichkeit mit dem Ziel, die Wirkfaktoren des Geschehens erkennen, definieren und verstehen zu können, um dieses Geschehen selbst zum Gegenstand neuer Interventionen auf dem Hintergrund formulierter Zielsetzungen zu machen. Der Praktiker wird damit zum Forscher" (Weigand 1998: 6).

Verschiedene Konzepte der Praxisberatung haben diese Verknüpfung von Beratung und Forschung aufgegriffen. Kornelia Rappe-Giesecke (1998 bzw. Giesecke/Rappe-Giesecke 1997) hat mit dem Konzept der „Supervision als Medium kommunikativer Sozialforschung" an Traditionen der Ethnomethodologie, der Balintgruppen, der Konversationsanalyse und der Aktionsforschung anknüpfen können. An die Aktionsforschung knüpft auch Ferdinand Buer an. Im Konzept der Aktionsforschung sieht er ein Modell, das der Generierung professionellen Wissens entspricht. Aktionsforschung

- orientiert sich an Gesamtzusammenhängen (holistisch)
- bezieht sich auf „natürliche" Lebensumwelten (naturalistisch),
- setzt sich mit konkreten Vorfällen oder Ereignissen auseinander (situationistisch),
- stellt die kommunikative Verständigung zwischen Forschern und Beforschten in den Vordergrund (kommunikativ) und
- zielt auf eine Verbesserung der Handlungszusammenhänge (melioristisch) (vgl. Buer 1999: 27 f.).

Die Ausgangspunkte in der Aktionsforschung sind konkrete Frage- oder Problemstellungen in der jeweiligen Praxis von professionell Handelnden, die ihre Tätigkeit systematisch untersuchen, um eine differenziertere Sicht der Situation und ihrer Veränderungsmöglichkeiten zu erreichen. Aus den daraus gewonnenen Erkenntnissen werden Konsequenzen für die Praxis abgeleitet, die wiederum in weiteren Untersuchungen evaluiert, publiziert und in größeren Forschungsgemeinschaften diskutiert werden. Aktionsforschung vollzieht sich so idealtypisch als kontinuierlicher Aktions-Reflexions-Kreislauf, der zugleich eine

Verbesserung der Praxis herbeiführt und praxisrelevante Erkenntnisse hervorbringt.

6. Wie lassen sich Praxisberatung und Praxisforschung verknüpfen?

Supervision und Coaching sind Beratungskonzepte, die sich ausgehend von praxisrelevanten Fragestellungen einer detaillierten Situationsanalyse widmen und nach „besseren" Alternativen suchen. Mithilfe spezieller Vorgangsweisen und Methoden werden Sichtweisen aus unterschiedlichen Perspektiven erkundet, mögliche Handlungsspielräume im jeweiligen Arbeitszusammenhang ausgelotet und zukünftige Handlungsalternativen erprobt.

Supervision und Coaching haben sich als Verfahren in professionellen Praxiskontexten entwickelt, weil es ganz offensichtlich einen Bedarf an Beratungskonzepten in verschiedenen Arbeitsfeldern gab und nach wie vor gibt. Allgemeines wissenschaftliches Wissen wird vielfach im Arbeitsalltag als nicht ausreichend empfunden oder erst gar nicht wahrgenommen. Es braucht ohne Zweifel Formen einer praxisnahen Wissensgenerierung, die ein situations- und handlungsrelevantes Wissen hervorbringen. Es wäre jedoch völlig falsch daraus zu schließen, dass wissenschaftliches Wissen von PraktikerInnen beiseite geschoben werden kann. Nicht selten findet man in Supervisionsgruppen mehr oder weniger versteckt die Illusion, alles selbst durch Reflexion vor Ort klären und lösen zu können.

Fallbezogene Praxisforschung und eine nach wissenschaftlichen Standards betriebene Forschung sind nicht gegeneinander auszuspielen oder wechselseitig abzuwerten. Von beiden Seiten werden gültige Erkenntnisse erbracht, die an der jeweiligen Praxis kommunikativ überprüft werden können (vgl. Buer 1999: 27). Eine Verknüpfung von wissenschaftlichem Wissen und darauf gründenden professionellen Standards in einem Fachbereich mit jenem Praktikerwissen, das im Reflexionsprozess gewonnen wird, stellt jedoch nach wie vor eine Herausforderung dar. Dies trifft in besonderem Maße für das Berufsfeld der SupervisorInnen und Coaches selbst zu. Gerade in Zeiten rascher Ausdifferenzierung und Vervielfältigung von Beratungsangeboten stellt sich die Frage nach (praxis-) wissenschaftlich begründeten und abgesicherten Verfahren.

Für Supervision und Coaching als Praxisberatung ist es ohne Zweifel förderlich, sich mit anderen Formaten von Reflexion, Forschung und Entwicklung professioneller Praxis auseinander zu setzen (z.B. Aktionsforschung, Interventionsforschung, qualitative Sozialforschung), Kooperationen zwischen professioneller Praxis, Beratung und wissenschaftlicher Begleitung anzustreben und an einem übergreifenden Erfahrungsaustausch teilzunehmen.

Supervision und Coaching können von Ansätzen qualitativer Forschung profitieren – wie auch umgekehrt qualitative Forschung von Arbeitsformen in der Supervision und im Coaching lernen kann. Denn: Supervision und Coaching eröffnen uns Verfahren, die Praxisberatung und Praxisforschung integrieren und somit forschendes Lernen ermöglichen. Der englische Ausdruck „re-search" bringt dabei einen wichtigen Sachverhalt auf den Punkt: Suchen und wieder-auf-suchen. Supervision ist rekonstruktive und fallbezogene Praxisforschung, bei der gezielt jene Alltagssituationen beruflichen Handelns wieder aufgesucht werden, die eines „besseren Verstehens" und/oder einer „besseren" Lösung bedürfen.

Das Suchen und Wieder-auf-Suchen gilt aber auch für das Verhältnis von professioneller Praxis, Beratung und Wissenschaft. Auch hier braucht es ein „besseres" wechselseitiges Verstehen und „bessere Lösungen" im Sinne zukunftsfähiger Kooperationsformen. In dem vorliegenden Buch sind daher SupervisorInnnen und Coaches ebenso wie (Praxis-) WissenschafterInnen eingeladen, sich mit der Frage auseinanderzusetzen, wie sie selbst Wissen in und für die Praxis hervorbringen und wie eine produktive Annäherung unterschiedlicher Formen der Wissensgenerierung und Praxisberatung gelingen kann.

Dem eingangs geschilderten Bankräuber wird dies in nächster Zeit nicht weiter helfen. Niemand ist vor Fehleinschätzungen gefeit. Dennoch: Dieser für eine ganze Berufsgruppe blamable Auftritt möge SupervisorInnen und Coaches erspart bleiben. Was einem erfolgreichen Bankraub nicht geschadet hätte, gilt daher als Aufforderung für Supervisoren und Coaches ganz besonders: forschen und beraten, was – in den nachfolgenden Beiträgen – der Fall ist.

Literatur

Altrichter, H./Feindt, A. (2002): Handlungs- und Praxisforschung. In: Helsper, W./Böhme, J. (Hrsg.): Handbuch der Schulforschung. Leske+Budrich: Opladen

Altrichter, H./Krall, H. (2002): Schulentwicklung und Lehrerfortbildung. Einige Erfahrungen in einem Lehrgang für 'interne SchulentwicklerInnen' zur Diskussion gestellt. In: Brunner, E./Mayr, E./Schratz, M./Wieser, I. (Hrsg.): Lehrerinnen- und Lehrerbildung braucht Qualität. Und wie!? Studienverlag: Innsbruck, S. 342-355

Altrichter, H./Thaler, M. (1996): Aktionsforschung in Österreich: Entwicklungsbedingungen und Perspektiven. In: Juna, J./Kral, P. (Hrsg.): Schule verändern durch Aktionsforschung. Studienverlag: Innsbruck, S. 89-120

Belardi, N. (2002): Supervision. Grundlagen, Techniken, Perspektiven. Beck Verlag: München

Berker, P./Buer, F. (1998): Praxisnahe Supervisionsforschung. Felder – Designs – Ergebnissse. Votum Verlag: Münster

Buchinger, K (1999): Die zukunft der Supervision. Carl Auer Systeme Verlag: Heidelberg

Buchinger, K./ Klinkhammer, M. (2007): Beratungskompetenz. Coaching, Supervision, Organisationsberatung. Kohlhammer Verlag: Stuttgart

Buer, F. (Hrsg.) (1999): Lehrbuch der Supervision. Votum: Münster
Buer, F. (Hrsg.) (2001a): Praxis der psychodramatischen Supervision. Leske+Budrich: Opladen
Buer, F. (2001b): Einführung in die Psychodramatische Supervision. In: Buer, F. (Hrsg.): Praxis der psychodramatischen Supervision. Leske+Budrich: Opladen, S. 9-27
Buer, F. (2001c): Team- und Organisationsentwicklung im Rahmen der Organisationssupervision. Eine Fallstudie. In: Buer, F. (Hrsg.): Praxis der psychodramatischen Supervision. Leske+Budrich: Opladen, S. 75-100
Deutsche Gesellschaft für Supervision e.V. (DGSv) (2008): Supervision. http://www.dgsv.de/supervision.php, (30.6.2008)
Flick, U./von Kardorff, E./Steinke, I. (2000): Was ist qualitative Forschung? Einleitung und Überblick. In: Flick, U./von Kardorff, E./Steinke, I. (Hrsg.): Qualitative Forschung. Ein Handbuch. Rowohlt: Hamburg, S. 13-29
Friebertshäuser, B./Jakob, G. (2001): Forschungsmethoden: qualitative. In: Otto, H.-U./Thiersch, H. (Hrsg.): Handbuch der Sozialarbeit/Sozialpädagogik. Luchterhand: Neuwied/Kriftel, S. 576-591
Friebertshäuser, B./Prengel, A. (Hrsg.) (1997): Handbuch Qualitative Forschungsmethoden in der Erziehungswissenschaft. Juventa: Weinheim und München
Giesecke, M./Rappe-Giesecke K. (1997): Supervision als Medium kommunikativer Sozialforschung. Die Integration von Selbsterfahrung und distanzierter Betrachtung in der Beratung und Wissenschaft. Suhrkamp. Frankfurt
Gotthardt-Lorenz, A./Schüers, W. (1997): Das Supervisionsverständnis in der Community der SupervisorInnen. In: Luif, I. (Hrsg.): Supervision. Tradition, Ansätze und Perspektiven in Österreich. Orac Verlag: Wien, S. 13-26
Heinze, T. (2001): Qualitative Sozialforschung. Einführung, Methodologie und Forschungspraxis. Oldenburg: München, Wien
Jakob, G./von Wensierski, H.-J. (Hrsg.) (1997): Rekonstruktive Sozialpädagogik. Konzepte und Methoden sozialpädagogischen Verstehens in Forschung und Praxis. Juventa: Weinheim und München
Krall, H./ Rauch, F./ Messner, E. (Hrsg.) (1995): Schulen beraten und begleiten. Reflexionen über externe Unterstützung von Schulentwicklungsinitiativen im Rahmen eines Aktionsforschungsprojektes. Innsbruck-Wien: Studienverlag
Luif, I. (Hrsg.) (1997): Supervision. Tradition, Ansätze und Perspektiven in Österreich. Orac Verlag: Wien
Mayring, P. (2002): Einführung in die Qualitative Sozialforschung. Beltz: Weinheim und Basel
Moser, H. (1995): Grundlagen der Praxisforschung. Lambertus Verlag: Freiburg im Breisgau
Moser, H. (2003): Das Erforschen der eigenen Praxis als Möglichkeit kritischer Unterrichtsreflexion. In: http:///www.schulnetz.ch/unterrichten/fachbereiche/medienseminar/kridida.htm, (7.7.2003), S. 1-10
Munsch, C. (2005): Praxisforschung in der Sozialen Arbeit. In: Thole, Werner (Hrsg.): Grundriss Soziale Arbeit. Ein einführendes Handbuch. VS Verlag: Wiesbaden, S. 917-927
ÖAGG (Der Österreichische Arbeitskreis für Gruppentherapie und Gruppendynamik) (2008): Sektion Supervision und Coaching. http://www.oeagg.at, (30.6.2008)
Prengel, A.: Perspektivität anerkennen – Zur Bedeutung von Praxisforschung in Erziehung und Erziehungswissenschaft. In: Friebertshäuser, B./Prengel, A. (Hrsg.) (1997): Handbuch Qualitative Forschungsmethoden in der Erziehungswissenschaft. Juventa: Weinheim und München, S. 599-627
Rappe-Giesecke K. (1998): Kommunikative Supervisionsforschung. Ein praxisnahes Design. In: Berker, P./ Buer, F. (1998): Praxisnahe Supervisionsforschung. Felder-Designs-Ergebnissse. Votum Verlag: Münster, S. 237-242
Scala, K./Grossmann, R.(1997): Supervision in Organisationen. Veränderungen bewältigen - Qualität sichern - Entwicklung fördern. Juventa Verlag: Weinheim und München

Schreyögg, A. (1998): Coaching. Eine Einführung für Praxis und Ausbildung. Campus Verlag: Frankfurt/New York

Schwitalla, U. (2001): Unternehmenswandel und Supervision. In: Buer, F. (Hrsg.): Praxis der psychodramatischen Supervision. Leske+Budrich: Opladen, S. 261-280

Terhart, E. (1997): Entwicklung und Situation des qualitativen Forschungsansatzes in der Erziehungswissenschaft. In: Friebertshäuser, B./Prengel, A. (Hrsg.): Handbuch Qualitative Forschungsmethoden in der Erziehungswissenschaft. Juventa: Weinheim und München, S. 27-42

Weigand, W. (1998): Das Interesse der DGSv an Wissenschaft und Forschung. In: Berker, P./ Buer, F. (1998): Praxisnahe Supervisionsforschung. Felder-Designs-Ergebnissse. Votum Verlag: Münster, S. 5-7

Weiß, R. (2001): Psychodramatische Supervision als Passage in PE-Maßnahmen. In: Buer, F. (Hrsg.): Praxis der Psychodramatischen Supervision. Ein Handbuch. Leske+Budrich: Opladen, S. 299-312

I. Supervision und Coaching: Zu welchen Erkenntnissen gelangen WissenschaftlerInnen?

Forschen und Beraten sind zwei Paar Schuhe

Peter Heintel, Erika Mikula[1]

Die Fragestellung, wie Wissenschaft und Praxis zusammengehen, gibt Gelegenheit, einen Schwerpunkt des Instituts für Interventionsforschung und kulturelle Nachhaltigkeit, der Fakultät für interdisziplinäre Forschung und Fortbildung vorzustellen, nämlich die Interventionsforschung. Diese versucht, aus der klassischen Form wissenschaftlicher Institutionalisierung grenzüberschreitend ins Feld zu gehen, um sich die Seite Feldkompetenz zu erwerben. Die Herausforderung liegt dabei im Umgang mit systemischen und institutionellen Grenzen. Haben beispielsweise in der Vergangenheit Wissenschafter Lehrerfortbildung betrieben, da haben die Lehrer den Bezug der Theoretiker zur Praxis in Frage gestellt, und die Wissenschafter haben für sich das eigentliche Verständnis der Praxis beansprucht. In der gegenseitigen Begegnung und im gegenseitigen Verständnis bleibt immer eine Differenz spürbar, die relativ unaufhebbar scheint.

Ein Zugang zu dieser Differenz lässt sich mit dem Thema Qualitätssicherung gewinnen, wobei interessant ist, dass in größeren EU-Projekten Supervision verpflichtend ist, so dass kein Projekt mehr ohne Supervision genehmigt wird. Supervision bzw. Evaluationen werden als qualitätssichernde Maßnahme verordnet. Auch in der Wissenschaft wird diese Intervention als sinnvoll erachtet.

1. Qualität lässt sich nicht immer eindeutig bestimmen – „Wirksamkeit von Interventionen ist verknüpft mit der Gestaltung von Beziehungen"

In diesem Zusammenhang möchte ich näher auf den Qualitätsbegriff eingehen. Bestimmte Qualität ist nicht mehr unmittelbare Qualität. Gerade in dem Feld der Beratung, von der Sozialarbeit beginnend über Coachings, Supervision bis hin in andere Beratungszusammenhänge gibt es Qualitäten, die sich dadurch auszeichnen, dass sie nicht bestimmbar sind. In Hinblick auf die Frage zum Beispiel, wann, in welchen Zusammenhängen in einem Beratungsprozess zu intervenieren sei, erscheint es nahezu paradox zu sein, die sehr wichtige Frage des

[1] Bei dem vorliegenden Text handelt es sich um eine Zusammenfassung eines Vortrages, den Univ.-Prof. Dr. Peter Heintel im Rahmen des Symposiums „Supervision und Coaching – Praxisforschung und Beratung im Sozial- und Bildungsbereich" frei gehalten hat.

Timings in einen Beratungsvertrag aufzunehmen. Aus der Supervision ist bekannt, dass es manchmal gelingt, eine Intervention, die Wirkung zu zeigen vermag, punktgenau zu setzen; und manchmal erfolgt eine Intervention, die den Anschein erweckt, als wäre sie ungesagt geblieben. Die Wirksamkeit von Interventionen ist verknüpft mit der Gestaltung von Beziehungsarbeit. Ein Merkmal für deren qualitative Bestimmung liegt in der Verpflichtung des Beraters, die Beratungsarbeit vom bestimmten Aufbau einer Beziehung abhängig zu machen. Es stellt sich die Frage, wie eine solche Qualität mit einem verobjektivierten Kriterium erfasst werden kann, und wie das Unvorhersehbare eines Beratungsprozesses in einem Offert zu beschreiben wäre. Einerseits sind solche Qualitätskriterien in einem Angebot zu formulieren, um sich den Auftrag zu sichern, und andererseits fragen Auftraggeber – oft aufgrund von gesetzlichen Vorgaben – nach Qualitätskriterien. Es stellt sich heraus, dass die Bestimmung von Qualität eigentlich immer der Übergang in Quantität und die Quantität eine ganz andere Kategorie ist als die Qualität. Bestimmte Qualität ist immer Quantität und bedeutet Vergleichbarkeit. Die beste und abstrakteste Form der Vergleichbarkeit liefert die Mathematik, die zwar vorgibt, neutral zu sein, die allerdings aus vielen Vorentscheidungen besteht. Es gibt somit Bereiche unserer praktischen Tätigkeit, die sich dadurch auszeichnen, dass sie nicht kriterienmäßig bestimmbar, jedoch wohl beschreibbar sind. Sie sind nicht bestimmbar im Sinn von Vergleichbarkeit und machen trotzdem das Wesentliche und die Substanz unserer Arbeit aus. Mit der Fragestellung, wie nun im Rahmen dieser Zusammenhänge diese notwendige Unbestimmtheit, die Anerkennung des Nichtwissenkönnens vorweg debattiert werden kann, komme ich zum ursprünglichen Thema Beratung und Wissenschaft zurück.

2. Wissenschaft und Freiheit von Individuen und Systemen – „Erkenntnis der Wirklichkeit und der Natur an sich zu haben, ist Illusion“

Auf meine jahrzehntelange Arbeit als Berater und Wissenschafter rückblickend habe ich die Wissenschaft selbst so erlebt, dass sie in der Übernahme und Nachahmung des naturwissenschaftlichen Paradigmas befangen war und dass das nicht die Wissenschaft ist, die zu der Praxis passt, in der ich tätig bin. Das naturwissenschaftliche Paradigma geht ganz schlicht davon aus, dass eine Person nicht situativ tätig sein muss. Experimente sind in der Naturwissenschaft so strukturiert, dass ein Wissenschafter idealtypisch vorwegnehmend bestimmte Hypothesen, isoliert von Gesamtzusammenhängen, aufstellt und sich diese dann in idealtypischer Weise bestätigen lässt. Bleibt eine Hypothese unbestätigt, dann muss der Forscher eine andere finden. Meiner Meinung nach geht es nicht um die Akzeptanz dessen, was ich als „System- und Individualfreiheit" bezeichne. Die Vorentscheidung für einen Wechsel im Paradigma der Wissenschaft und in allen Wissenschaften, die hier langsam Fuß fassen – von der Pflegewissenschaft bis zur Supervisionsforschung – basiert auf einer Grundentscheidung; einer Entscheidung, die eine Person treffen muss, nämlich ob sie die Individualität und die Freiheit von Menschen, Situationen und Systemen akzeptiert. In dem Moment, wo sie eine derartige Entscheidung trifft, gibt es eigentlich keinen Weg zurück in die klassische Subjekt-Objekt-Spaltung der Wissenschaft. Die Akzeptanz der Freiheit des Objekts in der Wissenschaft setzt voraus, dass der Gesamtprozess der Praxis und der Tätigkeit auch erst eine Begrifflichkeit, ein Verständnis, eine Reflexion hervorbringt, und die sind nicht immer gleich – damit hat sich die Wissenschaft auseinander zu setzen.

Natürlich gab oder gibt es meines Erachtens immer die Tradition der Arbeitsteilung im Geiste. In den Naturwissenschaften ist sie eine nachvollziehbare. Eine Erkenntnis der Wirklichkeit und der Natur an sich zu haben ist eine Illusion, eine solche gibt es nicht. Der Naturwissenschaft geht es vielmehr um Kontrolle, Beherrschung, Veränderung und Machtausübung. Da ist es naheliegend, die Elementarisierung, die Analytik, d.h. möglichst in kleinen Elementen tätig zu werden, als Methode einzusetzen. Diese Strategie nenne ich infinitesimale Machtausübung und begründe sie damit, dass die Möglichkeit der Beherrschung umso größer wird, je kleiner der Bereich ist, und umso schwieriger, je umfangreicher er ist. Das dürfte ein Grund dafür sein, dass es noch keine Wissenschaft vom Leben gibt. Eine Menge Ansätze sind vorhanden und die einzige Wissenschaft, die sich adäquat um den Gegenstand bemüht, ist das Beobachten, welches versucht, Verhalten zu begleiten.

3. Von der Naturwissenschaft zur wissenschaftlichen Praxeologie – „Eine Wissenschaft, die langsam beginnt, sich ins Leben zu wecken"

Wohl alle kennen die Erfahrung, in den Zusammenhängen der Systeme mit Systemwächtern konfrontiert zu werden, die Schnittstellen zwischen Bereichen beobachten und im Auge haben. Über Grenzen Bescheid zu wissen gibt Sicherheit.

Wie unterschiedliche Beratungsformate ihre Grenzen ziehen, ist ein viel diskutiertes Thema. Wie ist Supervision zu definieren, wodurch grenzt sie sich von Coaching ab und was versteht man unter Beratung? Dies sind meiner Meinung nach irrelevante Fragestellungen, da die Definitionen meist marktinduziert und nicht wirklich gegenstandsgemäß sind.

Auch wenn es wichtig ist, Ausbildungen zu machen und Professionalität zu erwerben, zeigt doch die Erfahrung, dass der Gegenstand, die Systeme, das jeweilige Feld viel mehr als wir je in irgendeiner Ausbildung erfahren, verlangen. Das mutet zunächst betrüblich an, entlastet jedoch den Berater. Denn überall dort, wo der Gegenstand frei ist und wo die Person, die hier tätig ist, also der Supervisor als Person auch Instrument ist, kann man in Lehrgängen nicht wirklich eine Profession gewinnen, in der das alles einholbar ist, was vorhin angesprochen wurde. Meine Auffassung „Je mehr Ausbildungen, umso besser, und man schaut, was gerade passt" mag dilettantisch anmuten und Universaldilettanten begünstigen. Jedoch scheint die Entwicklung bedenklich zu sein, die meint, dass mit Qualitätssicherung, Qualitätskriterien, Professionalisierungsdebatten die Annäherung der Praxis an Wissenschaft und Forschung gelinge. Denn die Praxis meint sich aus einer seltsamen wissenschaftlichen Minderwertigkeit heraus der Wissenschaft annähern zu müssen, um in den Adel der Wissenschaft gehoben zu werden.

In der europäischen Wissenschaftsentwicklung ist festzustellen, dass es lange Zeit eine Leitwissenschaft gegeben hat – die Physik. Das Verhalten, das hinter deren Leitansprüchen steht, ist ein Ordnungsverhalten. Die Orientierung an den Leitwissenschaften hat sich mit dem Beginn der naturwissenschaftlichen Forschung und ihrer Erfolge verändert, indem versucht wird, sich diesem Wissenschaftsparadigma, so gut es geht, nicht nur in Hinblick auf die Naturgegenstände, sondern auch bezüglich der gesamten zwischenmenschlichen, der gesamten gesellschaftlichen Bereiche bis hin in die Geschichte, deren Zugang zunächst faktografisch sammelnd angelegt war, anzunähern. Diesen Ordnungsanspruch findet man auch in Organisationen in Form von Leitsystemen und Hierarchien. Es empfiehlt sich vorsichtig zu sein, wenn man sich der forschenden Wissenschaft annähert. Man könnte leicht verführt werden, in die Axiomatik, Gesetzlichkeiten und die Methoden einer Wissenschaft, die sich an der Naturwissenschaft orientiert hat und es immer noch tut, zu geraten.

Eine andere Thematik ergibt sich aus der Debatte um die Qualität in der Sozialarbeit, womit es auch um das Ansehen von Fachhochschulen geht, die ja auf dem Gebiet errichtet werden sollen. Fachhochschulen streben ein gewisses Prestige an, über das die Universitäten schon lange verfügen. Nahe liegend ist nun, Kriterien der Wissenschaftlichkeit, sowie sie in den Universitäten vorgelebt werden, zu übernehmen. Ein solcher Weg verhindert die so genannte Praxeologie, eine Wissenschaft, die langsam beginnt, sich ins Leben zu wecken. So geht auch diese Art der Selbstreflexion der Praxis, die für die BeraterInnen nötig ist und die eigentlich ein Qualitärium unserer Professionalisierung als Praktiker ist, verloren.

4. Formen von Interventionen – „Supervision soll versuchen, die Selbstaufklärung der Subjekte und Systeme zu erreichen“

Die Interventionsforschung ist der Versuch, das Paradigma der klassischen Wissenschaft zu verlassen und grenzüberschreitend tätig zu werden. Sie geht zurück auf Elemente aus der Aktionsforschung, Gruppendynamik und Organisationsentwicklung. Dabei handelt es sich um nichts Neues. Die Frage nach dem Wesen von Interventionen hat uns zu drei Formen von Intervention, die für die Wissenschaft relevant sind, geführt:

(1) *Die direkte Intervention* – das ist die der Naturwissenschaft. Die Naturwissenschaft und zum Teil die Medizin sind eine direkte Intervention und sie können auch das, was die Umgebung einer solchen Intervention ausmacht, nicht in naturwissenschaftliche Begriffe fassen. Deshalb hat die naturwissenschaftliche Medizin keinen methodischen Begriff von dem, was Heilung heißt. Sie kann über das Wie, Was und die Art und Weise der Faktoren berichten, aber eigentlich passt es nicht in die Methode. Also direkte Intervention ist eine verwirklichte Form menschlicher Konstruktionen, ein Experiment auf Veränderung, auf Kontrolle und Eingriff ausgerichtet, ohne dass die Selbständigkeit des Subjekts und der Situation eine großartige Rolle spielen darf.

(2) *Indirekte Intervention* – das ist die manipulative Form. Unter diese manipulative Art der Intervention fällt z.B. prominente Geschichtswissenschaft. Die Geschichtswissenschaft war nie die Wissenschaft über die Vergangenheit als solche, sondern sie interessiert uns immer in Bezug auf die Gegenwart. Es gibt keine Geschichtswissenschaft, außer die rein faktografische, die nur Quellen sammelt und dann hinlegt. Doch auch das Sammeln selbst ist Selektion. Der Gegenwartsbezug der Geschichtswissenschaft ist weitaus bedeutender als der zur Vergangenheit, behaupte ich. Die Gefahr liegt darin, dass das, was uns als das Vergangene und der Sinn von Vergangenheit dargestellt wird, sich gleichsam so indirekt in die Gegenwart hineinschleicht und zum Handlungsmotiv sowie zur Orientierung unserer Praxis wird, obwohl es so tut, als sei es Vergangenheit oder eine Interpretation von Vergangenheit.

Eigentlich sind alle Wissenschaften von Menschen im alten Paradigma indirekte Interventionen. Dies liegt an einem ganz banalen Thema – der Arbeitsteilung, wie schon vorher genannt, die Arbeitsteilung im Geiste, die auch für die Thematik von Beratung und Forschung von Bedeutung ist. Mich berührt es seltsam, dass es nämlich Menschen gibt, die den anderen Menschen auf einen Satz zusammengefasst sagen, wer sie (eigentlich) sind, wobei diese dann das auch noch glauben sollen.

Machtpolitisch gesprochen, heißt dies, dass es privilegierte Gruppen gibt, die anderen sagen, wer sie sind – unabhängig vom gesellschaftlichen Status, von der psychischen Verfassung oder anderen Aspekten. Die Arbeitsteilung im Geiste ist somit nur dann möglich, wenn man am Paradigma der Subjekt-Objekt-Trennung festhält. Es gibt also Subjekte, die hinter dem Glaskasten Objekte haben, welche wiederum möglichst keinen Einfluss auf die ersteren ausüben dürfen. Denn diese Subjekte handeln genau die Erkenntnis darüber aus, was die anderen zu sein haben. Die Arbeitsteilung im Geiste ist meines Erachtens aufzuheben. Im Bereich der Supervision ist diese Trennung von Subjekt-Objekt müßig, zumal erfolgreiche Supervision vielmehr um Kontaktnahme als um Separation geht.

Supervision soll versuchen, die Selbstaufklärung der Subjekte und Systeme zu erreichen, was bedeutet, dass zunächst sich beide als Objekte fremd gegenüber sitzen. Objekte heißt in diesem Zusammenhang, dass sie sich deshalb fremd sind, sowohl der Berater als auch seine Systeme, als sie nichts voneinander wissen. Im Laufe solcher Prozesse werden sie sich gegenseitig zu Subjekten. Das ist ein ganz anderer, ein prozessualorientierter Weg, auch von den Begriffen und der Sprache her betrachtet, auch was die Bildung von sprachlichen Begriffen betrifft.

Begriffe im naturwissenschaftlichen Paradigma sind Definitionen, Grenzen sowie festlegende und feststellende Wirklichkeitskonstruktionen. Begriffe im Beratungskontext hingegen haben den Charakter der prozessualen Unsicherheit. Nicht „die Begriffe schwimmen den Prozess entlang“, sondern – was in Praxisprozessen oft erlebt werden kann – der Sinn eines Anfangsbegriffes wandelt sich im Lauf des Prozesses sehr stark. Also ist von Prozessbegriffen zu reden, was für die exakte Wissenschaft schwierig ist.

(3) *Partizipative Intervention* – partizipative Interventionsforschung bedeutet, dass die so genannten beforschten Forschungsobjekte an dem Gesamtprozess mitbeteiligt sind und in ihm auch entscheiden. Somit kann der Forschungsgegenstand gleichzeitig Objekt der Reflexion sein, genauso wie die gewählte Methode zum Forschungsgegenstand wird.

5. Partizipative Forschung – „Wahrheit ist nicht eine Sache der Erkenntnis, sondern eine Sache der Entscheidung“

Die Mitbeteiligung von betroffenen Personen in einem Beratungskontext ist eine Intervention, die zu neuen Fragestellungen in der Forschung führt. In diesem Zusammenhang möchte ich Prof. Fischer erwähnen, der – weltgeschichtlich betrachtet – drei Stadien der Menschheit unterscheidet: Das erste Stadium ist das des Glaubens, der Religionen, der Ideologien. Menschen glauben und irgendwo stoßen sie an Grenzen oder Dogmen, wo sie aufhören, zu fragen, wo ihnen gesagt wird, was sie zu glauben haben. Das zweite Stadium als das Zeitalter des Wissens wirkt aufklärend, weil es dem Menschen Erkenntnis liefert. Unendlich ist die Erkenntnis, die den Menschen zu befreien vermag, ihn befähigt, sich die Natur untertan zu machen. Das letzte Stadium betrifft das Herangehen der Wissenschaft an die Praxis und ist das Zeitalter der Entscheidung.

Wahrheit ist nicht eine Sache der Erkenntnis, sondern eine Sache der Entscheidung.

Nicht, dass nichts erkannt wird, sondern selbst beim Betrachten unserer Erkenntnis werden die einmal getroffenen Vorentscheidungen der Wissenschaft deutlich, deren Fundament Axiome und Evidenzen ausmachen. So ist auch die Entscheidung für die Trennung von Subjekt und Objekt oder von Mensch und Natur gefallen, die wieder langsam dadurch zurückgenommen wird, indem wir plötzlich bemerken, dass in unseren beraterischen Tätigkeiten diese Trennungen eigentlich obsolet werden. So können wir z.B. den menschlichen Leib nicht zum Objekt seiner Emotionen machen, die nicht steuerbar sind.

Partizipation heißt grundsätzliche Mitbeteiligung, was bis anhin im jetzigen Wissenschaftssystem gefehlt hat. Wenn man z.B. einen Fragebogen ausschickt, so erhält man eine Erstantwort. Der Fragebogen selbst ist eine Intervention. Aber es könnte ja sein, dass eine Person beim Ausfüllen eines Fragebogens zum Nachdenken anfängt und ihr dann zusätzliche Dinge einfallen, sodass die Antworten auf die Fragebogen nach einer Woche schon ganz anders ausschauen.

Partizipative Forschung ist also eine solche, in der sich die Wissenschaft in ein anderes Rollenbild hineinzubegeben hat, wo sich nun die Frage stellt, was im Verhältnis zu Praxis die Rolle der Wissenschaft ist. Also tut die Praxis (Coaching, Supervision, praktische Organisationsentwicklung) gut daran, ihren Gegenstand zu reflektieren, nicht deshalb, damit man nun Wissenschafter im alten Sinn wird, sondern damit man sich die Möglichkeit erwirbt, über das, was man tut, auskunftsfähig zu werden. Die Auskunftsfähigkeit halte ich für eine hohe Tugend, die uns eigentlich seit der Aufklärung sozusagen Befehl ist. Auskunftspflichtig heißt, dass eine Person mitteilen können muss, was sie warum tut, in dem Bewusstsein, dass diese Aussagen als beschreibende immer unexakt sind und nie wirklich dem klassischen Paradigma der Wissenschaft entsprechen können.

Was noch gebraucht wird und nicht unterschätzt werden darf, ist so etwas wie eine kollektive Rationalisierung und somit Beruhigung unserer Tätigkeit. Was ich damit meine, ist „interkompliziert", den Begriff habe ich eben jetzt kreiert, d.h. dass wir nach jeder Tätigkeit – ob das jetzt Supervision ist oder alles das, was jemand tut – uns konfrontiert sehen, nachdem unsere ganze Person in dem Spiel mitwebt, dass wir ja selbst immer in die Situation kommen, in diesem Feld nicht zu Ende zu sein. Es bleiben immer Reste von Unsicherheit. Aus diesen Überlegungen ist deshalb Rationalisierung nicht zu unterschätzen. Auch seine eigene Tätigkeit als Berater muss man immer wieder zum Abschluss bringen, auch die kleinen und großen Vollendungen seiner Tätigkeit muss man feiern können. Wenn man das alles so offen lässt und von einer Situation in die nächste geht, keine Abschlüsse findet und auch nicht die Sprache dafür, dann wirkt das zerstreuend auf sich selbst zurück. Dabei stehen die Theorie und die Selbstreflexion noch aus.

Ein Sinn von Praxeologie ist durchaus diese Form der Selbstbezogenheit, man muss mit sich und seiner Tätigkeit zurechtkommen. Das ist viel mehr Anspruch, als wenn ein Objekt, das sich nicht rührt, ein Subjekt in Ruhe lässt.

Daraus lässt sich auch Material für allerlei Formen von Forschung zur Verfügung stellen. Wenn sich beispielsweise uns die Frage stellt, was uns in der Praxis am meisten nutzt, wenn wir unsicher sind, dann kann es der Kollege oder die Kollegin im Team sein. Geht man aus der Situation raus und erhält auf die Frage: „Hast du das jetzt verstanden?“ die Antwort: „Ich nicht…“, dann kann man sich gemeinsam bemühen, irgendwelche Formen des Hinzugehens zu finden und sich eine Art kollektiver Selbstversicherung zu verschaffen, die einen mit frohem Mut wieder weiter tätig sein lässt. Alle, denen in unserer Tätigkeit Höhen und Tiefen fremd sind, die gleichmäßig in solche Tätigkeiten hinein- und hinausgehen, haben wahrscheinlich ihr Objekt nie berührt.

Über Praxeologie gäbe es noch viel zu sagen, doch abschließend sind folgende Fragestellungen zu erörtern: In welcher Form ändert sich die Wissenschaft als Praxeologie und in welcher Form hat sie etwas zu ändern? Was wird eigentlich ihre Aufgabe sein und was heißt dann eigentlich Forschung?

6. Die Endlichkeit wissenschaftlicher Forschung – „Jede Wahrheit hat ihre Zeit…“

Eine Grundkategorie ist die Endlichkeit der Forschung und ich meine damit, dass jede bestimmte Wahrheit ihre Zeit hat. Einerseits können sich in der qualitativen Sozialforschung Defizitgefühle in Hinblick auf die quantitativ ausgerichtete Forschung entwickeln, insbesondere dann, wenn eine Bestätigung ihrer Forschungswahrheit ausbleibt. Andererseits gibt es Forscher, die das qualitative Interview als sehr wichtig erachten. Ein Tiefeninterview ist ein bedeutendes Instrument, das erlernt werden muss, da man sonst zu suggestiv fragt. Zunächst erscheinen 20 oder 30 Interviews für eine Verallgemeinerung nicht repräsentativ zu sein. Sind sie dann transkribiert, hat man bei 30 Interviews gleich einmal ein paar tausend Seiten. Das Quantum steigt und so nähert man sich der Verallgemeinerbarkeit an. Die Gefahr der Verführung liegt in dem Glauben, dass die

Quantität ein Maßstab für unsere Forschung sei. Von diesem Forschungsansatz habe ich mich verabschiedet, denn in der Interventionsforschung gilt als Prinzip, die Rahmenbedingungen, in denen Forschung läuft, selbst zum entscheidenden Gegenstand der Transparenz zu machen. Die Rahmenbedingungen sind Geld, Zeit, Engagement usw., die mit zu berücksichtigen sind.

Als Beispiel stelle ich die Möglichkeit zu einer organisationsdiagnostischen Forschung – einer gemeindediagnostischen wie unlängst in Bad Bleiberg – vor. Dann kann der Ansatz nicht lauten, dass zuerst geforscht werde und nach drei Jahren werde das Resultat zur Verfügung stehen. Da stehen Investitionen vor der Tür und es gilt, ganz andere psychologische Faktoren zu berücksichtigen, wie u.a. eine aus dem Bergbau resultierende, tradierte Identität und eine sich aus dem Tourismus entwickelnde Identität. Deshalb muss man sich danach richten, welche Zeit zur Verfügung steht, was will wer in welcher Form und mit welchen Resultaten haben. Eine solche Diagnose lässt sich in einem Zeitraum von zwei Monaten mit Tiefeninterviews erzielen.

An der Endlichkeit der Forschung liegt es, dass ein Partner da ist, der entscheidet, was wahr ist, und dass das nicht der Berater tut. Der Forscher stellt Hintergrundtheorien zur Verfügung und regt so Selbstaufklärung an. Hintergrundtheorien können beispielsweise Widersprüche sein, womit sich die Wissenschaft seit der logischen Verführung so schwer tut. In der Wissenschaft darf kein Widerspruch sein. Aristoteles hat in seinen Büchern ausführliche Kapitel zu den Problemen, die er nicht gelöst hat, angeführt. In der Logik Kants sind die aristotelischen Dilemmata wieder aufgenommen worden. Heutzutage hat ein Wissenschafter die Aufgabe Widersprüche zu eliminieren. Menschen sind sowohl als Individuen, als auch als Teil von Sozietäten usw. ein einziges Bündel von Widersprüchen. Widersprüche sind etwas anderes als Konflikte und Unterschiede jeder Art sind etwas anderes als Konflikte. Wenn man auf Grund von Modellen die Möglichkeit hat, Individuen vor Konflikten zu schützen, kann diese Intervention sehr hilfreich sein und weiterbringen. Eine Entlastung kann u.a. dadurch erreicht werden, dass wir anstelle der Schuldfrage bei einem Konflikt nach Ursachen, Beweggründen fragen und erleben, dass das Aufdecken von Widersprüchen handlungsbefreiend und individuell entlastend wirken kann.

Abschließend möchte ich hervorheben, dass die Wissenschaft ihre Aufgabe nicht verliert, sondern dass diese im Rahmen von Praxeologie und Akzeptanz der Freiheit von Individuen in Systemen lediglich eine andere wird.

Literatur

Heimerl, K./Dinges, S./Reitinger, E. (2006): Forschung und Beratung sind zwei Paar Schuhe – vom selben Schuster? In: Paul-Horn, C., Heintel, P., Krainer, L.: Das Verhältnis von Forschung und Beratung, Dokumentation des Forschungstages 2005, Klagenfurter Beiträge zur Interventionsforschung, Bd. 5, Eigenverlag IFF, Klagenfurt, S. 7-28

Heintel, P. (2007): Philosophie der Nachhaltigkeit. Anmerkungen zur Kultur nachhaltiger Entscheidungen. In: Krainer, L./Trattnig, R. (Hg.): Kulturelle Nachhaltigkeit. Konzepte, Perspektiven, PositionenMünchen, oekom Verlag, S. 29-36

Heintel, P. (2007): Über Nachhaltigkeit. Geschichtsphilosophische Reflexionen in: Krainer, L., Trattnig, R. (Hg.): Kulturelle Nachhaltigkeit. Konzepte, Perspektiven, Positionen, München, oekom Verlag, S. 37-64

Heintel, P. (2006): Das Verhältnis von Forschung und Beratung, Referate des Forschungstages 2005 des IFF - Standort Klagenfurt. In: Paul-Horn, C., Heintel, P., Krainer, L.(Hg.): Klagenfurter Beiträge zur Interventionsforschung, Bd. 5 S 1-6, Eigenverlag IFF, Klagenfurt

Heintel, P./Schmidt, E. (2005): Interventionsforschung: Bad Bleiberg. Verstärkte Vernetzung von Wissenschaft und Wirtschaft, Forschungsdokumentation, ohne Verlag, Klagenfurt

Heintel, P. (2006): Forschen oder beraten - Interventionsforschung im Bemühen um Partizipation, Referate des Forschungstages 2005 des IFF - Standort Klagenfurt, in: Klagenfurter Beiträge zur Interventionsforschung, Eigenverlag IFF, Klagenfurt, S. 29-57

Paul-Horn, C./Heintel, P./Krainer, L. (Hg.) (2008): Praxeologie Wissenschaft - Praxis - Studium als lebendiges Zusammenspiel, Klagenfurter Beiträge zur Interventionsforschung, Bd.6, Verlag Interne Schriftenreihe, Klagenfurt

Paul-Horn, C./Heintel, P./Krainer, L. (Hg.) (2005): Zur Grundaxiomatik der Interventionsforschung, Präambeln für eine andere Wissenschaft, Klagenfurter Beiträge zur Interventionsforschung, Bd.1, Verlag Interne Schriftenreihe, Klagenfurt

Supervision: Ergebnisse aus der Forschung oder was brauchen ForscherInnen und PraktikerInnen voneinander?

Brigitte Schigl

Supervision/Coaching als auf Arbeitshandeln und seine Themen bezogene Beratung wird häufig als eine Maßnahme des Qualitätsmanagements postuliert. Ist dies denn berechtigt? Wer bürgt dafür, dass Supervision die Qualität einer psychosozialen (Dienst-) Leistung tatsächlich fördert oder sichert? Wieviel von dem, was wir als Outcome von Supervision darstellen, sind forschungsgegründete Ergebnisse, die wissenschaftlichen Kriterien des Erkenntnisgewinns standhalten? Wie ist die Verbindung von praktischem supervisorischen Handeln und der wissenschaftlichen Analyse dieses Handelns? Brauchen PraktikerInnen Forschung – brauchen ForscherInnen Praxis?

Grundlage meines Beitrags sind ausgewählte Ergebnisse eines Forschungsprojekts am Zentrum für Psychosoziale Medizin der Donauuniversität Krems (Petzold/Schigl/Fischer/Höfner 2002, 2003) sowie daran anschließende Überlegungen zur Supervisionsforschung und zum Verhältnis von ForscherInnen und SupervisorInnen.

1. Studie zur Analyse der internationalen Supervisionsforschung: Aufbau, Ziel und Design des Projekts

Am Department für Psychosoziale Medizin und Psychotherapie der Donauuniversität Krems werden u.a. PsychotherapeutInnen, BeraterInnen und SupervisorInnen ausgebildet. Die Evaluation solcher Beratungsleistungen bzw. ihrer Ausbildungen stellt den Schwerpunkt unseres Forschungsinteresses dar. Die hier beschriebenen Ergebnisse stellen die umfangreichste Literaturanalyse (außerhalb des US-amerikanischen Raums) zum Thema Supervision dar und beinhalten eine quantitative und qualitative Analyse der internationalen Forschungsliteratur zu den Themen: Welche *Wirkungen von Supervision auf die SupervisandInnen* (einzelne Personen, Gruppen, Teams, Subsysteme von Organisationen und Organisationen insgesamt) *oder auf die KlientInnen der SupervisandInnen* werden in der Literatur diskutiert? Welche Wirkungen können derzeit belegt werden und zu welchen Wirkungen stehen noch wissenschaftliche Belege aus?

Ziel der Studie war es, einen Überblick über die Themen und Qualität der internationalen Publikationen zur Supervision zu erhalten.

Seit den 70er Jahren wird in Artikeln, die sich mit Supervision aus wissenschaftlicher Sicht beschäftigen, postuliert, dass sich Supervision noch immer in einem vor-wissenschaftlichen Zeitalter (vgl. Oeltze/Ebert/Petzold 2002) befinde. Dies wollten wir in unserer Studie überprüfen und den wissenschaftlichen Output der Supervisions-Community erheben. Eine solche Meta-Analyse sollte für unsere weiteren Forschungsvorhaben eine solide Grundlage bilden, sinnvolle Forschungsfelder eingrenzen und unseren StudentInnen für ihre Masterarbeiten den state of the art der wissenschaftlichen Bearbeitung – was Themen und Designs betrifft – bereitstellen können. Supervision wurde dabei für den pädagogisch-klinisch-psychosozialen Bereich eingegrenzt, (d.h. Organisationsentwicklung, Controlling und diverse Managementaufgaben nicht mitberücksichtigt) und als „angewandte Supervision als Dienstleistung“ definiert.[1]

Die Analyse der einzelnen Beiträge erfolgte durch Angaben zu den AutorInnen, zur Theorie, auf die im Beitrag Bezug genommen wird, zur Definition, dem Verständnis von Supervision, das dem Beitrag zugrunde liegt, dem Beitragstyp, den darin vorkommenden Themen des Beitrags, dem Forschungsansatz, Design, Fragen zu Erhebungs- und Auswertungsmethoden, sowie einer genauen Beschreibung des Ergebnisses des Forschungsprojekts. Schließlich wurde der Beitrag von uns bewertet (Stärken, Schwächen, Nutzen, Akzeptanz, Verhältnis Forschungsansatz und Ergebnis) und auf Ansätze für künftige und anschließende Forschungsfragen hin beleuchtet. Die so gefundenen Supervisionspublikationen wurden neun inhaltlichen Themenkreisen zugeordnet und nach folgenden Kriterien kategorisiert: Inhalte des Themengebiets, Kritische Bewertung des erhobenen Forschungsstandes, Fragestellungen, die sich für weitere Forschung ergeben, sowie Anregungen für Forschungsdesigns zu diesem Themenkreis.

1.1 Supervisionsthemen der scientific community

Aus der nachfolgenden Auflistung geht hervor, dass die Themenpalette breit gestreut ist und kaum Schwerpunkte zu finden sind. Die Textbeiträge sind oft

[1] So wurden mittels Recherche in Bibliotheken (Sichtung von Literaturverzeichnissen der Standardwerke und in Fachzeitschriften) und in Datenbanken insgesamt 2.640 Abstracts zu den Keywords (wie Professional Supervision, Clinical Supervision, Supervisand, Supervisor, Supervisionsausbildung, Supervisionsweiterbildung, Coaching, Balint-Gruppe, Teamsupervision, Gruppensupervision, Einzelsupervision, Organisationssupervision, Practicum Supervision, Forschung kombiniert mit weiteren Begriffen) durchgearbeitet. Insgesamt wurden nach einer ersten Sichtung der Abstracts 400 Texte (Bücher und Artikel) zu den gefundenen Themen bearbeitet.

allgemein und umfassend, auf generelle Aspekte von Supervision Bezug nehmend (deshalb auch die Vielzahl der Referenzen im erstgenannten Themengebiet) und weniger einer speziellen Forschungsfrage nachgehend. Besonders stark zeigt sich in der inhaltlichen Analyse der Supervision der Organisationsbezug in der europäischen Supervisionstradition, ein Mitdenken der Umfeldbedingungen der SupervisandInnen in ihren Institutionen – ein Aspekt, den die US-amerikanische Fachliteratur weitgehend vernachlässigt.

Folgende Themengebiete, mit denen sich wissenschaftliche Publikationen zu Supervision beschäftigen, wurden aus der Analyse der Inhalte der Supervisionsliteratur extrahiert:

- Texte, die sich mit *Supervision an sich beschäftigen, ihren Formen und ihrer inhaltlichen Weite* (159 Beiträge). Themen sind etwa Team- versus Organisationsbezug, Coaching[2], Psychotherapiesupervision. Insgesamt zeigt sich, dass die meisten Beiträge aus dem österreichischen und deutschen Bereich stammen (87% aller deutschen Beiträge), während die US-Literatur nur auf etwas weniger als ein Drittel der Texte kommt (78% aller US-amerikanischen Beiträge). Dieser Bereich ist der größte und weist hauptsächlich programmatische Artikel auf.
- Texte zur *Geschichte von Supervision* und beruflichen Identität von SupervisorInnen: Hier finden sich 21 Beiträge, die meisten stammen aus Deutschland oder Österreich. Der Frage nach der beruflichen Identität wird allgemein eher selten nachgegangen.
- US-amerikanische Supervisionsforschung wurde als eigener Punkt extrahiert, da die dortige *Auffassung und Anwendung von Supervision* sich sehr von der deutschsprachigen/ mitteleuropäischen unterscheidet. Dieser Bereich ist mit 54 Beiträgen aus den USA vertreten.
- Texte zu *einzelnen Elementen des Supervisionsprozesses* (62 Referenzen) wie Auftragsklärung und Supervisionsabschluss, Umgang mit Kritik, Verwendung von Metaphern, etc. Weiters ist zu nennen: Supervisionsbeziehung und Supervisionsstil, Übertragung – Gegenübertragung und Parallelprozess (übrigens einem der wenigen gemeinsamen Theorieelemente der supervisorischen Community). In der US-amerikanischen Literatur wird die Beziehung zwischen SupervisorIn und SupervisandIn ausführlich behandelt. Im deutschsprachigen Raum, in dem vor allem externe SupervisorInnen arbeiten, stehen hingegen Setting und Struktur von Supervision, etwa in den Prozessen der Auftragsklärung und Beendigung von Supervision, im Vordergrund.
- Texte zu *Methoden und Techniken in der Supervision* bzw. deren Anwendung. In der deutschsprachigen Literatur dominieren auch hier so genannte Praxisberichte. Die 27 Beiträge verteilen sich in gleichem Maß auf die US-amerikanische und die deutsche Publikationen.
- Spezielle *Detail-Themen in der Supervision* (wie „Trauer und Abschied“ oder „Krise, Krisenintervention“ oder „Scham“) kommen in der Hauptzahl (25) aus dem deutschsprachigen Raum. Sie beschäftigen sich v.a. mit Emotionen, wie etwa mit dem Umgang mit Sterben und Tod (z.B. in Krankenhäusern, auf onkologischen und geriatrischen Stationen) oder etwa Supervision bei Teamumstrukturierungen.
- Supervision und deren *Besonderheiten in speziellen Feldern* (wie Drogen- und Suchtkliniken, Geriatrie, Sozialarbeit, Krankenhaus, Psychiatrie...). Weiters wird der Einsatz von Supervision bei ehrenamtlich Engagierten, die gerade im Sozial- und Gesundheitsbereich von zunehmender Bedeutung sind diskutiert (40 Referenzen, meist deutschsprachig).

[2] Im Bereich Coaching haben wir in den letzten vier Jahren eine enorme Publikationsflut zu verzeichnen, die zur Zeit unserer Recherche erst im Aufbau war. Die Angaben für Coaching betreffende Literatur liegt Ende 2006 viel höher (vgl. Künzli 2005).

- Die Bedeutung von *Ethnizität und Gender in der Supervision* (19 Beiträge), zu etwa gleichen Teilen aus deutsch- und englischsprachigem Kontext.
- Texte zum Thema *Lernen und Kompetenzvermittlung in der Supervision* (14 Beiträge, mehrheitlich aus den USA und der niederländischen Supervisionstradition).
- Qualitätssicherung und Evaluation von Supervision sind v.a. in deutschsprachigen Publikationen von Bedeutung.
- Aussagen zu *Auswirkungen von Supervision auf die KlientInnen von SupervisandInnen*. In Bezug auf diese unsere zentrale Frage zum Output von Supervision für die KlientInnen der SupervisandInnen konnten elf Beiträge gefunden werden. Dabei überwiegt die US-Literatur gegenüber der deutschsprachigen (acht gegenüber drei Beiträgen). Für die Forschungsbeiträge zu Auswirkungen auf die Arbeit von SupervisandInnen generell halten sich deutsch- und englischsprachige Beiträge (fünf zu vier, insgesamt neun) etwa die Waage.

1.2 Unterschiedliche Auffassungen von Supervision

Markant zeigt sich die unterschiedliche Auffassung von Supervision in den USA (z.T. auch Großbritannien) im Vergleich zur mitteleuropäischen (deutschsprachig, niederländisch, italienisch): Die europäischen Publikationen verstehen Supervision als freigewählte, in den meisten Fällen extern zugekaufte Dienstleistung für im Beruf stehende PraktikerInnen des psychosozialen Feldes als Einzelpersonen, Teams oder ganzen Organisation(steilen). In den USA herrscht ein Supervisionsverständnis vor, das der Ausbildung von Klinischen PsychologInnen, BeraterInnen in klinischen Institutionen, und PsychotherapeutInnen verpflichtet ist. Sie durchlaufen im Zuge ihrer Ausbildung Supervision mittels ihnen zugeteilten, erfahrenen institutionsangehörigen KollegInnen als notwendigen Schritt. Das oft manual-geleitete supervisorische Vorgehen sieht seinen Zweck in der Optimierung der Behandlungsschritte mit den PatientInnen, oft auch im Sinne einer Angleichung an die Gegebenheiten der Institution oder des Verfahrens. Diese Unterschiedlichkeit im Grundverständnis der Aufgaben (freiwillige Beratung versus Ausbildung/Kontrolle) von supervisorischem Handeln lassen die US-amerikanischen Ergebnisse nur sehr bedingt auf unsere Gegebenheiten umlegen.

In den USA begann schon in den frühen 80er Jahren im Gefolge der Psychotherapieforschung die wissenschaftliche Auseinandersetzung mit Supervision. Es handelt sich dabei durchwegs um Forschungsvorhaben, die einem quantitativ-empirischen, naturwissenschaftlichen Forschungsverständnis verpflichtet sind. Inhaltlich sind die US-amerikanischen KollegInnen vor allem mit Fragen nach der Bewertung von Supervision bzw. der SupervisorInnen durch die SupervisandInnen im Ausbildungskontext von Psychotherapie beschäftigt.

Themen sind vor allem die Wahrnehmung der SupervisorInnen durch die SupervisandInnen und die von den SupervisandInnen als hilfreich bewerteten

Aktionen und Interaktionen. Untersuchungsfelder sind die von den SupervisandInnen wahrgenommene Attraktivität, Vertrauenswürdigkeit und Expertentum ihrer SupervisorInnen, deren ethnische Herkunft und Geschlecht und dessen Einfluss auf die Supervisionssitzungen bzw. deren von den SupervisandInnen berichteten Erfolg. Hier wird etwa konstatiert, dass erfahrene, permissive, humorvolle, nicht autoritäre, nicht wertende SupervisorInnen mit mehr self-disclosure von den SupervisandInnen besser beurteilt werden. Welchen Einfluss diese Eigenschaften der SupervisorInnen allerdings auf die psychotherapeutischen und beraterischen Fähigkeiten der SupervisandInnen konkret haben, bleibt meist im Dunkeln. Die Untersuchungen konzentrieren sich auf die Wahrnehmungen und Selbstauskünfte der SupervisandInnen, eventuell im Vergleich mit den SupervisorInnen. Häufig finden sich Untersuchungen zu Fragen des Supervisionsprozesses. Datenquelle sind in der Hauptsache die SupervisandInnen, etwas weniger die SupervisorInnen, fast gar nicht externe BeobachterInnen. Als Methoden werden in der Mehrzahl Fragebogen in den Untersuchungen angewendet.[3]

1.3 Qualität der (Forschungs-) Beiträge

In der deutschsprachigen Supervisions-Fachliteratur lassen sich seit ca. zehn Jahren verstärkte Bemühungen um eine wissenschaftliche Erkundung von Supervision feststellen (vgl. Möller/Märtens 1999, Berker/Buer 1998). Dennoch sind die auf Forschungsarbeiten gegründeten Beiträge zu Supervision im Vergleich zu programmatischen Artikeln mit grundsätzlichen Überlegungen zur Supervision bzw. deren Anwendung (in einem mehr oder minder spezifizierten Praxisfeld) oder Kasuistiken weit im Hintertreffen.[4]

---

[3] Ellis und Ladany (1997) stellen dieser Art der Supervisionsforschung ein schlechtes Zeugnis aus. In einem Review über 104 empirische Studien zu den Themen supervisorische Beziehung, Passung zwischen SupervisorIn und SupervisandIn, Entwicklung der SupervisandIn, Evaluation (der SupervisandIn) in der Supervision, Ergebnisse bei KlientInnen, Messmethoden für SupervisandInnen erfolgte die Bewertung der Studien durch vier RaterInnen auf Basis statistischer und testtheoretischer Annahmen (Validität der Hypothese, Validität der Schlussfolgerungen, internale und externale Validität, Konstruktvalidität). Dabei stellen die Autoren fest, dass eine Mehrzahl der Studien der testtheoretischen Überprüfung nicht standhält und bemängeln die ins Detail gehende und sich im Detail verlierenden Fragestellungen und deren Ergebnisse, die wenig Aussagekraft für das komplexe Supervisionsgeschehen haben.

[4] Im PSYINDEXPlus, der einen guten Überblick über die deutschsprachige Fachliteratur bietet, konnten unter dem Stichwort „Supervision" 2717 Beiträge eruiert werden. Bei der Kombination des Begriffs Supervision mit dem Begriff „Forschung" wurden nur noch 13 (!) und bei der Kombination mit „research" 16 (!), also insgesamt 29 Beiträge gefunden. Die wissenschaftliche Qualität der meisten Texte bzw. ihre systematisch-empirische Gegründetheit lässt zu wünschen übrig.

Die meisten der analysierten Texte scheinen als Anleitungen für Supervisions-PraktikerInnen gedacht zu sein. Erfahrungsgegründete Reflexion von Supervision finden wir dabei in Form von sogenannten „Praxisberichten“: Das sind Falldarstellungen, bei denen supervisorisch Tätige von ihren Erfahrungen mit speziellen Methodiken oder in speziellen Feldern berichten. Die unterschiedlich elaborierten Berichte werden nur z.T. an Theorien rückgebunden oder verallgemeinerbare Schlüsse auf einer theoretischen Ebene gezogen. Die Datenerhebung ist wissenschaftlich nicht abgesichert und beruht zumeist auf unsystematisch gesammelten Eindrücken des/der AutorIn. Wird über Ergebnisse berichtet, ist oft nicht klar nachvollziehbar, wie diese zustande gekommen sind.

Im Unterschied zur US-amerikanischen Supervisionsforschung, die oftmals sehr umfangreiche Methodenbatterien in der Messung verwendet und detaillierte quantitativ-statistische Auswertungen kleinster Detailbereiche supervisorischen Handelns vornimmt, baut die Mehrzahl der deutschsprachigen Supervisionsliteratur auf qualitativen Methoden oder mehr oder minder globalen Berichten von SupervisorInnen aus deren eigener Praxiserfahrung auf.[5]

Quantitative Forschungsliteratur kommt mit wenigen Ausnahmen hauptsächlich aus dem englischsprachigen Raum, ist jedoch auch nur teilweise von guter Qualität oder Relevanz in den Ergebnissen.

1.4 Evaluation erfolgreicher Supervision und von Auswirkungen supervisorischer Prozesse auf die KlientInnen der SupervisandInnen

Uns interessierten in der Analyse vor allem Fragen nach Wirkweise, Wirksamkeit und Wirkort (Organisation der SupervisandInnen? deren KlientInnen?) von Supervision oder die Frage nach spezifischem Handeln und Eigenschaften erfolgreicher SupervisorInnen.

Fast allen Studien, die sich diesen hochinteressanten Themen stellen, ist gemeinsam, dass sie die SupervisandInnen zur Evaluation der Effekte befragen, in dem diese Fragebögen ausfüllen. Die Erwartungen der SupervisandInnen reichen dabei von Burn-Out-Prävention, Hilfe bei der Bewältigung belastender

[5] Wissenschaftlich haltbare Ausnahmen sind etwa die auf kommunikationstheoretischen Annahmen beruhenden Arbeiten von Rappe und Rappe-Giesecke (1997), die Arbeiten zur Entwicklung des SEI (Supervisions-Evaluations-Inventar) von Schneider und Müller (1995) und dessen Adaptationen durch weitere ForscherInnen sowie die Arbeit von Möller (2001). Besonders erwähnenswert im deutschsprachigen Raum ist der von Berker und Buer (1998) herausgegebene Tagungsband, der die wichtigsten Arbeiten zur deutschsprachigen Supervision versammelt.

Situationen, bis zu einer Verbesserung der Teamarbeit. Durch Supervision werden dann auch deutlich positive Veränderungen bei den SupervisandInnen laut deren eigener (Selbst-)wahrnehmung hervorgerufen: Exzellente SupervisorInnen helfen ihren SupervisandInnen v.a. dabei dysfunktionale Handlungsmuster und -wiederholungen besser zu erkennen oder Unterscheidungen zwischen veränderbaren und nicht veränderbaren Bedingungen leichter zu treffen. Vor allem die eigene Person der SupervisandIn ist von diesen Veränderungen betroffen und erfährt in der Supervisionssitzung einen biografischen Lernprozess, eine Neuorientierung und somit eine berufliche Identitätswandlung. Interessant ist die unterschiedliche Sichtweise von SupervisandInnen und SupervisonsexpertInnen, was die Elemente erfolgreicher Supervision ausmacht (Fischer/Fürnkranz/Schigl 2001).

Als quasi standardisierter Fragebogen der Einschätzung von Supervision im deutschsprachigen Raum sei hier das SEI (Supervisions-Evaluations-Inventar) von Schneider und Müller (1995) erwähnt. In der amerikanischen Literatur finden wir deutlich mehr, oft aus anderen sozialpsychologischen Untersuchungskontexten für Supervision adaptierte Instrumente zur Befragung von SupervisandInnen (und SupervisorInnen). In mehreren Untersuchungen damit zeigen sich positive Effekte von Supervision und v.a. die Wichtigkeit der Person der SupervisorIn. (genauer: deren Problemlösungskompetenz sowie Beziehungskompetenz). In Bezug auf die Dimension der KlientInnen der SupervisandInnen gibt es jedoch widersprüchliche Angaben.[6]

2. Qualitätssicherung in der Supervision: Was bedeuten diese Ergebnisse für den Konnex zwischen PraktikerInnen und ForscherInnen?

Supervision steht als eine relativ junge Disziplin (in Europa seit den 70er Jahren) unter einem Professionalisierungs- und Legitimierungsdruck. Diese Anforderung lässt sich entlang von vier gesellschaftlich wirksamen Hintergründen aufzeigen und erklären:

---

[6] Kritisch anzumerken ist, dass die Befragungspraxis von SupervisandInnen allein nur bedingt aussagekräftig ist und Erhebungen aus einer Außenperspektive, auf Ebene der Institution/Organisation oder auf KlientInnenebene weitgehend ausstehen. (Hier sind v.a. unsere Studien aus dem Bereich der Integrativen Supervision zu nennen, die diesen Anspruch in ersten Ansätzen einzulösen versuchen (Schigl/Petzold 1997, Oeltze/Ebert/Petzold 2002). Weiterer Forschungsbedarf ist hier gegeben. In der US-amerikanischen scientific community gibt es im Bereich der Psychotherapiesupervision Ansätze, sich verstärkt mit der Wirkung von Supervision auf KlientInnen von SupervisandInnen auseinander zu setzen (vgl. Ellis/Ladany 1997).

Paradigma der Wirksamkeit: Niemand möchte eine Dienstleistung kaufen, deren Wirkung fraglich ist und nur von ihren AnbieterInnen behauptet wird. Wer sich für eine Maßnahme entscheidet, möchte wissen, ob, wie und wodurch sie wirkt. SupervisionsanbieterInnen (ebenso wie jene, die sich als Coaches verstehen) müssen argumentieren können, dass und was denn ihre Beratung bewirke.

Paradigma der Wirtschaftlichkeit: In Zeiten, in denen Erfolge fast ausschließlich in wirtschaftlichen Quantitäten gemessen werden, sind Freiräume für gemeinsames kritisches Reflektieren, Ausprobieren und an Fehlern lernen nicht gerade up to date! Wir SupervisorInnen müssen, um diese unsere Dienstleistung gut verkaufen zu können, unser Angebot oft in wirtschaftsnahe Kriterien übersetzen. Etwa die vielfach zitierte Burn-Out Prophylaxe von Supervision, die Krankenstände und Personalfluktuation zu verhindern helfen würde. Unsere berufspolitischen Gremien brauchen gute Argumentation, wenn Sie für uns werben sollen. Lassen sich die Wirkungen von Supervision im Sinne von Leistungserhalt oder -zunahme und Ressourcenschonung durch Abbau von Reibungsverlusten, als Qualitätssicherung und Qualitätsentwicklung, als Ergänzung von Managementaufgaben darstellen, wird sie am Markt besser reüssieren. Dies erklärt etwa auch den Erfolg des Formats Coaching, das mehr einem marktwirtschaftlichen Erfolgsparadigma verpflichtet scheint, sich scheinbar viel breiter anwenden lässt und anpassungsfähiger ist.

Paradigma der Unbedenklichkeit: Maßnahmen sollen wirken, aber natürlich nur im Sinne erwünschter und positiver Veränderungen. KonsumentInnenschutz und Qualitätssicherung bei Dienstleistungen heißt auch, dass unerwünschte, schädliche oder gefährliche Wirkungen für die KäuferInnen ausgeschaltet oder minimiert werden bzw. zumindest die Nebenwirkungen und Gefahren eines Verfahrens transparent machen können. Die AnbieterInnen von Dienstleistungen müssen ihre Grenzen kennen und abschätzen können, wann und unter welchen Umständen ihr Produkt nicht mehr hilfreich und indiziert ist. In einer Gesellschaft, in der Risikominimierung eine wesentliche Komponente darstellt, müsste auch Supervision ihre Ungefährlichkeit nachweisen! Spannend wird die Sache dann, wenn im Dreieck von Organisationssystem, SupervisandInnen und deren KlientInnen Erfolge und Risiken sicher nicht von allen Beteiligten gleich definiert werden.

Paradigma der Wissenschaftlichkeit: Neben der Wichtigkeit des wirtschaftlichen Erfolgs gibt es noch ein weiteres Kriterium, an der in unserer Gesellschaft Produkte und Maßnahmen gemessen werden: Wissenschaftliche Anbindung in Dokumentation und Erforschung sind Gütekriterien in einer Zeit, in der Wahrheit durch (meist naturwissenschaftlich geprägte) Untersuchungen hergestellt wird. Wissenschaftlichkeit ist ein hoher Wert und oft die ultima ratio im gesellschaftlichen Diskurs. Eine Mehrheit der KundInnen, möglicherweise ebenso wie viele WissenschaftlerInnen selbst meinen offenbar, dass Wissenschaft Wahrheit produzieren kann und ist sich der erkenntnistheoretischen Prämissen nicht bewusst.

2.1 Herausforderungen an Supervisionsforschung

Supervision muss als Gesamtsystem betrachtet werden, damit ihr Mehrebenencharakter deutlich wird (vgl. Holloway 1995). Hierin liegt ihr Potenzial zur Erfassung und Beeinflussung komplexer Zusammenhänge, zum anderen aber auch die Herausforderungen der Supervisionsforschung, weil sich die einzelnen Ebenen nicht voneinander isolieren lassen, sondern permanent gegenseitige Beeinflussung und Durchdringung der einzelnen Ebenen zum Tragen kommen (vgl. Oeltze/Ebert/Petzold 2002). Die unterschiedlichen supervisorischen Arbeits- und Aufgabenfelder machen Supervisionsforschung, die Qualitätskriterien überprüft, so schwierig. Denn es gibt keine Standard-Supervision mit bestimmten Merkmalen: Supervision ist abhängig von einer Vielzahl von Bedingungen (Petzold 1998).

Weiters gibt es auch keine elaborierten übergreifenden Supervisionstheorien, kein gemeinsames Basismethoden-Inventar, keine Einigkeit über Standardstrategien von Interventionen, ja oft nicht einmal klar erkennbare Schulen und Lehrgebäude von Supervision. Coaching, Organisationsentwicklung, Teamentwicklung, Balintgruppen, mediationsnahe Prozesse, Projektentwicklung und -begleitung, Fachberatung sind alles Formate, die unter dem Titel Supervision (wie auch außerhalb davon) angeboten werden.

Die oft als Vergleich herangezogene Psychotherapieforschung hat hier bessere Startbedingungen: Dort gibt es gleich wie in der Supervision, eine große Abhängigkeit des Prozesses von dem individuellen Vorgehen der TherapeutIn; darüber hinaus aber zumindest innerhalb der einzelnen Schulen klarere Konzepte über Wirkfaktoren und Störungsbilder, Aussagen darüber, was heilt bzw. beeinflusst und warum. Supervision hat keine so klaren Schulen, ist weniger aus einem theoretischen Guss, nützt verschiedene sozialwissenschaftliche und psychotherapeutische Referenztheorien und -methodiken.

So wird etwa schon die Frage nach dem Wirkort von Supervision kontrovers diskutiert: Ein Standpunkt besagt, dass der Output von Supervision bei den SupervisandInnen evaluiert und gemessen werden kann. Die Gegenargumentation lautet, dass sich die supervisorischen Interventionen ja auf das konkrete Verhalten der SupervisandInnen in den Situationen mit den KlientInnen durchschlagen sollen, und sich (auch) dort die Qualität der supervisorischen Prozesse abbilden sollte. Eine weitere Perspektive wäre die des/der AuftraggeberIn von Supervision, die vielleicht noch andere Wirkungen von Supervision beabsichtigte, die ihr als Parameter für das Gelingen der Maßnahme gelten: Ist das Team ruhiger, gibt es weniger Reibungsverluste in der Organisation? Möglicherweise könnte man diese Sicht auch noch durch die Beobachtungen der SupervisorInnen ergänzen, wobei zu berücksichtigen ist, dass die Auswirkungen auf die SupervisandInnen in Abhängigkeit zu den Zielen und dem Prozess von Supervision stehen.

Petzold (2002) fordert mehrfach eine evidence-based Supervisionsforschung, die auf der Idee klinischer Evidenzstudien in der Medizin beruht. Ob und inwieweit solche Designs aus dem naturwissenschaftlich orientierten klinischen Paradigma in den sozialwissenschaftlichen Wirkungsbereich von Supervision übernommen werden können, sollte sorgfältig überprüft werden. Nicht alles, was zum Repertoire moderner klinischer und somit naturwissenschaftlicher Forschung zählt, ist auf den komplexen sozialwissenschaftlichen Bereich von Supervision übertragbar. Eine Entsprechung von erkenntnistheoretischen Prämissen und Forschungsparadigma mit der Art der Fragestellung und dem Gegenstandsbereich der angestrebten Erkenntnis – eben der Supervision – lassen die Übernahme gewisser naturwissenschaftlicher Designs gar nicht zu.

2.2 Und was meinen die SupervisorInnen dazu?

In der Community der SupervisorInnen lassen sich meiner Beobachtung nach folgende drei Strömungen ausmachen, was das Verhältnis der PraktikerInnen zur Forschung betrifft: Folgen wir den oben skizzierten Paradigmen, so kann es natürlich keine Frage sein, dass Supervision forschungsgegründet sein muss: Die Wissenschaftlichkeit von Supervision zeigt sich in der systematischen Untersuchung der vorgefundenen (Supervisions-) Realitäten. Durch qualitätsvolle wissenschaftlich-empirische Untersuchungen könnten Wirksamkeit, Wirtschaftlichkeit und Unbedenklichkeit bewiesen werden. Die sich daraus ergebenden Erkenntnisse zu Bedingungen, Prozess und Ergebnissen von Supervision sollten in einer sich entwickelnden scientific community diskutiert werden, um Wissen zu generieren und unsere Disziplin voranzubringen.

Viele PraktikerInnen ziehen jedoch in Zweifel, ob und welchen Sinn Forschung im Bereich Supervision hat: Die Entwicklung des supervisorischen Angebots könne man ruhig dem Markt überlassen, gute SupervisorInnen würden schon ihr Auskommen finden. Wissenschaftliche Beschäftigung mit Supervision nütze ihnen für ihre praktisch-supervisorische Arbeit nichts; schwer lesbare Fachartikel zu rezipieren wäre mühsam und unnötig da diese oft praxisfern oder nur mit Detailaspekten beschäftigt wären, die das Ganze vernachlässigten. Wenn es Ergebnisse gäbe, dann nur solche, die sie ohnehin immer gewusst hätten (wie etwa solche zu den erwünschten Eigenschaften von SupervisorInnen).

Manche Argumente gehen auch in die Richtung, dass Supervision ohnehin eine Art angewandter Sozialforschung sei: SupervisorInnen erkunden mit ihren SupervisandInnen die Bedingungen, Auswirkungen und Voraussetzungen ihres Handelns und versuchen im Polylog zu neuen Erkenntnissen verbesserter Praxis zu kommen. Eine solche Vorgehensweise berechtige, Supervision als angewandte Beratung per se als eine Art Aktionsforschung zu betrachten. Daher habe Supervision eine quasi genuine Wissenschaftlichkeit, die bei jedem Supervisionsprozess zum Tragen käme und aktualisiert würde. Weitere Anstrengungen seien zwar löblich, aber in dieser Sichtweise nicht unbedingt nötig, um Supervision in den Bereich von Wissenschaft zu bringen.

In solchen Argumenten, die im Rahmen von Diskussionen um den Sinn und Nutzen von Verwissenschaftlichung und Beforschung von Supervision auftauchen, bildet sich ein Theorie-Praxis-gap ab. Die forschungskritische Haltung gipfelt in der Frage, wozu denn Praxis Forschung brauche – es sei wohl eher umgekehrt (was stimmt) und erinnert an die Auseinandersetzungen bezüglich der Psychotherapieforschung in den 80er Jahren.[7]

Nicht unerwähnt bleiben soll das Spannungsfeld der Macht und Kontrolle, die mit Forschung zur Qualitätssicherung und Qualitätsmanagement von Supervision verbunden ist (vgl. Schigl 2004). Wenn durch Forschung definiert werden kann, was Supervisions-Qualität kennzeichnet und welche Faktoren bei ihrer Herstellung nötig sind, haben ForscherInnen eine hohe Kontrollmacht. Möglicherweise ist das mit ein Grund für die Skepsis, mit der kritisch reflektierende SupervisorInnen der Beforschung ihres Tuns begegnen.

3. Schlussfolgerungen

Wir behaupten, dass Supervision wirkt. Sträuben wir uns gegen die Erkundung dieses Wirkens, so bleiben wir im gesellschaftlichen Diskurs im Bereich der Esoterik. Wir brauchen *Forschung um Wirkungen, Wirkweisen und möglicherweise Nebenwirkungen von Supervision* dokumentieren und absichern zu können. Supervision wirkt an Interventionen mit, die in das Leben von Menschen – PatientInnen, KlientInnen, MitarbeiterInnen eingreifen. Sie kann bei Entschei-

---

[7] Inzwischen sind die PsychotherapeutInnen stolz auf die Wirksamkeitsergebnisse, die die Psychotherapieforschung erbracht hat und haben Selbstvertrauen und Bestätigung ihrer verschiedenen Schulen und der Kunst ihrer Behandlung erfahren.

dungsfindungen eine erhebliche Rolle spielen und wird oft bei Krisen und Problemen angefragt. Eine solche Dienstleistung an sensiblen Stellen gesellschaftlicher Subsysteme muss ihre Seriosität und Professionalität dokumentieren – ein solcher Beweis ist durch Forschungserkundungen zu supervisorischem Tun erreichbar.

Die Sozialwissenschaften (zu denen Supervisionsforschung zählt) haben im Unterschied zu den meisten naturwissenschaftlichen Forschungsgegenständen einen ex post Standort: Wir untersuchen, was Menschen in ihrem Zusammenwirken bewegt, wie und auf welche Weise Interaktionen und Interventionen Verhalten beeinflussen – oder eben nicht! Diese Grundlagenforschung ist gänzlich anders geartet als in der Physik, Biologie oder Pharmakologie, in der zuerst Stoffe, Techniken von ForscherInnen entwickelt und dann in der Produktion angewandt werden.

SozialwissenschafterInnen beschreiben, extrahieren, verdichten und analysieren, was PraktikerInnen machen und folgen mit ihren Beobachtungen deren Handlungen nach. Dies macht es für manche schwieriger, den Nutzen von Forschung zu erkennen – scheinen ForscherInnen doch eher dem faktischen Tun nachzufolgen als den PraktikerInnen nützliche, handlungsleitende Impulse und Methoden in die Hand zu geben. Hier wäre *mehr Begegnung und Diskurs zwischen Praxis und Forschung* vonnöten. Der Austausch von Informationen könnte Transparenz erzeugen und die spezielle Geartetheit von Sozialforschung verständlich machen, um eine gemeinsame phänomenologische Erkundung von Supervision im Feld möglich zu machen. Ein weiterer Schritt in dieser Annäherung wäre zu eruieren, was denn PraktikerInnen von ForscherInnen erwarten, welche Forschungsfragen sie interessieren.

Die *Akademisierung* – eine eng mit der Wissenschaftlichkeit und Verwissenschaftlichung verbundene Tendenz, ergreift immer mehr Berufsfelder. Die Akademisierungsquote einer Gesellschaft wird zu einem Gradmesser für Wohlstand und Entwicklung. Supervision und ihre Ausbildung ist an die Universitäten gekommen (wie Sozialarbeit und Psychotherapie) und hat so prinzipiellen Zugang zum institutionalisierten Wissenschaftsbetrieb. Die Anbindung an Wissenschaft eröffnet für Supervision Ressourcen: Die Verankerung von Supervisionsausbildungen an Universitäten und der Abschluss mit einem akademischen Titel (der für wissenschaftliche Abschlussarbeit auf dem Gebiet der Supervision verliehen wird) ist hierbei ein wichtiger Schritt. Supervision kann damit vielleicht besser theoriegeleitet und forschungsgegründet vermittelt werden. Es ist an den Lehrenden dieser Supervisionsausbildungen, bei den künftigen PraktikerInnen für Supervisionsforschung zu werben und mit ihnen den Wert von Wissenschaft und ihrer Paradigmen kritisch zu reflektieren. Die hohe Kunst der persönlichen sozialen Intervention der SupervisorIn wird durch Forschung nicht geschmälert, sondern bleibt Herzfaktor supervisorischen Handelns.

Unser forschungsgegründetes Wissen über Supervision ist noch Stückwerk, die meisten Untersuchungen stellen kleine Inseln der Erkenntnis im Meer des Unbekannten dar. Wenn wir die Kommunikation in der scientific community verbessern, könnten diese Inseln zu größeren Flecken werden, zusammenhängende Themengebiete von verschiedenen Seiten her beleuchtet werden. Supervisionsforschung würde durch mehr Austausch an Qualität gewinnen. Eine mehrperspektivische Herangehensweise etwa durch verschiedene ForscherInnen-Gruppen, die (gemeinsam mit PraktikerInnen) an ähnlichen Fragestellungen arbeiten, würde der Komplexität unserer Beratungsleistung wie der Komplexität unserer Verfahren und Methoden entsprechen.

In einer *synoptischen und synergetischen Supervisionsforschung* könnten Themen von mehreren Seiten her beleuchtet werden – durchaus auch von unterschiedlichen Forschergruppen mit unterschiedlichen Herangehensweisen, Hypothesen und Designs. Eine derartige gegenseitige Ergänzung könnte bei dem immer wieder konstatierten großen Forschungsbedarf einen Qualitätssprung in den Erkenntnissen bringen. Wissenschafts- und erkenntnistheoretischen Wurzeln u. Anthropologien der ForscherInnen sowie deren erkenntnisleitende Interessen müssen dabei offen gelegt werden.

Zu empfehlen für künftige Supervisions-Forschungsvorhaben sind *sophisticated designs*, die einzelne Subsysteme von Supervision im Blick haben und möglichst viele Einflussfaktoren identifizieren können – idealiter in einer Kombination von quantitativen und qualitativen Verfahren, *vorzugsweise Feldforschung*. Die Daten sollten nicht nur durch Selbstauskunft der SupervisandInnen erfolgen und die Erhebung prozessbegleitend sowie einige Zeit nach Abschluss der Supervision angelegt sein. Ebenso wäre es wichtig, nicht immer nur nach Verbesserungen durch Supervision zu fragen, sondern Risiken und Kontraindikationen ebenfalls zu erheben. Ein wichtiges Anliegen dabei ist die wissenschaftliche Metareflexion, die Basisannahmen, Hintergründe und Zielsetzungen von Strategien und Methoden der Interventionen offen legt.

Wenn ich in meinem Beitrag für Supervisionsforschung eintrete, dann tue ich das im Bewusstsein der Kritisierbarkeit und Notwendigkeit der zuvor angerissenen Paradigmen, erwachsen sie doch aus einer marktwirtschaftlich orientierten, in der Naturwissenschaft ihre Rechtfertigung suchenden Gesellschaftsordnung, in dem die mächtigsten Subsysteme Wirtschaft und Wissenschaft zu beidseitigem Nutzen kooperieren. Die Ablöse göttlicher oder persönlicher durch wissenschaftliche Wahrheit, der Ersatz von menschlichem durch monetären Gewinn sind durchaus zu hinterfragen – gerade und besonders von ForscherInnen, die ihre wissenschafts- und erkenntnistheoretischen Wurzeln und damit

Anthropologien oft aus den Augen verloren haben. Insofern plädiere ich für eine Metareflexion und Supervision der SupervisionsforscherInnen – aber in gleichem Maße dafür, dass diese ans Werk gehen sollen und ihr Beitrag geschätzt wird.

Literatur

Berker, P./Buer F. (Hg) (1998): Praxisnahe Supervisionsforschung. Felder – Designs – Ergbnisse. Votum Verlag. Münster

Ellis, M. V./Ladany, N. (1997): Inferences Concerning Supervisees an Clients in Clinical Supervision: An Integrative Review. In: Watkins jr, Edward C.: Handbook of Psychotherapy Supervision. S. 447-507. John Wiley&Sons, Inc. New York

Fischer, M./Fürnkranz, W./Schigl, B.(2001): Wirkfaktoren und Qualitätskriterien von Supervision". Endbericht zum Projekt "Evaluation des Veränderungspotenzials von Supervision in unterschiedlichen professionellen Feldern" Eigenvervielfältigung für Jubiläumsfonds der Österreichischen Nationalbank, Wien + www.DGSv.de

Holloway, E (1995): Clinical Supervision. A systems approach. Sage Publications. Thousands Oaks.

Künzli, H (2005):Wirksamkeitsforschung im Führungskräfte Coaching. OSC Jg 12/2005, Verlag für Sozialwissenschaften. Wiesbaden S 231-244

Möller, H./Märtens M. (1998): Zur Problematik der Supervisionsforschung: Forschung ohne Zukunft? In: OSC 3/1998, Verlag Leske und Budrich, S 205-221

Möller, H (2001): Was ist gute Supervision? Grundlagen – Merkmale – Methoden. Klett Cotta. Stuttgart

Oeltze, J./ Ebert W./Petzold H.G. (2002): Integrative Supervision in Ausbildung und Praxis – eine empirische Evaluationsstudie im Mehrebenenmodell. Düsseldorf/Hückeswagen: Europäische Akademie für psychosoziale Gesundheit.

Petzold, H.G./ Schigl, B./ Fischer M./ Höfner, C. (2002): Die Effizienz von Supervision für SupervisandInnen und KlientInnensysteme. Teil 1: Analyse der internationalen Forschungsliteratur, Endbericht des Projekts des Zentrums für Psychosoziale Medizin an der Donau-Universität Krems, Eigenvervielfältigung, Krems.

Petzold, H. G./Schigl, B./ Fischer, M./Höfner, C. (2003): Supervision auf dem Prüfstand. Wirksamkeit, Forschung, Anwendungsfelder, Innovation. Leske + Budrich, Opladen

Giesecke, M./Rappe Giesecke C. (1997): Supervision als Medium kommunikativer Sozialforschung. Die Integration von Selbsterfahrung und distanzierter Betrachtung in der Beratung und Wissenschaft. Suhrkamp. Frankfurt.

Schigl B./Petzold, H.G. (1997): Evaluation einer Ausbildung in Integrativer Supervision mit Vertiefungsschwerpunkt für den klinisch-geriatrischen Bereich - ein begleitendes Forschungsprojekt" In: Integrative Therapie, 1-2/1997, S 85-146 Junfermann Paderborn

Schigl, B. (2004): Qualitätskriterien supervisorischen Handelns: Ausgewählte Ergebnisse einer Evaluation der internationalen Forschungsliteratur In: Fröhlich, W. , Jütte W. (Hrsg.): Qualitätsentwicklung in der postgradualen Weiterbildung. Internationale Entwicklungen und Perspektiven. Waxmann Verlag, Münster

Schneider, K./Müller A. (1995): Evaluation von Supervision. In: Supervision Zeitschrift für berufsbezogene Beratung, Nr. 27, S 86-98, Votum Verlag, München

Ausbildungsforschung: Berufliche Kompetenzentwicklung jenseits subjektiver Meinungsbekundungen

Heidi Möller, Arthur Drexler

Die Aus- und Weiterbildung stellt einen Riesenmarkt dar. Der Staat, die Unternehmen und Privatpersonen geben jährlich in Summe Milliarden Euro für Weiterbildungen, Schulungen, Kurse usw. aus. Allein in Österreich nehmen jährlich ca. eine Million der über 25-jährigen an nicht-formellen Bildungsangeboten (das sind Angebote außerhalb des regulären Bildungssystems der Schulen und Hochschulen) teil, wobei jede/r Berufstätige durchschnittlich 85 Stunden pro Jahr dafür investiert (Europäische Gemeinschaften, 2005). Die Kosten für Weiterbildung pro TeilnehmerIn werden im Europäischen Vergleich mit 1160 Kaufkraftstandards (entspricht in etwa dem Betrag in Euro) für Österreich angegeben.

Während das Angebot an Weiterbildungsmaßnahmen sehr groß und sehr vielfältig – manchmal sicherlich auch fragwürdig – ist, erscheint der Bereich der Weiterbildungsforschung bisher nur sehr wenig ausgeprägt. Instrumente zur Evaluation und Qualitätssicherung von Weiterbildungsmaßnahmen, die valide und praktikabel sind, fehlen. In Zeiten zunehmenden Bedarfs an Weiterbildung einerseits und verknappender Ressourcen andererseits, kann von einem wachsenden Bedarf an geeigneten Konzepten und Instrumenten ausgegangen werden.

Das Institut für Kommunikation im Berufsleben und Psychotherapie engagiert und profiliert sich schwerpunktmäßig im Bereich Aus- und Weiterbildungsforschung. Ausgangs- und Zielpunkt sind Weiterbildungsprogramme im Bereich persönlichkeitsbezogener, sozialer und organisationaler Kompetenzen sowie Ausbildungsprogramme im Bereich Psychotherapie, Supervision und Coaching.

Wir gehen von der Frage aus, ob und wie solche Programme „wirken", ob sie „halten was sie versprechen" und wie das festgestellt werden kann. Aus unseren ersten Forschungsschritten, die weiter unten im Einzelnen dargestellt werden, soll in ein paar Jahren ein eigenes Modell zur Evaluierung von Weiterbildungen entstehen, das Aus- und Weiterbildungsträgern die Möglichkeit bieten soll, Maßnahmen zur Qualitätssicherung und –verbesserung zu erarbeiten. Es wird ein Bildungscontrollinginstrumentenpool entwickelt und ein entsprechendes Methodeninventar zusammengestellt, das über die geneigte Meinungsbekundung der Beteiligten weit hinausgeht. Bei nahezu allen Evaluationen im Ausbildungsbereich Coaching handelt es sich um subjektive Einschätzungen der

AusbildungsteilnehmerInnen, die die Qualität eines Lehrganges bzw. die Verbesserung einzelner Fähigkeiten beurteilen. Wir wollen mit unserem Projekt der Forderung nach differenzierter Methodik und differenziertem Design nachkommen. Das benötigte Wissen kann nicht nur durch retrospektive Befragung der Coaches zu ihrer Ausbildung allein erbracht werden; es bedarf experimenteller und quasiexperimenteller Versuchsanordnungen und ebenso sind Beobachtungs- und Befragungsstudien durchzuführen (vgl. Laireiter/Botermans 2005).

1. Die Coachingausbildungsuntersuchung

Wir übernehmen von Reinecker und Schindler (2000) die Einteilung der Vermittlung von Coachingkompetenzen in folgende Teilbereiche: Kenntnisse – Wissen um theoretische Grundlagen; Fertigkeiten – Erfahrung und Wissen um den konkreten Umgang mit KlientInnen/KundInnen; Selbsterfahrung – Kennen der Grenzen der beraterischen Arbeit und Wissen um den Einfluss persönlicher Anteile auf die Interaktion.

Die Fragestellungen unseres Projekts fallen zum einen in den Bereich der theoretisch-methodischen Ausbildung, von einfachem Basiswissen über komplexere Fachkompetenzen, zum anderen in den Bereich der Persönlichkeit der angehenden Coaches. Wir setzen also bei den Grundlagen einer Ausbildung an – welche Voraussetzungen bringen TeilnehmerInnen mit und wie verbessern sich klar umschriebene Kompetenzen im Laufe der Ausbildung?

Unsere Forschungsfragen lauten: Wie verändert sich das theoretische Wissen der AusbildungskandidatInnen im Verlauf der Coachingausbildung? Welche Unterschiede an Fähigkeiten und Persönlichkeitsmerkmalen weisen Anfänger und Fortgeschrittene auf und wie verändern sich diese Eigenschaften im Laufe der Ausbildung zum Coach? Tendieren bestimmte Persönlichkeitstypen eher zu Coachingausbildungen und welche Auswirkungen hat das auf die Ausbildungen und die spätere Praxis?

Weiterbildung ist eine der Aufgaben der Universität. Während es den privaten Weiterbildungsanbietern meist am Interesse aber auch an den Möglichkeiten zur Forschung fehlt, ist die Verbindung von Forschung und Lehre („forschungsgeleitete Lehre“) ein Spezifikum der Universität, durch das sie sich von anderen postsekundären Bildungseinrichtungen unterscheidet.

1.1 Unser Forschungsdesign

Die Untersuchung von Merkmalsveränderungen bedingt, dass mehrere Messzeitpunkte festgelegt werden müssen (siehe Abb. 1). Der Untersuchungsablauf beinhaltet daher eine umfangreiche Eingangsmessung, prozessbegleitende Erhebungen und eine umfassende Messung am Ende der Ausbildung. Bei den Datenerhebungsinstrumenten handelt es sich um Verfahren, die im nächsten Kapitel erläutert werden. Im Zuge der Prä- und Postmessungen werden jeweils die Bereiche diagnostische- und Problemlösekompetenzen, Beziehungsfähigkeit, Fachwissen und Persönlichkeitsstruktur erfasst, zusätzlich wird die Ausbildungsmotivation am Beginn erhoben und werden nach jedem Seminartermin Selbst- und Fremdeinschätzungen hinsichtlich des Ausbildungsfortschritts durchgeführt.

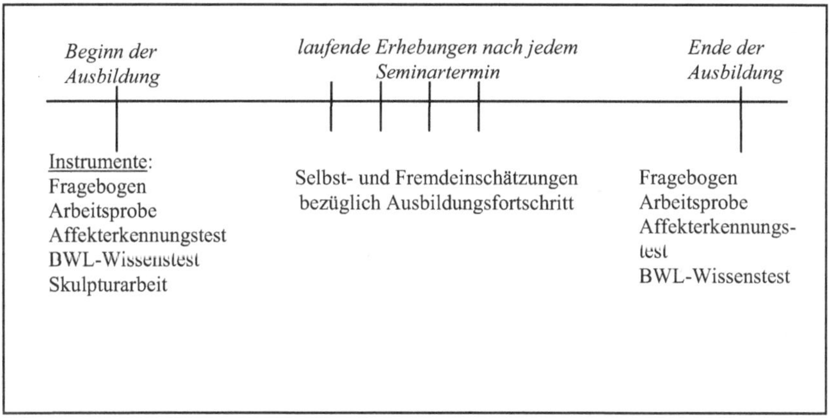

Abb. 1: Forschungsdesign und Datenerhebungsverfahren

Die Teilnahme an den Forschungsprojekten erfolgt auf freiwilliger Basis und die individuellen Ergebnisse haben keinen Einfluss auf den Fortschritt bei der Aus- und Weiterbildungsmaßnahme. Für die Studie werden für alle TeilnehmerInnen Zufallscodes vergeben, die während des Forschungsprojekts unverändert bleiben und eine personenbezogene Zuordnung der Resultate von den verschiedenen Messzeitpunkten ermöglichen. Das Procedere dient dazu, die Anonymität der einzelnen Resultate gegenüber der Lehrgangsleitung zu wahren. Der Vorteil für die TeilnehmerInnen an der Beteiligung liegt darin, dass sie laufend Rückmeldungen zu den persönlichen Ergebnissen und Lernfortschritten erhalten, die auf Grund des Forschungsdesigns nicht nur auf subjektiven Selbsteinschätzungen beruhen, sondern auch „härtere Fakten“ wie z.B. Wissen und Expertenbeurteilungen umfassen.

1.2 Die Instrumente

Für die Messungen der Bereiche der diagnostischen und Problemlösekompetenzen, der Beziehungsfähigkeit, des Fachwissens und der Persönlichkeitsstruktur sowie der Ausbildungsmotivation und der Selbst- und Fremdeinschätzungen werden unterschiedliche Verfahren eingesetzt. Im Einzelnen handelt es sich dabei um folgende Instrumente:

a) Skulpturieren (Arbeiten mit Ton) zur Motivationsanalyse
b) Arbeitsproben in Form einer Fallbeschreibung mit spezifischen Fragestellungen
c) Betriebswirtschaftlicher Wissenstest
d) Computerunterstützte Affekterkennungstests
e) Persönlichkeitsfragebogen
f) Selbsteinschätzungsfragebogen zum Ausbildungsfortschritt
g) Fremdeinschätzungsfragebogen für ReferentInnen zum Ausbildungsfortschritt der TeilnehmerInnen

(a) Skulpturarbeit zur Motivationsanalyse: Die von Otto Scharmer am MIT entwickelte Methodik „Sculpting: Four Direction Reflection“ dient zur vertieften Analyse der Motivation zur Weiterbildung. Dazu wird eine Tonskulptur geschaffen, welche die aktuelle berufliche Situation und die mit dem Wunsch zur Weiterentwicklung verbundenen Möglichkeiten in der Lebens- und Arbeitswelt der TeilnehmerInnen repräsentiert. Durch einen systematischen Perspektivenwechsel auf die Skulptur stellen sich die WeiterbildungskandidatInnen ihren Ressourcen, Kernkonflikten, Wahrheiten und bislang unerfüllten beruflichen Wünschen.

Hervorzuheben ist unter den Perspektiven die „Sterbedimension“, weil es bei Aus- und Weiterbildungen auch darum geht, etwas hinter sich zu lassen. Beispielsweise fällt gerade PsychotherapeutInnen und klinischen PsychologInnen der Wechsel von der „Kommstruktur“ einer psychologischen/therapeutischen Praxis, einer Beratungsstelle oder Klinik hin zur „Bringstruktur“ der im Wirtschaftskontext üblichen Präsentation des eigenen Beratungsangebotes sehr schwer. Man könnte sogar sagen, dass der Wechsel von der zuwartenden Haltung, die im klinisch psychologischen Kontext nicht nur an der Tagesordnung, sondern auch sinnvoll ist, zur aktiven Akquise entscheidend dazu beiträgt, ob die Identitätsentwicklung zum Coach gelingt oder scheitert. Sich als BeraterIn „in den Markt zu werfen“ geht mit einer ganz anderen (offensiveren) psychischen Bewegung einher, als die eher abwartende Haltung als „Versorger“ im Gesundheitswesen. Das Ansuchen um psychologische Behandlung stellt immer auch eine Diskrepanz der Rollen dar: hier der leidgeprüfte Patient, der auf viele Fragen seines Lebens keine adäquaten Antworten hat – dort die fachlich kompetente und in der Phantasie der meisten PatientInnen persönlich souveräne TherapeutIn, die in der Fülle ihres Lebens steht. Aus den Augen der um Behandlung ansuchenden Menschen werden wir zumeist qua Rolle als persönlich glücklich und zufrieden angesehen. Wir haben es im ersten Kontakt in der Psychotherapie immer mit einem Machtgefälle zu tun. Dieses dient auch der Ich-Erweiterung von TherapeutInnen. Die Schattenseite des Psychotherapeutenberufs fokussierend, könnte man sogar sagen, dass wir als PsychotherapeutInnen diese Diskrepanz zur Stabilisierung notwendig brauchen.

Wie stellt sich demgegenüber der Erstkontakt in der Beratungsbranche dar? Zunächst einmal haben wir es mit einem umgekehrten Machtverhältnis zu tun. Ich trage eine Ware „Coaching“ zu Markte und es ist an den Trägern, Teams, Vorgesetzten, Personalchefs, Vorstandsvorsitzenden etc. über die Qualität, Brauchbarkeit, Passung für das Unternehmen zu befinden und den Wert dieser Dienstleistung festzulegen. Die Kontaktaufnahme mit den EntscheidungsträgerInnen in Organisationen ist von den AusbildungskandidatInnen vielfach übertragungsgeschwängert (vgl. Anker/Möller 2005). Diese und andere Aspekte der Weiterbildungsmotivation sollen mit Hilfe des Skulpturierens erhellt und reflektiert werden.

(b) Arbeitsprobe: Fallbeispiel: Als eine wichtige Coachingkompetenz wird die Konzeptkompetenz genauer untersucht: Anhand der schriftlichen Bearbeitung eines Fallbeispiels werden Unterschiede zwischen AnfängerInnen und Fortgeschrittenen und zwischen denselben Personen zu Beginn und zu einem späteren Zeitpunkt in der Ausbildung in Bezug auf Komplexität und Differenziertheit in der Fallkonzeption erfasst. Zusätzlich zu den Unterschieden innerhalb der Ausbildungsgruppen werden über verschiedene Coachingausbildungsfacetten (SchulleiterInnencoaching, Coaching im Bildungswesen, Coachingausbildung allgemein, Kombinationsausbildungen Supervision und Coaching) hinweg Daten erfasst. Die Aufbereitung der schriftlichen Transkripte findet mit Methoden der qualitativen Sozialforschung statt, die Analyse der Daten erfolgt mit einem adaptierten qualitativ-quantitativen, computergestützten Netzwerkverfahren, GABEK/WinRelan© (Zelger 1999). Beim Verfahren GABEK handelt es sich um eine computergestützte Methode zur Analyse sprachlicher Komplexität, indem hierarchisch-strukturierte Gestaltung, regelbasierte Erschließung inhaltli-

cher Vernetzungen, Wechselwirkungspostulate, Identifikation von Wirkvariablen (Grundwerte, Ziele, Maßnahmen), Analyse emotionaler Ladungen sowie Folgeabschätzungen, um die wesentlichen Optionen zu nennen, erfasst werden.

Große Bedeutung in der Beratungspraxis hat das Beratungskonzept der Coaches. Die Fähigkeit der Coaches, mit ihrem Beratungskonzept ein für die KundInnen/KlientInnen Erfolg versprechendes Arbeitsbündnis zu verwirklichen, ist zentral für den Beratungserfolg. Die Fallkonzeption wird als wichtiger Teil des beraterischen Vorgehens angesehen, weil sich daraus ein individueller Beratungsplan ableiten lässt. Man kann also davon ausgehen, dass die Fähigkeit der (angehenden) Coaches, Hypothesen und Konzepte über die Problematik der KundInnen/KlientInnen sowie den Beratungsprozess zu bilden, für den Outcome essenziell ist.

Konkret braucht es plausible Erklärungshypothesen für die Problematik der KundInnen/KlientInnen und ein geplantes Vorgehen. Das gemeinsame Erklärungsmodell und die Übereinstimmung bezüglich des Vorgehens bilden auch die Grundlage für ein funktionierendes Arbeitsbündnis. Die Konzeptkompetenz erfasst neben diagnostischer Kompetenz, Ursachenerklärung, Planung von Interventionsschritten auch die Fähigkeit zur komplexen Erfassung einer Person und größerer Zusammenhänge in Form von Wechselwirkungen, sie findet durch größere Differenziertheit auch in sprachlichen Äußerungen ihren Niederschlag (vgl. Aichbauer 2006).

Eine Aufgabe von Coaching-Ausbildungen ist es, diese Konzeptkompetenz zu verbessern und zu fördern. Die Erfassung der Konzeptkompetenz wurde probeweise bereits am Institut für Kommunikation im Berufsleben und Psychotherapie im Rahmen der Evaluation der Psychodrama-Ausbildung durchgeführt. In einer Pilotstudie fand ein Vergleich zwischen einer Gruppe erfolgreicher AbsolventInnen und einer Gruppe von AusbildungsanfängerInnen des Psychodrama-Lehrgangs statt. Beide Gruppen bearbeiteten ein fiktives Fallbeispiel. Die schriftlichen Transkripte der Fallkonzepte wurden mit Methoden der qualitativen Sozialforschung aufbereitet (Northcutt/McCoy 2004) und mit einem adaptierten qualitativ-quantitativen, computergestützten hierarchisch-strukturellen Netzwerkverfahren, GABEK/WinRelan© (Zelger 1999) analysiert.

In einer Pilotstudie in der Psychotherapieausbildungsforschung (Andreatta/Kraler 2006) konnte gezeigt werden, dass es große Unterschiede zwischen der Fallkonzeption von AnfängerInnen und FinalistInnen gibt. Die FinalistInnen zeichnen sich durch eine quantitativ reichhaltigere Bearbeitung der Fallgeschichte und ein sprachlich kohärenteres, besser zusammenhängendes und integrativeres Vorgehen aus. Einzelne Konzeptelemente sind deutlich besser vernetzt, hierarchisch-strukturierte Konzepte sind deutlicher ausgeprägt als bei AnfängerInnen. Die Konzeptualisierungen der AnfängerInnen bleiben vielfach auf dem Niveau so genannter Prägestalten. Die Relevanzanalyse zeigt auf, dass FinalistInnen auf verschiedenen Ebenen reichhaltiger und tiefer ausdifferenzieren. Bei themen- und variablenbezogenen Wechselwirkungsnetzen sind die Ergebnisse besonders deutlich. Bei den AnfängerInnen sind es zwar komplexe, aber vorwiegend lineare Sterntopologien. Bei den FinalistInnen sind die Wechselwirkungsnetze hochgradig zirkulär. Insgesamt zeichnet sich nach absolvierter Ausbildung eine hohe Fähigkeit im Umgang mit Komplexität in der Konzeptbildung und der beraterischen Formulierung ab, was als Ausbildungserfolg zu werten ist. Wie diese beraterische Kompetenz in das Beziehungsgeschehen eingebracht wird, muss erst mittels weiterer Untersuchungen überprüft werden. Diese Methode, die Konzeptkompetenz zu erfassen, ermöglicht aber als einen ersten Schritt die Erhebung von Ausbildungsfortschritt und –erfolg und leistet somit einen wichtigen Beitrag zur Erfassung von Coachingkompetenzen und der Evaluierung ihrer Veränderungen im Ausbildungsprozess.

Wichtig ist in diesem Zusammenhang ein „kultur-fairer" Fall, der nicht durch die Symptomatik eine bestimmte Coaching-Schule „bevorzugt". Sinnvoll ist ein Vergleich der Antworten mit jenen von ExpertInnengruppen, d.h. bereits langjährig praktizierenden Coaches. Dies wird ein weiterer Schritt unserer Ausbildungsforschung sein.

(c) Betriebswirtschaftlicher Wissenstest: Die Erhebung des Wissenszuwachses in den Grundlagen der Betriebswirtschaft mag die LeserIn verwundern. Jede Weiterbildung verfolgt nicht nur explizite Ziele, sondern es gibt immer auch einen impliziten Lernplan. In meiner eigenen (H.M.) Supervisionsausbildung am FPI machte ich große Fortschritte im Bereich des impliziten Lernens von betriebswirtschaftlichen Basistheorien. Dieser nicht beabsichtigte Nebeneffekt ermöglichte mir, sehr viel kompetenter und damit auch selbstbewusster Aufträgen aus der Wirtschaft nachzukommen. Dieses Einsatzfeld wird von vielen SupervisorInnen nicht nur der besseren Honorare wegen angestrebt. Gerade die Kontrastierung der unterschiedlichen Organisationskulturen, Verwaltung, Gesundheitswesen, Wirtschaft und psychosoziale Einrichtungen ist eine hilfreiche Interventionsressource der SupervisorInnen und eine notwendige für Coaches. Nur auf diese Weise kann es gelingen, Phänomene nicht als selbstverständlich und womöglich unabänderlich zu nehmen, die in der vertrauten Kultur aber oft so erlebt werden. Gerade der psychosoziale Sektor, aus dem die meisten AusbildungskandidatInnen kommen, unterliegt wie der Bildungsbereich und das Gesundheitswesen einer massiven Ökonomisierung des Sozialen. Gefordertes Qualitätsmanagement (gezielte Maßnahmen anstelle von „irgendwie" intervenieren) und das Sozialmanagement als neue Aufgabe und notwendige Kompetenz von SozialexpertInnen erfordern betriebswirtschaftliches Denken. Folgen

wir Wimmer (unveröffentlichter Vortrag Laxenburg 2006), werden BeraterInnen ohne BWL-Know How zukünftig nicht mehr engagiert werden.

Diesen Befunden Rechnung tragend erscheint es uns als besonders wichtig, das implizite Lernen von betriebswirtschaftlichen Basiskenntnissen im Rahmen einer Coachingausbildung zu erfassen. Unser BWL-Wissenstest in Form eines „betriebswirtschaftlichen Fragebogens“ richtet sich an AusbildungskandidatInnen, die mehrheitlich Nicht-BetriebswirtInnen sind und entsprechend dieser Zielgruppe handelt es sich bei den Fragen um Begriffsklärungen und größere Themenbereiche aus der Betriebswirtschaft, deren Antworten Aufschluss über die Lernfortschritte im Zuge der Ausbildung geben. Der Fragebogen wurde in Zusammenarbeit mit Frau Dipl.-Vw. Bettina Specht vom Institut für Strategisches Management, Marketing und Tourismus erstellt, ein Beispielitem lautet: „Nennen Sie bitte zwei Beispiele für Firmen mit eigener Rechtspersönlichkeit“.

(d) Emotionserkennung: Die Durchsicht der Literatur zeigt, dass kaum ein Konzept der Arbeitswelt mit so vielen unterschiedlichen Begriffen versehen wird wie das Konzept der Schlüsselqualifikationen. Da ist von Querschnittsqualifikationen, Kernkompetenzen, soft skills und competencies die Rede. Überfachliche Qualifikationen, Sozialqualifikationen oder gar Transferfähigkeit und Metakompetenzen werden verlangt. Das Konzept scheint sich in ein Schlagwort zu verwandeln – es erscheint theoretisch nicht ausreichend fundiert und von der Praxis nicht selten mit Erwartungen überfrachtet.

Schlüsselqualifikationen sind im Spannungsfeld zwischen Wissenschaft und Praxis zu sehen und bedürfen einer verstärkten (systematischen) Betrachtung. Eine Aufgabe und Herausforderung, die wir als Institut für Kommunikation im Berufsleben und Psychotherapie gerne annehmen. Das bedeutet, dass wir bei der Konzeption, theoretischen Fundierung und Wirksamkeitsforschung unseren Beitrag leisten wollen.

Wie aber wird der Begriff der Schlüsselqualifikationen üblicherweise verwendet und wie kann die Nützlichkeit dieses Konzepts begründet werden? Unsere Definition von Schlüsselqualifikationen wurde in Anlehnung an die klassische Begriffsbestimmung von Mertens (1974) entwickelt und daher liegt der Schwerpunkt der Qualifikation nicht mehr in der konkreten situativen Anforderung, sondern verlagert sich zur Person in Form von Eigenschaften, Erfahrungen und Wissen. Schlüsselqualifikationen sind als Merkmale bedeutsam, die zur Bewältigung von gegenwärtigen oder zukünftigen beruflichen Anforderungen dienen, welche über eine aktuelle Position oder Tätigkeit hinausgehen.

Mit der Konzeption der Schlüsselqualifikationen rückt der Arbeitsprozess in das Zentrum der Betrachtung. Es wird der Frage nachgegangen, welche psychologischen Merkmale zur erfolgreichen Bewältigung von Arbeitsanforderungen benötigt werden. Schlüsselqualifikationen stellen, bezogen auf die traditionelle psychologische Zugangsweise, nicht selten eine Kombination aus Persönlichkeitsmerkmalen, Fähigkeiten und Fertigkeiten dar. Ihr Erklärungswert besteht jedoch darin, dass sie auf arbeits- und berufsrelevante Anforderungen bezogen sind. Das Konzept der Schlüsselqualifikationen kennzeichnet daher eine bestimmte Perspektive und einen bestimmten Anwendungsbereich psychologischer Diagnostik (vgl. Eilles-Mathiessen et al. 2002).

Der Fähigkeit von Coaches zur Wahrnehmung emotionaler Prozesse wird bei ihrer Tätigkeit schulübergreifend eine hohe Bedeutung beigemessen. Entsprechend kann vermutet werden, dass Coaches im Laufe ihrer Ausbildung diese Fähigkeit schulen und/oder verfeinern. Diesbezügliche Studien liegen allerdings bisher nicht vor. In der hier konzipierten Untersuchung sollen KandidatInnen von Coaching-Ausbildungsgängen hinsichtlich ihrer Fähigkeit zur Erkennung von Emotionen erfasst werden. Darüber hinaus sollen Aspekte der Persönlichkeit, Emotionalität und des Beziehungserlebens mittels Fragebogen gemessen werden. Zur Emotionserkennung werden zwei computerunterstützte Verfahren eingesetzt, die Fragebogenbatterie umfasst insgesamt sieben Tests und wird im Kapitel e) erläutert.

Test 1 zur Emotionserkennung: FEEL

Das erste computerunterstützte Verfahren ist ein „facially expressed emotion labeling" FEEL (Version v.2.2.1) von Kessler et al. (2002). Dieser Test misst die Fähigkeit einer Person mimische Basisemotionen zu erkennen. Im Test werden am PC 42 Gesichtsausdrücke zu sechs Grundemotionen im Vergleich mit dem Neutral-Ausdruck dargeboten, deren Emotionen erkannt werden müssen. Das Verfahren erlaubt die Bestimmung von interindividuellen Unterschieden bei der Emotionserkennung und wird auch für die Messung von Verbesserungen dieser Fähigkeit im Zuge der Coachingausbildung verwendet.

Test 2 zur Emotionserkennung: CATS

Das zweite computergestützte Verfahren ist das „comprehensive affect testing system" CATS. Die englische Version ist von Forming, Levy und Ekman (© 2000-2006), die verwendete deutsche Version ist von Thomas Beck. Bei der Untersuchung der Coachingausbildung werden der Subtest 11 (korrespondierende Stimmung zwischen dem Klang einer Stimme und fünf verschiedenen emotionalen Gesichtsausdrücken ist auszuwählen) und Subtest 12 (zusammenpassendes Gefühl zwischen einem mimischen Ausdruck und drei verbal ausgedrückten unterschiedlichen Stimmungen ist auszuwählen) vorgegeben.

(e) Persönlichkeitsfragebogen: Am Beginn und am Ende der Ausbildung werden den KandidatInnen psychometrische Fragebogen vorgelegt, die Auskunft über die Persönlichkeit der Auszubildenden und bestimmte Fähigkeiten geben, die als relevant für den Coachingerfolg erachtet werden. Bisher ist man zwar von vielfältigen Persönlichkeitsmerkmalen und Eigenschaften ausgegangen, die angehende Coaches durch die Ausbildung entwickeln und verbessern sollen,

empirische Daten darüber, ob und wie sich diese Veränderung tatsächlich vollzieht, gibt es allerdings kaum. Oftmals wird eine Ausbildung durch die Bewertung von schriftlichen Falldarstellungen abgeschlossen, die in erster Linie das Fachwissen und weit weniger die persönliche Eignung der AbsolventInnen widerspiegelt. Die Annahme der Veränderung bestimmter Persönlichkeitsmerkmale durch die Ausbildung ist daher in Ermangelung fundierter Erkenntnisse eher als Axiom denn als eine empirisch belegte Tatsache zu sehen.

Folgende Testverfahren kommen im Zuge des Forschungsprojekts zur Anwendung:

BIP – Bochumer Inventar zur berufsbezogenen Persönlichkeitsbeschreibung
Die Anwendung des Bochumer Inventars zur berufsbezogenen Persönlichkeitsbeschreibung (BIP) (Hossiep/Paschen 2003) zielt darauf ab, TeilnehmerInnen hinsichtlich ihrer beruflich relevanten Persönlichkeitsmerkmale zu beschreiben und Veränderungen im Laufe der Ausbildungsdauer festzuhalten. Das BIP erfasst überfachliche Kompetenzen, die im Arbeitsprozess eine Rolle spielen. Insbesondere sind das Arbeitsverhalten, Leistungsmotivation, soziale Kompetenzen und die psychische Konstitution wie z.B. emotionale Stabilität, Belastbarkeit und Selbstbewusstsein einer Person. Der BIP ist ein standardisierter Fragebogen mit 210 Items und weist Normierungen für verschiedene Berufsgruppen und AbsolventInnen von unterschiedlichen Studienrichtungen auf.

Weitere Fragebogen im Rahmen des Forschungsprojekts sind:

MES – Meta-Emotion Scale
Die MES (Mitmansgruber 2005) ist ein Fragebogen zur Erfassung der sekundären Reaktionen auf Emotionen. Dabei wird zwischen Annäherungs- und Vermeidungsverhalten als wahrscheinliche Reaktionen auf erlebte Gefühle unterschieden.

EER – Fragebogen zu emotionalem Erleben und Emotionsregulation
Der Fragebogen zum emotionalen Erleben und zur Emotionsregulierung wurde am Institut für Psychologie in Innsbruck konstruiert. Er umfasst 2 standardisierte Teile, im ersten Abschnitt werden vorgegebene Emotionen hinsichtlich ihres Auftretens in den letzten 7 Tagen bewertet (emotionales Erleben) und im zweiten Teil wird ein „besonders schwieriges Gefühl" bezüglich seiner Auswirkungen bewertet und der Umgang mit dieser Emotion angegeben (Emotionsregulation).

MAAS – Mindful Attention and Awareness
Die deutsche Version des Fragebogens zu Mindful Attention and Awareness (Brown/Ryan 2003; unveröffentlichte deutsche Übersetzung: Mitmansgruber und Höfer, 2005) erfasst die bewusste Aufmerksamkeit im Umgang mit alltäglichen Dingen (mindfulness).

AAQ – Fragebogen zu „experiental avoidance"
Der AAQ (Hayes et al. 2004; deutsche Übersetzung von Mitmansgruber und Höfer, 2005) erfasst die Tendenz, innere Zustände wie Gefühle, Gedanken und Bilder zu vermeiden.

FEE - Fragebogen zum erinnerten elterlichen Erziehungsverhalten
Der Fragebogen zum erinnerten elterlichen Erziehungsverhalten (Schumacher et al. 2000) erfasst drei Skalen zum subjektiv wahrgenommenen Erziehungsstil (Ablehnung und Strafe, Emotionale Wärme, Kontrolle und Überbehütung), der getrennt für Mutter und Vater erhoben wird.

AAS – Fragebogen zur Art der Bindung oder Beziehung
Die Adult-Attachment-Scale (AAS; deutsche Version von Schmidt et al. 2004) stellt ein Selbstbeschreibungsverfahren dar, welches sich auf bindungsbezogene Einstellungen bezieht.

Der individuelle Lernfortschritt: Selbst- und Fremdbild

(f) Selbsteinschätzung: Für die Feststellung von Veränderungen bzw. von Ausbildungserfolgen sind prä-post-Messungen notwendig. Allerdings können damit festgestellte Unterschiede ihre Ursachen auch abseits der Ausbildung aufweisen (Frage nach der „internen Validität") und können an Hand solcher Designs keine Prozessverläufe der Veränderungen während der Kursdauer verfolgt werden. Erst die verlaufsorientierte Perspektive würde es ermöglichen, spezifische Ergebnisse besser auf Ausbildungsinhalte – d.h. Wirkfaktoren – zurückführen zu können. Aus diesen Gründen ist es im Rahmen von Aus- und Weiterbildungsforschungen erforderlich, die Outcome-Bewertung um eine engmaschige Erhebung von Prozessdaten zu erweitern.

Dem Thema der Studie entsprechend sollen von den TeilnehmerInnen jedoch nicht nur subjektive Meinungsbekundungen bezüglich der Lernfortschritte nach einem Seminarblock erhoben werden, sondern zusätzlich ExpertInnenratings vorgesehen sind. Die Beurteilungen erfolgen standardisiert mittels kurzer Fragebogen, damit die wiederholte Darbietung weder bei den AusbildungskandidatInnen noch bei den ReferentInnen zu Ermüdungserscheinungen führt. Zur Abbildung von Selbsteinschätzungen bezüglich der Veränderungen im Zuge der Ausbildung wird von den TeilnehmerInnen nach jedem Seminar ein Fragebogen beantwortet, der jeweils Aufschlüsse über seminarspezifische Effekte sowie in Summe Veränderungen über die gesamte Ausbildungsdauer hinweg liefert.

(g) Fremdeinschätzung: Nach jedem Seminar erfolgt eine subjektive Einschätzung der TeilnehmerInnen zu ihrem Ausbildungserfolg an Hand des oben beschriebenen Fragebogens. Zur Relativierung der selbst eingeschätzten Veränderungen erfolgt ebenso nach jedem Seminar eine Einschätzung der TeilnehmerInnen durch den/die jeweilige/n Referenten/in als ExpertInnen. Dazu dient ein kurzer Fragebogen, der nach Möglichkeit für alle TeilnehmerInnen beantwortet werden sollte, wobei als „Anker" neben dem Namen auch das Foto der Person auf dem Fragebogen ersichtlich ist. Die Eintragungen sollen in Summe ein Stimmungsbild des Seminargeschehens und Fortschritte der einzelnen TeilnehmerInnen aus der ReferentInnensicht ergeben und gleichzeitig auch zur Selbstreflexion für die Vortragenden dienen. Eine intensivere Beschäftigung mit den Reaktionen und den zum Ausdruck gebrachten Veränderungen der TeilnehmerInnen im Seminar wird erwartet, da nur so im Anschluss eine fundierte Bewertung abgegeben werden kann. Besonders bei der wiederholten Einladung der-

selben ExpertInnen im Zuge einer Ausbildung bringt der Fragebogen auch ein rasches und intensiveres Kennenlernen der einzelnen TeilnehmerInnen mit sich.

2. Abschließende Bemerkungen

In unserem Forschungsprojekt versuchen wir empirisch zu klären, was eine Coachingausbildung leisten soll und wie sie zu gestalten ist, um zur Entwicklung möglichst gut ausgebildeter Coaches beizutragen. Denn schlussendlich hängt die Qualität der Beratung von Führungskräften maßgeblich von der Qualität der Ausbildung ab. Für die Psychotherapieausbildung formulierten es Petzold et al. (1999: 351) wie folgt: „Gute Psychotherapieausbildungen sind eine wesentliche Voraussetzung für effektive, qualitätsvolle und patientengerechte Psychotherapien. Dennoch hat die Evaluation von Psychotherapieausbildungen im professionellen Feld in der Psychotherapie bislang keine Tradition“. Was Petzold auf die Ausbildungssituation bezog, haben Drexler und Themessl-Huber (2005) auch im Bereich der angewandten Psychotherapie kritisch festgestellt und zur Qualitätsentwicklung eingefordert.

Es ist festzustellen, dass die Regelungen bezüglich der Ausbildungen zum Coach – von einem empirischen Standpunkt aus – auf einem recht unsicheren Boden stehen. Ausbildungsinhalte und Vermittlungsmethoden sollten einer regelmäßigen Überprüfung daraufhin unterzogen werden, inwieweit sie Kompetenzen der AusbildungskandidatInnen, die tatsächlich für den Umgang mit ihren KundInnen/KlientInnen wichtig sind, fördern. Ähnlich wie in der Psychotherapie-(Outcome-)Forschung (für einen Überblick Orlinsky et al. 2004) kann beispielsweise danach gefragt werden, welche Merkmale und Eigenschaften sich im Zuge der Coachingausbildung (in Analogie zu Veränderungen bei PatientInnen im Rahmen einer Psychotherapie) bei den AusbildungskandidatInnen ändern. Die Fragen nach Effektivität, Veränderung, Funktion und Dauer lassen sich problemlos auf die Ausbildung von Coaches übertragen.

Die oben genannten Ergebnisse aus der Psychotherapie-Forschung stellen die Bereiche dar, deren Förderung durch Ausbildung gewährleistet werden soll. Eine grundlegende Frage der Coaching-Ausbildungforschung ist, ob Beratungskompetenz überhaupt gelehrt bzw. gelernt werden kann. In der Psychotherapieforschung kommt Finke (1990) zu dem Ergebnis, dass durch verschiedene Trainingsmethoden (Rollenspiel, Training verbalen Ausdrucks, Training empathischen Verständnisses, Verwendung von Rating-Skalen), die alle auf Beobachtung, Reflexion und Übung spezifischer Teilbereiche therapeutischen Verhaltens beruhen, Verbesserungen ermöglicht werden, ebenso berichten Alberts und Edelstein (1990) in einem Review, dass therapeutisches Verhalten sehr wohl trainierbar ist. Sowohl einfachere Skills als auch komplexere Kompetenzen lassen sich mittels vielfältiger Methoden (Rollenspiel, Modelllernen, Feedback) einüben und bleiben auch über die Zeit erhalten.

Eine konsequente Beforschung der Ausbildungseffekte bei Coaches, wie wir sie anstreben, wird Licht in manche noch dunkle Vorgänge bringen und aus Vermutungen Erkenntnisse erwachsen lassen. Die positiven Auswirkungen werden vielfältig sein und davon werden Ausbildungseinrichtungen, Coaches und selbstverständlich auch Führungskräfte und ManagerInnen profitieren.

Literatur

Aichbauer, J. (2006): Psychotherapie-Ausbildung. Grundlegende Fragen: schulenspezifisches und schulenübergreifende Vergleiche. Unveröff. Projektantrag

Alberts, G./Edelstein, B. (1990): Therapist training. A Critical Review of Skill Training Studies. Clinical Psychology Review, 10, 497-511

Andreatta, P./Kraler, Ch. (2006): Zur Struktur kognitiver Landkarten in der Psychotherapie-Ausbildungsforschung. In: Rieforth, J. (Hrsg.): Triadisches Verstehen in sozialen Systemen – Gestaltung komplexer Wirklichkeiten. Heidelberg: Carl Auer Verlag

Anker, E./Möller, H. (2004): Zur Psychodynamik des Akquiseverhaltens. Gruppendynamik/Organisationsberatung, 3, 319-334

Brown, K. W./Ryan, R. M. (2003): The benefits of being present: Mindfulness and its role in psychological well-being. Journal of Personality and Social Psychology, 84, 822-848

Drexler, A./Themessl-Huber, M. (2005): Sind Psychotherapeuten heimliche Evaluatoren? Eine Analyse von Gemeinsamkeiten psychotherapeutischer und evaluativer Prozesse und ihrer Potenziale. Psychotherapeut, 50(3), 186-195

Eilles-Mathiessen, C./ElHage, N./Janssen, S./Osterholz, A. (2002): Schlüsselqualifikationen in Personalauswahl und Personalentwicklung: Ein Arbeitsbuch für die Praxis. Bern: Huber

Europäische Gemeinschaften (2005): Europa in Zahlen – Eurostat Jahrbuch 2005. Luxemburg: Amt für amtliche Veröffentlichungen der Europäischen Gemeinschaften

Finke, J. (1990): Can Psychotherapeutic Competence Be Taught? Psychotherapy and Psychosomatics 53, 64-67

Hayes, S. C./Follette, V. M./Linehan, M. (Eds.) (2004): Mindfulness and acceptance: Expanding the cognitive behavioural tradition. New York: Guilford Press

Hossiep, R./Paschen, M. (2003): Bochumer Inventar zur berufsbezogenen Persönlichkeitsbeschreibung – BIP. 2., vollständig überarbeitete Auflage. Göttingen: Hogrefe

Kessler, H./Bayerl, P./Deighton, R. M./Traue, H. C. (2002): Facially Expressed Emotion Labeling (FEEL). Verhaltenstherapie und Verhaltensmedizin, 23(3), 297-306

Laireiter, A. R./ Botermans, J.-F. (2005): Ausbildungsforschung in der Psychotherapie. In: Laireiter, A.-R./Willutzki, U. (Hrsg.): Ausbildung in Verhaltenstherapie (S. 53-101). Göttingen: Hogrefe

Mertens, D. (1974): Schlüsselqualifikationen. Mitteilungen aus der Arbeitsmarkt- und Berufsforschung, 7(5), 36 – 43

Mitmansgruber, H. (2005): Meta-Emotion-Scale. Unveröffentlichtes Manuskript

Northcutt, N./ McCoy, D. (2004): Interactive Qualitative Analysis: A Systems Method for Qualitative Research. A Systems Method for Qualitative Research. Sage Publications

Orlinsky, D. E./ Ronnestad, H. M./ Willutzki, U. (2004): Fifty Years of Psychotherapy Process-Outcome Research: Continuity and Change. In: Lambert M. J. (Ed.): Bergin and Garfield's Handbook of Psychotherapy and Behavior Change. Fifth Edition (pp. 307-389). New York: Wiley & Sons

Petzold, H./ Märtens, M. (Hrsg.) (1999): Wege zu effektiven Psychotherapien. Psychotherapieforschung und Praxis. Band 1: Modelle, Konzepte, Settings. Opladen: Leske und Budrich

Reinecker, H./Schindler, L. (2000): Aus- und Weiterbildung. In: Margraf, J. (Hrsg.): Lehrbuch der Verhaltenstherapie, Band 1: Grundlagen, Diagnostik, Verfahren, Rahmenbedingungen (S. 655-662). Berlin: Springer

Schmidt, S./Strauß, B./Höger, D./Brähler, E. (2004): Die Adult Attachment Scale (AAS). Psychotherapie, Psychosomatik, Medizinische Psychologie, 9/10, 375-382

Schumacher, J./Eisemann, M./Brähler, E. (2000): FEE Fragebogen zum erinnerten elterlichen Erziehungsverhalten. Bern: Verlag Hans Huber

Zelger, J. (Hrsg.) (1999): GABEK – Verarbeitung und Darstellung von Wissen. Innsbruck Wien: Studienverlag

Supervision als Schnittstelle in einer Organisation

Brigitte Hausinger

Einleitend wird die Beziehung zwischen Supervision und Organisation dargestellt. Anschließend soll gezeigt werden, dass sich der Strukturwandel der Arbeitsorganisation auf Supervisionsaufträge auswirkt, dass insbesondere Supervision als ein Instrument der Bearbeitung von Widersprüchen und Paradoxien in einer Organisation dient.

1. Supervision und Organisation sind aufeinander bezogen

Gegenstand der Supervision ist die berufliche Arbeit und diese findet zum Großteil in Organisationen statt. Die Organisation gibt Zweck, Ziele, Regeln, Normen, Aufgaben und Strukturen vor:

- Arbeit in Organisationen ist arbeitsteilig in hierarchischen Strukturen einer Organisation verankert. Diese Konstitution ergibt für die Supervision Themen wie Steuerung, Führung, Kooperation, Umgang mit Macht etc.
- Wird der Fokus auf die Ausführung von Arbeit in Organisationen gelegt, dann werden in der Supervision Aufgabenstellung, Aufgabenklärung, Leistungserstellung etc. thematisiert.
- Darüber hinaus existieren in einer Organisation vielfältige Arbeitsbeziehungen, die sich in der Supervisionspraxis in der Thematisierung von Rollenerwartungen, Rollenklärung, Interaktion, Kommunikation, Beziehungsstörungen, Konflikten etc. niederschlagen.

Zu den konstitutiven Elementen einer Supervision in Organisationen gehört, dass Mitglieder ihr berufliches Erleben und Handeln in der Organisation wahrnehmen, verstehen und reflektieren, um beispielsweise ihre Aufgaben gut zu erfüllen, ihre Rollen angemessen zu gestalten oder um ihre Arbeitssituation zu verbessern.

In der Community der Supervisor/innen herrscht weitgehende Einigkeit darüber, dass die Schnittstelle Supervision – Organisation zumindest für die Supervision eine zentrale Bedeutung erlangt hat. Die Perspektive Supervision – Organisation wird verstärkt in den Fokus genommen und in dieser Perspektive reflektiert (vgl. Buchinger 1997; Haubl/Heltzel/Barthel–Rösing 2005; Pühl 1999;

Rappe-Giesecke 2005; supervision 1.2006, 2.2006). Supervision hat wie alle Formen von Beratung, die im Kontext Organisation erfolgen, (Aus-)Wirkungen auf die Organisation. Faktisch trägt Supervision (v. a. Leitungs- und Teamsupervision) in unterschiedlichem Ausmaß zur Gestaltung und Entwicklung der Organisation bei[1] und umgekehrt zeigt die Organisation Wirkung auf die Supervision (vgl. Gotthardt-Lorenz 2006; Rappe-Giesecke 1994; Weigand 2006).

2. Zum Strukturwandel der Arbeitsorganisation

In den letzten Jahren vollzog sich in allen Sektoren der Arbeitswelt ein Strukturwandel der betrieblichen Arbeitsorganisation. Auch die Einrichtungen im Bereich der Gesundheit, Bildung, Kultur und Sozialen Arbeit sind diesem Veränderungsdruck ausgesetzt (vgl. Serafin 2006; Siller 2004). Beispielsweise war bei Rationalisierungsprozessen zu beobachten, dass diese nicht nur quantitativ zugenommen haben, sondern dass sie in neuer Qualität aufgetreten sind (vgl. Kratzer 2003; Pongratz/Voß 2003). Allgemein wird von Reorganisierung und grundlegendem Umbau der jeweiligen Institutionen/Organisationen gesprochen, verknüpft mit hohen Ambivalenzen, Paradoxien und Widersprüchen, welche diese Entwicklung begleiten und relevant für die Supervision sind.

Diese Phase bzw. neue Formation wird in der Soziologie und Betriebswirtschaft häufig als Postfordismus bezeichnet (vgl. Conert 1998; Eberhardt 1995).

Um den Wandel identifizieren und verstehen zu können, ist es sinnvoll sich mit dem Fordismus und Bürokratismus zu beschäftigen, weil beide Ansätze die betriebliche Arbeitsorganisation zentral bestimmt haben. Die aktuellen Diskussionen über die neuen Organisationsstrukturen sind nur vor dem Hintergrund der Arbeiten von Frederick Taylor, Henry Ford und Max Weber zu verstehen. Ihre Auffassungen von Organisation sowie ihre Idealmodelle von Arbeit und deren Organisation prägten die Entwicklung. Spätere Generationen von Organisationstheoretiker/innen schrieben diese grundlegenden Überlegungen fort oder setzten sich kritisch davon ab (vgl. Ortmann/Sydow/Türk 2000; Türk 2000).

Die heutige Arbeitswelt moderner Industriestaaten ist von einem Nebeneinander fordistischer und postfordistischer Organisationsformen geprägt. Vielerorts wirken bzw. herrschen die fordistischen Arbeitsformen und Einstellungen noch vor, wo bereits die neuen Arbeitsformen gefragt sind. Ein häufig verwendetes Zitat von Kurt Bleicher ist: „Wir arbeiten in Strukturen von gestern mit

[1] Inwieweit hier allerdings von Supervision als Organisationsentwicklung oder Supervision als Organisationsberatung gesprochen werden kann, ist fraglich. Ich gehe vielmehr davon aus, dass Supervision ein wichtiger Teil von Organisationsentwicklung sein kann oder auch für manche Aspekte die Organisationen gut beraten kann (vgl. dazu auch Fatzer 2005; Pühl 1999).

Methoden von heute an Problemen von morgen vorwiegend mit Menschen, die Strukturen von gestern gebaut haben und das Morgen innerhalb der Organisation nicht mehr erleben werden“ (Bleicher 1990:153).

Fordismus	Postfordismus
Von stark hierarchisch, zentralistisch aufgebauten Organisationen	zur Aufsplittung großer Systeme in kleinere Einheiten
Von zentraler detaillierter Planung, Steuerung und Kontrolle	zu autonomen Einheiten mit einem hohem Maß an Eigenverantwortlichkeit
Von funktionaler Abteilungsgliederung	zu einer an Produkten bzw. Prozessen orientierten Organisationsgliederung
Von der verfahrensorientierten Fertigung	zur produktbezogenen Fertigung
Von der Einzelarbeit	zu Projekt-, Gruppen und Teamarbeit
Von stark ausdifferenzierten und spezialisierten Tätigkeiten/Aufgaben	zur Erweiterung und Integration von Tätigkeiten/Aufgaben
Von kleinschrittigen Arbeitsanweisungen	zu globalen und generalisierten Arbeitsanweisungen
Von der Befolgung strikter Routinen und Regeln	zur festgelegten Zielvereinbarung mit Ermessensspielräumen
Von der horizontalen Kommunikation	zur vertikalen Kommunikation
Vom Ausbau der Organisation	zur Konzentration auf das Kerngeschäft und Ausgliederung von Bereichen
Vom Ausbau der Hierarchieebenen	zum Abbau und Umbau der Hierarchieebenen
Von zentralen Vorgaben	zu multilateralen Verhandlungen
Von der klassischen standardisierten Expertenrationalisierung	zur Mobilisierung des Erfahrungswissens

Tab. 1: Vom Fordismus zum Postfordismus

In manchen Organisationen gibt es aber bereits auch wieder eine Rücknahme der postfordistischen Arbeitsorganisation (gefasst unter dem Begriff Neofordismus) und es existieren Organisationen, die beide Organisationsformen zu verbinden versuchen, um die Vorteile fordistischer sowie postfordistischer Arbeitsweisen zu nutzen.

Markant ist die Gleichzeitigkeit von differenten Logiken in der Arbeitswelt, die oft schwer bzw. nicht zu vereinbaren sind. Es herrschen unterschiedliche Einstellungen über Arbeit, Organisation und Mitarbeiterführung vor (vgl. Scheidweiler 2006).

In arbeitsbezogenen Beratungen geht es deshalb generell um die „Bewusstmachung" der differenten Logiken bzgl. der Organisierung von Erwerbsarbeit sowie um die damit verbundenen Anforderungen, Denkweisen, Haltungen und Werte. Die Herausforderung besteht darin, die vielfältigen Widersprüche, Paradoxien und die daraus folgenden Dilemmata[2] zu sehen und zu verstehen.

3. Widersprüche und Paradoxien als bedeutsames Supervisionsthema

Zu diesem umfassenden Bereich werden zwei Aspekte ausführlicher dargestellt und in Bezug zur Supervision gesetzt.
(1) Immanente Widersprüche und Paradoxien von fordistischen sowie postfordistischen Organisationsmodellen.
(2) Widersprüche und Paradoxien, die entstehen, weil das fordistische Organisationsmodell umgestaltet wird und die Umgestaltung aus dem Denken fordistischer Organisationsvorstellungen heraus erfolgen soll.

(1) *Immanente Widersprüche und Paradoxien:* Sowohl fordistische wie postfordistische Organisationsmodelle weisen immanente Widersprüche und Paradoxien auf, die beispielsweise als „Doppelte Wirklichkeit" (Weltz 1990) artikuliert werden. Dieses Phänomen wird auch als Unterscheidung zwischen offizieller Wirklichkeit und praktizierter Wirklichkeit, zwischen formeller und informeller Organisation, zwischen Außendarstellung und Betriebsrealität oder zwischen Vorder- und Hinterbühne in der Fachliteratur beschrieben.

Diese Widersprüche entstehen, weil Organisationen mit widersprüchlichen Anforderungen und Normen konfrontiert sind, die sich teilweise stetig ausweiten und verschärfen, beispielsweise durch die Abhängigkeit von Kapitalmärk-

[2] Widersprüche können mit Paradoxien nicht nur gleichgesetzt werden. Aus Widersprüchen können sich Paradoxien ergeben und Paradoxien haben Widersprüchliches als Kern (vgl. Watzlawick/Beavin/Jackson 1990). Bei einem Paradox werden zwei entgegengesetzte und widersprüchliche Vorstellungen gleichzeitig angekündigt, ohne dass man sich für eine entscheiden könnte. Paradoxien sind nicht aufzulösen, deshalb sind sie ein Dauerproduzent von Problemen in Organisationen. Mit dem Begriff des Dilemmas wird auf die Schwierigkeiten verwiesen, sich zwischen mindestens zwei gegensätzlichen Alternativen entscheiden zu müssen, obwohl für beide gleich gute Gründe sprechen.

ten, durch die Anforderungen von Banken, durch wechselnde Managementmoden oder durch politische und gesellschaftliche Legitimationsanforderungen.[3] Organisationen müssen sich an rechtliche, politische und wirtschaftliche Anforderungen anpassen und gleichzeitig sicherstellen, dass die permanent wechselnden und widersprüchlichen Anpassungsanforderungen nicht den Organisationsablauf durcheinander bringen. Der Arbeitsalltag und die praktizierten Kooperations- und Arbeitsweisen weichen dabei häufig von den offiziellen Arbeitsanweisungen, Dienstwegen, Organisationsplänen und Verfahrensvorschriften ab.

Die Funktionalität von Regelabweichungen wurde vielfach nachgezeichnet (vgl. Luhmann 1995, 2000). Formale und informelle Strukturen sind zwei sich ergänzende Aspekte in einer Organisation. Über Informalität kann die Unvollkommenheit und Dysfunktionalität des Formalen mal mehr, mal weniger ausbalanciert werden (vgl. Baecker 1999; Buchinger 1997; Luhmann 1995). Informalität kann in diesem Kontext nicht mehr nur als Ausdruck von persönlichem Widerstand gesehen, sondern muss auch in seiner entlastenden Funktion und strukturellen Bedeutung für die Organisation betrachtet werden. In zahlreichen Rationalisierungskonzepten wird der Anspruch, das informelle Anwendungswissen in formalisierte Standards zu gießen und sie zum Nutzen der Gesamtorganisation einzusetzen, formuliert (vgl. Kühl 2002: 108 ff.). Übersehen wird dabei der Nutzen, den informelle Strukturen für eine Organisation haben können. An dieser Stelle wäre beispielsweise zu erforschen, wie in Supervision die Funktionalität der doppelten Wirklichkeit –

- doppelte Wirklichkeit als Anpassungsstrategie bei widersprüchlichen Anforderungen,
- die Bedeutung der doppelten Wirklichkeit für die Handlungsfähigkeit
- und die Außenfassade als Hilfe für innere Freiräume – thematisiert und aufgezeigt werden und wie Supervision zur Entmoralisierung der Auseinandersetzung beitragen kann. Gerade bei marketingwirksamer Präsentation der Organisation nach außen kann sich der Druck nach innen erhöhen, keine Probleme anzusprechen. Prominente Außendarstellung erzeugt nicht selten die Tabuisierung interner Probleme.

(2) *Widersprüche und Paradoxien*, die entstehen, weil das fordistische Organisationsmodell umgestaltet werden soll und die Umgestaltung aus dem Denken fordistischer Organisationsvorstellungen heraus erfolgen soll. Diese Widersprüche und Paradoxien werden umschrieben mit:

[3] Gerade die Tendenz Organisationsstrukturen als Marketinginstrument einzusetzen erhöht den Druck auf Organisationen den differenten und häufig wechselnden Erwartungen durch die Umwelt gerecht zu werden (vgl. Kühl 2002: 223 ff.).

- Partizipation an einem von der Leitungs- bzw. Führungsebene bestimmten und initiierten Prozess (Beteiligung an einem Prozess, den die Organisation von oben initiiert. Gleichzeitiger Einschluss und Ausschluss von Mitarbeiter/innen in Veränderungsprozessen)
- kontrollierte Autonomie (Entscheide selbst, aber richtig. Handle unabhängig, aber im Sinne der Organisation)
- fremdorganisierte Selbstorganisation (Sei selbständig)
- zentralistisch angeordnete Dezentralisierung und zentralistische Einführung dezentraler Strukturen

Ein immanenter wie auch als Folge der Umgestaltung entstandener Widerspruch ist *die Selbstorganisation in der Gesamtorganisation*. Dieser Aspekt wird herausgegriffen, weil Selbstorganisation im sozialen Sektor nichts Unbekanntes ist und in Supervision bereits viele (Er-) Kenntnisse mit selbstorganisierten Arbeiten gesammelt wurden.[4]

Selbstorganisation ist seit Jahren ein dominierendes Paradigma in Organisationen. Selbstorganisierte Einheiten/Abteilungen/Projekte/Teams sind Antworten und Lösungen für eine strategische, strukturelle und kulturelle Vorgabe der Gesamtorganisation (vgl. Buchinger/Schober 2006). Selbstorganisation in diesem Kontext bedeutet, dass es minimal festgelegte Vorgaben, Vorschriften, Regeln und Abläufe gibt und diese zur Gestaltung offen sind. Doch diese selbstorganisierte und flexibilitätsbestimmte Kultur wird von der Führungsspitze verordnet. Selbstorganisation ist somit eine Vorgabe ohne Alternative.

Die Selbstorganisation wird durch die Gesamtorganisation und ihre Zielbestimmung geprägt. Man kann tun, was man für richtig hält, aber es muss im Sinne der Organisation geschehen. Die hohe Abhängigkeit, beispielsweise von der notwendigen inner- wie außerbetrieblichen (Leistungs-)Verflechtung, wird häufig ignoriert und außer Acht gelassen. Fast tabuisiert wird die Tatsache, dass so genannte autonome Einheiten in Organisationen sich an unternehmensübergreifende Entscheidungen bezüglich Investitionen, Entwicklungen, Zielen, Strategien, etc. anpassen müssen und oft wenig Einflussmöglichkeiten auf relevante

[4] Durch Supervisionen in selbstorganisierten Projekten wie selbstverwaltete Kinderläden, Jugendzentren, Frauenberatungsstellen, Frauenhäuser etc. war sowohl die Selbstorganisation von Tätigkeiten als auch die Selbstorganisation von Arbeitsprojekten wie die Selbstorganisation in der Gesamtorganisation Thema in Supervision. Es gibt mannigfaltige Erfahrungen in Bezug auf Selbstverwicklung, Selbstmotivation, Selbstverantwortung, Selbstkontrolle, Selbststeuerung, Selbstausbeutung, Verschwinden/Auflösung der Grenzen von Arbeit und Privatleben, etc. (vgl. dazu auch die soziologische Perspektive: Gottschall/Voß 2003; Kratzer 2003; Pongratz/Voß 2003) sowie mit den sich daraus ergebenden Konflikten. Zudem weisen viele Tätigkeiten im sozialen Bereich von jeher Teile eines selbstorganisierten/selbsttätigen Handels auf, dass nicht vorbestimmt/festgelegt werden kann.

Entscheidungen haben. Probleme werden deswegen unter der Perspektive von ungünstiger Gestaltung der Teilbereiche und Schnittstellen oder Kooperationsversagen, Koordinationsfehlern, ungenügendem Management usw. gesehen, die sich durch deren Verbesserung vermeintlich beheben lassen, und nicht unter der Perspektive von unauflösbaren Widersprüchen zwischen Selbstorganisation in einer Gesamtorganisation.

Auch aus der Perspektive der Gesamtorganisation ist die Bedeutung der Existenz von selbstorganisierten Einheiten/Abteilungen/Projekten/Teams äußert vielfältig und spannungsreich. Je mehr Teile einer Organisation sich verselbständigen (sollen), desto komplizierter wird die Integration in die Gesamtorganisation. Sowohl die Integration als auch die Differenzierungen werden in diesem Kontext immer notwendiger und zugleich schwieriger. Selbstorganisierte Einheiten/Abteilungen/Projekte/Teams müssen auch wieder zusammengeführt werden, sollte es nicht zu einer Auflösung der Organisation kommen. Die Selbstorganisation muss in das gesamte Organisationsgefüge eingepasst werden, was häufig schwer gelingt. Ausdruck findet dies in Klagen auf der Führungsebene: „Alle tun, was sie wollen“. Denn die Aufforderung zur Selbständigkeit macht auch selbständiger. Die Ein- und Unterordnung ins Gesamte fällt schwerer, löst mehr Widerstände aus und erfordert ein anderes Aushandlungsgeschick.

Notwendig sind also Orte wie Supervision, die Raum für auszuhandelnde Themen sowie Möglichkeiten organisatorischer Eingebundenheit[5] bieten. Eine Beschreibung der Probleme und Zustände ist für das Verstehen von Prozessen hilfreich, reicht allein nicht aus, um in der Organisation eine Kooperation zu sichern. Insbesondere das Management von Emotionen in Organisationen fordert die Organisation. Für alle Beteiligten ist es äußerst herausfordernd, in Supervision Rückzug, Verweigerung, Kommunikationsabbruch, Übergriffsphantasien, Schwarz-Weiß-Mentalität, Projektionen und (Selbst-) Idealisierungen in Organisationen zu verringern oder Themen wie „einzig gut arbeitende Abteilung“, „einzig funktionierendes Team in der gesamten Organisation“ oder „unüberbrückbare Kluften, vergiftete Atmosphären, unerbittliche Kämpfe“ zu bewerkstelligen (vgl. Lohmer 2000; Mentzos 1988). Die affektiven Komponenten haben im Wechselspiel von Integration und Desintegration und im fragilen Verhältnis der Kooperation, das geprägt von Konfrontation und Zusammengehörigkeit ist, einen nicht zu unterschätzenden Stellenwert. Um einen Dialog und eine Verständigung bei verschiedenen Interessen sowie zuverlässige Kooperationen zu ermöglichen, sind ein Verständnis von kultureller Eigensinnigkeit der Einheiten/Abteilungen/Projekte/Teams und ein Verständnis von der Wechsel-

[5] Vgl. hierzu die Arbeit von Erhard Tietel (2003), der die Notwendigkeit der vermittelnden Ebene zwischen den vielfältigen und heterogenen Subkulturen und der Organisationskultur aufzeigt.

wirkung der Abhängigkeit von Gesamtorganisation und den Teilsystemen zu entwickeln. Dazu ist ein Wahrnehmen und Akzeptieren von Differenzen sowie das Erkennen und Verstehen der Erwartungen und Haltungen notwendig, um zu einer inneren und äußeren Beweglichkeit zu kommen. Einheiten/Abteilungen/Projekte/Teams müssen lernen, die eigenen Interessen und Perspektiven bezüglich ihrer Anliegen und Aufgaben zu erarbeiten und zu erläutern – Klärung und Schärfung eigener Sichtweisen – und diese dann in produktiver Spannung zu den Präferenzen der anderen beteiligten Einheiten/Abteilungen/Projekte/Teams setzen zu können. Supervision hat

- die Funktion der Verdeutlichung von Interessen, Perspektiven, Präferenzen,
- die Funktion der Übersetzung von partiellen Interessen und deren Vermittlung
- sowie die Funktion der Unterstützung für das Mitdenken von Gesamtzielen.

Auf diese Weise können neue Umgangsweisen für Verantwortlichkeit, Entscheidungsfällung, Arbeitsbeziehungen, Problemlösungen etc. entwickelt werden. Die Herausforderung für Supervision besteht darin, aufzuzeigen wie Perspektiven und Interessen von jeweiligen Organisationsmitgliedern zum besseren Verständnis eingenommen und vertreten werden können, ohne sich von den jeweiligen Perspektiven und Interessen vereinnahmen zu lassen – vielmehr sollten diese als auszuhandelnde Aspekte besprechbar gemacht werden.

Im Bereich Selbstorganisation innerhalb einer Gesamtorganisation ist auf differenten Ebenen die Bündnisbildung, wie beispielsweise die Bildung von Koalitionen weiterhin Thema. Sie stehen im Zentrum sowohl mikro- wie meso- als auch makropolitischer Strategien in Organisationen (vgl. Neuberger 1995; Sofsky/Paris 1994). Neben den Aspekten Machtverteilung und Machtverschiebung, Loyalitäten, Spaltungen, Intrigen und emotionales Erleben gilt es, Beziehungsgestaltung in Bündnissen sowie Beziehungsstörungen durch die Problematik des Ausschließens, Ausgeschlossen – Werdens und Ausgeschlossen – Fühlens zu behandeln. Ein besonderes Augenmerk ist auch auf die Ambivalenzen zu richten, die dadurch entstehen, dass sich das Verhältnis zu heutigen Partner/innen bzw. Gegner/innen schon morgen ändern kann, weil Arbeits- und Kooperationsbeziehungen sowie Koalitionen in Organisation sich schnell ändern können (vgl. Tietel 2003).

Positiv aufgelöst würde dies bedeuten, dass Supervision eben dazu befähigt, dass man zu und in Einheiten/Abteilungen/Projekte/Teams sowohl spezifische als auch sich verändernde Beziehungen hat, die sich nicht ausschließen. Diese geforderte Beweglichkeit (vgl. Sennett 1998) verlangt von den Tätigen/Gruppen viel:

- Das Wahrnehmen und die Behauptung der eigenen Perspektive und der eigenen Interessen,

- die Fähigkeit des Wahrnehmens und Anerkennens anderer Interessen und Perspektiven,
- und die Fähigkeit einen Konsens durch Distanz und Offenheit zu generieren (Metaperspektive)
- sowie das Aushalten von Beziehungen, an denen man strukturell selbst nicht beteiligt ist.

Diese Anforderungen gehen eindeutig über die gängige Vorstellung von Kooperationsfähigkeit hinaus, d.h. die Anforderungen an die Erwerbstätigen sind sehr anspruchsvoll und bedürfen einer besonderen Anerkennung sowie einer Unterstützung.

Abschließend sei zu Widersprüchen und Paradoxien angemerkt, dass

- Organisationen sich durch Entwicklungen auszeichnen, die durch gegenläufige Prozesse ein weiteres Ansteigen der Widersprüche und Paradoxien fördern.
- Es ist zu beobachten, dass die Schärfe der Widersprüche zunimmt und es wird schwieriger, verschiedenste Orientierungen und Zielgrößen in Organisationen auszubalancieren.
- Widersprüche und Paradoxien können in Organisationen nicht aufgelöst werden, allein schon deswegen nicht, weil Organisationen auf unterschiedliche Anliegen und Umwelten ausgerichtet sind (Gausemeier/Fink 1999; Kühl 2002). In Organisationen gibt es unterschiedliche Rationalitäten mit ihren jeweiligen Logiken, die nicht in einer übergeordneten Rationalität zusammengeführt werden können.

Für die neuen Arbeits- und Organisationsformen sind diese bisher als unvereinbar geltenden Kombinationen sich ausschließender Elemente typisch. Das entweder – oder schwindet zugunsten eines sowohl – als – auch. Das hört sich gut an, im Handeln jedoch läuft man Gefahr, sich in Widersprüche und Paradoxien zu verfangen, mit all ihren möglichen problematischen Konsequenzen.[6]

Die zweckrationale Sichtweise in Organisationen blendet Paradoxien und Widersprüche gerne aus. Nebenfolgen und nicht-beabsichtigte Effekte werden aus verschiedenen Gründen nicht in den Blick genommen. Die Bewältigung von Widersprüchen und Paradoxien wird in Organisationen gerne den Tätigen überlassen. Die Personifizierung von Fehlern in Organisationen ist ein beliebtes Mittel für die Entsorgung von Problemen. Für Organisationen erscheint es häu-

[6] Es existieren (sozial-) psychologische Ansätze, die Paradoxien und Widersprüche als Gefährdung und Bedrohung für die psychische Gesundheit sehen (vgl. Mentzos 1988, vgl. Watzlawick/Beavin/Jackson 1990). Dies wird nun zunehmend in den Hintergrund gedrängt und von der neoliberalen Ideologie „Alles ist machbar, wenn man sich nur anstrengt und will" überlagert.

fig funktional, wenn strukturelle Probleme wie beispielsweise nicht- funktionierende Kommunikation oder Kooperation aufgrund fehlender Klärung von Kompetenzen und Abläufen, Personen zugeordnet werden (vgl. Kühl 2002). Es entlastet und die Suche nach anderen Fehlerquellen kann vermieden werden. Paradoxien, Widersprüchliches und Zielkonflikte können ausgeblendet und bestehende Prinzipien und Konzepte der betrieblichen Organisierung von Arbeit müssen nicht in Frage gestellt werden.

So problematisch es für eine Organisation ist, Paradoxien und Widersprüche auszublenden, so ist es zugleich für eine Organisation nicht leistbar, alle ihre Paradoxien und Widersprüche stetig zu thematisieren. Paradoxien und Widersprüche zu bearbeiten kann paradoxerweise zu einer enormen Erhöhung von Komplexität führen und v. a. die organisationsinterne Stabilität gefährden. Die Organisationssoziologie hat aufgezeigt, dass es keine Regeln dafür gibt, wann es sinnvoll ist, Paradoxien und Widersprüche zu entfalten oder auszublenden oder zu verschieben (vgl. Kühl 2000, 2002; Luhmann 2000).

Supervision wird hier mit dem Dilemma konfrontiert, sich zwischen Entfaltung und Reduktion von Paradoxien und Widersprüchen bewegen zu müssen, da sie auf die Bestandserhaltung der Organisation und auf das Wohlergehen der Organisationsmitglieder zugleich achten muss.[7]

Diese Problematik erfordert supervisorische Kompetenzen wie Mehrperspektivität, Ambiguitäts – und Spannungstoleranz sowie eine gute Kontextanalyse. Eine Organisation ist gezwungen, Vielfältiges und Widersprüchliches zu erfüllen. Vom Ansatz her gibt es in Supervision die Möglichkeit, diese Vielfalt mit ihren Differenzen und spannungsreichen Konsequenzen für die Mitglieder zu thematisieren. Undeutliche Fragestellungen, Nicht-Verstehen, Verunsicherungen oder Konflikte der Beteiligten können zu der widersprüchlichen Aufgabenstellung der Organisation in Beziehung gebracht werden.

[7] Supervision hat hier wie Beratung überhaupt, einen anderen Stand als die Organisationsforschung, die beliebig Paradoxien und Widersprüchen entfalten kann. "Immerhin sind Abwehrmechanismen zum Teil sinnvoll, wenn nicht ideale Anpassungstechniken, die nur dann ohne Bedenken abgebaut werden dürfen, wenn der Not, die sie erzeugte, auch anders, besser begegnet werden kann." "Zwar bin ich mir der Gefahr bewußt, daß eine solche Aussage im Dienste der Blockierungen von Reformen und nützlichen Institutionsveränderungen missbraucht werden kann, und zwar von solchen Personen und Instanzen, die sich anmaßen, beurteilen zu können, wieviel Wissen, Bewußtheit und Freiheit für wen und von welchem Zeitpunkt an gut sei!" (Mentzos 1988: 104)

Literatur

Baecker, Dirk (1999): Organisation als System. Frankfurt/M: Suhrkamp

Bleicher, Knut (1990): Zukunftsperspektiven organisatorischer Entwicklung: Von strukturellen zu human-zentrierten Ansätzen. In: Zeitschrift Führung + Organisation, 59.Jg., 3/1990

Buchinger, Kurt (1997): Supervision in Organisationen. Den Wandel begleiten. Heidelberg: Carl Auer

Buchinger, Kurt/Schober, Herbert (2006): Das Odysseusprinzip. Leadership revisited. Stuttgart: Klett-Cotta

Conert, Hansgeorg (1998): Vom Handelskapital zur Globalisierung. Entwicklung und Kritik der kapitalistischen Ökonomie. Münster: Westfälisches Dampfboot

Eberhardt, Stefan (1995): Abschied vom Taylorismus. Mitarbeiterführung in schlanken Unternehmungen. Leonberg: Rosenberger Fachverlag

Gausmeier, Jürgen/Fink, Alexander (1999): Führung im Wandel. Ein ganzheitliches Modell zur zukunftsorientierten Unternehmensgestaltung. München, Wien: Hanser

Gotthardt-Lorenz, Angela (2006): „Die ich rief, die Geister..." Organisationssupervision, Teil2. In: Supervision: Heft 1. 2006. Weinheim: Beltz

Gottschall, Karin/Voß, G. Günther (Hrsg.) (2003): Entgrenzung von Arbeit und Leben. Zum Wandel der Beziehung von Erwerbstätigkeit und Privatsphäre im Alltag. München/Mering: Rainer Hampp Verlag

Haubl, Rolf/Heltzel, Rudolf/Barthel-Rösing, Marita (Hrsg.) (2005): Gruppenanalytische Supervision und Organisationsberatung. Gießen: Psychosozial-Verlag

Hausinger, Brigitte (2004): Zum Verhältnis Individualisierung und marktförmige Vergesellschaftung. In: Supervision: Heft 3. 2004. Weinheim: Beltz

Hausinger, Brigitte (2008): Supervision: Organisation – Arbeit – Ökonomisierung. Zur Gleichzeitigkeit des Ungleichzeitigen in der Arbeitswelt. München/Mering: Rainer Hampp Verlag

Hege, Marianne (2004): Individualisierung im Arbeitsfeld der sozialen Arbeit. In: Supervision: Heft 3. 2004. Weinheim: Beltz

Kratzer, Nick (2003): Arbeitskraft in Entgrenzung. Grenzenlose Anforderungen, erweiterte Spielräume, begrenzte Ressourcen. Berlin: edition sigma

Kühl, Stefan (2000): Das Regenmacher-Phänomen. Widersprüche und Aberglaube im Konzept der lernenden Organisation. Frankfurt/Main: Campus

Kühl, Stefan (2002): Sisyphos im Management. Die vergebliche Suche nach der optimalen Organisationsstruktur. Weinheim: Wiley VCH

Lohmer, Matthias (Hrsg.) (2000): Psychodynamische Organisationsberatung. Stuttgart: Klett – Cotta

Luhmann, Niklas (1995): Funktionen und Folgen formaler Organisation. Berlin

Luhmann, Niklas (2000): Organisation und Entscheidung. Opladen: Westdeutscher Verlag

Mentzos, Stavros. (1988): Interpersonelle und institutionalisierte Abwehr. Frankfurt/M.: Suhrkamp

Möller, Heidi (2001): Was ist gute Supervision? Grundlagen – Merkmale – Methoden. Stuttgart: Klett-Cotta

Neuberger, Oswald (1995): Mikropolitik. Stuttgart: Enke

Ortmann, Günther, Sydow, Jörg, Türk, Klaus (Hrsg.) (2000): Theorien der Organisation. Die Rückkehr der Gesellschaft. Wiesbaden: Westdeutscher Verlag

Palazzoli, M. Selvini/Boscolo, L./Cecchin, G./Prata, G. (1993): Paradoxon und Gegenparadoxon. Ein neues Therapiemodell für die Familie mit schizophrener Störung. Stuttgart: Klett – Cotta

Pongratz, Hans J./Voß, G. Günther (2003): Arbeitskraft- Unternehmer. Erwerbsorientierungen in entgrenzten Arbeitsformen. Berlin: Edition Sigma

Pühl, Harald (Hrsg.) (1999): Supervision und Organisationsentwicklung. Opladen: Leske+Budrich

Rappe-Giesecke, Kornelia (2005): Supervision – die Beratung von Professionals. In: Fatzer, Gerhard (Hrsg.) (2005): Gute Beratung von Organisationen. Bergisch Gladbach: EHP Verlag Andreas Kohlhage

Rappe-Giesecke, Kornelia (1994): Supervision. Gruppen- und Teamsupervision in Theorie und Praxis. Berlin: Springer – Verlag

Scheidweiler, Thomas (2006): Die Logiken strategischen Managements. Zum Verhältnis zwischen Strategie und Umsetzung. München/Mering: Rainer Hampp Verlag

Schreyögg, Georg / Sydow, Jörg (Hrsg.) (2001): Emotion und Management. Managementforschung, Bd.11. Wiesbaden: Gabler

Schütze, Fritz (1994): Strukturen des professionellen Handelns. Biographische Betroffenheit und Supervision. In: Supervision: Heft 26

Schützeichel, Rainer / Brüsenmeister, Thomas (Hrsg.) (2004): Die beratene Gesellschaft. Zur gesellschaftlichen Bedeutung von Beratung. Wiesbaden: VS Verlag für Sozialwissenschaften

Sennet, Richard (1998): Der flexible Mensch. Die Kultur des neuen Kapitalismus. Berlin: Berlin Verlag

Serafin, Eva (2006):Strukturwandel der Arbeitswelt und sozioökonomische Aspekte als Beratungsgegenstand. In: Supervision (2.2006): Paradigmenwechsel: Supervisor/innen in Verantwortung für die Organisation. Weinheim: Beltz

Siller, Gertrud (2004): Ökonomisierungsprozesse im Sozial- und Gesundheitswesen und ihre Folgen für die Supervision aus individueller Perspektive – Empirische Forschungsergebnisse. In: Buer, F./Siller, G.: Die flexible Supervision. Wiesbaden: VS Verlag für Sozialwissenschaften

Sofsky, Wolfgang / Paris Rainer (1994): Figurationen sozialer Macht. Frankfurt/M: Suhrkamp

Supervision (1.2006): Organisation (ver)formt. Weinheim: Beltz

Supervision (2.2006): Paradigmenwechsel: Supervisor/innen in Verantwortung für die Organisation. Weinheim: Beltz

Supervision (3.2004): Individualisierung. Weinheim: Beltz

Tietel, Erhard (2003): Emotion und Anerkennung in Organisationen. Wege zu einer triangulären Organisationskultur. Münster: Lit – Verlag

Türk, Klaus (Hrsg.) (2000): Hauptwerke der Organisationstheorie. Wiesbaden: Westdeutscher Verlag

Wacker, Gerold (2002): Transformation von Organisationen durch lernorientierte Organisationssupervision als prozessbegleitender Beratungsform. Münster: Lit Verlag

Watzlawick, Paul/Beavin, Janet H./ Jackson, Don D. (1990): Menschliche Kommunikation. Formen, Störungen, Paradoxien. Bern, Stuttgart, Toronto: Verlag Hans Huber

Weigand, Wolfgang (2006): Neue Herausforderungen an die Profession Supervision. In: Supervision: Heft 1. 2006. Weinheim: Beltz

Weltz, Friedrich (1990): Der Traum von der absoluten Ordnung und die doppelte Wirklichkeit der Unternehmen. In Technische Rundschau, H. 45/1990

Was machen eigentlich SupervisorInnen? Supervision und Gesellschaftskritik

Klaus Ottomeyer, Helga Mračnikar

Knut Rasmussen hat Anfang der 20er Jahre des letzten Jahrhunderts zusammen mit einigen Gefährten im Hundeschlitten eine sehr lange Reise von Grönland über das nördliche Kanada bis hin ins westliche Alaska unternommen. Damals waren die dortigen Inuit-Kulturen noch intakt, noch nicht kapitalistisch zerstört. Rasmussen war erstaunt, dass er sich überall mit seiner grönländischen Variante der Inuit-Sprache, welche die Sprache seiner Mutter war, verständigen konnte. Da die Gastfreundschaft groß war und viel Zeit zur Verfügung stand – oft musste Rasmussen in einer Siedlung monatelang warten, bis beispielsweise ein Meeresarm wieder mit dem Schlitten befahrbar war – wurden viele Erzählungen, Informationen und Zeichnungen gesammelt, auch Fotos gemacht. Rasmussens Bericht vermittelt ein bis heute einzigartiges und ziemlich vollständiges Bild vom Leben, der Arbeit, den Erzählungen und Ritualen der Inuit-Gesellschaft (vgl. Rassmussen 1926). Dieses Bild ist nicht nur etwas Exotisches, sondern auch für uns alle interessant, weil das Leben unserer Vorfahren – jedenfalls auf der nördlichen Halbkugel des Planeten – bis zum Vordringen der neolithischen Revolution dem der Inuit ziemlich ähnlich gewesen sein dürfte (vgl. Duerr 1984). Nur dass es in Nordamerika, Asien und Europa neben den Fischen und den im Sommer wachsenden Wildpflanzen vor allem Landsäugetiere waren, welche die Nahrungsgrundlage der verstreuten Homo-sapiens-Populationen bildeten. Überall gab es bereits Kunst, Spiritualität und auch: *Supervision* oder zumindest eine Vorform davon.

In jenen archaischen Gesellschaften ist es der Schamane, der teils jahreszyklisch, teils anlassbedingt für die Gruppe und mit der Gruppe *Regenerationsrituale zur Befreiung von eingeklemmtem Leben* durchführt (vgl. Ottomeyer 2006). Rasmussen hat ausführlich mit dem Inuit-Schamanen Aua gesprochen, der ihm u.a. darüber berichtet, was passiert, wenn in einer Siedlung die Jagd nicht mehr gelingt. Die Gruppe versammelt sich dann in einem großen Raum (im Winter ein Schneehaus, im Sommer ein Zelt). Sie wird durch Singen und Trommeln – wie wir sagen würden – "angewärmt", in einen meditativen, tranceartigen Zustand gebracht. Dazu sollen die Einzelnen im Kreis sitzen, sich entspannen, die "Leibriemen lösen" und die Augen schließen. Nun passieren wundersame Dinge. Kleider bewegen sich durch die Luft. Man hört Geisterstimmen, die von

Verstorbenen stammen. Wenn man ihren Namen errät, werden sie ruhig. Man ist gewissermaßen auf der Höhe eines mehrgenerationellen systemischen Denkens. Die "unsichtbaren Mitspieler" werden einbezogen. Auch die Hilfsgeister des Schamanen stellen sich ein. Dann kommt es zur "Aktionsphase", zur Aufführung eines zentralen Teils im Regenerationsdrama, bei welchem der Schamane der Hauptakteur ist. Er fährt – ähnlich wie eine Robbe im Atemloch – hinab in eine Unterwelt, wo eine Herrin der Tiere, eine nahrungsspendende Göttin, bei den Inuit Sedna genannt, ihren Wohnsitz hat. (Die Prärieindianer haben eine ähnliche Göttin, die hinter einem Wasserfall wohnt und periodisch die Büffelherden schickt.) Sedna grollt von Zeit zu Zeit den Menschen, weil diese untereinander und vielleicht auch im Umgang mit den Tieren etwas falsch gemacht haben. Der Schamane muss die Gründe für ihren Unmut herausbekommen und die Frau am Meeresgrund beschwichtigen. Vorher gibt es noch ein paar Hindernisse, die wir als "ödipal" bezeichnen würden. Vor der Tür zur Herrin der Tiere liegt zunächst ein großer Hund, der an den Knochen eines noch lebenden Menschen nagt. Mutig geht der Schamane vorbei und begegnet auch noch "dem Vater", den er aber auch mit einem Zauberspruch neutralisieren kann, bevor er dann mit der missmutigen großen Frau verhandelt, die inmitten der zurückgehaltenen Tiere sitzt - zwischen Robben, Walrossen, großen Fischen usw. Die Haifische werden in ihrem Nachttopf gehalten, weswegen Haifischfleisch auch so streng riecht. Der Schamane vermag Sedna zu besänftigen und bekommt die Information mit auf den Weg, dass erst die Auseinandersetzung der Gruppe oben mit den Missetaten und Sünden der letzten Zeit zur Freigabe der Tiere und neuem Wohlstand führen kann. Mit dieser Botschaft aus der unteren Welt steigt nun der Schamane prustend und schnaufend wie ein Walross und begleitet von Gesängen durch das Verbindungsrohr wieder hinauf. Es schließt sich nun unter der Anleitung des Schamanen ein Gespräch in der Gruppe an, bei dem einzelne Mitglieder über ihre Tabubrüche und Sünden der letzten Zeit berichten. Es scheint so, dass damit die verborgenen Spannungen und aktuellen Blockaden in der Gruppe durchgearbeitet werden; und zwar in einer speziellen, sanktionsfreien Atmosphäre. Anders als im Alltag freuen sich Schamane und Gruppe über jedes offene Bekenntnis und im speziellen Fall vor allem über die "jungen Frauen", die schuldbewusst von ihrer Leichtfertigkeit im Umgang mit Sexualität und Geburten berichten.

Schließlich entdecken Schamane und Gruppe unter den vielen abgegebenen Bekenntnissen den Hinweis auf den zentralen Tabu-Bruch, der die Herrin der Tiere so erzürnt hat. Auch dieser "Index-Klientin" ist man nicht böse. Im Gegenteil: Alle sind schließlich erleichtert, es entsteht eine gereinigte, kathartische Atmosphäre und die Gruppe ist sich nun sicher, dass es wieder Großfang und Nahrung geben wird. Wir wissen, dass Optimismus und Vertrauen in der Gruppe bei schwieriger und riskanter Arbeit eine wichtige Ressource sind. Die aufregende und dramatische Sitzung klingt offenbar harmonisch und entspannt aus. Wir könnten in unserer Terminologie von einer "Integrationsphase" (nach der Anwärmphase und nach der Aktionssphase) am Ende des Gruppentreffens sprechen. Es kommt zu einer über den Experten, sein Ritualwissen und seine Intuition vermittelten *Befreiung von eingeklemmtem Leben,* und zwar mit zwei dramatischen Höhepunkten. Beim ersten geht es um die Befreiung der festgehaltenen, eingeklemmten Nahrung am Meeresgrund und beim zweiten um das Herausfinden eines zentralen Konflikts in der Gruppe, dessen richtige Benennung zur Lösung von Spannung führt.

Der Schamane ist Experte für wirksame Regenerationsrituale, die in unserer heutigen Welt allerdings von getrennten und hochspezialisierten Expertengruppen aufgeführt und verwaltet werden. Folgende Expertengruppen mit speziellen Regenerationsritualen kann man heute unterscheiden:

1. Für den Aspekt der *kosmisch-religiösen Regeneration des Gemeinwesens* sind seit Erfindung der agrarischen Hochkulturen Angehörige einer nicht mehr direkt mit den Gruppen an der Basis verbundenen Priesterschaft zuständig, die ja auch gerne Rituale von Buße und Beichte organisieren. Sonst würde z.B. alljährlich gegen Ostern die eingeklemmte Vegetation, das vom winterlichen Boden festgehaltene Leben der Pflanzen nicht wieder freigegeben werden. Die Fastenzeit muss ja ein Ende nehmen. Auch gibt es in der Gemeinde regelmäßig Freude über das Wiedererscheinen eines schon verstorben geglaubten Befreiers, der für uns in eine untere Welt gefahren war. Die Expertengruppe der Priester kann uns auch außerhalb des Gruppensettings die individuelle Beichte abnehmen. Sie steht allerdings wegen ihrer guten Beziehungen zu den Repräsentanten der staatlichen und ökonomischen Macht immer wieder unter Betrugs- und Heuchelei-Verdacht. Auf den damit verbundenen spürbaren Verlust ihres Regenerationspotentials antworten hin und wieder Reformbewegungen und heute (erfreulicherweise) auch "Befreiungstheologen".

2. Für den Aspekt der *psychischen Regeneration* des Individuums ist bei uns seit etwa 120 Jahren vor allem die Psychoanalyse zuständig, die – historisch einzigartig – für ihr Regenerationsritual die erkrankte oder gestörte Person in ein intimes Zweiersetting mit dem Heiler bringt, in welchem es dann – mit Hilfe der freien Assoziation, der Traumerzählung usw. – zum gemeinsamen Gang in eine untere Welt und zu einer spürbaren *Befreiung von eingeklemmten Leben* beim Patienten kommt. Anna O. (Bertha Pappenheim), die Co-Erfinderin der Psychoanalyse neben Freud und Breuer, sprach bekanntlich vom *chimney-sweeping* im Rahmen ihrer *talking cure.*

3. Die Vertreter der *Medizin* haben sich in unseren Breiten höchst mühsam gegen die Vorschriften der Kirche und auch gegen die traditionellen Regenerationsexpertinnen und -experten durchgesetzt und einen immensen Korpus von Wissen und Verfahren aufgehäuft (wofür das Sezieren von toten Körpern eine wichtige Bedingung war).

Man darf aber nicht vergessen, dass weltweit immer noch die meisten Menschen im Falle einer körperlichen Beeinträchtigung oder Blockade zu einem "integrativen" traditionellen Heiler oder Schamanen gehen. Der Zugang zu den hochspezialisierten, technisch unterstützten Eingriffen und Regenerationsverfahren der westlichen Medizin ist einfach zu teuer. – Die Mediziner haben sich freilich sowohl die Psychoanalyse als auch Teile des *traditional healing,* welches sich unterhalb und neben der Schulmedizin erhalten hatte, "rückangeeignet", teilweise sogar als Kassenleistung wieder "medizinalisiert".

4. Wichtig sind auch die *Regenerationsexperten der Politik*, die es gibt, seit sich infolge der Bildung von Klassen und Trennung von "Gemeinschaft" und "Gesellschaft" (Tönnies) oberhalb und jenseits der kleinen communities eine eigene Sphäre der Politik und des Staatlichen entwickelt haben. Sie veranstalten eigene Regenerationsrituale für unser eingeklemmtes oder angeblich eingeklemmtes Leben. Sie haben sich mittlerweile von den kosmisch-religiösen Regenerationsexperten emanzipiert – verlangen manchmal allerdings auch noch deren "Segen". Bei uns ist – regional aufgefächert – etwa alle vier Jahre von Erneuerung, "Reformstau", unverbrauchten Quereinsteigern, neuer Ehrlichkeit ("Er hat Euch nicht belogen!") oder auch von der Rettung aus drohenden Gefahren, die Rede. Reinigende Besen ("Wir säubern Graz"), wachsende Pflanzen, ganze "blühende Landschaften" untermauern das Regenerationsversprechen. Aufgrund der (westlichen) Trennung von Kirche und Staat dürfen sich die religiösen Erneuerungsexperten mit ihren Empfehlungen und Vorlieben nur am Rande an diesen Inszenierungen beteiligen. – Die Machstrukturen des traditionellen Patriarchats und die soziale Ordnung in der Ansiedlung einer größeren Menschengruppe hatten sich in unserem archaischen Beispiel noch "ganz nebenbei" oder "wie von selbst" regeneriert. Eine "politische Klasse" gab es in diesen Gesellschaften noch nicht.

5. Was ist nun mit den Funktionen der *Supervision* oder – wie es neuerdings heißt – auch des *Coaching?* Bei uns haben sich diese Funktionen, geheftet an bestimmte Positionen und Rollen, die – anders als die oben genannten – erst auf dem Wege zur Professionalisierung sind, in den letzten Jahrzehnten herausgebildet. Es ist noch nicht zur vollen ständischen Verfestigung gekommen. Es macht aber Sinn zu sagen, das die Funktionen der Supervision und des Coaching im Falle der oben beschrieben Schamanen schon vorhanden sind. Das vom Schamanen durchgeführte Regenerationsritual inkludiert auch – und vielleicht

sogar vor allem – diesen Aspekt der Befreiung von eingeklemmtem Leben. Die community hat Probleme mit dem Nahrungserwerb und es gibt Spannungen innerhalb der kooperierenden Gruppe, die sich im Laufe der Zeit wegen verschiedener Normenverletzungen aufgehäuft haben. Es scheint etwas "unter dem Teppich" zu sein, auch wenn der Teppich hier vielleicht eher ein Eisbärenfell ist.

Als Supervisoren haben wir bei bestimmten Teams, in denen eine sprachlose Blockade des Austauschs von Wünschen und Erfahrungen herrscht und Lähmung verbreitet, schon öfters folgende einfache, aber etwas riskante Technik verwendet, die vor allem dann gut funktioniert, wenn es im Besprechungsraum einen Teppich oder größeren Läufer gibt. Die Teammitglieder werden hinausgebeten und müssen kurz warten, während die Supervisorin oder der Supervisor irgendein Knäuel, z.B. aus Kleidungsstücken, unter den Teppich legt. Nachdem alle wieder im Sitzkreis sind und neugierig auf das rätselhafte Gebilde unter dem Teppich schauen, kann man fragen: Was glaubt ein jeder/eine jede von Euch, ist hier im Team unter dem Teppich? Es kommt dann manchmal sehr spontan zu einer "Befreiung von eingeklemmtem Leben". Es bedarf im Folgenden natürlich einer ausführlichen und behutsamen Integrationsarbeit, um die verschiedenen von den Team-Mitgliedern erfahrenen Normenverletzungen und Kränkungen als Teil des Gesamtprozesses zu akzeptieren und möglichst wieder ins Produktive zu wenden. Mit etwas Glück und supervisorischem Geschick kann sich dann am Ende der Sitzung wieder eine optimistische Stimmung einstellen. Manchmal bedeutet aber Befreiung von eingeklemmtem Leben (für welche es eine Vielzahl von Techniken gibt) auch Mut zum schmerzhaften Konflikt, bis hin zur Trennung, vor allem auch in einer Arbeitswelt, die unter kapitalistischem Konkurrenzdruck steht. Natürlich müssen supervisorische Interventionen, die auf Befreiung des eingeklemmten Lebens im Mikrokosmos des Arbeitsteams zielen, auch mit einer intelligenten Analyse des organisatorischen und gesellschaftlichen Mesokosmos und Makrokosmos verbunden sein. Oft genug kommen die Blockaden von oben oder "von der Seite" ins Team. Zu unseren Formulierungen passt natürlich gut die Sichtweise von J. L. Moreno, dem es darum ging, blockierte Spontaneität und Kreativität aus den "Kulturkonserven" und starren, lebensfeindlichen Strukturen zu befreien.

Ein wichtiger Bereich neuzeitlicher Regenerationsrituale, welchen es in den archaischen Gesellschaften sicherlich noch nicht gegeben hat, ist in die kapitalistische Warenökonomie eingelagert. Diese Welt bildet sogar einen unhintergehbaren Kontext für die oben genannten speziellen Regenerationsrituale. Die *Anschaffung bedeutsamer Waren*, die ein ganz neues Lebensgefühl vermitteln sollen, wird angeleitet, mitinszeniert von zahlreichen "geheimen Verführern", die z.T. sogar unsere Kollegen, Psycho-Experten sind. "Change your life!" oder "Befreie das Tier in Dir!" (Honda-Werbung). Auch ein neues Auto kann zeitweise eine Befreiung von eingeklemmtem Leben ermöglichen.

Wir sehnen uns in der allgemeinen Entfremdung gelegentlich alle nach einem großen Heiler, der uns möglichst alles bringen soll: eine kosmisch-religiöse Regeneration, eine psychotherapeutische Regeneration (individuell wie auch in Bezug auf Gruppen), eine politische Regeneration, eine Erneuerung/Erhaltung der physischen Gesundheit und auch vielleicht auch noch eine Befreiung aus belastenden Arbeitsbeziehungen. In Gestalt von Bert Hellinger und seiner "Aufstellungsarbeit" schien dieser Wunsch Wirklichkeit geworden zu sein. Es handelt sich dabei um eine Psycho-Praxis mit eindeutig religiösen Zügen. Die Therapie des Einzelnen findet in einer Großgruppe statt, die in einem tranceähnlichen Zustand ist. Wie nebenbei erneuert sich die uralte politische Ordnung des Patriarchats mit klar hierarchischen Regeln des zwischenmenschlichen Respekts. Körperliche Erkrankungen wie Tumore können gleich mitgeheilt werden oder zumindest vor dem Hintergrund von Tabubrüchen diagnostiziert werden. Und natürlich kann man mit Hilfe der Aufstellungen auch die Entfremdung in Teams und Organisationen eindrucksvoll behandeln, also supervidieren. Dass diese Art der rituellen Groß-Regeneration von vielfältig eingeklemmtem Leben auch noch gut eingebettet in die kapitalistische Warenwelt ist, also erfolgreich als ultimative Ware gehandelt wird, zeigt sich spätestens in den dazugehörigen kleingedruckten Preislisten.

Hellinger, der seine Laufbahn als Priester in Südafrika (in Marianhill/ Kwa-Zulu-Natal) begonnen hat, ist wohl vom großen integrativen Anspruch der – übrigens sehr patriarchalisch denkenden – Zulu-Schamanen beeinflusst. Der Neo-Schamanismus oder Guruismus ist für uns alle, auch und gerade bei der Supervision und beim Coaching, eine Versuchung. Beim Verkauf seiner Dienstleistung, die im Gedränge zwischen den anderen, etablierten Sparten der Regenerationsexperten noch nicht so bekannt ist, nimmt man leicht einmal den Mund zu voll.

Es sind uns auch schon Vorträge von Supervisionsgurus begegnet, bei denen allein schon durch die Aufzählung großer, fast heiliger Namen, vor allem auch angelsächsischer Institute, ganz Großes (und Teures) versprochen wird.

Die bösartigste Variante des großen Regenerationsversprechens "quer durch den Garten" war der Nationalsozialismus, der kosmische Gesetze (des Darwinismus) zu exekutieren glaubte. Er war zugleich religiöse Heils-Bewegung, eine eigentümlich vitalisierende Psychotherapie für Individuen und Gruppen mit Rhythmen, Trance und Trommelschlag, medizinisches Projekt und nicht zuletzt eine Befreiungsinszenierung für eine entfremdete Arbeitswelt und blockierte Wirtschaft. Etwas kleiner und kürzer war das integrative Regenerationsprojekt eines Radovan Karadzic, der als gelernter psychoanalytischer Therapeut für Kinder, Erwachsene und Gruppen, eine zugleich religiöse und politische Erneuerung des bedrohten Serbentums versprechen und als Mediziner, die ethnischen Säuberungen zu notwendigen chirurgischen Maßnahmen am Volkskörper, erklären konnte.

Als weitere bekannte Großanbieter für Regeneration sind die Otto-Mühl-Bewegung und Scientology zu nennen.

Das "Aufstellen" ist durch Hellinger in Verruf geraten. Es gibt durchaus seriösere Varianten. Aber in Bezug auf betriebliche Probleme werden die Dinge immer noch häufig vermischt. Die Ergriffenheit in der Großgruppe, mit der – meist ausgehend vom einem individuellen Fallbringer – betriebliche Konstellationen und Spannungen vom "Aufsteller" in Szene gesetzt werden, ähnelt eher einem Betriebsgottesdienst. Es geschieht etwas Wundersames und irgendwie Befreiendes, aber niemand weiß genau, was dies mit der komplizierten Logik von Konkurrenz und Kooperation unter den Bedingungen des neueren Kapitalismus zu tun hat. Ob solche Veranstaltungen nachhaltig wirken, ist sehr fraglich.

Wir glauben natürlich, dass Supervision und Coaching etwas Sinnvolles sind. Es gibt zahlreiche hilfreiche Techniken und Ansätze. Aber man muss als Anbieter wissen, was man tut. Wo man im Gefüge der Angebote und – manchmal trügerischen – Versprechungen selbst steht und auch welches die gesellschaftlichen und ökonomischen Bedingungen sind, unter denen Menschen ihre Arbeitskraft verausgaben. Diese Bedingungen wirken strukturierend, blockierend, rollenbildend und rollenauflösend in die Teams und Organisationen hinein. Die arbeitenden Menschen sollten kenntnisreich dabei unterstützt werden, Rollenveränderungen auszuprobieren, die ihnen dienlich sind, Entfremdung zu minimieren und "unnötigerweise" eingeklemmtes Leben zu befreien. Herbert Marcuse hat einmal von notwendiger und von überflüssiger Repression gesprochen. Supervision wäre dann ein Beitrag zur "Humanisierung der Arbeitswelt" im mikrosozialen Bereich, wobei bei der Organisationsberatung auch der mesosoziale Bereich einbezogen wird. Nachdem die Gewerkschaften und Personalvertretungen bei der Humanisierung der Arbeitswelt während der letzten zwei Jahrzehnte – sagen wir es freundlich – stark nachgelassen haben, haben die Rollen der SupervisorInnen und OrgansiationsberaterInnen ein ungeahntes "role enrichment" erfahren.

Fritz Simon, ein sehr bekannter systemischer Therapeut und Berater, hat ein interessantes Buch über Familienunternehmen herausgebracht. Darin unterscheidet er in der Gesellschaft drei basale Systeme, die einen Rahmen für unsere

Kommunikation abgeben: das System der Arbeit, das System der Familie und das System des Eigentums. Das Problem bei Familienunternehmen und für die Beratung von Familienunternehmen ist, dass sich diese in unserer Gesellschaft sonst gut unterscheidbaren Systeme auf komplizierte Weise überlappen. Man könnte sagen, bei den Inuit haben sie sich auch schon überlappt und waren teilweise ineinander integriert – bloß dass es da keinerlei Geldwirtschaft und auch nicht unser Konzept des Privateigentums gegeben hat. In allen vorkapitalistischen Gesellschaften – deren Zerstörung durch die kapitalistische Ökonomie nun fast abgeschlossen ist – haben wir diese relative Integration, wobei es wiederum sehr unterschiedlich ist, wieweit die Geldwirtschaft das System Eigentum mitformt. Nehmen wir eine ländliche Familie im gegenwärtigen Tansania etwas östlich vom Viktoriasee: Sie hat gemeinsam ein Stück Land als Eigentum (wenn auch nicht im Sinne des modernen Eigentumsbegriffs), dazu eine Viehherde, aus der nur im äußersten Notfall eine Kuh oder eine Ziege auf einem Markt gegen Geld verkauft wird, und eine gemeinsame Arbeitswelt. Das ist eine relativ integrierte überschaubare Welt, jedenfalls so lange nicht Katastrophen hineinwirken. Solche Katastrophen können sein: der Klimawandel, die strengen Auflagen der Weltbank in Richtung auf Förderung von Geldwirtschaft und Privateigentum oder eine AIDS-Epidemie. Im letzteren Falle muss wegen der hohen Beerdigungskosten ein Stück Vieh nach dem anderen auf einen Markt gebracht, schnell und zu einem schlechten Preis "zu Geld gemacht" werden. Natürlich hat auch früher schon der Kolonialismus überall auf der Welt die Auflösung der tendenziellen Einheit der Systeme Eigentum, Familie und Arbeit vorangetrieben.

Der Kapitalismus hat die Menschen aus den alten ökonomischen und gesellschaftlichen Strukturen hinausgetrieben. Man kann von Fall zu Fall darüber streiten, ob es eine Vertreibung aus dem Paradies oder eine Vertreibung aus der Hölle war. Eine Hölle des Patriarchats mit wenig Gleichberechtigung der Frauen, manchmal auch mit viel persönlichem Missbrauch. In Europa hat diese Vertreibung der ländlichen Bevölkerung etwa 250 Jahre gebraucht und verschiedene Formen angenommen. In Österreich sind wir bei einem hybriden System angekommen, wo sich außerhalb der großen Städte viele Halbbauern- und Pendlerfamilien an ihrem Land mit zumindest noch einem subsistenzwirtschaftlichen Zubrot festkrallen konnten, was in Wirtschaftskrisen das beste Krisenpolster ist. Andere Populationen sind sozusagen in Windeseile, z.B. aus Anatolien oder Nordafrika, in die neue Welt hinein gebeamt worden. Sie hatten kaum Zeit sich umzuziehen und ihre weiblichen Vertreterinnen tragen noch oder nun erst recht als Zeichen der alten, mehr oder weniger autoritären Integration ein Kopftuch. Man könnte viele jener alten, partiell subsistenzwirtschaftlichen Gesellschaften unter der Rubrik "Kopftuchgesellschaften" zusammenfassen. Die Zeit, da unsere eigenen ländlichen Mütter und Großmütter die meiste Zeit des Tages ein Kopftuch trugen, ist kaum (einige Jahrzehnte) vorbei. Die Ungleichzeitigkeit der Kulturen, das Weiterwirken der vorkapitalistischen Identitäten in die Gegenwart hinein, welches einige Leute so verwirrt, dass sie es am liebsten verbieten wollen, ist auch für SupervisorInnen ein Thema. Viele ihrer Klientinnen arbeiten in diesen Spannungsräumen.

Im entwickelten Kapitalismus gibt es in historisch völlig neuartiger Weise, räumlich und sozial voneinander getrennt, das System der Arbeit (korrekter: Erwerbsarbeit), das System der Familie (Singles werden hier inkludiert) und als ein besonders mächtiges System, die Welt des Marktes, über welches auch die Eigentumsbeziehungen reguliert sind. Alles Eigentum kann für Geld veräußert oder in Geld geschätzt werden. Der Marktwert unseres Eigentums – unserer Aktien, unserer Wohnung, aber vor allem auch unserer Arbeitskraft – bestimmt sehr stark unser Leben und auch das Selbstwertgefühl.

Das erste System ist also die Welt der mehr oder weniger fremdbestimmten Arbeit, mit Zeitstress, mit dem Damoklesschwert der Austauschbarkeit von allen nicht mehr profitabel einsetzbaren Arbeitskräften, das über dieser Welt schwebt, mit durchaus egoistischen Lohn- und Karriereinteressen, aber auch mit einer verbleibenden Kooperation, manchmal auch ArbeiterInnensolidarität. Die zeitökonomische Durchdringung und Standardisierung der Produktion, die für die kapitalistische Produktion typisch ist, verbunden mit dem Aufspüren aller Räume, in denen noch eine Selbstfürsorge, informelle Pausen, small talk und Reflexion stattfinden ("Schreckgespenst Teepause"), macht auch vor dem Bildungs- und Gesundheitswesen nicht Halt, wo sie dann oftmals Züge einer gesundheitsgefährdenden Pseudoökonomisierung annimmt. Berechnung und Beschleunigung ist weder bei Bildungs- noch bei Heilungsprozessen möglich. Der Zwang zur Benennung und Dokumentation jeden Schritts wird in vielen Bereichen zum Zeiträuber und wirkt damit unökonomisch.

Betrachten wir als Zweites das System des Marktes bzw. der Märkte. Hier herrschen im Vergleich zum Produktionssystem andere Spielregeln. Die meisten Menschen fahren fast jeden Tag einmal zum Einkaufen von Konsumgütern oder zur Bank (Finanzmarkt) und sie müssen hin und wieder auch ihre Arbeitskraft (neu) verkaufen. Alle Markt-Begegnungen laufen unter dem heute noch verschärften Diktat der Konkurrenz ab. Über die loser darf in Medien und Werbung mittlerweile mit offener Schadenfreude gelacht werden. Auf der Grundlage einer basalen Kälte versuchen Käufer und Verkäufer sich zu überlisten. Dazu bedarf es allerdings einer funktionalen Empathie, eines liebenswürdigen Scheins (vor allem der Verkäufer) und einer ausufernden Verpackungs- und Warenästhetik, die unsere akustischen und visuellen Wahrnehmungskanäle (z.B. als

Werbespot) bis in die Freizeit hinein zu verstopfen droht. Neben Sex ist das Verlockendste im ubiquitären Überlistungstheater paradoxerweise "Echtheit", "Natürlichkeit". Das betrifft auch Supervisoren, Coaches und Trainer. Wie lässt sich die verlockende Echtheit wieder herstellen, simulieren, coachen und trainieren? Misstrauen in alle Versprechungen der Wiederherstellung von Echtheit und Natürlichkeit ist mittlerweile angebracht. In Österreich ist die Vermarktung von Bio-Lebensmitteln in Verruf geraten. Was tun? Gerade hat man die Idee der "Ursprungsbauern" erfunden, die angeblich Lebensmittel produzieren, die natürlicher als natürlich sind. Die wichtigste Ware auf den Märkten ist für die meisten Menschen ihre Ware Arbeitskraft.

Von der Welt der Märkte und der Welt der Produktion streben wir allabendlich und manchmal auch für ganze Wochenenden oder Ferien auf die dritte, die eigentliche Lebensinsel, auf der uns endlich zwischenmenschliches Vertrauen, eine Identität ohne verkaufsfördernde Masken und Verstellung, Erotik, entspannender Konsum winken: die Reproduktions- und Regenerationssphäre, deren Funktionieren auch makroökonomisch sehr wichtig ist, weil ohne sie die erst produzierten und dann vermarkteten Güter (Autos, TV-Geräte, Lebensmittel) gar nicht konsumiert und neu nachgefragt würden. In den Honeymoon-Phasen des privaten Beziehungslebens haben wir das Gefühl, ganz wir selbst zu sein. Es sieht vorübergehend so aus, als ob uns das Arbeitsleben und die Logik der Märkte "gestohlen bleiben" könnten. Weil es sich aber beim neuzeitlichen Konzept der romantischen Liebe um eine etwas hektische Veranstaltung zur Kompensation von Arbeitsentfremdung und Markt-Kälte handelt, kann sich leicht Enttäuschung einstellen. Es entsteht das Gefühl, dass das Glück und das Erleben eines authentischen Selbst doch wieder nur woanders, oder in einer zweiten oder dritten Ehe, möglich ist.

Fritz Simon weist darauf hin, dass die Individuen "im Normalfall" eine *diachrone Dissoziation* zwischen den Spielfeldern oder Systemen vornehmen müssen. In unseren Worten: Es geht darum, die widersprüchlichen Teilidentitäten als Eigentümer/Geschäftsmensch in der kapitalistischen Markt- oder Zirkulationssphäre, als Arbeitende(r) in der kapitalistischen Produktionssphäre und schließlich als konsumierender, sich erholender Familienmensch in der Reproduktionssphäre in einem gelingenden Nacheinander aufzusuchen, sie nicht zu verwechseln, sie – wenn es gut geht – zu einem "sense of coherence" (Aaron Antonovsky) zu integrieren. "Was im einen Kontext gut ist, wird im anderen als schlecht bewertet und umgekehrt" (Simon 2002: 40).

Familienunternehmen oder Unternehmerfamilien haben das Pech oder Glück, dass bei ihnen eine *synchrone Dissoziation* entsteht. Beim Abendbrot in der Familie beispielsweise können sich die Teilnehmer *erstens* als Menschen gegenübersitzen, die sich in der gemeinsamen Reproduktion ihrer Arbeitskraft durch lustvollen Konsum begegnen, *zweitens* als Menschen, die füreinander Vorgesetzte, Untergebene und Arbeitskollegen sind, und *drittens* als Geschäftsmenschen, welche die anderen als Miteigentümer oder Konkurrenten oder Erben des Familieneigentums belauern. Man weiß im Konfliktfalle oft nicht, welcher Teil gerade mit welchem Teil im anderen spricht. Es gibt ganze TV-Serien über reiche Familien, früher "Dallas" oder "Denver-Clan", später "Reich und Schön", die von dem paranoiden Reiz einer solchen synchronen Dissoziation zehren. Dagegen geht es uns diachron dissoziierenden NormalverbraucherInnen noch richtig gut (Gruppensupervision und Familientherapie würden im Falle jener Familien übrigens kaum unterscheidbar sein, vgl. unten).

Als TeilnehmerInnen am Wirtschaftsleben fahren also heutzutage die meisten von uns "diachron dissoziiert" mit ihren Autos (manchmal auch öffentlichen Verkehrsmitteln, seltener mit dem Fahrrad) zwischen drei großen Systemen oder Inseln hin und her, welche ganz unterschiedliche Spielregeln aufweisen. Diese dürfen die Individuen um Himmelswillen – "bei Strafe des ökonomischen Untergangs in der Konkurrenz", wie Marx sagen würde – nicht verwechseln. Die Ich-Identität als reflexive und metakommunikative Instanz muss immer wieder Unterschiede festhalten und die unterschiedlichen Rollensegmente angemessen synthetisieren.

Unsere verschiedenen psychosozialen Angebote: Psychotherapie, Supervision, Organisationsentwicklung, Coaching usw. können wir sehr klar der Logik der drei ökonomischen Systeme zuordnen. Die Anbieter sollten, kenntnisreich und bescheiden zugleich, wissen, was sie tun und nicht den Versuchungen des allgemeinen Guruismus erliegen, der ja selbst ein Abkömmling der Marktlogik ist. Die Arbeit der PsychotherapeutInnen antwortet auf die Logik der Reproduktionssphäre, wenn dort das Minisanatorium Familie (samt privatem Freundeskreis) überfordert ist.

Die Supervision und das Coaching (und ebenso natürlich die Organisationsentwicklung) sind eindeutig nicht diesem Spielfeld, sondern der kapitalistischen Produktionssphäre/Arbeitswelt zuzuordnen. Wer hier ähnlich wie in Familien oder Therapiegruppen arbeitet, arbeitet fahrlässig. "Vertrauensspiele", die nicht auch mit dem Hinweis auf das notwendige verbleibende Misstrauen unter den Team- oder Abteilungsmitgliedern und vor allem in Bezug auf die Chefs verbunden sind, können die Sicherheit und Gesundheit der Teilnehmer gefährden. Wem solche Hinweise zu kassandraartig vorkommen, kann ja versuchen, die Wahrheit in einen gewissen Humor zu packen (Problematisch ist allerdings wieder der "Humor im Betrieb" als Programm, wie er neuerdings in teuren Workshops von Motivationstrainern angeboten wird). Dass die Übertragung der "Familienaufstellungen" in die Arbeitswelt etwas höchst Problematisches sein kann, war oben schon angesprochen worden – nicht nur innerbetrieblicher Gottesdienst, sondern auch eine Familialisierung von entfremdeten Beziehungen. SupervisandInnen können immer nur zu einer selektiven Authentizität ermutigt werden. Dem Chef ganz ehrlich von der partiellen inneren Kündigung zu erzählen, wäre selbstschädigend. Die Lohnarbeiter-Identität ist immer gespalten: in einen Teil, der sich mit der Aufgabe identifiziert und seine Arbeitskraft verausgabt und von dem der Unternehmer immer noch mehr möchte und in einen zweiten Teil, der als Widerpart des ersten Selbstfürsorge und Leistungszurückhaltung praktiziert. Gäbe es diesen Teil nicht, würde der Arbeitnehmer schnell in der Frühverschrottung landen. Die kapitalistischen Unternehmen (aber auch analog funktionierende Organisationen) sind "objektiv gleichgültig" gegenüber den Besitzern der benutzten und vernutzten Arbeitkraft, die (Über-) Identifikation mit dem Unternehmen wird – wie Tausende von freigesetzten "Opelianern", "Siemensianern" usw. bezeugen können – keineswegs mit Dankbarkeit belohnt. Früher wurde der selbstfürsorgliche, bremsende Teil noch offen von Gewerkschaften, Personalvertretern und in Teams benannt und vertreten. Heute ist er dank der Chefideologen von Wirtschaft und Politik zu einem Schattengespenst gemacht worden. Der Chefvolkswirt der Deutschen Bank war es, der Tee- und Rauchpausen nacharbeiten lassen wollte. Das ist nicht nur menschenfeindlich, sondern auch dumm, weil in den Pausen, neben der notwendigen Entspannung, bekanntlich die besten neuen Ideen für die Arbeit entwickelt werden.

In allen Arbeitsgruppen, die wir supervidieren oder beraten, taucht am Rande oder zentral diese auszubalancierende Spannung auf. Manchmal regen sich Gruppenmitglieder über die Streber auf, welche durch ihre starke Identifikation die Preise verderben, häufiger aber über diejenigen, die ihre Pausenwünsche offen ausagieren und immer schon eine Minute vor Dienstschluss die Klinke in der Hand haben. Für ein gesundes Teamklima ist es wichtig, die Balance zwischen beiden Seiten gemeinsam auszuhandeln (manchmal auch nach oben zu verteidigen), wobei die Balance nicht gleichmacherisch hergestellt, sondern auf individuelle Sonderlagen (pflegebedürftiges Familienmitglied zuhause, Gesundheitsprobleme einzelner usw.) durchaus Rücksicht genommen werden sollte. Je weniger die PersonalvertreterInnen hier tätig sind, desto leichter kommt der Supervisor oder die Supervisorin in die Lage, dass er/sie dieses verdrängte Thema aufgreifen und zu Lösungen beitragen muss. In der Einzelsupervision geht es oft um den inneren Dialog der beiden Teile, wofür wir inzwischen das Fachwort "burn-out Prophylaxe" haben. Wer diesen Konflikt bloß für ein Hick-Hack zwischen Personen mit unterschiedlicher Arbeitsmoral hält und den strukturellen Hintergrund in der kapitalistischen Arbeitswelt nicht kennt, wird es schwer haben, mit den Betroffenen gemeinsam eine entlastende Lösung zu finden.

Das Bild der Arbeitenden fällt in der letzten Zeit immer mehr auseinander in die Arbeitsbienen, welche workaholics sind – oder sich zumindest rasch als workaholics darstellen können, sobald der Chef ins Büro kommt – und auf der anderen Seite die Drohnen, die nichts (mehr) bringen, sich am liebsten nach dem Motto "Viel Geld für wenig Arbeit" durchfüttern lassen wollen und eigentlich aus dem Haus der Fleißigen hinausgeworfen gehören. Die dann manchmal tatsächlich Ausgesonderten sind oft wieder ein Fall für die Psychotherapie. Die verbleibenden Arbeitsbienen können Klienten der Supervision werden. Manche überarbeiten sich vor lauter Angst vor Aussonderung. Andere beginnen auf schwächer wirkende und irgendwie vorgezeichnete Artgenossen mehr oder weniger unauffällig einzustechen. Das scheint die Angst zu beruhigen und gibt ein kleines Gefühl von Kontrolle und Stärke. Dieses Verhalten, das wir "Mobbing" nennen, scheint sich in den letzten Jahren gesteigert zu haben. Die Mobbing-Eindämmung oder Mobbing-Prophylaxe ist ein Haupttätigkeitsfeld von Supervision und Teamberatung.

Ein weiterer strukturell bedingter Konflikt in einer Arbeitswelt, in der Kooperation und Konkurrenz notwendigerweise ineinander verspannt sind, ist der "Streit um den narzisstischen Mehrwert" oder das "Federl-am-Hut-Phänomen" (Altrichter 1996). Es gibt nicht nur den ökonomischen Mehrwert der Arbeit, welcher vom Unternehmen angeeignet wird. Es gibt auch den narzisstischen Mehrwert, den die gelungenen Projekte und Innovationen im Betrieb und manchmal auch nach außen abwerfen. Dieser muss innerhalb der Belegschaft auf eine bestimmte Weise verteilt werden. Und zwar auch als wichtige immaterielle Entschädigung dafür, dass vom erwirtschafteten materiellen Reichtum für die Arbeitenden selbst nicht viel bleibt und die Arbeit oft inhaltlich leer, repetitiv und anstrengend ist. Es geht um die Verteilung von Dank, Lob und Selbstwert-Ressourcen in Teams und Abteilungen. Diese Verteilung geschieht oft sehr ungerecht und unbewusst, z.B. in Blitzaktionen eines narzisstisch hungrigen Teamleiters, der eine öffentlich präsentierte Leistung nur mit seinem Namen verbindet oder verbinden lässt. Da wir ja alle nicht eitel sein dürfen (Restprodukt unserer katholischen oder protestantischen Erziehung), schlucken wir die auf solche Alleingänge antwortende "narzisstische Wut" zunächst einmal hinunter. Wenn sich im Team im Laufe der Zeit zuviel davon ansammelt und Blockaden bewirkt (die teilweise unbewusst sein können), haben wir wieder eine der typischen Situationen, in denen in der heutigen Zeit der Ruf nach Supervision aufkommt. Es ist dann supervisionstechnisch gesehen eine eigene Kunst, Teammitglieder dazu zu bringen, über die Gefühle von gekränkter Eitelkeit und Konkurrenz zu reden. Wenn dieser Versuch nicht schon von der Einladung her reflexiv angelegt ist, sondern mit dem Fingerzeig auf den anderen als Missetäter oder narzisstischem Usurpator beginnt, geht er fast immer schief und kann den Supervisor den Auftrag kosten.

Viele SupervisorInnen arbeiten in Organisationen des Bildungs- und Sozialbereichs, die auf eine gelingende Beziehungs- und Sorgearbeit für hilfsbedürftige Menschen zielen. Dort nehmen die soeben umrissenen systemischen Spannungen oft noch einmal eine besondere Färbung an. Vor allem deswegen, weil z.B. beim Gelingen von Heimerziehung oder von psychiatrischer Außenpflege die Beziehungsarbeit der Teammitglieder einerseits von den Bewohnern oder Klienten als irgendwie familienähnlich oder "wie unter Freunden" empfunden wird und empfunden werden sollte, andrerseits die Identifizierung und Verausgabung doch wieder begrenzt ist und begrenzt werden muss. Die unhintergehbare Lohnarbeiterbalance (oder Dienstleister-Balance) zwischen Identifizierung und Gleichgültigkeit in Bezug auf die Arbeitsinhalte ist hier besonders schwierig. Wenn der Aspekt der Gleichgültigkeit und Selbstfürsorge im BetreuerInnen-Verhalten entdeckt wird, kann dies für die KlientInnen sehr kränkend sein. Und für die Helfer kann diese Entdeckung zu einem Dauerquell von Schuldgefühlen oder von wechselseitigen moralischen Vorwürfen werden. Es macht einen Unterschied, ob ich ein Büro auf die Minute genau bei Dienstschluss verlasse oder eine Betreuungseinrichtung mit schlecht versorgten, ratsuchenden, kommunikationshungrigen PatientInnen bzw. KlientInnen. Enttäuschte Heimjugendliche können z.B. ihren ErzieherInnen vorwerfen, sie selbst seien ja nur die "Essensmarken" für deren Lebenswandel außerhalb des Heims. Solche Vorwürfe, die man sich auch selber machen kann, treffen ins Mark. Viele der Konflikte in diesem Bereich haben die Qualität von moralischen Dilemmata. Das offene Reden über in der Arbeit entstandene Fehler ist oft sehr schwer. Unterdrückte Schuldvorwürfe, reale oder vermutete Skandale, bis hin zur Verletzung der Menschenrechte von Schutzbefohlenen, sind jedenfalls Themen, mit denen man in der Supervision von BeziehungsarbeiterInnen rechnen muss.

Nachdem wir nun einiges zur modernen Psychotherapie in Bezug auf die Reproduktionssphäre und zur Supervision und Teamberatung in Bezug auf die Sphäre von Produktion und Erwerbsarbeit gesagt haben, soll zum Schluss noch ein Blick auf die Sphäre des Marktes und der Vermarktung von Produkten und Dienstleistungen geworfen werden.

Die damit verbundenen Aufgaben der Berater und Coaches lassen sich analytisch durchaus von den oben diskutierten unterscheiden, obwohl natürlich etwas von den Selbstvermarktungszwängen und der Marktkonkurrenz immer auch noch in die Arbeitswelt und die Teams hineinwirkt. Siegfried Kracauer hatte in seinem Klassiker "Die Angestellten" (erschienen in den 20er Jahren) von der verkaufsfördernden "moralisch rosa Hautfarbe" der Angestellten gesprochen, die zumindest bei der Arbeit im Dienstleistungsbereich erwartet wird. Aber oft sucht der Geschäftsmann/die Geschäftsfrau die direkte Hilfe von ExpertInnen, um ein Produkt auf den Markt zu bringen oder auf dem Markt zu halten. Die Arbeit der Werbepsychologie, welche bei der Gestaltung lockender Verpackungen und Werbespots für Konsumgüter hilft, interessiert uns hier weniger. Wichtig in unserem Zusammenhang ist vor allem die Beratung des Individuums, welches als Besitzer einer für andere mehr oder weniger interessanten Arbeitskraft, diese anpreisen und verkaufen muss. Es gibt bekanntlich viele sympathische Leute, die gut arbeiten, "sich aber nicht verkaufen können". Die Fähigkeiten zur Selbstanpreisung und zum Selbststyling – das wirksam, aber nicht wieder zu dick aufgetragen sein sollte – müssen sowohl auf den höheren Rängen der Wirtschaft als auch "ganz unten" trainiert oder überhaupt erst mal grundlegend gelernt werden. Man sollte lernen, einerseits einen gelungenen Auftritt, eine vielversprechende und unverwechselbare Inszenierung gegenüber potentiellen Käufern der Arbeitskraft oder Dienstleistung auf die Bühne zu bringen, muss aber doch auf der anderen Seite immer noch darauf achten, dass die Versprechungen und Verpackungen doch noch irgendwie dem realen Gebrauchswert der Arbeitskraft oder Dienstleistung entsprechen. Sonst ist man/frau ein/e Blender/in, der/die manchmal schon während des Bewerbungsgesprächs auffliegt, manchmal erst später den Job und vielleicht auch guten Ruf als "Geschäftsmann" bzw. als "Geschäftsfrau" verliert. Die Trainingsprogramme à la "Marke Ich", die ihren AbsolventInnen vor allem zum Auffallen als ganz unverwechselbar und zur permanenten Begeisterung über sich selbst raten, welche dann anstecken soll, und dazu, "Felsen in der Brandung" zu werden wie Johnny Walker und Coca Cola, führen geradewegs in eine schreckliche Selbstverdinglichung und mittelfristig mit größter Wahrscheinlichkeit in eine narzisstische Krise, weil die Konjunktur sich schnell ändern kann und weil Menschen auch älter und manchmal schwach werden können. Wenn man sich dann ganz mit seiner zeitweise glänzend verkäuflichen Ware Arbeitskraft, seiner Existenz als "Star" (auf welchem Markt auch immer) identifiziert hat, bricht der ganze Selbstwert zusammen (Die erfolgreichen "Marken" Elvis Presley, Marilyn Monroe oder auch Falco sind als Menschen nicht besonders glücklich geworden; wie es in den anscheinend unverwüstlichen Rolling Stones aussieht, wissen wir nicht. Viele Stars brauchen ab einem gewissen Punkt Drogen, um das öffentlich präsentierte Marken-Ich noch ausfüllen zu können. Die Gratwanderung zwischen dem notwendigen erfolgreichen Selbstverkauf auf der einen Seite, und den Gefühlen von Hochstapelei und Authentizitätsverlust auf der anderen Seite, kennen die meisten frisch ausgebildeten SupervisorInnen sehr gut. Sie bekommen vor oder zu Beginn ihres Einstiegs in das Geschäft regelmäßig die bekannte

"Folderkrise", die Monate dauern kann. Wie kann ich mich auf meinem Folder oder auf einer Homepage so darstellen, dass es Kunden anlockt und zugleich für mich stimmt? Die Kongruenz ist alles andere als selbstverständlich. Sie stellt sich vielleicht noch am ehesten ein, wenn man die Sache wie ein Spiel sieht, das hart, aber fair sein sollte, manchmal sogar lustige Seiten hat und bei dem man die Niederlagen "sportlich" nimmt. Eine andere Art, mit dem Widerspruch umzugehen, wäre der Zynismus der "alten Hasen", welche die Lüge und Großmäuligkeit eben in Kauf nehmen oder sogar positiv besetzen (So wie es uns manche Politiker und Wirtschaftsführer vormachen). Man sieht schon: Die SupervisorInnen und Coaches der SupervisorInnen und Coaches haben hier viel zu tun. Auch bei den ganz Jungen und Unterprivilegierten, die ihre Ware Arbeitskraft nur unter großer Mühe oder niemals an den Mann bringen, spricht man ja in den letzten Jahren vom Arbeitsmarkt- oder Job-Coaching. Auch sie müssen die oben umrissene Identitätsbalance oder -verrenkung irgendwie lernen, auch wenn manche schon nach dem fünften oder sechsten Bewerbungsgespräch am liebsten die Flinte wieder ins Korn werfen möchten. Auf seiner Arbeitskraft sitzen zu bleiben und/oder zu glauben, der völlige Versager zu sein, wenn man auf der Arbeitskraft sitzen bleibt, ist sicher eine der größten Beklemmungen, welche unsere Gesellschaft für das Lebensgefühl von Menschen bereithält. SupervisorInnen und Coaches, die hier beruhigend, klärend und mit befreiender Ermutigung arbeiten, machen sicher einen ehrenwerten Job.

Literatur

Altrichter, H. (1996): Der Federl-am-Hut-Effekt. Eine Innovationsstrategie aus Kakanien. In: Altrichter, H./Posch, P.: Mikropolitik der Schulentwicklung. Studienverlag, Innsbruck, Wien

Duerr, H. P. (1984): Sedna oder die Liebe zum Leben. Suhrkamp Verlag, Frankfurt/M.

Ottomeyer, K. (2004): Ökonomische Zwänge und menschliche Beziehungen. Soziales Verhalten im Kapitalismus. LIT-Verlag, Münster

Ottomeyer, K. (2006): Psychodrama – Regeneration – Entfremdung. In: Zeitschrift für Psychodrama und Soziometrie. Heft 2/September, S.163-176

Mračnikar, H. (2006): Interkulturelle Kommunikation im Krankenhaus. Eine qualitativ-empirische Studie und Anregungen für Supervision und Organisationsentwicklung. Unveröffentlichte Masterthesis

Rasmussen, K. (1926): Rasmussens Thulefahrt. Zwei Jahre im Schlitten durch unerforschtes Eskimo-Land, Frankfurt

Simon, F. B. (2002, 2005): Familien und Unternehmen. In: Simon, F. B. (Hrsg.): Die Familie des Familienunternehmens. Ein System zwischen Gefühl und Geschäft. 2. Auflage. Carl Auer, Heidelberg

II. Praxisforschung: Beratungsprozesse und Erkenntnisse für die Tätigkeit der SupervisandInnen/Coachees?

Systemische Strukturaufstellungen als erlernbare Sprache

Matthias Varga von Kibéd[1]

G.G.: Lieber Matthias, du hast beim Symposium „Supervision und Coaching – Praxisforschung und Beratung im Sozial- und Bildungsbereich" die Perspektive der Systemischen Strukturaufstellung eingebracht. Als Einstieg in unser Gespräch möchte ich dich daher einladen, kurz die wesentlichen Merkmale der Systemischen Strukturaufstellung (SySt) zu erläutern.

M.V.v.K.: Systemische Strukturaufstellungen sind ein Gruppenverfahren, das sich auch auf die Einzelarbeit übertragen lässt; und sie stellen eine Form von Simulationsverfahren dar. Mit Hilfe einer Gruppe von Personen kann man sich einen anderen Einblick in die Vorgänge, die Veränderungsmöglichkeiten, die Tendenzen und die Strukturen eines Systems verschaffen. Das können familiäre oder berufliche Systeme sein, oder auch Organsysteme – oder bestimmte Entscheidungsalternativen, Aufgaben, Ziele, Vorhaben, Wünsche, Befürchtungen und Sehnsüchte. Es können auch Strukturen aufgestellt werden, die komplexe vernetzte Systeme betreffen, wie zum Beispiel zwei Firmen nach einer Fusion u.a.m.

Bei den Systemischen Strukturaufstellungen gehen wir davon aus, dass Gruppen von Personen in hohem Maße „übersummative Fähigkeiten" haben, also gemeinsam über Zugänge, Einsichten, Denkweisen, Handlungsmöglichkeiten und ihre Entwicklung verfügen, über die sie als Einzelpersonen nicht in gleichwertiger Weise verfügen könnten. Systemische Strukturaufstellungen sind eine Form des Denkens, bei dem die Wahrnehmung von Unterschieden über den Körper in höherem Maße einbezogen ist, als bei der üblichen Verwendung von Denken und Sprache. Und darum würden wir es auch als einen Teil von einem umfassenderen Projekt sehen, das wir "transverbale Sprache" nennen.

Wir gehen davon aus, dass es sich bei Systemischen Strukturaufstellungen um eine erlernbare Sprache handelt. Natürlich gibt es Begabungsunterschiede, so wie Sprachen unterschiedlich schnell von Menschen gelernt werden, aber sie ist erlernbar und es gibt eine Grammatik und Methodik, sie zu erlernen.

---

[1] Matthias Varga von Kibéd gilt als eine der bestimmenden Persönlichkeiten der Systemischen Aufstellungsarbeit. Gemeinsam mit seiner Frau Insa Sparrer hat er das Verfahren der Systemischen Strukturaufstellungen (SySt) entwickelt. Das Gespräch hat Georg Gombos mit Matthias Varga von Kibéd im April 2007 in Piran geführt. Für den Buchbeitrag wurde das Tonbandtranskript von Georg Gombos und Hannes Krall überarbeitet.

Unsere Arbeit baut auf anderen Aufstellungsformen und Gruppenverfahren auf: Die vier Hauptwurzeln, die wir auch immer besonders hervorheben, sind die Hypnotherapie nach Erickson, die lösungsfokussierte Schule von Milwaukee, die verschiedenen Ansätze, die systemisch genannt werden – also einerseits die Second-Order Cybernetics und dann die Heidelberger und Mailänder Schule – und die unterschiedlichen Gruppensimulationsverfahren wie eben das Psychodrama, Skulptur- und Rekonstruktionsarbeit nach Satir und die verschiedenen Formen der Aufstellungsarbeit von Ruth McClendon, Les Kadis, Thea Schönfelder, über das Familienstellen von Hellinger und Webers Organisationsaufstellungen. Sie haben alle diese Arbeit beeinflusst und dazu noch eine ganze Reihe von anderen Ansätzen, wie etwa die Palo-Alto-Gruppe, die Paradoxientheorie, die Philosophie Wittgensteins und bestimmte Richtungen der Religionsphilosophie. Es gibt also einen reichen Hintergrund.

G.G.: Wie sieht der Ablauf einer Aufstellung im Allgemeinen aus?

M.V.v.K.: Im Normalfall hat man Personen, die ein Anliegen haben. Dieses Anliegen kann ein therapeutisches oder beraterisches sein, es kann aber auch ein kreatives oder künstlerisches sein, wo es ja nicht in so einem Sinne um Heilung und Problemlösung geht. Es könnte da eher eine Frage der Ideengewinnung sein, also eine komplexere Version eines nichtverbalen Brainstormings; oder es könnte z.B. der Versuch sein, unterschiedliche Chancen einer Maßnahme besser einschätzen zu können.

Wenn wir jetzt dieses Anliegen welcher Art auch immer haben, dann wird ein externalisiertes Bild mit einer Gruppe von Personen gestellt. Die KlientInnen sehen dabei das Bild von außen, wodurch eine gewisse Freiheit entsteht, die sie oft vorher nicht hatten, vor allem wenn sie zuvor mit dem Bild durch ein problematisches oder leidvolles Erleben verbunden waren. Und dann, so kann man es in unserer Sprache sagen, gehen wir von der Struktur zur Form, also von der Art und Weise des Bezogenseins von Elementen eines Systems aufeinander – das wäre die Struktur im Sinn vom frühen Wittgenstein –, zur Form, die bei ihm charakterisiert wird als die Möglichkeit der Struktur.

Wir betrachten also nicht nur die realisierte Art und Weise, in der die Elemente eines Systems aufeinander bezogen sind, sondern mögliche andere Arten und Weisen der Bezogenheit aufeinander. Von besonderem Interesse ist, wenn wir Interventionen so setzen können, dass sich beim Klienten der Möglichkeitsraum ändert.

Dann machen wir eine Reihe von Umstellungen, manchmal rituelle Formen der Arbeit, die wir bei uns "Prozessarbeit" nennen, manchmal Tests – wobei weniger "Test" im Sinne von „Feststellung, was wirklich ist", sondern Test im Sinne von "macht es Sinn, diese Interventionsrichtung zu verfolgen oder ist eine andere vielversprechender?" gemeint ist. Schließlich kommen wir dann zu einem Bild, das deutlich ressourcenreicher ist. Dies darf nicht auf Kosten einer anderen Partei erfolgen, da aus unserer Sicht das Risiko besteht, dass das zunächst positiv wirkende Ergebnis instabil wäre und durch die Gegenreaktion der anderen Seite verschlechtert oder aufgehoben werden könnte.

Nach der Aufstellung gibt es ein Nachgespräch in zwei Phasen. Bei der ersten Phase sollte der Klient bzw. die Klientin dabei sein. Die RepräsentantInnen, die in einem Zustand sind, der zwischen der Trance der Aufstellung liegt und dem Alltagsbewusstsein, äußern sich noch zur Aufstellung. Sie sind noch relativ nah an der Aufstellung dran, können dadurch Ergänzungen geben, Mitteilungen, die sie während der Strukturaufstellung nicht gegeben haben, andererseits können sie aber auch zum Teil schon von außen sprechen. Dadurch kann man nach dem Ende dieser inhaltlichen Nachbesprechung, wie wir das nennen, noch einmal eine explizite Aufhebung der Rollen vollziehen, also die Trance explizit beenden, zum Beispiel durch Aufstehen, Schütteln, Reiben des Gesichts und so weiter.

Und dann kann man abschließend in einer zweiten Phase eine methodische Nachbesprechungsrunde machen, wenn es sich um einen Kreis von FachkollegInnen handelt. Ob die Person, für die gearbeitet worden ist, in dieser Phase dabei ist oder nicht, das hängt dann ein bisschen davon ab, von welcher Art das Anliegen war und wie weit der bzw. die Betreffende selber in diesem Bereich professionell gebildet ist. Im Allgemeinen würde man KlientInnen an der methodischen Nachbesprechung nicht teilnehmen lassen.

G.G.: In einer Aufstellung reagieren die Repräsentanten oft erstaunlich ähnlich der Realsituation des Klienten bzw. Anliegenbringers. Wie lässt sich das erklären?

M.V.v.K.: Auf die Frage, wie es kommt, dass Repräsentanten so passend reagieren, würden wir sagen, dass daran wirklich vieles rätselhaft ist. Auf Grund von vielen kleinen vorsystematischen und systematischen Experimenten würden wir vermuten, dass es unangebracht ist, die Reaktions- und Empfindungsveränderungen bei RepräsentantInnen als Eigenschaft der einzelnen Personen zu verstehen. Sie sind vielmehr als etwas zu sehen, was sich in einer Person kontextabhängig manifestiert, also streng genommen nur als Eigenschaft des gesamten Gruppenmodellkontextes gesehen werden kann. Mit anderen Worten: Wir sagen genau genommen also nicht, dass der einzelne Repräsentant repräsentierende Wahrnehmung hat, sondern dass die repräsentierenden Empfindungen der einzelnen RepräsentantInnen als Gruppenphänomen so etwas erzeugen wie repräsentierende Wahrnehmung.

Diese repräsentierende Wahrnehmung erfordert aber als KlientIn jemand, der oder die mit dem Bild in Resonanz geht, denn nur für die KlientInnen hat das, was dort steht, Abbildungscharakter auf der konkreten Ebene.

Auf der prototypischen Ebene kann es für jeden Beobachtenden einen Abbildungscharakter haben. Wenn wir zum Beispiel die Verfilmung des Lebens von Gandhi oder Mandela sehen würden, dann gibt es eine prototypische Ebene, wo wir mit einem großen Schicksal und einer großen Herausforderung eines Menschen und einem großen Leben konfrontiert sind. Es mag aber zum Beispiel Leute geben, die Mandela oder Gandhi gekannt haben und für die eine solche Verfilmung etwas viel Spezifischeres ist und die bei der Abbildung ganz andere und viel konkretere Aspekte betrachten werden und für die manchmal eine mythische oder archetypische Überhöhung der Person sehr befremdlich wirken wird. Und darum: Natürlich gibt es Aspekte dieser Abbildungen auch für die Personen, für die die Aufstellung nicht gemacht wurde, wir nennen das derzeit prototypische repräsentierende Wahrnehmung. Das eigentlich interessante Phänomen, das die Strukturaufstellung auszeichnet, ist aber die konkrete repräsentierende Wahrnehmung.

Insgesamt glaube ich, dass es einen Forschungsbereich über nicht-einzelpersonenspezifische Empfindungs- und Wahrnehmungsphänomene geben sollte (und zwar über die intersystemischen Formen davon, da die intrasystemischen eh seit einiger Zeit mehr ins Blickfeld gerückt sind!). Unter nicht-einzelpersonenspezifisch verstehe ich so etwas wie das Folgende: Normalerweise, wenn ich z.B. Zahnschmerzen oder Spannungen in der Schulter habe, fasse ich das als Eigenschaft von mir und meinem Körper auf. Wenn aber in einer Aufstellung jemand zu mir sagt: "Du bist C. und das ist F. Schau F. an!", und ich kriege z.B. Schulterschmerzen, und wenn dann jemand sagt: "So, die Aufstellung ist zu Ende" und der Schulterschmerz ist schlagartig verschwunden, dann wäre es ein wenig seltsam, dieses Erleben in der gleichen Weise für eine Eigenschaft der Person zu halten, wie ein eigenes Empfinden von Schmerz, Druck, Freude oder Erleichterung.

Und hier würden wir das Bild passender finden, dass sich unter Modellbedingungen Empfindungsveränderungen in Personen manifestieren. Solche (intersystemischen) nicht-einzelpersonenspezifischen Empfindungs- und Wahrnehmungsphänomene sind aus meiner Sicht bisher weitgehend unerforscht. Ich denke, dass da die Begriffe der Empfindung, der Wahrnehmung, des Gedächtnisses, des Lernens und so weiter sich verändern werden, wenn wir dieser Spur nachgehen.

G.G.: Wie wirken Aufstellungen und was kann sich durch eine Aufstellung für den Anliegenbringer verändern?

M.V.v.K.: Bei dieser Frage kann man zunächst sagen, dass zum Beispiel Leute berichten, dass sie sich plötzlich mit jemandem verstehen, mit dem sie lange zerstritten waren. Dass sie plötzlich ein Verhalten verzeihen und vergeben können, das ihnen bis dahin in höchstem Maße unnachvollziehbar und aggressiv erschien. Dass sie plötzlich andere Empfindungen haben gegenüber Personen, bei denen sie durch ihre negativen Emotionen bisher sehr behindert waren. Dass andere Personen sich ihnen gegenüber plötzlich anders verhalten, nachdem sich die inneren Bilder geändert haben. Dass sie neue Lösungsideen sehen, dass sie andere psychosomatische Reaktionen zeigen, dass es neue Formen von Kooperationen gibt, dass man andere Ideen hat, welche Formen von Kooperationen hilfreich im Rahmen eines Projektes sind.

Wenn man weiß, wie stark innere Bilder wirken, wenn man den gesamten, auch medizinisch gut untersuchten Erfahrungsschatz der klinischen Hypnotherapie nimmt, dann weiß man, dass Veränderungen von inneren Bildern massive Wirkung haben. Ein relativ eindrucksvolles Ritual mit einer größeren Gruppe von Personen kann auf eine ziemlich starke, machtvolle Weise innere Bilder ändern – und da ist es also nicht verwunderlich, dass es auch sehr wohl physiologische und psychosomatische Rückwirkungen nach Aufstellungen gibt. In dem Sinne könnte man Strukturaufstellungsarbeit als einen Teilzweig der Hypnotherapie nach Erickson sehen, jedenfalls verstehen wir diese Arbeit auch so.

G.G.: Wenn ich mit Pädagoginnen und Pädagogen arbeite, dann verweise ich immer wieder darauf, dass Aufstellungen ständig passieren – und dass es eine Frage der Aufmerksamkeit ist, darauf zu achten, was sich verändert, wenn sich der Platz von Personen ändert. Wie lässt sich die Sichtweise der Systemischen Strukturaufstellung auf Alltagssituationen übertragen?

M.V.v.K.: Ich habe den Eindruck, dass es außerordentlich nützlich ist, gelegentlich Abläufe im Alltag zu betrachten, als wären sie eine unsachgemäß geleitete Aufstellung. Also zum Beispiel in einer Supervision, wenn jemand mit einem Fall kommt und die Arbeit ist nicht so verlaufen, dass er zufrieden war mit dem, was er für den Klienten geleistet hat; dann bespricht man ja auch, wie man in einer nächsten Sitzung so arbeiten könnte, dass der Verlauf für den Klienten besser sein wird, oder wie man künftig in einem analogen Fall vielleicht anders damit umgehen könnte.

G.G.: Kann man die Systemische Strukturaufstellung mit sich selbst im Alltag auch ausprobieren?

M.V.v.K.: Ja, ich nenne fünf Miniaturexperimente, die jede Person machen könnte. Es gibt viel mehr, aber auf weniger als fünf kann ich mich jetzt schwer beschränken (lacht). Erstens: Er könnte sich daran erinnern, dass er vielleicht schon einmal ein Theaterstück oder eine Opernaufführung in einer Sprache gesehen hat, die er nicht versteht. Und dass er eine Zeit lang fasziniert zugesehen hat, ohne den Inhalt der Geschichte zu kennen, und dass er trotzdem – etwas erleben konnte, was ihn irgendwie berührt hat. So ähnlich kann er die Repräsentanten bei einer Aufstellung sehen und bei ihnen etwas wahrnehmen. Und aus der Struktur von dem, was dort geschieht, kann er beginnen, etwas von sich und in sich wieder zu erkennen. Da hat er eine Externalisierung erlebt. Zweitens: Er kann beobachten, wenn er ein Gespräch mit Kollegen oder Freunden über irgendeine schwierige Situation führt, wie die Kollegen zum Teil in die einzelnen Rollen des Systems hineinschlüpfen, sozusagen spontan und bereitwillig sich als eine schwierige Person aus einem anderen Kontext zur Verfügung stellen und ihm dadurch helfen, Ideen zu bekommen, wie er mit dieser Person anders umgehen könnte. Drittens: Er könnte Kindern beim Spiel zusehen, wie sie Gegenstände beleben und sich in die Gegenstände hineinversetzen und den Platz wechseln und sehen, wie sie ganz selbstverständlich mit Aufstellungen arbeiten. Viertens: Er könnte auf die Gesten von Personen achten, wenn sie sprechen und darauf achten, wie ihre Hände zu Personen des Dramas oder der Geschichte werden und wie eigentlich ständig mit den Händen aufstellungsartige Prozesse stattfinden.

Und fünftens: Er könnte, wenn er zum Beispiel an einem Kaffeehaustisch sitzt, einfach Gegenstände nehmen, die auf dem Tisch sind, ihnen eine Bedeutung zuweisen und sie in eine Anordnung bringen, indem er sie vorsichtig auf dem Tisch verschiebt. Und dann kann er einen einzelnen dieser Gegenstände berühren und sich vorstellen, von dieser Position aus die anderen zu betrachten. Er kann die Hand dann abstreifen und es mit einem anderen dieser Gegenstände versuchen. Und es ist einfach nur darauf zu achten, wie verschieden er die Situation erlebt. Es wäre dabei wichtig, dass er die Fußsohlen am Boden hat, gut durchatmet und auf die Unterschiede in der Körperwahrnehmung achtet. Und Achtung, jetzt folgt eine posthypnotische Suggestion, aber sie wirkt trotzdem: Wenn er das, oder auch nur einen oder zwei von diesen Versuchen ein paar Mal gemacht hat, dann müsste er sich schon ziemlich wehren, um nicht im Lauf der Zeit mehr Beobachtungen zu machen, die mit der Idee der Strukturaufstellung zu tun haben.

G.G.: Wo liegen entscheidende Unterschiede zwischen der Systemischen Strukturaufstellung und anderen verwandten Methoden, die zwar Aufstellungen machen, aber eine andere Philosophie oder Auffassung vertreten?

M.V.v.K.: Wir gehen so vor, dass es einen klaren Auftrag eines Klienten mit einer bestimmten Veränderungsrichtung geben muss. Wir gehen nicht davon aus, dass wir eine grundlegende Dynamik beim Klienten vor der Aufstellung gesehen haben müssen, wir gehen nicht einmal davon aus, dass diese grundlegenden Dynamiken überhaupt Realitäten sind, in der Art, wie manche das tun. Wir gehen des Weiteren davon aus, dass die Aufstellungsarbeit in einen Prozess von Vor- und Nacharbeiten eingebettet ist und sehen sie nicht als isolierte Maßnahme an. Wir halten die Tendenz, den Klienten zu empfehlen, nach der Aufstellung nicht darüber zu sprechen und schlicht abzuwarten für eine problematische Aufforderung, unter anderem deshalb, weil wir nicht glauben, dass sie befolgt wird. Und selbst wenn sie befolgt würde, hätten wir Zweifel an dem Vorgehen. Wir sind der Auffassung, dass Klienten einen Anspruch darauf haben, informiert zu werden, was man mit ihnen macht, und das heißt, wir geben genaue Auskünfte über unsere Vorgehensweisen und lassen sie nicht im Dunkeln. Wir finden es wichtig, dass die Arbeit kritisierbar ist und dass sie in einer Auseinandersetzung und in einem Dialog mit anderen Methoden steht. Wir finden es wichtig, dass es auch experimentelle und spielerische Formen der Arbeit geben kann.

Es gibt Vorstellungen, dass diese Arbeit von vornherein mit schweren und tragischen Verläufen verbunden sein müsste – und dazu hatte Virginia Satir gesagt: „Some people think therapy has to be hard and bitter work. That may really be the case – but not with me!" Und wir sind sehr entschieden der Auffassung, dass auch an sehr schweren Themen mit leichten und spielerischen Mitteln gearbeitet werden kann. Wir halten jede starke Provokation für überflüssig. Das heißt nicht, dass sie nicht vielleicht von manchen Menschen nützlich verwendet werden kann, nur ist es einfach nicht die Stilform, in der wir arbeiten wollen. Virginia Satir oder Steve de Shazer und Insoo Kim Berg arbeiteten ohne – oder wenn – dann nur mit minimalen, leichten, humorvollen Provokationen.

Was wir überhaupt nicht verwenden, ist ein Konzept des Leidensdrucks. Die Vorstellung, jemand sei noch nicht so weit und der Leidensdruck sei noch nicht groß genug für eine Veränderung, ist aus unsere Sicht so eine Art archaische Vorstellung eines Vorläufers vom Dampfdrucktopf. Wir glauben einfach, dass es andere Formen von Verläufen gibt. Wir arbeiten auch nicht mit dem Begriff des Widerstands, sondern mit unterschiedlichen Kommunikationsbedingungen, teilen also ganz und gar die wunderschöne Charakterisierung von Widerstand durch Gunther Schmidt in seinem hypnosystemischen Ansatz als Kooperationsangebot des Klienten an den Therapeuten oder die Beraterin zur kooperativen Umgestaltung des Kontextes der Arbeit.

G.G.: Es gibt Ansätze oder Schulen, die sich als „systemisch" bezeichnen, andere nicht. Wo siehst du Unterschiede zu anderen Ansätzen, wie etwa das Psychodrama oder die Gestalttherapie?

M.V.v.K.: Es wäre mir fremd, etwa der Gestalttherapie oder dem Psychodrama das systemische Vorgehen abzusprechen. Ich habe nicht diese Vorstellung, dass das Wort „systemisch" ein Prädikat ist, das auf eine Schule per se angewendet werden kann, sondern eher, dass es ein komparativer Begriff ist, wo man sagen kann: Dieses Vorgehen ist systemischer als jenes.

Mit Blick auf die Gestalttherapie würde ich beispielsweise sagen, dass die Art der Arbeit mit inneren Teilen und Traumanteilen und sie als verschiedene Repräsentanzen des Subjekts anzusehen eine ausgesprochen intern-systemische Vorgehensweise ist. Und mit Bezug auf das Psychodrama würde ich sagen, dass die soziometrischen Methoden von Moreno exzellente systemische Instrumente darstellen – viele andere Dinge auch, aber nur um ein Beispiel zu nennen aus dem reichen Werk von Moreno –, die von anderen Systemikern manchmal unzureichend genützt werden. In diesem Sinne sehe ich diese Schulen nicht so als getrennt an.

Um aber diesen Begriff „systemischer als" zu charakterisieren: Darunter verstehen Insa Sparrer und ich das fortschreitende Absehen von der Zuschreibung von Eigenschaften. Das bedeutet auch, dass wir übergehen von Elementen zu Beziehungen, von Beziehungen zu Strukturen, von Strukturen zu Kontexten, von Kontexten zu Veränderungsbedingungen von Kontexten, von Veränderungsbedingungen von Kontexten zu Choreographien dieser Veränderungsbedingungen und nicht annehmen, dass eine dieser Ebenen alles umfassend ist. Da aber eine etwaige umfassendste Ebene sowieso in ihrer Komplexität immer zu hoch sein wird, haben wir einfach keine perfekte systemische Beschreibung, sondern können nur immer wieder Fortschritte machen.

G.G.: Welchen Platz nimmt die Systemische Strukturaufstellung gegenüber Beratungsformen wie Supervision oder Coaching ein?

M.V.v.K.: Bei der Strukturaufstellungsarbeit haben wir diese Idee einer verallgemeinerten Sprache als vielleicht wichtigste Grundmetapher, die auch das methodische Vorgehen, die Grammatik, die Didaktik des Vorgehens bestimmen. Aus unserer Sicht ist der passende Vergleichsrahmen eher der des Umgehens mit Sprache und alternativen Auffassungen von Sprache. Bei einer Sprache wäre es auch sehr seltsam zu fragen, ob das Portugiesische nun besser im Bankwesen, in der Juristerei oder in der Didaktik des Schulunterrichts verwendet werden kann. Denn bei einer Sprache setzen wir von vornherein voraus, dass sie für die verschiedenen Bereiche anpassbar ist. In einer ähnlichen Weise würde ich sagen, es wäre noch seltsamer, wenn die Strukturaufstellungsarbeit auf einmal auf einen Bereich nicht anwendbar wäre, auf den Sprache anwendbar ist, da wir die gewöhnliche Sprache ja weiterhin verwenden und in immer mehr Formen in der Strukturaufstellungsarbeit einsetzen und über diese Sprache hinausgehen, indem eben Bewegung, räumliche Anordnung und Wahrnehmung von Unterschieden im Körper dazukommen. Daher ist eine Einschränkung auf bestimmte Bereiche der Idee der Grundmetapher, dass es sich um eine erweiterte Auffassung von Sprache und ihrer Untersuchung handelt, zuwider.

G.G.: Bei den Systemischen Strukturaufstellungen gibt es unter anderem das Format der Supervisionsaufstellung, das eingesetzt werden kann, damit ein Berater seine eigene Arbeit besser reflektieren und neue Ideen bekommen kann. Wodurch unterscheidet sich eine Supervisionsaufstellung von anderen?

M.V.v.K.: Zunächst einmal dadurch, dass sie in einem gewissen Sinn einfacher ist. Und zwar, weil wir bei der Supervisionsaufstellung häufig die Frage haben, ob die Kontraktgestaltung zwischen dem Coach, Berater, Therapeuten mit seinem Klienten im Moment passend ist. Diese Frage kann viel leichter zu beantworten sein, als die Frage wie in einem Klientensystem ein bestimmtes schweres Problem gelöst werden kann. Bei der Supervision geht es zunächst darum, ob der Coach sozusagen ins Klientensystem gerutscht ist oder ob er seine Position außen und an der Grenze beibehalten konnte. Darum kann auch für eine sehr komplexe und schwierige Team- oder Familienfrage die dazugehörige Supervisionsaufstellung eine sehr einfache sein. Das nennen wir Supervision erster Art. Bei der Supervision zweiter Art verwenden wir Aufstellungsformen, wenn der Kontrakt vollkommen klar ist, sowohl aus der Sicht des Coaches wie auch aus jener des Gecoachten, aber wo dem Coach sozusagen die Ideen auszugehen beginnen, wo er nicht mehr so recht weiß, was er im Sinne seines Klienten noch unternehmen könnte. Das ist also eher ein Mittel, neue Ideen für das Klientensystem zu gewinnen. Und die Supervision dritter Art wäre so etwas wie eine Vorbereitung auf Anwendung von Strukturaufstellungsmethoden im Klientensystem, diese ist also ein Trainingsinstrument.

G.G.: In Beratungssituationen haben wir es immer wieder mit Teams zu tun. Was sind die Besonderheiten bei team-internen Systemischen Strukturaufstellungen?

M.V.v.K.: Da zu unserem Kontrakt ja gehört, dass die Interessen aller Anwesenden gewahrt werden sollen und da diese Gefahr bei der team-internen Arbeit zweifellos größer ist, brauchen wir eine besonders sorgfältige Kontraktgestaltung. Das ist die halbe Miete sozusagen. Und es kann auch sein, dass – wenn man diese Miete hat – nahezu keine weitere Arbeit erforderlich ist. Denn manches Mal ist alles, was ein Team in einer schwierigen Lage braucht, das Erlebnis, dass sie sich überhaupt auf etwas einigen können. Und wenn dieses Erlebnis schon da ist, dann werden wir nicht reparieren, was schon läuft. Ich werde nicht immer diesen Kontrakt mit allen Beteiligten vorher haben können, einfach weil man in größeren Teams gar nicht mit allen den Kontakt vorher herstellen kann und darum muss ich das Contracting unter Umständen in der Sitzung machen. Dazu kommt, dass manchmal ein Vorgesetzter einem Weisungsempfänger ein Coaching empfiehlt, der Gecoachte das aber wie eine Art Erziehungsmaßnahme erlebt. Und dann kann man aber sehr schön lösungsfokussiert daran arbeiten: "Woran würde Ihr Vorgesetzter merken, dass Sie so etwas wie ein Coaching nicht nötig haben?" Und damit kann man wieder systemisch arbeiten. Im Prinzip ist die Frage nicht wirklich anders, als bei einer Aufstellung in anderen Kontexten auch. Damit das Gesicht aller Beteiligten gewahrt bleibt, muss man häufig verdeckt arbeiten. Damit keine neuen problematischen Zuschreibungen erfolgen, sollte jeder mehrere Perspektiven einnehmen und es sollte keine Perspektive auf Dauer nur von einem einzelnen Repräsentanten besetzt werden, denn wenn es eine problematische Perspektive war, könnte sonst dieser Person eine problematische Eigenschaft zugeschrieben werden. Wenn man aber die Repräsentanten ständig austauscht und wenn man dafür sorgt, dass jeder mehrere Perspektiven einnimmt, haben wir die Erfahrung gemacht, dass regelmäßig ein größeres Verständnis füreinander in den Gruppierungen entsteht. Zusammengefasst noch einmal: Stärker verdeckte Arbeit, damit jeder das Gesicht wahren kann. Betonung von Multiperspektivität, das heißt, dass jeder möglichst in mehrere fremde Perspektiven geht und er dadurch ein vermehrtes Verständnis für die Perspektiven anderer Seiten hat. Des Weiteren ist dafür zu sorgen, dass dieselbe "Rolle" möglichst immer von mehreren Leuten erfahren wird – also jeder geht in mehrere "Rollen" und jede "Rolle" wird von mehreren Personen erlebt, wobei "Rolle" in Anführungsstriche zu setzen ist, weil es sich ja um kein Rollenspiel handelt. Das wären ein paar wichtige Grundsätze von dem, was wir teaminterne Strukturaufstellungsarbeit nennen.

G.G.: Wie ist die Strukturaufstellungsarbeit in Organisationsentwicklungskonzepte eingebettet?

M.V.v.K.: Wir würden Systemische Strukturaufstellungsarbeit als einen wichtigen Schritt innerhalb von Organisationsentwicklungsprozessen sehen, aber nicht selber schon als einen Organisationsentwicklungsprozess. Es ist ein wichtiges Instrument, das ein erfahrener Organisationsentwickler in einen solchen Prozess hineinnehmen kann. Wenn jetzt aber jemand meint, weil er mit Strukturaufstellungen arbeiten kann, wäre er dadurch schon Organisationsentwickler, dann werden ihm vermutlich eine ganze Reihe von Kenntnissen abgehen.

G.G.: Um auf den Bereich der Forschung näher einzugehen: Wie kann man Systemische Strukturaufstellungen theoretisch und praktisch in die Forschung hineintragen?

M.V.v.K.: Es gibt eine ganze Reihe von Möglichkeiten Strukturaufstellungen zur Unterstützung von Forschungsprojekten zu verwenden. Und es gibt eine ganze Reihe von Möglichkeiten, Forschung über Strukturaufstellung zu machen. Die Verwendung bei der Unterstützung von Forschungsprojekten ist letztlich ähnlich wie bei anderen Anwendungen von Aufstellungen im Organisationsbereich. Das heißt für eine Projektplanung, für Fragen der Zusammenarbeit, für Fragen des Umgangs mit Arbeitsbedingungen und so weiter. Das kann man selbstverständlich für ein Forschungsprojekt ebenso machen, wie man das für ein anderes industrielles, wirtschaftliches oder Unternehmensprojekt machen kann. Dann kann man darüber hinaus die Strukturaufstellungen als ein kreatives Medium verwenden: z.B. um ein anderes Design eines laufenden Projekts zu entwickeln, um eine Vorstellung zu haben, in welcher Weise Phasen einer Arbeit aufeinander aufbauen können, um eine Idee zu der Frage zu bekommen, welche Art von Kooperationen für die Gestaltung einer Untersuchung hilfreich sein könnten – dafür kann man Strukturaufstellungen selbstverständlich verwenden. Dann kann man Lücken in der eigenen Betrachtung eines Themas unter Umständen durch diese ungewöhnliche körperlich erfahrbare Visualisierungs- und Externalisierungsform entdecken. Außerdem kann man Insa Sparrers ziemlich ungewöhnliche Formen des lösungsgeometrischen Interviews anwenden, wo Repräsentanten für die Mitglieder, zum Beispiel eines Forschungsteams, über ein bestimmtes Problem innerhalb des Forschungsprozesses interviewt werden und konstellierte RepräsentantInnen stellvertretend für die Originale in einem lösungsfokussierten Gespräch Antworten zur Lösung der Situation geben. Und das hat im Allgemeinen auf die realen Mitglieder, die sich das von außen ansehen können, eine außerordentlich anregende Wirkung.

Zum zweiten Teil: Man kann selbstverständlich Strukturaufstellungen zum Gegenstand von Forschungen machen. Die erste größere Arbeit dazu war die Untersuchung des verstorbenen Gert Höppner, der sich Strukturaufstellungsarbeit im Familienkontext angesehen hat.

Höppner hat 89 Fälle genommen und die Veränderung innerer Bilder vor und nach Durchführung einer Aufstellung in Bezug auf Familienfragen untersucht, wobei 80% der Aufstellungen Strukturaufstellungen, durchgeführt von Angelika Hall, einer der ersten beiden Absolventinnen unseres Münchner SySt-Institutes, waren. Und die Ergebnisse waren außerordentlich positiv und ergaben einen guten Beleg für die Wirksamkeit des Vorgehens mit Strukturaufstellungen in diesem Bereich. Dann gibt es außerdem inzwischen die Untersuchungen von Peter Schlötter, der die Nicht-Beliebigkeit von Anordnungsempfindungen nachwies, in dem er mit über 3000 Fällen gearbeitet hat, wobei in Anordnungsbildern aus Organisationsaufstellungen Personen durch Figuren ersetzt wurden. An einem freien Platz stehend wurden die Versuchspersonen mit Multiple-Choice-Fragebögen über Ihre Empfindungen an dieser Stelle befragt. Es zeigte sich, dass die Empfindungen, die die Versuchspersonen an diesen Stellen hatten, alles andere als zufällig waren.

Eine weitere Versuchsserie Schlötters diente der Prüfung der Frage, wenn jemand aus einem Organisationsaufstellungsbild entfernt wird, wie hoch die Korrelation des vermuteten Platzes, den verschiedene Versuchspersonen wählen würden, wenn sie gefragt würden "Wo könnte die betreffende Person in diesem Bild gestanden haben?", zum wirklichen ursprünglichen Platz der aus dem Bild entfernten Person ist. Das zeigt natürlich noch lange nicht die Details der Grammatik der Strukturaufstellungsarbeit, aber das sind schon die ersten Schritte, wenn man eine solche Grammatik schließlich auch mit statistischen Methoden erforschen will.

Wir arbeiten seit längerer Zeit mit einem Unternehmen zusammen, in dem man sich darum bemüht, eine Untersuchung an einer hohen Anzahl von Aufstellungen zu machen, die langfristige Wirkungen auf Mitarbeiterzufriedenheit, Probleme des Mobbing, Krankenstand und auf andere relevante Themen im Wirtschaftsbereich zum Gegenstand haben. Und da geht es auch darum, dass die inneren Bilder vor und nach einer Aufstellungsarbeit mit passenden mehrdimensionalen Darstellungsformen und auch wieder durch entsprechende Befragungen von Mitarbeitern über relevante Personen und Positionen innerhalb des Teams und der Firma dargestellt werden. Und da wird in den nächsten Jahren – so hoffen wir – ein relativ umfangreiches Material über die Wirkung von Organisationsaufstellungen entstehen.

G.G.: Lieber Matthias, herzlichen Dank für dieses anregende Gespräch!

Literatur

de Shazer, Steve (1998) (2.Aufl.) '... Worte waren ursprünglich Zauber' – Lösungsorientierte Therapie in Theorie und Praxis. Systemische Studien Band 14. Dortmund: Verlag modernes Lernen

Gombos, Georg (2007): Mit Babylon leben lernen. Aspekte einer interkulturellen Mehrsprachigkeit. Klagenfurt: Drava Verlag

Landauer, Doris (2007): Wie Systemische Strukturaufstellungen gelingen können - Praxisanleitungen und Aufstellungsdemos. Wien: Verlag Systemisches Management

Rosner, Siegfried (2006): Systeme in Szene gesetzt. Organisations- und Strukturaufstellungen als Managementinstrument und Simulationsverfahren. Leonberg: Rosenberger Fachverlag

Schlötter, Peter (2005) (2.Aufl.) Vertraute Sprache und ihre Entdeckung. Systemaufstellungen sind kein Zufallsprodukt - der empirische Nachweis. Heidelberg: Verlag für Systemische Forschung im Carl-Auer Verlag

Schmidt, Gunther (2007) (2.Aufl.): Liebesaffären zwischen Problem und Lösung. Hypnosystemisches Arbeiten in schwierigen Kontexten. Heidelberg: Carl-Auer-Systeme Verlag

Sparrer, Insa (2006) (4.Aufl.): Wunder, Lösung und System. Lösungsfokussierte Systemische Strukturaufstellungen für Therapie und Organisationsberatung. Heidelberg: Carl-Auer-Systeme Verlag

Varga von Kibéd, Matthias; Sparrer, Insa (2005) (5.überarb.Aufl): Ganz im Gegenteil. Tetralemmaarbeit und andere Grundformen Systemischer Strukturaufstellungen. Heidelberg: Carl-Auer-Systeme Verlag

Weber, Gunthard; Schmidt, Gunther; Simon, Fritz B. (2005): Aufstellungsarbeit revisited ... nach Hellinger? Mit einem Metakommentar von Matthias Varga von Kibéd. Heidelberg: Carl-Auer-Systeme Verlag

Wresnik, Helmut (2006): Von Bild zu Bild... Arbeiten mit Systemischen Strukturaufstellungen. Norderstedt: Books on Demand

Die Bühne als soziale Lernarchitektur

Michael Worsch

Im Unterschied zum vorgefertigten Theaterabend kann jemand auf einer Bühne als einer sozialen Lernarchitektur selbst in die Handlung eingreifen, in Rollen schlüpfen und das Handeln als Figur weiterspinnen. Die Bühne ermöglicht spielend und beobachtend etwas über eigene Bedürfnisse, Ziele und Hemmnisse zu erfahren, Kontexte zu reflektieren, Projektionen zu analysieren und Strategien zu modulieren. Entwürfe, die auf der inneren Bühne in den Lagerstätten des Unverwirklichten weilen, können hervorgekramt und in ein Beziehungsgeschehen eingebracht werden. Neue Formen des Gestaltens von Lebenswirklichkeit werden nicht nur fantasiert, sondern spontan ausprobiert.

Meister Eckhart hat einen bedeutsamen Satz geprägt: „Wenn die Seele etwas erfahren will, wirft sie einfach ein Bild hinaus und tritt dann hinein!" Ausgehend von diesem Gedanken möchte ich mich in diesem Beitrag mit dem Projizieren innerer Bilder, der Objektivierung des Selbstgefühls und der Repräsentation von Beziehungsmomenten aus der sozialen Realität mithilfe der Bühne als sozialer Lernarchitektur beschäftigen. Anhand kurzer Beispiele werde ich darüber hinaus meine Beratungsarbeit mit Hilfe der Bühne vorstellen und weiterführende Überlegungen zur Grammatik des szenischen Spieles vorstellen.

1. Zur Entstehungsgeschichte der Bühne als soziale Lernarchitektur

Die Nutzung des Dramatischen Spiels beim Erkunden und Gestalten von Lebenswirklichkeit erstreckt sich vom Mysterienkult, den Dionysien der Antike, über das abendländische Mittelalter, das geistliche Schultheater des 16. Jhdts. zu den ersten didaktischen Konzeptionen im 18. Jhdt. und mündet in die markanten Reformkonzepte der Ausdrucksschulen zu Beginn der Jugendbewegung. Das Aufbruchsklima Russlands an der Wende zum 20. Jhdt. bringt Impulse und Experimente hervor, die eine übergreifende Modellbildung für psychosoziale Interventionsformen und Standardisierung der Schauspieldidaktik auslösen.

Die „Psychotechnik" Stanislavskijs, die „Biomechanik" Meyerholds, die „innere Technik" Tairovs, der „theatralische Instinkt" Jewreinovs sind Beispiele für Quellen der Dramatherapien, wie sie mit dem Psychodrama von Moreno, dem Gestaltdrama von Perls, dem analytischen Drama von Ferenczi den Hintergrund des therapeutischen Theaters bilden. Mit Ansiedlung der Humanistischen Schule aus Amerika nach dem Zweiten Weltkrieg auf dem europäischen Kontinent entfaltet sich Theaterarbeit als Selbsterfahrungsangebot im deutschsprachigen Raum. Mit der Auffassung des Theaters als „Prozess der Selbsterkenntnis im Sinne einer Therapie" bestimmt Grotowski (1967) die Entgrenzung von der Kunst zur Selbsterforschung.

2. Die Bühne als ästhetischer Rahmen – Schauspielen als „präzises Fantasieren"

Theater als ästhetischer Rahmen hebt sich vom Alltag ab. Einer kulturellen Regelung zufolge ist Theater eine Versammlung von Menschen, die auf ein dargestelltes Geschehen schauen. Der Schauplatz dieses Geschehens ist eine Bühne in verschiedensten Anordnungen von der Arena über den Guckkasten bis zur Simultanbühne. Im Theater wird mit der Grenze zwischen Publikum und Bühne der Unterschied zwischen sozialem Raum und ästhetischem Rahmen deutlich. Ein Teil des sozialen Raums verwandelt sich in einen Schauplatz.

Wenn nun eine Person – nennen wir sie Martha – diese Bühne betritt und ankündigt, etwas darzustellen, so schauen die Anwesenden nicht Martha zu, was sie persönlich macht, sondern beobachten, wie Martha zeigt, was eine Person oder irgendein Lebewesen an einem fiktiven Ort tut. Martha kann – um ein Beispiel zu nennen – einen Moment aus dem fiktiven Leben eines Vogels darstellen. In dieser anderen Welt hebt der Vogel zum Flug ab, weil ihn ein Beweggrund antreibt. Der Begriff Motiv ist dabei wesentlich. Martha zeigt, wie das Motiv Futtersuche den Vogel bewegt. Die bezeichnende Aktion für das antreibende Motiv wird Marthas Spielabsicht genannt.

Martha betritt also die Bühne mit der Absicht, eine Handlung zu spielen. Im Spiel entstehen durch die Verkörperung Empfindungen. Sie gehören zwar zum Beziehungsgeschehen auf der Bühne, werden aber von der Person Martha empfunden. Indem Martha sich wie ein Vogel bewegt, entdeckt sie Bedingungen und Möglichkeiten des Handelns als Figur. Während sie den Vogel verkörpert, stellt sie sich gleichzeitig die Figur – auf ihrer inneren Bühne – immer deutlicher vor. Woran erkennt nun das Publikum, dass sich Martha den Vogel vorstellt und sich so fühlt, als würde sie selbst fliegen? Kurz gesagt, weil sie sich „als ob" wie ein Vogel bewegt. An dieser Stelle könnte man die Beobachtenden fragen, woran sie erkennen, dass Martha sich wie ein Vogel fühlt; man könnte die Beobachtenden auffordern, ihre Erlebniseindrücke als Merkmale des gezeigten Verhaltens zu beschreiben. Zum Beispiel: „Ich sehe, dass sie ihre Arme wie Flügel bewegt, und merke dadurch, wie sich diese Bewegung anfühlt!"

Verkörperung auf der Bühne ist Stilisierung – also eine ästhetische Reduktion. Das gezeigte Verhalten ist bezeichnend oder „signifikant"; das Original gibt es nur im richtigen Leben. Dennoch erzeugen bei Martha und Beobachtenden diese Aktivitäten emotionale Resonanzen. Das Geheimnis der Verwandlung verbirgt sich hinter der ästhetischen Reduktion. Indem Martha die Figur deutlich bezeichnend zeigt, weckt sie plastische Vorstellungen in ihrer Fantasie. Sie verwandelt sich stilisierend und empfindet damit selbst die Bewegung. Sie tritt in Resonanz mit ihrer eigenen Vorstellung von der Figur durch Bewegung wie ein Vogel. Schauspielen ist „präzises Fantasieren". Jedes Kind wendet dieses Wissen an.

Gleichermaßen bewirkt Marthas Darstellung bei Zuschauenden Resonanzen, indem sie durch ihr Zeigen projektive Identifikation ermöglicht. Es sind salopp gesagt, so viele Vögel wie Anwesende im Raum. Allen ist ersichtlich, dass Martha nicht ihre eigene Person darstellt. Sie ermöglicht dem Publikum, mit Vorstellungen zu spielen. Innere Bilder heften sich gewissermaßen an das Gezeigte auf der Bühne. In der Medientheorie wird von einer ästhetischen Doppelung gesprochen.

In eine Rolle schlüpfen bedeutet daher, sich als Person zur Verfügung zu stellen und sich in eine Figur auf der Bühne zu verwandeln. Daraus folgt: „Ich, Martha, fühle, was ich zeige und bin nicht, was andere an mir sehen!" Martha ist weder identisch mit der Bühnenfigur noch mit den Fantasien, die auf sie projiziert werden. Wenn Martha wieder von der Bühne als einem ästhetischen Rahmen in den sozialen Raum tritt, verschwindet die Figur, löst sich der imaginäre Schauplatz auf. Martha streift mit dem Verbeugen ihre Rolle als Projektionsträgerin wieder ab.

Zusammengefasst: (1) Rolle heißt, die spielende Person ist sich dieser anderen Identität bewusst und sie erklärt sich damit einverstanden, dass auf ihre Figurendarstellung projiziert wird; (2) Wahl und Übernahme der Rolle, die Klärung der Spielabsicht und (3) die vereinbarte Grenze zwischen sozialer Realität und imaginärer Wirklichkeit sind Regeln, um die beiden Welten nicht zu verwechseln. Die Unterscheidungen von Person und Rolle, Bühnenfigur und Projektionsträger legen den Zugang zur Bühne als soziale Lernarchitektur frei. Sie gelten als Voraussetzung, um jemanden stellvertretend vergegenwärtigen, repräsentieren bzw. verkörpern zu können, ohne damit verwechselt zu werden.

3. Die innere und die äußere Bühne – Ästhetik als lebendiger Spiegel

Für die Nutzung der Bühne als sozialer Lernarchitektur ist also die Unterscheidung zwischen sozialem Raum, äußerer und innerer Bühne wesentlich. Die innere Bühne kann in Anlehnung an William James als eine Metapher für den mentalen Anschauungsraum gesehen werden – den „dreaming screen“ des Selbst.

Ein gezeigter Vorgang ist über Verobjektivierung auch ein Entwurf eigenen Handelns im Spiegelbild der Bühne. Das gespielte Handeln führt zum Ziel und/oder zeigt, welche Hindernisse sich dem Erreichen in den Weg stellen. Das Spannende daran ist, wie strebende Bewegungen und deren Hindernisse Gefühle wecken. Ein Beziehungsgeschehen zwischen Figur und Raum bzw. mehreren Figuren kann also von Bedeutung für jemanden sein, weil er das gezeigte Handeln mit eigenen Strategien vergleicht. Die gespielte Handlung auf der äußeren Bühne zeigt Optionen auf, die bestätigen oder überraschen. Die Bühne als soziale Lernarchitektur ist damit ein Möglichkeitsraum zum Gebrauch von Übergangsobjekten. Sie erlaubt eine Erweiterung von Erfahrungshorizonten (vgl. Winnicott 1979, zit. n. Khan 1993: 155 ff.).

Während auf der äußeren Bühne bezeichnendes Verhalten sichtbar wird, wecken signifikante Aktionen in ästhetischer Reduktion aber auch plastische Vorstellungen auf der inneren Bühne. Die eigenen projizierten Vorstellungen erzeugen emotionale Resonanz. Die emotionale Resonanz wiederum ist ein Signal dafür, dass vom gezeigten Verhalten eine subjektive Relevanz angesprochen ist, dass sich ein Eigenanteil durch Verobjektivierung auf der Bühne erkennen lässt.

Ästhetik weckt unser Selbstgefühl wie ein lebendiger Spiegel oder Doppelgänger. Durch Repräsentation einer Figur auf der Bühne erfahren sowohl Martha wie auch jede Person im Publikum sich selbst durch eine doppelgängerische Ähnlichkeitsbeziehung mit einer anderen Identität. Dissoziation und Verobjektivierung sind die Schlüssel zur Selbsterforschung im ästhetischen Rahmen Bühne.

4. Beratung mit Hilfe der Bühne als sozialer Lernarchitektur

Die Bühne als Lernarchitektur eignet sich für die Beratung aus zweierlei Gründen. Erstens, weil sie als ein zum Spiel einladender Möglichkeitsraum frei von realen Sanktionen und sozialen Konsequenzen Probehandeln erlaubt; zweitens, weil sich durch Verkörperung von Gedanken und Gefühlen Gestaltungen der inneren Bühne zeigen und sich als beobachtbare Repräsentationen auch umwandelbar verhalten.

Wenn wir Unternehmensgeschichte, Mission und Produktionsabläufe als Texturen, als Gewebe von Lebenswirklichkeit verstehen, so entspricht die „Verfassung einer Organisation“ dem „Text eines Stückes“. Wird ein Bühnenstück in

Akte und Szenen unterteilt, so findet man in entsprechender Weise in Organisationen Aufgaben und Handlungsräume. Schnittfläche zwischen dem ästhetischen Medium Bühne und psychosozialer Realität in einer Organisation kann demnach die Analogie von Funktion und Rolle sein. Innerhalb eines Organisationsganzen soll Funktion die Zuordnung einer Tätigkeit zu einem Aufgabenbereich heißen, während Rolle die Auffassung und Übernahme jener zum Ganzen sich arbeitsteilig verhaltenden Tätigkeit meint.

Beim Coaching von Führungskräften und Teams arbeite ich mit einem Rollenbegriff, der das kontextbezogene Handeln auf der Unternehmensbühne in den Vordergrund stellt. Es ist daher entscheidend, zwischen Person und Rolle auf dieser Unternehmensbühne zu unterscheiden.

Erstes Fallbeispiel – Ein aufbrausend „cholerischer Chef": Ein aufbrausend cholerischer Chef brüllt seine Mitarbeiter an und legitimiert dieses Verhalten mit Berufung auf seine Funktion, identifiziert seine persönliche Wut mit der Funktion. Seiner Interpretation liegt eine fatale Verwechslung zugrunde. Es ist nicht seine Funktion zu brüllen, sondern zu steuern. Als Person ist er überfordert und führt sich familiär autoritär auf, wie es seinem Charakter entspricht. Brüllen ist seine Überlebensstrategie bei Überforderung.

Die Funktion der Führungskraft in der Organisation definiert nur den Rahmen der Zuständigkeit; sie beschreibt nicht die informellen Prozesse ihrer Durchführung. Trotz genauer Stellenbeschreibungen und Aufgabenstrukturen „menschelt" es eben. Streng genommen lässt sich sagen, dass für die Ausübung der Führungsfunktion kein kontextbezogenes Rollenbewusstsein vorhanden ist.

Personen in Organisationen kommunizieren häufig in ihren persönlichen Identifikationsmustern ihre Funktionen. Kundenorientierung zeigt sich beispielsweise nachweisbar als freundlich höflicher Umgangston. Das ist zwar eine strategische Rolle – verbunden mit einem taktischen Kommunikationsstil –, aber Personen kommen durch Stress an ihre Grenzen. Das „Wording" verändert sich und die familiären Charaktere brechen durch. Hier braucht es viel Unterstützung beim Unterscheiden von Person und Rolle für flexible Strategien und Taktiken, um mit Herausforderungen zurechtzukommen.

Zweites Fallbeispiel – Eine stets harmonisierende Führungskraft: Einer Führungskraft wird folgende zentrale Eigenschaft zugeschrieben: „Er ist [immer] wohlwollend!" Wenn Spannungen und Konflikte auftauchen, schlichtet er Konflikte sofort, weil ihm Spannungen unangenehm sind. Er drückt sich wertschätzend und liebevoll aus, moderiert mit Geduld Aufregungen und fördert ein warmherziges Arbeitsklima, indem er persönlich viel kompensiert.

Diese Strategie beschreibe ich als Harmonisieren, und ich sehe darin eine Führungsqualität. Aber nicht immer führt dieser Weg zum Ziel. Situationen tauchen auf, in denen klare Direktiven angesagt wären, aber die liegen ihm nicht. So fällt bei ihm die Führungsanforderung „Autorisieren“ einfach aus. Das merken andere, kompensieren seine fehlende Strategie und setzen sich als heimliche Führer oder Opponenten in Szene. Dementsprechend versucht er wieder auszugleichen und kommt damit in einen Teufelskreis: Überforderung und Erschöpfung bei ihm, Gereiztheit und Ungeduld bei den anderen. Am Ende sind alle unzufrieden, das Arbeitsklima verschlechtert sich weiter.

Ein Ziel des Coaching liegt nun darin, Rollenkompetenzen zu erweitern, um es den Personen zu ermöglichen, eine funktionskonforme kommunikative Strategie und Taktik zu wählen. Es geht darum, mit Hilfe eines Rollenbewusstseins die Flexibilität gegenüber den Anforderungen von Funktionen und Herausforderungen zu kultivieren. Daher handelt es sich um ein kontextbezogenes Rollenbewusstsein.

Das Problem der Identifikation von Funktion und Person zeigt sich dann, wenn ein Führungsstil nicht geändert werden kann, weil die Führungsperson sich selbst nur in diesem Stil anerkennt, jede andere Strategie und Taktik als inkongruent ablehnt. Wechselnde Situationen, in denen Führung zu übernehmen ist, fordern jedoch einen situationsgerechten Führungsstil, um konstruktiv und produktiv die Situation zu verändern. Anstatt privater Authentizität geht es um Integrität und Souveränität.

Bezogen auf die geschilderten Fallbeispiele stellt sich nun die Frage, was anders wäre, wenn sich beide Führungskräfte auf einer Unternehmensbühne sehen könnten – nicht als Personen, sondern in ihren Rollen?

Das ästhetische Medium Bühne kann dazu in der Beratung als Unterstützung verwendet werden, situativ angemessene Handlungsstrategien zu kultivieren und eine souveräne Taktik für operative Kommunikation zu erproben. Als ein Modell für die Einbindung von Handlungsräumen in eine übergreifende soziale Architektur könnte dabei das folgende „Inszenierungsmodell als Navigationssystem“ dienen. Die Regieaufgabe „Inszenieren“ gilt Führungskräften, deren Funktion sein möge, Strukturen zu organisieren, Prozesse zu steuern und Strategien zu operationalisieren.

Deskriptiv angewandt, erzeugt das Navigationssystem eine kognitive Landkarte der unterschiedlichen Handlungsräume und durch Aufgaben bestimmte Handlungsabsichten. Auf der Bühne kann sich die Führungskraft über den Weg des „Als ob“ in die Aufgabenzuständigkeit versetzen und das Bewusstsein gegenüber den kontextuellen Handlungslogiken vertiefen.

Ein drittes Beispiel – Eine Führungskraft im Zwiespalt: Eine Führungskraft – ich möchte sie hier Ferdinand nennen – ist im Zwiespalt. Welchen von fünf Anwärtern seines Teams soll er mit der Leitung einer aufzubauenden Organisation betrauen? Alle haben großes Interesse an dieser Aufgabe und einige rivalisieren. Solange er sich nicht entscheidet, schwelt der Konflikt nicht nur in ihm, sondern weitet sich zu einem äußeren Konflikt aus. Durch Analyse seines inneren Konflikts, der einander widersprechenden Forderungen in ihm, wird klar, dass er es allen recht machen will. Oder anders gesagt: Alle sollen ihn lieb haben. Nachdem ihm sein innerer Konflikt klar geworden ist, kann er das Ziel seines nächsten Schritts bestimmen. „Ich will mich entscheiden können."

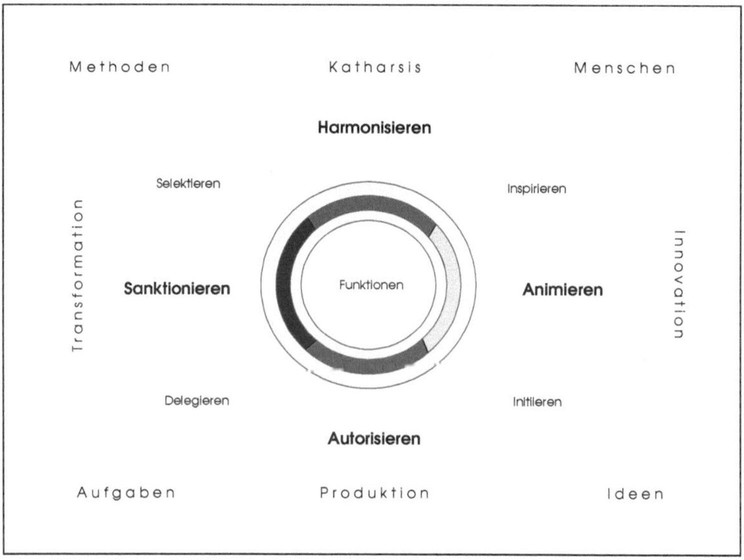

Abb. 1: Ein Inszenierungsmodell als Navigationssystem

Die Arbeit an seinem Konflikt zeigt, dass es seinem Gemeinschaftssinn widerspricht, alleine zu entscheiden. Als geeignetes Mittel für den nächsten Schritt wählt Ferdinand einen Teamrat. Die Vorbereitung der Entscheidung kann er durch einen partizipativen Prozess einleiten. Reziproke und komplementäre Perspektiven können durch Positionierung auf Stühlen von jedem Teamangehören in Rollen vergegenwärtigt werden. Was brauchen Chef und Team voneinander, um mit diesem Schritt reifen zu können? Welche kreativen Ideen entwickelt das Team, um für diesen Trennungsvollzug und Abschied einen Ausgleich zu schaffen? Das alles wird sich erkunden lassen. Wir beide kennen die Lösungspotenziale seines Teams noch nicht. Ferdinand wird jedoch neugierig darauf, welche Kapazitäten im Team diese Herausforderung ans Licht bringen werden.

Er hat sich entschieden zu steuern, und setzt einen Teamrat für eine gemeinsame Regelung ein. Der Teamrat findet im Besprechungsraum statt, Ferdinand führt Regie mittels Sitzungsdramaturgie, ermöglicht ein Stimmrecht für Außen- und Innensichten und nutzt die inneren Ressourcen seines Teams, um eine Strategie zu vereinbaren. Taktisch stärkt er damit den psychologischen Kontrakt zwischen Chef und Team. Sie lernen sich mit ihren Interessen, Bedenken und Erwartungen besser kennen, entwickeln kreative Lösungen und kooperieren im selben Stück mit Rollen. Die persönlichen Ängste haben sich aufgelöst. Die Arbeit mit komplementären Perspektiven schärft sein Bewusstsein für Wechselwirkungen von Situation und Personen im Kontext Organisation.

5. Fünf Lernschritte für BeraterInnen – Stärkung der Selbstwirksamkeit durch Handeln auf der Bühne

Verschlechterungen des Arbeitsklimas, Missmut und Ärger in Organisationen verweisen auf Probleme, die zumeist durch kommunikative Missverständnisse und informelle Unzulänglichkeiten im operativen Alltag entstehen. Keine noch so toll ausgedachte Strategie garantiert eine präzise Umsetzung. Wenn die Kooperation nicht stimmt, werden Ziele nicht effizient oder gar nicht erreicht. Misslingen erzeugt Stress, dieser bewirkt innere Bedrohung, die wiederum löst Angst und Projektion aus. Es folgen Unterstellungen, Vorwürfe, Schuldzuweisungen, dann Kampf oder Flucht. Ursachen dafür sind Überforderungen. Wenn sich Gereiztheit, Ungeduld, Hektik, Erschöpfung, Erstarrung und schließlich Lähmung bei Systemangehörigen zeigen, dann fallen schnell eindeutige Ursachenzuschreibungen.

In der Beratungsarbeit erkunde ich Probleme und Möglichkeiten von Menschen. Sie erzählen von Enttäuschungen, Unzufriedenheiten, Kränkungen und Überforderungen. Mithilfe der Bühne als sozialer Lernarchitektur stelle ich Rollenangebote mit der Einladung zum Ausprobieren von Strategien und Taktiken zur Verfügung. Diese eröffnen „Verhaltensabenteuer“, die eine Erweiterung der Handlungsfähigkeiten ermöglichen. Kanalisieren und Verbalisieren von Gefühlen eröffnen neue Wege zur inneren Freiheit, revitalisieren die Gestaltung von Lebenswirklichkeit.

In meiner Arbeit mit BeraterInnen wird oft als vordringliches Problem im Beratungsgespräch die von Klientenseite erwartete rasche Verfügbarkeit richtiger Lösungen genannt. Ich bemühe mich um einen Einstellungswechsel und mache darauf aufmerksam, dass Lösungskompetenzen stets beim Kundensystem zu vermuten sind. Beraten unterstützt die Selbstwirksamkeit, Ratschläge entmündigen. Selbstwirksamkeit meint Wissen um die eigene Handlungsfähigkeit und Kennen der eigenen Einflussnahme auf andere.

Ich vermittle fünf Lernschritte in Handlungs- und Beobachtungsaufgaben und nutze dabei die Bühne als soziale Lernarchitektur. Die Schritte sind Ankommen, Verstehen, Klären, Entscheiden, Umsetzen. Ankommen meint wertschätzendes Wahrnehmen der Person im Erstkontakt, Erkunden von Anlass, Anliegen und gewünschtem Ergebnis eines Beratungsprozesses. Verstehen bedeutet Einfühlen in das Kommunizieren der thematisierten Situation, um davon ausgelöste Gefühle einer Selbstreflexion anbieten zu können. In der Beratung heißt das, mit dem Gegenüber emotional in Kontakt kommen. Wer sich verstanden fühlt – wenn Unzufriedenheit, Enttäuschung, Empörung, Kränkung oder Überforderung benannt werden –, zeigt sich eher bereit, in der Beratung mit sich selbst reflexiv in Kontakt zu treten. Das Vitalisieren der Selbstbeziehung durch Verstehen sehe ich als Voraussetzung für gestärkte Selbstwirksamkeit.

Dann biete ich an, Kontexte und Konflikte der erzählten Situation zu analysieren. Klären heißt dabei, Bewertungen der erfüllten Tatbestände von möglichen Aufforderungen zur Veränderung der Situation unterscheiden. Bewertung als Wirklichkeitsurteil artikuliert sich in Befindlichkeit auf einer Skala von Zufriedenheit bis Unzufriedenheit. Aufforderung sehe ich hingegen als Mitteilung von Handlungsbedarf, Bedürfnis, Ziel und Vorhaben. Ich arbeite mittels Stühlen an der Differenzierung von Innen- und Außensichten zur Einleitung von Neuregelungen. Was wurde bisher unternommen? Wie kommunizieren verschiedene Beteiligte ihr Erleben der Situation? Welche Vereinbarungen bringen Fortschritt und Mehrwert für die Organisation? Dazu biete ich jeweils Positionen auf einer Bühne an.

6. Jede Strebung kennt ihr Ziel und jedes Bedürfnis kennt seine Antwort

Signale und emotionale Resonanz sind für zwischenmenschliches Verstehen wesentlich. Mit Bezug auf die Beziehung zwischen einem Säugling und der Bezugsperson spricht Joachim Bauer wichtige Zusammenhänge an: „Das Gehirn besitzt Nervenzell-Netzwerke, die darauf spezialisiert sind, bei anderen Menschen wahrgenommene Signale so abzuspeichern, dass sie selbst nacherlebt und reproduziert werden können. (...) Die [Lösung] der Aufgabe des Säuglings, Signale aus dem Körper und aus der Umwelt langsam verstehen zu lernen, (...) erfolgt für das Gehirn dadurch, dass die aus dem eigenen Körpermilieu kommenden Signale im Gehirn des Säuglings mit Signalen und Handlungen der Mutter bzw. der Bezugsperson verknüpft werden. Deren Reaktionen verleihen, wenn sie angemessen und für den Säugling problemlösend sind, den unspezifischen Empfindungen des Säuglings sozusagen rückwirkend eine Bedeutung“ (Bauer 2004: 64 ff.).

Für die Beratungsarbeit mit Erwachsenen können daraus wichtige Schlussfolgerungen abgeleitet werden, da Beziehungsmomente in ähnlicher Weise mit physiologischen Signalen zu korrespondieren scheinen. In einem Modell eines Appetenz-Aversions-Zyklus (siehe Abb. 2) möchte ich daher Emotionen nach den Motiven Appetenz und Aversion als Gegenspieler der Gewebespannung Öffnen, Aufnehmen, Ausstoßen und Schließen darstellen.

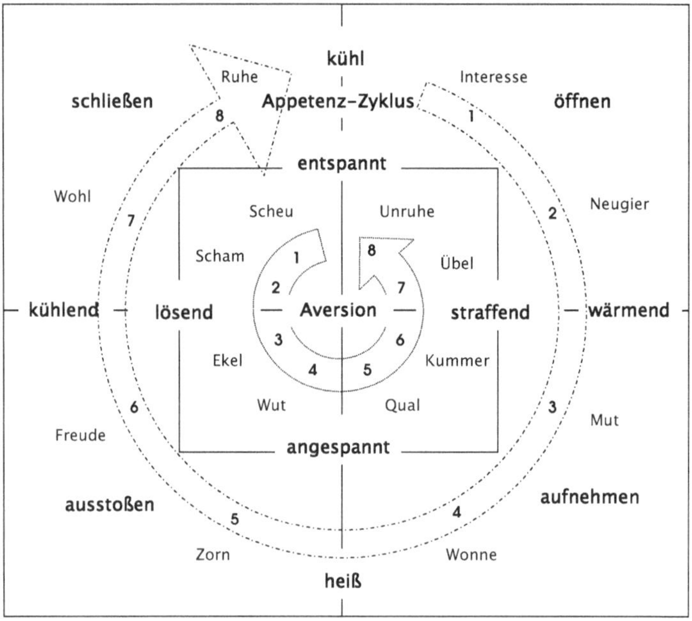

Abb. 2: Appetenz-Aversions-Zyklus

Interesse und Neugier sind z.B. Verkünder, dass ein Bedarf gegeben und ein Anreiz für die Bedarfsbefriedigung erreichbar ist. Führt das Antwortverhalten von Bezugspersonen zur Erfüllung des Bedarfs, zeigen sich dem (kindlichen) Bewusstsein Freude, Wohlbefinden und Lust auf eine zukünftige Bedürfnisbefriedigung. Dementsprechend sind Aversionen Ausdruck unlustvollen Gefahrerlebens, die sich dem Appetenz-Zyklus entgegen stellen. Schließen und Ausstoßen wirken antagonistisch zum Öffnen und Aufnehmen. Aversiv aufgeladen lässt es sich nicht entspannen. Ein Bedarf und die damit verbundene Aufregung fanden entweder keinen Anreiz oder bekamen keine angemessene Antwort. Daraus entstehen innere Appetenz-Aversions-Konflikte. Diese „unerledigten Geschäfte", wie sie Fritz Perls genannt hat, stören das Wohlbefinden und Selbstgefühl, sie schwächen die Selbstwirksamkeit.

Ein fortwährendes Überschreiten der Frustrationstoleranz führt zur Kränkung des Selbstwerts. Ein innerer Konflikt wie z.B. Neugier gepaart mit der Vermutung, das (wie immer) Übel zu erwarten sein wird, erzeugt Sorgen, Zweifel und Misstrauen als fortwährende Stimmungslagen und Gemütszustände. Unlust und Aversion verdüstern Lust und Appetenz. In der Folge sind diese Schatten des Wohlbefindens wie Fremdkörper im Selbstgefühl. Sie zeigen sich als erhöhte Reizbarkeit von Ärger, Argwohn und Angst. Bedürfnisse werden damit zu Gefahren. Reaktive Abwehrmuster schwächen die spontane Handlungsfähigkeit.

Auf der künstlerischen Bühne der Theaterarbeit habe ich Rollen, Schauplätze und Handlungen untersucht, durch die bedrohlich wirkende Bedürfnisse bzw. Gefühle Gestalt und Antwort bekommen. Vor diesem Erfahrungshintergrund entstand ein Modell, das unter Einbeziehung der Feldtheorie von Kurt Lewin, den Kontaktphasen von Fritz Perls und der kognitiven Schemata von Jean Piaget ein Basisbezugssystem für eine „szenische Grammatik" darstellt. So können mit dessen Hilfe Aktionen, Gestik und Mimik beschrieben und Gefühlen zugeordnet werden. Dabei spreche ich von „Schema-Analyse".

Schema heißt griechisch „Körper in Bewegung". Damit sind in der Antike Bewegungsfiguren des Chors auf dem Theater (Choreografien) gemeint. Signifikante Aktionen werden notiert, um in einer Beobachtungssprache zwischen Bewegung und Bedeutung vermitteln zu können. Texte erzeugen Sprachbilder, Sprachbilder wecken innere Bilder, diese evozieren Gefühle, ihr Ausdruck zeigt sich in Mimik, Gestik und Motorik. Bewegungen verleihen dem Text Bedeutung. Das ist der Kreislauf.

Die Bühne ist ein ästhetischer Rahmen, eine Raumordnung für bestimmte Ereignisse. Die Bedingungen der Raumordnung erzeugen Merkmale von Bewegungen. Diese Merkmale korrespondieren mit inneren Bildern und Raumvorstellungen, mit der „Topografie des Imaginären". Richtung, Umfang und Antriebsstärke einer Bewegung innerhalb der Raumordnung Bühne sind Bezeichnungen für die innere Strebung einer Figur. Aktion für Aktion entsteht durch Inszenierung des Textes eine Spielpartitur. Die Bewegung des Körpers in Raum und Zeit, veranlasst durch die Sprache des Textes, wird über innere Bilder geführt.

Der Selbstführung beim Schauspielen dient die Betitelung, sie wird auch Subtext genannt. In der Abbildung 3 werden vier Begriffe hervorgehoben, die für innere Strebungen (Vektoren) stehen. Vektor 1: von *Da* nach *Dort*; Vektor 2: vom *Dort* zum *Jetzt* usw. Diese Vektoren werden durch Schema (innerer Ring), Affektmotorik (mittlerer Ring) und Zeiterleben (Rand) näher bestimmt. Enge und Weite der Spannungsempfindungen bilden die vier äußeren Eckwerte. Die Zahlenreihe 1 bis 8 im Uhrzeigersinn entspricht dem Appetenz-Zyklus (siehe Abb. 2). Verkörpernd sich bewegen, während Sprache innere Bilder erzeugt, Gedanken Empfindungen wecken und Bewegung Gefühlsausdruck einer Figur ist, dafür wird geprobt und notiert. Geduldig erkundend wahrnehmen, wie sich die Gefühle zeigen, um Sprache Aktion für Aktion Sinn zu geben, das ist die Kunst des Schauspielens und alle Kinder wissen intuitiv, wie das geht.

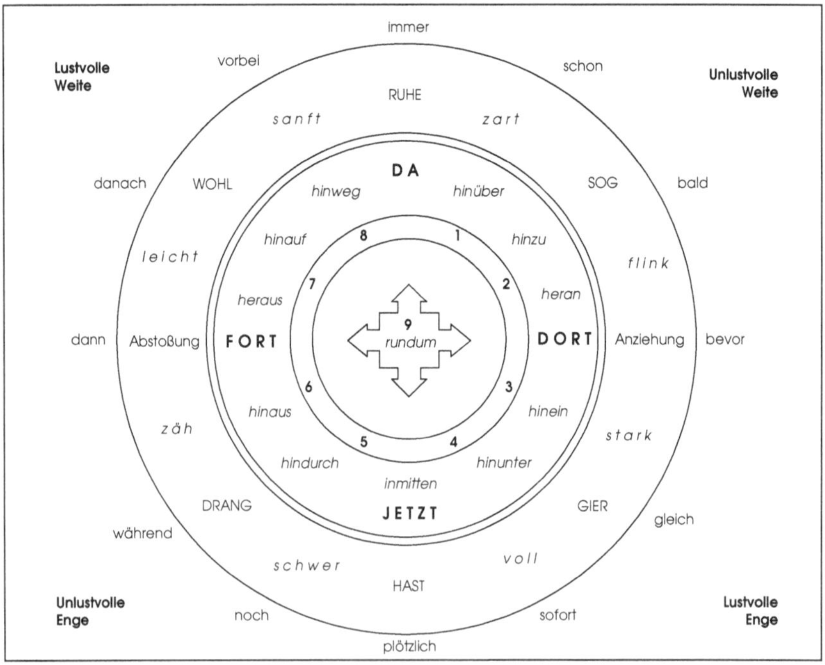

Abb. 3: Topografie des Imaginären

Regie und Schauspiel arbeiten am Sichtbarwerden des Erlebens. Angenommen, wir würden alltägliche Handlungsstrategien als Szenen verstehen und erkennen, wie unsere Handlungsfiguren Aktion für Aktion einstudiert wurden? Was geschähe, wenn wir mehr Eigenregie übernehmen und neue Stücke inszenieren würden? Die Umschrift von Lebensmustern könnte eine spannende Geschichte werden.

Wittgenstein schrieb 1921 im Tractatus logico-philosophicus den Satz „Was gezeigt werden kann, kann nicht gesagt werden." Tauchen wir in mögliche Welten ein und realisieren Erleben jenseits dessen, wovon Texturen unserer Herkunft sprechen, damit wir zeigen können, was (dort) logisch nicht sein konnte. Streifen wir die Figuren der Vergangenheit ab und entrollen uns in eine neue Wirklichkeit, reich an Erfahrung, klar in Gedanken, kraftvoll im Fühlen. Theater ist verdichtetes Leben.

6. Nützlichkeit und Unbedenklichkeit der Sprechstätte für Supervision und Coaching

Am Beginn der Beratungsarbeit steht die Erkundung von Anliegen und jener Merkmale, an denen sich ein gutes Ergebnis der Beratung zeigen wird. Danach wird eine Personifizierung für das Anliegen gewählt und diese(r) begibt sich in die Mitte der Sprechstätte, die dem Nullpunkt des Koordinatensystems entspricht. Hernach wird ein(e) Repräsentant(in) für jene das Anliegen einbringende Person ausgewählt und erhält die Erlaubnis, sich während der folgenden Abläufe frei zu bewegen und einen angenehmen Platz innerhalb oder außerhalb der Sprechstätte zu suchen, um dort je nach Regung zu verweilen oder zu wandern. In einem nächsten Aufbauschritt werden Repräsentierende für verschiedene Stimmen ausgewählt, die zum Anliegen aus ihrer Warte Stellung beziehen. Was sagen z.B. die harmonisierende, die initiierende, die autorisierende, die sanktionierende Position zum Anliegen? Damit entsteht eine erste Differenzierung individueller und organisationaler Motivatoren und fördert bei allen Beteiligten die Teilhabe an unterschiedlichen inneren und äußeren Sichtweisen. Während dieser Besprechung zeigt das „freie Element" Ausrichtungen je nach Anziehung und Abstoßung zwischen den Positionen und verweist damit auf dramatische Momente zwischen Frei-Willigkeit und Not-Wendigkeit.

Diese Ausrichtung zeigt einerseits das Spannungsfeld zwischen Strebungen als dem dramatischen Moment und im Blick darüber hinaus die organisationalen Notwendigkeiten. Deshalb werden dieser Ausrichtung folgend weitere Stimmen durch Personen repräsentiert, die nun Kapazitäten und Ressourcen zur Sprache bringen. Je nach Anzahl der Beteiligten stehen die vier Jahreszeiten als Metaphern für zyklische Regeneration und in einem äußersten Ring Figuren aus Mythen, Märchen und Dramen zur Verfügung, um Situationsauffassungen und Lösungsperspektiven zu generieren. Es nützt oft schon die Anreicherung der Selbstwirksamkeit, indem Selbstanteile ohne Entscheidungsdruck zur Sprache kommen, Abstand zur Dringlichkeit des Anliegens und damit eine Unterbrechung der Reaktionsmuster bzw. Gegensteuerung in komplexen Situationen unter Sachzwängen erwirken.

Die abgebildete Kommunikationsarchitektur stellt fünf Handlungsräume dar und lädt zur Rollendifferenzierung ein. Ziel dieser abgewandelten Sprechstätte ist es, alle Angehörigen eines Systems in fünf Arbeitsschritten jeweils mit der beschriebenen Stimme sprechen zu lassen und in einem „partizipativen Prozess" eine Strategie festzulegen.

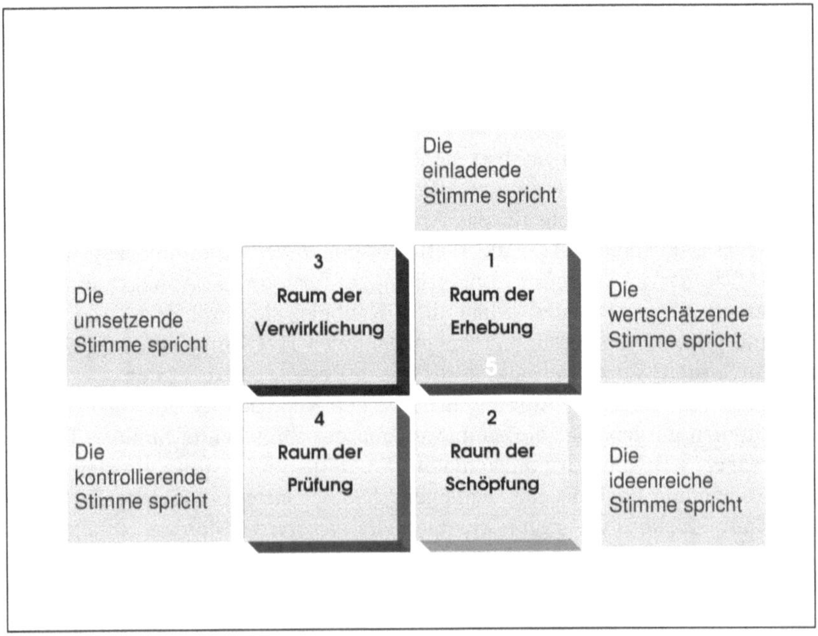

Abb. 4: Rollendifferenzierung anhand von Handlungsräumen

Sprechstätten gewähren eine Vielfalt an Perspektiven, Situationsbewertungen und fördern die Gelassenheit gegenüber Stressoren. Darüber hinaus wächst die „Teamkompetenz“ durch spiegelnde Perspektivenübernahme und Horizonterweiterung gegenüber Handlungsoptionen. Letztlich gültiger Indikator ist die performative Resonanz der Beteiligten wie „Stimmigkeit“ und „Erleichterung“ sowie das Erleben von „Urheberschaft“ gegenüber einem Handlungsbedarf. Indem „polykontextuelle Perspektiven und Handlungslogiken“ (Grochowiak/ Castella 1998) erarbeitet werden, entsteht die Möglichkeit des ‚Sowohl-als-auch’ und damit eine Überwindung von Ausschlusslogik. Die Sprechstätte erweist sich immer wieder als hilfreiche Unterstützung einer Identitätskonstruktion, deren Aufgabe es ist, auch einander widersprechende Teilidentitäten durch soziale Kohärenz zu integrieren.

Mit dieser Skizzierung möchte ich abschließend auf regulative Zielvorstellungen verweisen, denen sich in meinem Verständnis Coaching und Supervision verpflichtet sehen. Es gilt im Spannungsfeld organisationaler und individueller Identitätsarbeit mittels Innen- und Außenperspektiven immer wieder Werte wie Kohärenz und Autonomie, Authentizität und Diversität, Akzeptanz und Kompetenz, Empathie und Courage, Souveränität und Solidarität zu verwirklichen. Als Beitrag zur praktischen „Lebenskunst“ (Schmid 2000), sehe ich diese Form der Begleitung gleichermaßen als Förderung von psychosozialer Vitalität und produktiven Engagements. Das Theater mag mit Geschichten, Rollenangeboten und Inszenierungen dazu beitragen, die Selbsterschließung durch Erzählen gegenüber den stummen Sachzwängen zu stärken, quantitative und qualitative Beschreibungssprachen aufeinander zu beziehen sowie ko-kreative Lösungen zu entdecken.

Literatur

Bauer, Joachim (2004): Das Gedächtnis des Körpers. Wie Beziehungen und Lebensstile unsere Gene steuern. München: Piper Verlag

Bion, Wilfred (1990): Lernen durch Erfahrung. Frankfurt: Suhrkamp Verlag

Compi, Luc (1997): Die emotionalen Grundlagen des Denkens. Entwurf einer fraktalen Affektlogik. Göttingen: Sammlung Vandenhoeck

Freud, Sigmund (1920): Jenseits des Lustprinzips. In: Gesammelte Werke, Bd. XIII, S.11-13

Haas, Eberhard (2002): Und Freud hat doch recht. Gießen: Psychosozial-Verlag

Grochowiak, Klaus/ Castella, Joachim (1998): Der leichte Tanz. Das neue Spiel der Selbst- und Weltmodelle. Paderborn: Junfermann Verlag

Hüther, Gerald (2005): Die Macht der inneren Bilder. Göttingen: Vandenhoeck & Ruprecht

Khan, M. Masud R. (1993): Erfahrungen im Möglichkeitsraum. Psychoanalytische Wege zum verborgenen Selbst. Frankfurt: Suhrkamp

Kohut, Heinz (1973): Narzissmus. Frankfurt: Suhrkamp Verlag

Lorenzer, Alfred (1986): Kulturanalysen. Psychoanalytische Studien zur Kultur. Frankfurt: Fischer Verlag

Maturana, Humberto (1984): Der Baum der Erkenntnis. Die biologischen Wurzeln des menschlichen Erkennens. München: Goldmann Verlag

Quittmann, Helmut (1985): Humanistische Psychologie. Zentrale Konzepte und philosophischer Hintergrund. Göttingen: Verlag für Psychologie

Matzker, Rainer (1993): Das Medium der Phänomenalität. Wahrnehmungs- und erkenntnistheoretische Aspekte der Medientheorie und Filmgeschichte. München: Wilhelm Fink Verlag

Petzold, Hilarion (1973): Gestalttherapie und Psychodrama. Kassel: Nicol-Verlag

Schmid, Wilhelm (2000): Schönes Leben? Einführung in die Lebenskunst. Frankfurt:

Worsch, Michael (2006): Zukunft als Erfindung einer möglichen Vergangenheit

In: Mandl, Christoph/Sohm, Kuno (Hrsg.): Aufgabe Zukunft. Planen, Versäumen, Ermöglichen... Zürich: Versus Verlag

Dialogfeld der Supervision und Handlungsfeld der Praxis

Winfried Münch

Von Herman Melville erschien 1853 eine Erzählung mit dem Titel „Bartleby" (auf Deutsch: „Bartleby, der Schreiber"). Erzählt wird die Geschichte des Schreibers Bartleby, der an der New Yorker Wall Street in der Anwaltskanzlei des Ich-Erzählers arbeitet. Er kopiert, vergleicht Schriftstücke, macht kleine Botengänge und Besorgungen. Bartleby ist ein wunderlicher, verschlossener Mann, der nie spricht, es sei denn, man hatte ihn etwas zu seiner Arbeit gefragt. Nachdem er eine Zeit lang gutwillig und sorgfältig seine Aufträge erledigt hatte, verweigert er plötzlich eine Arbeit, und als wäre er von einer unaufhaltsamen inneren Kraft getrieben, noch weitere Tätigkeiten, bis er letzten Endes gar nichts mehr tut. Er benutzt für seine Weigerungen stets den gleichen, höflichen Satz: „Ich würde vorziehen, es nicht zu tun." Dabei bleibt es, obwohl er morgens schon am Pult steht, wenn der Anwalt, hier der Ich-Erzähler, seine Kanzlei betritt, und er steht immer noch am selben Platze, wenn jener abends nach Hause geht.

Kurzum, der Anwalt wird zunehmend mehr in die stumme, sanftmütige Melancholie seines Schreibers und dessen gespenstiges „Nihil" hineingezogen, und da bei ihm ein puritanisch-christliches Verantwortungsgefühl noch hinzukommt, will er entgegen kommen, helfen, steckt dem Schreiber Geld zu, das dieser nicht anrührt, oder er bittet ihn, wenigstens eine kleine Arbeit zu erledigen. Bartleby antwortet aber nur: „Ich würde vorziehen, es nicht zu tun" und bleibt an seinem Pult stehen. – Völlig entwaffnet, gewissermaßen entmannt, greift der Anwalt am Ende zu einer ziemlich abwegigen Lösung. Er erklärt, während ihm das Herz bis zum Halse schlägt, dem Schreiber: „Diese Kanzleiräume sind, wie ich finde, zu weit vom Rathaus entfernt, und die Luft ist unbekömmlich. Ich beabsichtige also, meine Büroräume in der kommenden Woche zu verlegen, und werde ihre Dienste nicht mehr länger benötigen" (S. 73). Der Anwalt tut es: zieht aus und um, zurück bleibt Bartleby in der leer geräumten Kanzlei (Melville 1997).

Bartleby, der sich zu nichts aufschwingt, was uns wichtig wäre, weist uns auf das Rätsel der Immanenz, das sich jenseits aller vernünftigen Ziele und Zwecke, die das Dasein beherrschen, nur aus sich selbst erklärt. Und wenn zudem noch die sagende Sprache fehlt, verlassen uns alle gängigen alltagspraktischen, psychologischen, psychoanalytischen Erklärungsmuster. Wir finden in solchem Verhalten keinen Sinn mehr. Ähnliches findet auch außerhalb fiktionaler Geschichten statt: In einer psychosomatischen Klinik für Migräneerkrankungen fällt einer Ärztin eine junge Patientin auf. Sie ist bleich, völlig in Schwarz gekleidet und läuft auffallend häufig den Gang der Station auf und ab. Die Ärztin fragt sie, ob sie einen Trauerfall habe. Die Patientin antwortet, ihr Vater sei gestorben. Nach einiger Zeit wird die Ärztin misstrauisch, weil sie immer wieder dieser merkwürdigen Patientin begegnet. Sie schaut in den Krankenakten nach und stellt fest, dass nach den Angaben der Patientin der Vater noch lebe. Sie stellt daraufhin die Patientin zur Rede. Diese erwidert, zwar lebe dieser Mann, aber für sie sei er gestorben. Sie zeigt es an, freilich ohne Sprache, jedoch mittels ihrer Migräneanfälle und ihrer Kleidung. Solange aber das Nichtgesagte, das innerlich Verborgene, nicht zur Sprache kommt, erschließt sich das Rätsel nicht. Es bleibt unbestimmt im verborgenen Immanenten.

Ähnlich – also analog gesehen – ist es in der Supervision: Dort werden auch von einem Ich-Erzähler Geschichten erzählt, die häufig von einem rätselhaften Schleier des Unwirklichen umgeben sind. Wiederum andere Geschichten erscheinen lediglich glaubwürdig. Folglich stellt sich die Rätselfrage, was von dem Erzählten als realitätsbezogen anzusehen ist oder auf Eindrücken und Empfindungen beruht, die keiner äußeren Realität entsprechen, teilweise erdacht und erfunden worden sind, nämlich ins Diffuse subjektiver Wahrnehmungen und Empfindungen hineinreichen.

Supervision ist ein dialogischer Ort zum Zwecke der Reflexion und zur Eröffnung verschiedener Horizonte, in denen das zu Verstehende lebt. Dieser Ort ist von zwei Handlungsfeldern umgeben, die voneinander zu unterscheiden sind. Diese Handlungsfelder dehnen sich aus und vergegenwärtigen sich am supervisorischen Ort, und zwar fokussiert auf inhaltliche Themen aus jenem Dort und Dann, in dessen Mittelpunkt ein Ich-Erzähler steht. Was er darstellt, fordert unsere Vorstellungskraft und unser Sinnverstehen heraus. Er bezieht sich entweder rückblickend auf ein aus Erlebniseinheiten bestehendes Ereignis, das in einer verflossenen Gegenwart stattfand, inzwischen zur Vergangenheit und somit schon Wirklichkeit geworden ist. Oder er antizipiert ein zukünftiges, geplantes Vorhaben, das an jenem vorangegangenen Ereignis anknüpft oder an etwas, das vorgegeben worden ist und nun vollendet oder fortgeführt werden soll, damit es Wirklichkeit werden kann. Ob freilich das Erwartete eintreffen wird, wissen wir nicht; denn das Kommende wird erst kommen.

Während Handeln, zu dem Entschlossenheit oder auch Unentschlossenheit gehört, stets etwas aktiv oder passiv in die Umwelt setzt oder zulässt, dass es gesetzt wird, zeigt sich der Supervisor rezeptiv, gleichsam als ein Nicht-Entschlossener zum Handeln, nämlich ohne Interessen, aber interessiert und nicht indifferent. Denn Gegenstand der Supervision ist, wie bereits angedeutet, die Betrachtung beruflicher Erlebnis- und Erfahrungszusammenhänge derjenigen, die als Professionelle fragend Supervision in Anspruch nehmen, allein zum Zwecke des kritischen Überdenkens des an anderen Orten Geplanten, Berechneten oder ins Handeln gebrachten. Kurzum, in der Supervision wird alles mit der Sprache ausgetragen. Solchermaßen an die Sprache gebunden, soll das dialogische Sprechen zwischen Supervisor und Supervisand zu einem zusätzlichen, genaueren Verstehen führen, vielleicht zu einer Art Erkenntniserweiterung auf der Oberfläche und in der Tiefe. Ob freilich das Erkannte im Handlungsfeld der Praxis operativ wirksam werden wird, ist eine schwer zu beantwortende Frage. Denn es gibt keine direkten Übertragungswege vom verfügbaren Wissen zum Tun. Gleichwohl gelingt es häufig, aus den gerade zurückliegenden Erfahrungen und dem intuitiv Antizipierten dessen, was sich daraus in der Zukunft fortsetzen wird, vergegenwärtigend einen Nexus herzustellen, der einen Fortsetzungsstrang aufzeigt, aus dem hervorgeht, wie auf die weitere Entwicklung konstruktiv Einfluss genommen werden könnte (Whitehead 1987: 573 ff.). – Andererseits, selbst wenn positive Wirkungen im Nachhinein bejaht werden, darf nicht übersehen werden, dass am Ort der Supervision zwischen Subjekt und Objekt, will sagen: zwischen Supervisor und Supervisand ein gemeinsames Interesse besteht, ausgedrückt im Postulat des Sinns. Würde die Annahme, dass Supervision grundsätzlich Sinn macht, beiderseitig nicht akzeptiert werden, fände die Supervision keine mediale Sinngebung. Folglich rechtfertigt sie sich als Sinneinheit in diesem geschlossenen Denkkreis, woraus problematisierende Rückschlüsse auf evaluierende Befragungen zu ziehen wären. Daraus resultieren viele Selbsttäuschungen, besonders dann, wenn die zahlreichen Ebenen und Linien, die in die Ereignisse hineinspielen, nicht ausreichend durchdrungen worden sind.

Im Dialogfeld der Supervision, das zugleich als ein fiktiver Spiegelort zu verstehen ist, werden in der Regel fragwürdige Geschichten aus dem beruflichen Alltag erzählt, retrospektiv wie prospektiv, und zwar in den Relationen von Ursache und Wirkung zwischen aufeinander folgenden Zuständen, die zugleich Ereignischarakter haben und eine Einheit des Gegebenen bilden. Während der Ich-Erzähler konkret anwesend ist und für sich selbst Zeugnis ablegt, selbst wenn er falsch und einseitig spricht, treten in seinem Text eine Reihe von Personen (Rollen- und Funktionsträger), Gruppierungen und institutionellen Gegebenheiten in vorstellbare Erscheinung, die nicht greifbar anwesend sind. Sie sind nur in der Sprache anwesend, die evokativ enthüllt und Bilder suggeriert. Das geschieht nicht immer zu Gunsten der Abwesenden oder des Abwesenden. Jedenfalls beinhalten derartige Erzählungen, die stets einen abkünftigen Charakter haben, eine Vielzahl subjektiv gefärbter Daten aus Erlebtem, Hinzugedachtem und Erdachtem, in die Fiktionen eingemischt werden, wie beispielsweise Annahmen und Unterstellungen. Zudem spielen dabei meinungsbildende habituelle Überzeugungen eine Rolle, namentlich Grundauffassungen einer persönlich gefärbten Weltsicht, die sich in geäußerten Haltungen und Einstellungen niederschlagen. Daraus wird Sinn formuliert; aber das Sinnstiftende, das einem bedingten Geschehen beigefügt wird, ist kein Bestandteil der Realität, sondern ein aus dem inneren Denken hinzu gegebenes Medium, das nicht beobachtet werden kann.

Daraus wird deutlich, dass kundtuende Erzählungen solcher Art aus einem komplexen Ganzen mehrerer, miteinander verflochtener Ebenen und Teile bestehen. Sie beinhalten einen Motivationszusammenhang, bezogen auf ein Kernelement oder durchgehendes Bezugssystem, verstanden als Bedeutungsträger, um den herum sich Sachinhalte, Sinneseindrücke, zusammenwirkende oder gegensätzliche Interessenkreise, Wertideen, Überzeugungen, Interaktionsprobleme, Bemächtigungsversuche, affektmächtige Gedanken und unbewusste Wiederholungen gruppieren. Will man eine solche Geschichte verstehen, wird man sie in ihre Teile zerlegen, variieren und dieselbe ausgestattet mit einem erweiterten Sinnverstehen neu ordnen und wieder zusammensetzen müssen.

Wir beanspruchen, die Rede eines Klienten so zu verstehen, dass beiderseitiges Verstehen daraus entstehen kann. Das ist insofern schwierig, als das Immanente, die Beweggründe, Gedanken und Gefühle, aus denen sich oft Ziel-, Zwecklosigkeit bemerkbar machen, nur von außen beobachtet werden kann. Man kann ja nicht in den Kopf oder Körper eines anderen hineingucken. Denn dasjenige, was als Gedankeninhalte und Gefühlsäußerungen zur Sprache gebracht wird, ist eben nur Sprache und nichts anderes. Sie lebt in sich selbst und ist kein Handeln. Allerdings, sämtliche Kodes, Gesten, mimische oder habituelle Ausdrucksformen, die einen Sprechakt begleiten oder einer Person zu eigen sind, gehören zur Sprache und schaffen zusammenhängende Bedeutungen. Besonders das Elementare, das Unverstandene und Bedrohliche, ist in die Sprache amalgamiert und drückt sich symbolisch oder metaphorisch aus. Derartige Wortkörper sind als Signifikanten (Leiser 2002: 87 ff.), nämlich Lautbilder, zu verstehen, die etwas Psychisches oder schwer Bestimmbares anzeigend zum Ausdruck bringen. Ihre Eigenart besteht darin, dass sie innere Bilder mit der äußeren Realität verbinden. Sie mischen sich in die logisch konstruierte Sprache ein, sind in das verflochten, was dieselbe bewusst ausdrücklich sagen will. Der logische Sinn ist eben nur eine Aussageform der geäußerten Rede, genau genommen: eine Oberflächenrealität, während die Signifikanten anzeigend auf die innere, psychische Welt, nicht zuletzt auf das Unbewusste verweisen.

Zudem eine Geschichte aus der Praxis: Ein Lehrer berichtet in einer Supervisionsgruppe von seinem problematischen Verhältnis zur stellvertretenden Schulleiterin. Er fühle sich von ihr verfolgt und ungerecht behandelt. Sie habe ihm kürzlich untersagt, an einer Exkursion seiner Klasse teilzunehmen, und ihm ein Weiterbildungsseminar nicht genehmigt. Begründet habe sie ihr Nein mit einhergehenden Unterrichtsausfällen, die sie nicht verantworten wolle. Seitdem versuche er, ihr aus dem Wege zu gehen. Denn jedes Mal, wenn er sie zu Gesicht bekomme, steige plötzlich ein bitterer, fast glühender Hass in ihm auf, so affektstark, dass er ihr ins Gesicht schlagen möchte. Er habe schon überlegt, sich deswegen versetzen zu lassen. Allerdings wolle er das dem Schulleiter nicht antun, den er sehr schätze. Trotzdem, der aus ihm heraus kriechende Hass mache ihm zu schaffen. Er wisse, dass er nicht hassen dürfe. Deswegen bete er jeden Abend ein „Vater unser", in dem es heiße: „Vergib uns unsere Schuld, damit wir vergeben unseren Schuldigern." Gleichwohl, sobald er der Frau begegne, sei der Hass wieder da.

Soviel steht fest: Dieser Lehrer befindet sich in einem unangenehmen Spannungszustand. Er möchte seinen Hass loswerden, zumal sein strenges Gewissen oder Über-Ich ihm sagt, dass er nicht hassen dürfe. Sein Hass wird angeblich von einem Außen, jener Stellvertreterin, hervorgerufen. Dennoch besitzt sein Hassen keine bestimmbare Qualität, gleichwohl eine hohe Erregungsquantität. Es trifft diese Frau, die doch weiter nichts tat, als in ihrer Funktion rollengemäß zu handeln, allenfalls etwas streng oder kleinlich. So gesehen, wäre sein Hass als eine Fiktion aufgrund einer psychischen Selbsttäuschung, genauer gesagt: als ein machtvoller, verdichteter „Signifikant" (Derrida 1983; Langlitz 2005: 137 ff.) zu verstehen, jedoch mit einer entleerten und zugleich falschen Vorstellung behaftet.

Obwohl sein Hassen als affektmächtiger Signifikant in der erzählten Geschichte hervorsticht, wird dieselbe von einem einheitsstiftenden Element, ebenfalls als Signifikant zu begreifen, durchzogen, symbolisiert durch eine imaginäre, also bildhafte Dreierfigur, bestehend aus dem Schulleiter, seiner Stellvertreterin und dem Lehrer. Während dieser den Schulleiter schätzt, hasst er die Stellvertreterin. Er überlegt ernsthaft, ob er sich wegen seines Hasses oder der Stellvertreterin – das ist unklar - von der Schule weg versetzen lässt, will aber, am Ort des Erduldens und Erleidens bleiben, weil er den Schulleiter nicht verlassen kann. Er will oder kann das Dreieck nicht verlassen, würde aber auch, wenn er darauf, Einfluss hätte, die Stellvertreterin in Abwesenheit bringen.

Jede persönliche Rede enthält ein Nichtgesagtes, das dieselbe unvollständig macht und sich in den Signifikanten, die den Text durchlaufen, anzeigt und zugleich versteckt. Darin sind Voraussetzungen enthalten, welche die Rede vollständig und authentisch machen würden. Sie sind dem Sprecher entfallen, unterliegen einem Verbot, der Abwehr zum Opfer gefallen oder, wie im Falle des Hasses, desymbolisiert worden, so dass nur noch der Körper spricht. Dessen Sprache ist wirksam, aber nicht ohne weiteres verständlich.

Es ist falsch zu glauben, dass wir nur mit dem Kopf denken und meinen, wenn wir einem problematischen Sachverhalt methodisch isolieren und vernünftige Ideen zur Lösung hinzugeben, daraus Erkenntnisse oder Einsichten entstehen, die entsprechendes Handeln ermöglichen. Diese so hergestellte Trennung von Geist und Körperleben könnte zwar unter Umständen dazu führen, dass sich jemand den Gegebenheiten der Oberflächenrealität anpasst und er seine Körperaffektionen zugunsten einer vorgeschlagenen Vernünftigkeit zurückstellt. In solcher Maschinenfunktionalität läge aber insofern keine Lösung, als hierdurch gerade nicht die signifikanten Symbolisierungen in den erkannten Bereich der symbolischen Ordnung, der Schule und der Dreierfigur, integriert werden könnten. Sie würden am anderen Ort und zu anderer Zeit wiederkehren.

Wie gesagt, bestimmte Erfahrungen, die wir durchmachen, werden tabuisiert und aus der Sprache gelöscht. Angst, Scham oder Schuld verhindert das Sprechen. Elias Canetti berichtet in seiner autobiografischen Erzählung „Die gerettete Zunge" von einer solchen Erfahrung: Seinem Kindermädchen war aufgetragen worden, mit ihm, dem kleinen Bub, jeden Nachmittag im Park spazieren zu gehen. Stattdessen huschte sie oftmals erst einmal in die nahe gelegene Wohnung ihres Liebhabers. Während sich das Paar im Schlafzimmer vergnügte, wurde der Junge im Wohnzimmer abgestellt. Anschließend zückte der Mann jedes Mal sein Taschenmesser und sagte zu dem Jungen: „Zeige deine Zunge!" Er tat es. Und jener führte die Klinge dicht an die Zunge des Jungen und drohte: Wenn du etwas erzählst, schneiden wir dir morgen die Zunge ab." Der Junge erzählte nichts, träumte aber nachts von einer langen, roten Zunge, die ihn bedrohte (Canetti 1984).

Jener Lehrer hatte während seiner Kindheit und Jugend innerhalb der Dreierfigur Vater – Mutter – Kind Erfahrungen machen müssen, die sich in seiner erzählten Geschichte gedächtnislos doppelten oder spiegelten, zwar am falschen Ort und zur falschen Zeit, aber analog figuriert. Als er etwa sieben Jahre alt war, brach ein Schicksal in die elterliche Familie ein. Die Mutter, Opfer eines Unfalls, musste fortan ihr Leben im Rollstuhl verbringen. Für den Jungen, das einzige Kind seiner Eltern, brach eine harmonische Welt zusammen. Aus dem begehrten, geliebten und sorgenden Objekt wurde eine hilflose Mutter, die nun selbst versorgt und unterstützt werden musste. Obwohl Verwandte einsprangen und der Vater, der weiterhin seiner Berufsarbeit nachgehen musste, sich rührend um seine Frau kümmerte, wich der Junge seiner Mutter nicht von der Seite und nahm zunehmend, gewissermaßen identifiziert mit dem Vater, die Rolle eines Betreuers an. Das war natürlich mit Einschränkung und Verzicht verbunden. Er wurde schnell vernünftig, wobei die christliche Religion, die in dieser Familie eine große Rolle spielte, mithalf, damit seine Fürsorge der Mutter gegenüber zur ethisch untermauerten Pflicht werden konnte. So in die Pflicht eingebunden, übte er Verzicht. Er unterdrückte seine Wünsche nach Freiheit solange, bis er zum Studieren gehen konnte.

Das Weitere und hier nicht Gesagte lässt sich denken. – Was nun noch das Verstehen betrifft, sind solche Bilder aus der Vergangenheit im Gehirn abgelagert und dort mit Erregungsmustern besetzt. Wenn nun zu diesen alten Bildern analoge aus der Gegenwart hinzutreten, die emotional aufgeladen sind, werden die früher entstandenen Erregungsmuster durch Überlagerung wieder belebt. Es werden die Kontaktschranken, die Erinnerung verhindern, durchbrochen, und jene alten Muster bahnen sich einen Weg zu dem analog Neuen, mit dem sie sich integrieren, so dass im Hier und Jetzt ein Zustand der fokussierten Aufmerksamkeit entsteht, bei dem die früheren Erregungen, natürlich auch unterdrückte, im Sinne der Wiederholung wieder aktiviert werden, und zwar als absurde Verausgabung. Absurd auch insofern, als der biografische Gehalt in der Gegenwart eine unerkannte Bedeutung gewinnt, so dass er mit seiner Intensität die gegenwärtigen Gegebenheiten in ein falsches Licht rückt (Freud 1962: 308 ff.; Freud Bd. XIV: 3 ff.; Hüther 2004).

Das hier favorisierte tiefenhermeneutische, rekonstruierende Verstehen in der Supervision geht eine Verbindung zwischen äußerer und innerer Welt, sowie zwischen Vergangenheit, Gegenwart und Zukunft ein. Handeln bewirkt häufig, wie die Beispiele zeigten, singuläre effektive Realitäten, die der Oberflächenrealität nicht angemessen sind. Es wird beherrscht von nicht reflektierten Motiven, Interessen, Triebwünschen, wobei Sympathien und Aversionen eine Rolle spielen, aber ebenso die eigene Wirkungsgeschichte. Gerade die Wiederkehr lebensgeschichtlicher Erfahrungen vergegenständlicht sich häufig in der Supervision nicht, sondern zeigt sich indirekt in seinen Wirkungen.

Der Dialog der Supervision ist als ein engagiertes „Sprachspiel" (Wittgenstein) zu sehen, bei dem das Vorgestellte in der Anschauung gegenständig gemacht wird und das Unbestimmte zur Bestimmtheit geführt werden soll, damit daraus Verstehen entsteht. Bei diesem Sprachspiel folgen wir der Rede des Klienten, zeigen uns grundsätzlich offen für dessen Meinungen. Ins Offene sprechen zu können, bedingt gegenseitige Offenheit. Denn ohne eine solche wäre jede menschliche Bindung bereits unterlaufen. Kurzum, jenseits von besserwisserischer Voreiligkeit und Überrumpelungsversuchen sehen wir uns als Teilhaber an einer gemeinsamen Sinnsuche. Schritt für Schritt oszillierend zwischen Gegenwart, Vergangenheit und Zukunft bilden wir das Geschehen nach, versuchen zu verstehen, von welchem Gesichtskreis und aus welchem Horizont jener andere seine Meinungen gewinnt. So schreiten wir mit ihm geistig-sinnlich suchend durch seine endliche, interpunktierte Zeit, begegnen ihm aber stets existentiell im je gegenwärtigen Augenblick. Folglich bewegen wir uns dauernd an einer fließenden Grenze, die zwar Vergangenheit hinterlässt, aber das geschichtlich Vergangene nicht auslöscht und zugleich den Horizont für das Zukünftige eröffnet. Freilich, aus dem kurz zurückliegenden Vergangenen ergibt sich in der Regel keine gültige Wahrheit für die Zukunft. Sie muss im gegenwärtigen Suchen nach einem sich Selbst-Verstehen, das sich aus der historischen und gegenwärtigen Existenzgebundenheit entfaltet, gefunden werden. Im Gegensatz zum Verbergen, entbirgt sich Wahrheit in dem Verhältnis von innerer, authentisch stimmender Zusage zur äußeren Realität. Das führt zur Erhellung, wie ein Blitz plötzlich etwas zum Erhellen und Durchscheinen bringt. Wir bezeichnen solches als Evidenzerlebnis: Da leuchtet plötzlich etwas ein und offenbart sich in der Synthese vom Verstand und Sinnlichkeit. Es zeigt sich unmittelbar in der Einheit des Angeschauten (Gadamer 1990: 312 ff.).

Verstehen, Auslegen und Anwenden sind ein einheitsbildender Vorgang und gehören strukturell zusammen. Gleichwohl bleibt ein Unberechenbares zurück, das in der Differenz von Einsicht und Handeln liegt. Wir kalkulieren zwar das Unberechenbare und die schöpferischen Möglichkeiten, die jemand besitzt, vertrauen auf seine gewonnenen Gewissheiten, auf seine Intuition, die gleichsam im Blut steckt, müssen aber davon ausgehen, dass ihm womöglich wieder ein Unvorhersehbares, ein innerer Aufruhr oder ein nicht kalkuliertes Ereignis dazwischen kommt. Ähnlich wie beim Schach: Niemand rechnet allein. Man kann durchaus die Regeln erklären, das Resultat des Spiels ergibt sich aus seinem Ablauf. Derselbe ist ein Geschehensprozess, den wir durch Supervision nicht vorausbestimmen, es sei denn, wir würden den Klienten bei der Hand nehmen. Selbst dann könnte es schief gehen. Besser wir bleiben vor Ort, warten auf neue Verwirrungen und Tumulte beim Handeln unserer Klienten. Ein neues Sprachspiel kann beginnen!

Literatur

Canetti, Elias (1984): Die gerettete Zunge – Geschichte einer Jugend. München Wien: Carl Hanser

Derrida, Jacques (1983): Grammatologie. Frankfurt am Main: Suhrkamp Verlag

Freud, Sigmund (1895/1962): Entwurf einer Psychologie. In: Aus den Anfängen der Psychoanalyse 1887-1902 – Briefe an Wilhelm Fließ. Frankfurt am Main: S. Fischer Verlag

Freud, Sigmund (1925/1999): Notiz über den „Wunderblock". In: Ges. W. Bd. XIV. Frankfurt am Main: Fischer Taschenbuch Verlag

Gadamer. Hans-Georg (1960/1990): Wahrheit und Methode. Grundzüge einer philosophischen Hermeneutik. Bd.1, Tübingen: J.C.B. Mohr

Hüther, Gerald (2004): Die Macht der inneren Bilder – Wie Visionen das Gehirn, den Menschen und die Welt verändern. Göttingen: Vandenhoeck & Ruprecht

Langlitz, Nicolas (2005): Die Zeit der Psychoanalyse. Frankfurt am Main: Suhrkamp Verlag

Leiser, Eckart (1979/2002): Das Schweigen der Seele – Das Sprechen des Körpers. Neue Entwicklungen in der Psychoanalyse. Wien: Turia und Kant

Melville, Herman (1853/1997): Bartleby, der Schreiber. Berlin: Ullstein

Whitehead, Alfred North (1987): Prozess und Realität – Entwurf einer Kosmologie. Frankfurt am Main: Suhrkamp Verlag

Coaching – ein Dialog mit sich selbst, der Gruppe und der Organisation

Mechthild Beucke-Galm

Professionelle Reflexion der eigenen beruflichen Praxis hat im Bildungsbereich eine längere Tradition. In Deutschland gab es meines Wissens erste Supervisionsgruppen nach der Gründung von Gesamtschulen in den 70er Jahren. Die Lehrer von Teams, die in den Gesamtschulen eingerichtet wurden, legten neben guter Fachlichkeit auch Wert darauf, die Interaktion in einer Schulklasse besser zu verstehen und darüber mehr zu wissen. Auf der Suche nach geeigneten Lern-Formen wurden Lehrer bei anderen Berufsgruppen fündig und übernahmen Supervision in den Schulbereich. Diesen Beginn habe ich als Lehrerin miterlebt und mir eröffnete die Sicht – und die Arbeitsweise der Supervision eine „neue Welt". Was ich bisher für sehr persönlich und im beruflichen Kontext für nicht relevant gehalten hatte, wurde hier in einen Zusammenhang gestellt mit meiner Arbeit, mit meinem unterrichtlichen Erfolg oder Misserfolg – das war für mich überraschend und beängstigend, aufregend und erhellend.

Heute arbeite ich selbst als Organisationsberaterin und Coach und erlebe in einer anderen Rolle, welches Potenzial eine professionelle Praxisreflexion enthält und nutze es in der Beratung von Führungskräften und Führungsgruppen. Coaching hat sich meiner Erfahrung nach aus der Unterstützung der Entscheidungsträger in großen Veränderungsprojekten der 80er und 90er Jahren entwickelt. In diesen Veränderungsprojekten arbeitete immer jemand aus dem Beratungs-Staff mit der Geschäftsleitung. Aus diesen Beratungsgesprächen entstand Coaching als neue Beratungsform. Wolfgang Looss war einer der ersten, der seine Erfahrungen darin aufschrieb, publizierte und uns als Kollegen im Feld zur Verfügung stellte (Looss 1991).

In der Zwischenzeit hat sich Coaching zu einem eigenen Beratungsformat entwickelt, das stark nachgefragt ist. Manager nutzen immer häufiger einen externen Coach. Die Anforderungen durch die zunehmende Globalisierung werden komplexer und die Aufgabe, das Unternehmen an sich rasch verändernde Märkte anzupassen und dabei den permanenten Wandel zu gestalten, ist herausfordernd. Darin ist Einzelberatung mit einem Coach, der nicht dem Unternehmen angehört und keine eigenen Interessen im Spiel hat, eine hilfreiche Unterstützung.

1. Mein Arbeitsansatz: systemisch und dialogisch

Mein Arbeitsansatz im Coaching hat sich – wie ich es oben beschrieben habe – aus der systemischen Organisationsberatung entwickelt. Ich orientiere mich dabei an den Standards, die die Supervision schon vor einiger Zeit entwickelt hat und die nach meinem Verständnis auch für Prozessberatung und Coaching gelten:

- Ein Coach braucht eine Theorie der Beratung.
- Er braucht eine Vorstellung (Theorie) von dem gesellschaftlichen Funktionssystem (Feld), in dem er arbeitet und ein Konzept von Entwicklung (Entwicklungstheorie).
- Ein Coach gehört nicht zum zu beratenden System.
- Am Beginn eines Coaching-Prozesses steht eine Auftragsklärung mit dem (oder den) Auftraggeber(n).
- Ein Coach arbeitet vorrangig mit den Beobachtungen aus der Hier-und-Jetzt-Situation.
- Er stellt seine Beobachtungen den Klienten selektiv und intervenierend zur Verfügung.
- Die Verantwortung für die Entscheidung oder Umsetzung liegt bei dem Coachee.
- Der Coachingprozess endet mit einer gemeinsamen Auswertung.

Im Coaching reflektieren Führungskräfte ihre Arbeit mit dem Ziel, sich über die Entscheidungsalternativen und deren Konsequenzen klarer zu werden. Dieser Raum eröffnet ihnen aber auch die Möglichkeit, sich selbst, ihre mentalen Modelle und inneren Bilder zu hinterfragen und sich die Wechselwirkungen zwischen eigenem Verhalten und Reaktionen im Unternehmen bzw. im Markt bewusst zu machen. So hat man es im Coaching immer mit *drei Handlungsebenen* zu tun – unabhängig davon, ob es sich um ein Einzel- oder ein Team-Coaching handelt: mit der Person und ihren individuellen Präferenzen, mit der Gruppe und ihrer sozialen Dynamik und mit der Gesamtorganisation in ihrer Struktur und Kultur. Das jeweilige Thema und die jeweilige Fragestellung muss im Coaching auf jeder Ebene betrachtet werden. Das ist gerade die Qualität des Coachings mit einem systemischen Beratungsansatz, dass man nicht nur auf der persönlichen Ebene bleibt und die Frage rund um die Person hin reflektiert und entscheidet, sondern die Ebenen durchdekliniert und die Wechselwirkung zwischen den Ebenen herausarbeitet. Je nach Fragestellung steht mal die eine oder mal die andere Ebene im Vordergrund. Wichtig ist, nicht in einer Ebene zu verharren, sondern der Führungskraft ein Bewusstsein für die Wechselwirkung und Zusammenhänge zwischen den Ebenen Person, Gruppe und Organisation zu vermitteln. Ein Coach braucht folglich Kenntnisse über organisatorische Strukturen und deren Widersprüche, über Leitungsmethoden, die sich im Laufe der Zeit entwickelt haben, über die Dynamik zwischen der Organisation und ihren Umwelten, über die Interdependenz von Person, Gruppe und Organisation, über die Besonderheit der jeweiligen Dienstleistung.

Neben den drei Ebenen richte ich meine Aufmerksamkeit im Coaching auf *drei Dimensionen: auf Inhalt, Struktur und Emotion.* Im ersten Schritt versuche ich die eingebrachten Problemstellungen inhaltlich besser zu verstehen. Um was geht es hier? Was ist das Thema, was die Fragestellung? Danach wechsle ich auf die strukturelle oder auf die emotionale Dimension, die Abfolge hängt jeweils von der Situation und dem Fall ab. In welchen Strukturen spielt sich das eingebrachte Thema ab? Welche sind besonders relevant? Welche werden nicht erwähnt, müssten aber aus meiner Erfahrung in diesem Zusammenhang eine Bedeutung haben? Diese erkundende Annäherung ermöglicht auch dem Coachee das Thema zu ordnen, Puzzlesteine zu ergänzen und die strukturellen Zusammenhänge zu sehen. Die jeweilige Thematik hat in seinen Inhalten und seiner Struktur auch immer eine spürbare (oder versteckte) emotionelle Färbung. Auch die gilt es anzuschauen. Was kommt beim Erzählen „herüber", wie fühlen sich die Aussagen an? Lässt sich eine emotionale Tönung wahrnehmen oder bleibt der Erzählstil rational und distanziert? Wo klaffen Inhalt und Emotionalität auseinander? So steht im Coaching mal die eine, mal die andere Dimension im Vordergrund. Der Coach führt den Coachee durch alle Ebenen und Dimensionen und arbeitet mit ihm die Wechselwirkungen heraus. Der Coachee ist eingeladen, einen Perspektivenwechsel vorzunehmen, sich und sein Handeln mal aus einer nahen und dann wieder aus einer distanzierten Position anzuschauen oder aus einer gänzlich anderen Perspektive zu betrachten.

Und genau hier entsteht für mich *„das Dialogische"* im Coaching: Die eingebrachte Fragestellung wird auf den verschiedenen Ebenen und in den verschiedenen Dimensionen gedanklich und geistig bewegt. Die verschiedenen Ebenen und Dimensionen werden miteinander in „Kontakt" gebracht und so die Fragmentierung – zeitweise – aufgelöst. Es entsteht ein Dialog nicht nur in dieser Weise, sondern auch zwischen der Führungskraft und dem Coach und in der Führungskraft selbst, als inneres Selbstgespräch. Der Coach stellt dazu einen „offenen" Gesprächsraum zur Verfügung und hält ihn über einen vereinbarten Zeitraum aufrecht. Dieser Gesprächsraum ist in dem Sinne offen, als nicht schon vorher klar ist, was hier angesprochen wird und wie darauf reagiert wird. „We must have an empty space", sagt David Bohm (1998). Die Beteiligten – Coachee und Coach – müssen es wagen, diesen offenen Gesprächsraum zu betreten und sich auf das, was entsteht, einzulassen. Dazu gehört, dass der Coach sich für die Wirklichkeitsauffassungen der Führungskraft interessiert und diese dem

Coachee durch seine Beschreibung zur Verfügung stellt. Das impliziert – zumindest bei dem Coach – ein Wissen über sich selbst und ein Meta-Wissen, dass es sich bei den Wirklichkeitsauffassungen nicht um Wahrheiten handelt, sondern um Konstruktionen, deren Brauchbarkeit sich erst im Handeln herausstellen kann.

Das, was gesagt oder auch nicht gesagt wird – die Worte und auch das Schweigen –, erzeugt wechselseitig Resonanz. Im Dialog des Coachings geht es darum, diese Resonanz wahrzunehmen, die in der Bearbeitung der Fragestellung zwischen den Beteiligten entsteht. Resonanz ist das Medium im Dialog. Ausgehend von dem, was diese Resonanz hervorruft, gilt es nun, darauf zu antworten. Antworten ist etwas Anderes als Sagen. Sagen führt zur Instruktion, antworten zum Dialog.

Coaching stellt einen Raum für Organisationsthemen und für Lebensthemen zur Verfügung, für solche Themen, die sonst oftmals ausgeschlossen und wegrationalisiert werden. Sie können in diesem Raum wieder eingeführt und so der Führungskraft und damit auch Organisation zugänglich gemacht werden. Systemisch gesprochen, eröffnet der Dialog die Möglichkeit, das aus dem System Ausgeschlossene wieder einzuschließen. Die Kunst des Coachs ist es, diesen wechselseitigen Prozess offen und lebendig zu halten.

2. Coaching eines Schulleitungsteams – ein Fallbeispiel

Wie das in der konkreten Arbeit aussehen kann, möchte ich am Beispiel einer Schulleitung vorstellen. Dabei handelt es sich nicht um ein Einzelcoaching des Schulleiters, sondern um das Coaching der Schulleitungsgruppe. Diese Konstellation macht schon zu Beginn darauf aufmerksam, dass in diesem System nicht Hierarchie das vorherrschende Prinzip ist, sondern dass der hierarchischen Ordnung des Schulsystems eine Teamorientierung durch die Schule selbst gegenüber gestellt wird. Der Ort, in dem Hierarchie und Team aufeinander treffen, ist die Schulleitung. Das erzeugt eine gewisse Spannung, die das Leitungsteam auszubalancieren und zu handhaben hat. In der Entwicklung der Schule war dieses Balancieren ganz gut gelungen, vor allem deswegen, weil sich die Leitung oft auf der Seite der „Teamorientierung" bewegte. Wichtige Entwicklungsschritte und Beschlüsse wurden in die Teams gegeben, dort und in der Gesamtkonferenz diskutiert und dann durch das Kollegium entschieden.

Die Schulleitung, um die es in diesem Text gehen wird, besteht aus sechs Mitgliedern: dem Schulleiter, dessen Stellvertreterin und der Pädagogischen Leiterin, den Leitern der Jahrgänge 5-7 und 8-10 und dem Leiter des Ganztagsbereiches. Teamorientierung zeigt sich hier darin, dass alle die gleiche

Aufmerksamkeit in den Themen und Argumenten bekommen, die sie vertreten, und dass die wesentlichen Themen in diesem Team beraten und – durch Konsens – entschieden werden. Die Hierarchie findet ihren Ausdruck dadurch, dass es eine Unterscheidung zwischen den Funktionen gibt, die ich als inneren und einen äußeren Kreis in der Schulleitung bezeichnen möchte. Zum inneren Kreis gehören der Schulleiter, seine Stellvertreterin und die Pädagogische Leiterin. Ihre Leitungsaufgaben und ihre Entscheidungskompetenzen sind größer und ihre Unterrichtsverpflichtung geringer als bei den Anderen. Erwähnenswert ist in diesem Zusammenhang auch, dass die Personalverantwortung bei der staatlichen Schulaufsicht liegt und der Schulleiter mit dessen Stellvertreterin nicht die personalführende Funktion darstellt. Gleichwohl haben beide gegenüber den anderen im Team eine Weisungsbefugnis, was die Arbeitsplanung betrifft, und eine Kontrollfunktion, die Qualität des Unterrichts und die pädagogische Arbeit betreffend.

Anlass für die Anfrage war die kommende Pensionierung des Schulleiters. Er würde, nachdem er die Schule mitgegründet und 15 Jahre lang deren Geschicke (mit) geleitet hat, in zwei Jahren ausscheiden. Das Schulleitungsteam – und hier vor allem die beiden Leiter*innen* – wollte diesen Abschied und Übergang in eine andere „Ära“ bewusst gestalten. Die Schule war mir aus der hessischen Bildungsszene und aus der Zeitung durchaus bekannt. Mir gefiel, was ich über sie gehört und gelesen hatte, und ich hatte sie als „interessant und lebendig“ abgespeichert. Nach dem telefonischen Kontakt gab es ein erstes Gespräch mit der Schulleitungsgruppe. Ich lernte die Mitglieder kennen, erfuhr einiges über die Schule selbst und über die Arbeitsweise des Leitungsteams. Danach stellte ich mich ihnen mit meinem Erfahrungshintergrund und meiner Arbeitsweise vor und wir besprachen den Anlass und das Anliegen. Am Ende des Gespräches vereinbarten wir eine Zusammenarbeit über zweieinhalb Jahre.

Die Schule, um die es hier geht, ist eine Integrierte Gesamtschule (Klassen 5-10) mit Ganztagsbetrieb in einer größeren Stadt. Sie versteht sich als Schule für alle Kinder des Stadtteils und hat ihr pädagogisches Programm danach ausgerichtet. Ideen der Reformpädagogik wurden aufgegriffen und weiterentwickelt, neben dem tradierten Fachunterricht gibt es individualisiertes Lernen durch Freiarbeit und Projektarbeit. Die Schule ist nach Jahrgangsgruppen organisiert, damit die Jugendlichen einen sozialen Bezugsrahmen haben; neben der eigenen Klasse auch die Jahrgangsgruppe.

Den Jahrgangsgruppen der Schüler sind Lehrerteams zugeordnet, die relativ selbstgesteuert (im Rahmen der Richtlinien, Verordnungen und Erlässe) die Arbeit mit den Jugendlichen des Jahrgangs gestalten. Jeder Lehrer ist in ein (Jahrgangs-)Team eingebunden. Er unterrichtet im Wesentlichen in diesem Jahrgang (auch fachfremd) und kennt hier alle Jugendlichen. Man trifft sich mit den Kollegen zu wöchentlichen Teammeetings, in denen unterrichtliche Fragen besprochen und Ereignisse im Jahrgangsbereich beraten werden. Jedes Team lässt seine Arbeit regelmäßig supervidieren.

Die Schulleitungsmitglieder haben eine Doppelfunktion. Sie arbeiten alle als Lehrer (mit unterschiedlich hoher Unterrichtsverpflichtung) und sind folglich auch in ein Jahrgangsteam eingebunden. Und sie haben eine Leitungsfunktion, in der sie für die Gesamtsteuerung verantwortlich sind: für Schulprogramm, Unterrichtsqualität, Lehrereinsatz, Einhaltung der rechtlichen Vorgaben, für das Schulklima, Elternarbeit, Öffentlichkeitsarbeit, etc. Zum Informationsaustausch, zur gemeinsamen Beratung und Abstimmung trifft sich die Schulleitung wöchentlich. Zusammenfassend könnte man über die Schule sagen: Sie zeichnet sich dadurch aus, dass das Pädagogische und Soziale gleichwertig neben dem Fachlichen und dem Bürokratischen stehen.

3. Die erste Phase: Den Container aufbauen und den Dialog beginnen

Zurück zu dem Beispiel: In dem Erstgespräch hatte ich einen zweimonatlichen Rhythmus vorgeschlagen (in der Realität waren das dann fünf Sitzungen pro Jahr), in denen wir jeweils einen halben Tag miteinander arbeiten würden. Die Sitzungen fanden außerhalb der Schule in meinen Räumen statt.

Die erste Phase des Coachings begann jedes Mal mit einem „Check-in", eingeleitet durch die Fragen: „Was beschäftigt Sie zurzeit als Schulleitung? Was bringen Sie als Anliegen mit?" 60 bis 90 Minuten beschrieb nun einer nach dem anderen seine „Themen und Eindrücke", auf die die Anderen nachfragend einstiegen.

Im Dialog gilt es, zu Beginn „den Container aufzubauen". Dieser Begriff ist abgleitet von „contained = gehalten" und steht für eine haltende Umgebung, in der an- und ausgesprochen werden kann, was zu dem Thema relevant ist und dazu gehört, auch und gerade wenn es brisant ist. Das Konzept des Containers entwickelte der amerikanische Kinderpsychiater Winnicott. Nach Winnicott ist ein Container ein Geflecht aus Rahmenbedingungen, die ein Kleinkind braucht, um sich gut entwickeln und lernen zu können. Nach meiner Beobachtung brauchen Erwachsene für ihr Lernen und ihre Entwicklung auch einen Container, einen geschützten Raum, in dem sie sich selbst ausprobieren können. Dieser Raum entsteht durch Interesse, Respekt, Mut und Transparenz.

Wie wurde der Container in den Coachingsitzungen aufgebaut? Relativ einfach: durch einleitende Fragen und wirkliches Interesse. Ich gab den Raum und eine erkundende Haltung vor. Die Mitglieder der Schulleitungsgruppe übernahmen dieses Muster, sie waren jeweils an den Wirklichkeitsauffassungen der

Anderen interessiert und willens, auch ihre eigenen Auffassungen zu beschreiben. So kamen sie miteinander ins Gespräch. Durch diesen Prozess entstand Schritt für Schritt ein Puzzle der aktuellen Situation der Schule. Nachdem sich alle mit ihren Eindrücken eingebracht hatten, lud ich ein, dieses Puzzle aus der Vogelperspektive zu betrachten und zu sehen, welches Bild sich zeigte. Den Kommentierungen der Schulleitungsmitglieder schloss ich mich an und benannte aus meiner externen Sicht, welche Bilder die Beschreibungen in mir hervorgerufen hatten. Ich zeigte auf, was sich heraus kristallisierte und was nicht benannt war und ging auch auf die emotionale Färbung ein, die die Gruppe mit ihrer Beschreibung erzeugt hatte. Der Schritt führte – wenn das noch nicht in den Eingangs-Aussagen erkennbar war – zu der Frage, in welchem Zusammenhang das gezeichnete Bild mit dem Abschied des Schulleiters stehen würde. Das im Erstgespräch genannte Thema wurde als Bezugsrahmen aufgegriffen.

Diese erste Phase war immer etwas Besonderes. Das Besondere lag in der Art und Weise, wie sich die Einzelnen mit ihren Sichtweisen und Anliegen einbrachten und mit den anderen darüber ins Gespräch kamen. Das gelang natürlich nicht von Anfang an und auch nicht immer. Aber es gelang zunehmend mehr. Wenn es gelingt, im Gespräch zu bleiben, baut sich Respekt und Wertschätzung auf. Man wird gedanklich und emotional berührt und erlaubt die Berührung, man berührt den Anderen und auch der lässt die Berührung zu. Das erfordert und das macht Mut. Dazu sind folgende Fähigkeiten gleichzeitig sowohl erforderlich als auch Ergebnis.

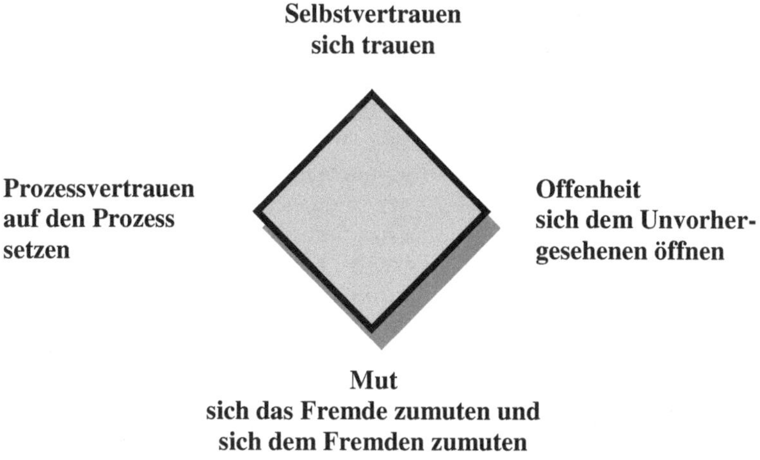

Abb.1: Fähigkeit zum Dialog

Die Mitglieder der Leitungsgruppe kreierten gemeinsam ein Gesamtbild, auf das sie sich dann – im Hier und Jetzt wahrnehmend – einließen. Das schafft Transparenz. Jeder kann miterleben, mit welchen inneren Bildern die Einzelnen operieren und welche Werte sie leiten. Für alle Beteiligten wird sichtbar, wie die später zu treffenden Entscheidungen zustande kommen. Die Fähigkeit zum Dialog ist dabei für die Prozesskompetenz eine wesentliche Voraussetzung. Nach und nach lernte die Schulleitungsgruppe, sich in ihren Annahmen und ihrem Handeln zu beobachten und aus dieser Selbstbeobachtung Ansatzpunkte für effektives Leitungshandeln zu definieren. Selbstbeobachtung und Selbstreflexion wird heute zur Bedingung für organisatorisches Handeln. Man muss bewusst mit der Kontingenz jeder Situation rechnen. Anstelle sich auf eine feste Struktur zu verlassen, die es erlaubt ausschließlich ergebnisorientiert zu arbeiten, gilt es, den Prozess, der zu den erwünschten Resultaten führen soll, sorgfältig zu gestalten. Man muss sich dauernd auf die ablaufenden Prozesse selbst beziehen, um den nächsten Schritt sinnvoll tun zu können. Prozesskompetenz wird daher neben der Ergebniskompetenz zunehmend wichtiger.

4. Die zweite Phase: Entscheidungsprämissen definieren und Handlungsoptionen entwickeln

Auf der Basis der beschriebenen „Gesamtsituation" wurden die Ansatzpunkte identifiziert, an denen die Schulleitung in der zweiten Phase des Coachings weiter arbeitete. Diese Phase war durch eine andere „Energie" und ein anderes Tempo geprägt. Während die Dialogphase einen eher mäandernden und langsamen Charakter hatte, war die zweite Phase durch Zielorientierung und Entscheidungsdiskussion geprägt. Es ging nun darum, die definierten Themen systematisch durchzuarbeiten. Ziel war es, relevante Entscheidungsprämissen zu definieren und von dort aus Handlungsoptionen zu entwickeln. Entscheidungsprämissen legen den Spielraum fest, innerhalb dessen entschieden werden kann. Sie markieren einen Kontext für Entscheidungen und haben für die Organisation eine steuernde Option. Daher kommt einer Diskussion und der Entscheidung über Entscheidungsprämissen in einem Leitungsteam eine zentrale Bedeutung zu. Ich unterstützte die Gruppe in dieser Phase durch stringente Fragen und fokussierende Kommentierungen. Solche Kommentierungen hatten als Hintergrund mein Know-how, z.B. zu Organisation oder zu Schule, meine Erfahrungen aus anderen Organisationen oder meine Beobachtungen zu den mentalen Modellen, mit denen die Mitglieder der Schulleitung operierten.
Jede Coachingsitzung endete in zwei Schritten. Im ersten Schritt fassten die Mitglieder – und hier im Wesentlichen die engere Schulleitung – die erarbeite-

ten Optionen zusammen. Sie beschrieben, wie sie in der Sitzung in dem Entscheidungsprozess weitergekommen waren, wo sie damit standen und wie sie damit weiter verfahren würden. Damit bewegten wir uns im ersten Schritt des Abschluss auf der Organisationsebene. Mit dem zweiten Schritt wechselten wir auf die Personenebene. Jeder Einzelne beschrieb zum Abschluss seinen „Stand“: Wie geht es mir mit dem heutigen Ergebnis und mit dem heutigen Prozess? Was nehme ich als Gewinn mit, wo bleiben Dinge für mich un(auf)gelöst?

5. Die Themen im Prozess: zwischen Festhalten und Loslassen

Die Beschreibung der Coaching-Struktur wird erst dann lebendig, wenn ich sie zu den Themen in Beziehung setze, die im Prozess von der Gruppe eingebracht wurden. Diese Themen lagen einerseits durch die Übergangssituation auf der Hand. Auf der Inhaltsebene ging es um die Bearbeitung der Fragen: Was bedeutet der Weggang des Schulleiters für die Schule? Was ist der Verlust, was der Gewinn, was ist das Risiko und was die Chance? Wie soll das bisherige Konzept in seinen wesentlichen Elementen bewahrt und gleichzeitig auch weiter entwickelt werden? Was muss das Schulleitungsteam tun, um den Abschied zu gestalten und den Übergang zu einem Nachfolger vorzubereiten? Für mich war zu Beginn die Frage, in welcher Struktur und mit welcher Emotionalität sich diese Themen im Prozess zeigen und welche Dynamik sie erzeugen würden.

Die Gruppe begann in den ersten beiden Sitzungen mit Inhalten auf der Organisationsebene, z.B. mit Überlegungen zur Weiterführung und Weiterentwicklung des pädagogischen Konzeptes durch das Kollegium. Was ist gut eingespielt und läuft so weiter? Was hat sich – vor allem im Informellen – durch den Schulleiter und um ihn herum entwickelt und ist von seiner Präsenz abhängig? Wo müssten wir jetzt schon als Schulleitung für Stabilisierung sorgen, wo Erfahrungen auswerten und Bausteine überprüfen? Der Austausch begann sachlich und rational. Die unterschiedlichen Beobachtungen und Einschätzungen wurden zusammengetragen und dann bei dem Gesamtbild unterschieden: “Wo ist unsererseits Handlungsbedarf oder wo nicht?“ Mir fiel in der Beobachtung auf, dass diese Diskussion im Wesentlichen von der stellvertretenden Schulleiterin und der Pädagogischen Leiterin getrieben wurde, unterstützt von den Stufenleitern. Der Schulleiter saß gelassen und fast unberührt in seinem Sessel. Als ich die Gruppe auf meine Beobachtung zu der Diskussionsstruktur ansprach, entstand nach einer Phase des Schweigens plötzlich Bewegung: Die emotionale Dimension dieses Themas kam zum Vorschein. Die Pädagogische Leiterin und die Stellvertretende Schulleiterin sprachen von ihren Sorgen und Befürchtungen, davon, dass sich mit dem Weggang des Schulleiters die informellen Machtverhältnisse zwischen Schule und staatlicher Schulaufsicht verändern würden. Der Schulleiter hatte, mit seiner guten Vernetzung und seinem politischen Know-how, regulierende Eingriffe in die pädagogische Entwicklung der Schule bisher verhindern oder geschickt steuern können. Mit seiner Pensionierung entstand ein Machtvakuum – und das in einer Zeit, in der sich der bildungspolitische Wind gedreht hatte. Die Befürchtung der beiden Leiterinnen war eine doppelte: dass der bisherige Gestaltungsraum der Schule und der Schulleitung in Zukunft deutlich enger sein würde und dass die Schulaufsicht einen Nachfolger in der Schulleitung bestimmen könnte, der einer differenzierenden Pädagogik Vorrang vor dem praktizierten integrativen Modell geben würde. Bei der Pädagogischen Leiterin war dazu Ärger über diese Abhängigkeit und eine (fast existentielle) Angst um das Überleben der Schule in ihrer jetzigen Form spürbar, um das Überleben eines Lebenswerkes, an dem sie ebenso wie der Schulleiter als Gründungsmitglied beteiligt war. Das war es, was ich als Druck in der Gruppe beobachtet hatte und was auf der Inhaltsebene in einer Diskussion um Konferenzbeschlüsse mündete, mit denen das Leitungsteam das Konzept wenigstens für zwei Jahre absichern und verankern wollte.

Überraschend war dabei die relative Ruhe des Schulleiters. Wie ließ sich sein Verhalten verstehen? Ihm müsste das Weiterführen der Konzeption doch auch am Herzen liegen und ich hätte sein engagiertes und gewieftes Mitdenken erwartet. War er, noch fast zwei Jahre vor der endgültigen Pensionierung, innerlich schon ausgestiegen? Die Antwort darauf zeigte sich in der nächsten Sitzung. Nach dem Check-in begann die Stellvertreterin über den Verlust zu sprechen, den die Pensionierung des Schulleiters für sie bedeuten würde. Sie wandte sich dem Schulleiter zu und sprach davon, wie sehr sie die Zusammenarbeit mit ihm geschätzt hatte, sie zählte auf, was sie mit ihm in all den Jahren erlebt und durchgestanden hatte, was seine Stärken in der Leitung der Schule seien und was sie vermissen würde. Andere schlossen sich ihr an und es entstanden berührende Momente von Zugewandtheit und Antizipation des kommenden Verlustes. Der Schulleiter war zwar auch bewegt, konnte darauf aber nicht wirklich reagieren. Er ließ sich innerlich nicht wirklich berühren, machte sich und seine Leistung kleiner. Als ich ihn fragte, wie man seine Reaktion auf das wertschätzende Feedback denn verstehen könne, reagiert er noch mal mit einem "gemischten" Erklärungsangebot. Nach und nach wurde dann durch mein Nachfragen deutlich, dass dieser Mann, der mit Leib und Seele Lehrer und Schulleiter war, der im bildungspolitischen Wasser wie ein Fisch zu schwimmen verstand, der die Schule in ihrer Lebendigkeit gewollt und mit geschaffen hatte – dass dieser Schulleiter den Abschied aus seinem Berufsleben als bedrohlichen Identitätsverlust fürchtete. Er konnte sich die Veränderung, die ihn in absehbarer Zeit ereilen würde, nicht eingestehen und wollte sich erst dann auf sie einlassen, wenn sie da war. Zurzeit hatte er zu diesem äußeren Einschnitt in seinem Leben noch keinen inneren Zugang.

Seine Angst und Abwehr hatten eine erhebliche Wirkung auf allen Ebenen. In der konkreten Situation – hier und jetzt im Leitungsteam – blieben seine Schulleitungskollegen konfus und frustriert zurück, da er die zugedachte Wertschätzung nicht annahm, sie also unbeantwortet ließ und der Dialog nicht gelang. Auf der Ebene Schule – Schulaufsicht vertrat er in der Coaching-Sitzung die Ansicht, dass die Befürchtung gar nicht nötig und bis zu seinem Ausscheiden ja noch eine ganze Zeit hin sei und dass er seinen Einfluss schon nutzen würde. Diese Haltung setzte seine beiden Kolleginnen noch mehr unter Druck. Sie sahen seinen Einfluss durch die Pensionierung schwinden und da sich der Schulleiter in dieser Phase aus der Entwicklung verschiedener Szenarien heraushielt, erhöhte sich ihre Aufregung und ihre Anstrengung. In der Coachingsitzung arbeiteten wir dieses Muster von Befürchtung und Beschwichtigung, Aufregung und Unbekümmertheit heraus. Es blieb offen, ob es gelingen würde, dieses Muster zu unterbrechen und dem Schulleiter einen inneren Zugang zu dem Ende seiner aktiven Berufstätigkeit zu ermöglichen.

Zwischen den einzelnen Sitzungen lagen immer 8 bis 10 Wochen und ich war vor der folgenden Sitzung gespannt, wie sich denn die Dynamik in der Schulleitung weiter entwickelt hatte. Die nächste Sitzung begann mit einer kräftigen Überraschung. Das Leitungsteam kam mit dem Anliegen, sich mit meiner Hilfe auf eine Konferenz vorzubereiten, in der das Kollegium darüber abstimmen solle, ob die Schule eine Dependance gründen und aufbauen wolle – als weitere Integrierte Gesamtschule in der Stadt. Ich war sprachlos ob dieser unerwarteten Wendung. Im Verlauf unserer Sitzung stellte sich dann folgendes heraus: Der Schulleiter hatte sich – gut ein Jahr vor seinem beruflichen Ausscheiden – in eine politische Initiative um den Umbau eines Gymnasiums in eine Integrierte Gesamtschule eingemischt und sich als Projektleiter für den Umbau und als Interimsleiter für die neue Schule angeboten. Dabei brachte er das Kollegium gleich mit ins Spiel, als „Mentor" und als Personal-Ressource. Diese mögliche neue Integrierte Gesamtschule könne doch, so sein Vorschlag, als Dependance „seiner" Schule geführt werden. Die Lehrer könnten hier und dort arbeiten und dabei gleich interessierte Gymnasiallehrer in ein binnendifferenziertes Unterrichten bei heterogenen Klassen einführen. Er selber würde alles in den ersten beiden Jahren managen und dann übergeben! Die auf ihn zurollende Pensionierung war plötzlich nicht mehr aktuell. Der Schulleiter sprühte vor Energie bei dem Gedanken, noch einmal – fast vor seinem beruflichen Ende – als Gründungsmitglied und erster Schulleiter eine Integrierte Gesamtschule aufbauen zu können und dieses Mal über die Weisheit des Erfahrenen zu verfügen. Die Angst vor dem Verlust seiner beruflichen Identität hatte bei ihm enorme Energien frei gesetzt und er hatte in vielen Gesprächen und Aktivitäten diese „neue Möglichkeit" für sich geschaffen. Im Coaching stellte sich heraus, dass das Kollegium und seine Leitungskolleginnen und -kollegen von dieser unerwarteten Option durchaus fasziniert waren und durch die Motivation des Schulleiters in lustvolle Aufregung und unter einen enormen Druck gerieten. Beides war eingebettet in ein „pikantes" Dilemma: Wenn sie zu der Idee nein sagten, würden sie den historischen Moment, bei einer konservativen Regierung eine weitere Gesamtschule aufzubauen, ungenutzt lassen – wer will sich das schon vorwerfen, wenn er bildungspolitisch für Gesamtschulen votiert? Wenn sie der Idee zustimmen würden, dann stünden sie selbst ab sofort unter einer extremen beruflichen Belastung.

Ich ließ die Teammitglieder in der ersten Phase beschreiben, was die Situation war und widerstand dem Wunsch, schnell in die gedankliche Vorbereitung der Konferenz einzutreten. Ich ermunterte sie, aus ihrer jeweiligen Perspektive zu sprechen und der Gruppe so Schritt für Schritt zu einem breiten Bild und Eindruck zu verhelfen. Dabei konnte ich beobachten, wie die Gruppe permanent zwischen Inhaltsdimension und emotionaler Dimension wechselte. Danach lenkte ich ihre Aufmerksamkeit von außen nach innen und ging mit ihnen auf die Personenebene: „Was bedeutet diese Option einer Dependance für mich persönlich? Was könnte die Entscheidung „ja" für mich heißen und was die Entscheidung "nein"? Jedes Mitglied nahm die Frage auf und sprach von sich. Danach wechselten wir auf die Organisationsebene: "Was hieße das für das Kollegium und die Schule insgesamt? Welche Chancen, welche Risiken könnten damit verbunden sein? Wie würden die Eltern darauf reagieren? Und welche Ressourcen würde die Schulaufsicht zur Verfügung stellen?" So arbeitete ich mit dem Leitungsteam durch die verschiedenen Ebenen und Dimensionen. Ich unterstützte es darin, die Entscheidungsprämissen herauszuarbeiten, den Spielraum, innerhalb dessen würde entschieden werden müssen.

In zweiten Teil des Coachings stand die kommende Konferenz im Mittelpunkt und dabei die Frage, welche Orientierung denn in dieser wichtigen Entscheidung Vorrang haben würde: Hierarchie oder Team. Oder konkreter formuliert: Sollte die Entscheidung durch das Schulleitungsteam getroffen werden und die Konferenz mit dem Kollegium als Beratung der Schulleitungsgruppe in diesem Entscheidungsprozess dienen, oder sollte die Entscheidung durch das Kollegium getroffen werden und die Konferenz als Entscheidungsprozess aufgebaut sein. Eine wichtige und brisante Frage für „Team-Hierachie-Balance". Das Leitungsteam entschied nach einer (überraschend) kurzen Diskussion, dass die Entscheidungskompetenz in der Frage der Dependance bei der Schulleitung liege. Mit dieser Entscheidung war dann auch der Rahmen für die Konferenz bestimmt und die Konferenz konnte in ihrer Struktur schnell entworfen werden.

Zum Abschluss kommentierte ich ihre Entscheidung in Bezug auf die gelebte Team-Hierarchie-Balance und machte darauf aufmerksam, dass sie sich damit auf die Seite der „Hierarchie“ begeben würden.

Zu der folgenden Coachingsitzung kam das Leitungsteam mitgenommen zu mir. Im Check-in wurde deutlich, dass der Entscheidungsprozess das Kollegium bzw. das Verhältnis Kollegium – Schulleitung in eine Zerreißprobe gebracht hatte. Die Entscheidungsfindung um den Aufbau einer Dependance war kontrovers diskutiert worden und hatte eine Spaltung im Kollegium erzeugt. Schwerwiegender als die inhaltliche Kontroverse wog aber der Entscheidungsprozess selber. Der Wille der Schulleitung, diese Entscheidung selbst zu treffen und sich durch das Kollegium (nur) beraten zu lassen, hatte zu einer tiefen Enttäuschung und in den folgenden Wochen zu einer wechselseitigen Distanzierung geführt. Der Schulleiter war – wieder und immer noch – davon weniger berührt. Er glaubte, dass sich die Situation bald wieder entspannen würde.

In einer der folgenden Sitzungen gab es einen heftigen Streit mit der Pädagogischen Leiterin, die ihm vorwarf, er würde einerseits so tun, als gäbe es gar keinen Abschied und mache „business as usual“ und würde andererseits seine Aufgaben nicht machen. Er sei oft abwesend, ließe Anfragen unbeantwortet, Arbeiten unerledigt und Situationen unentschieden. Es ärgerte sie, dass er die Dinge einfach laufen ließ, ohne sie zu gestalten und sie befürchtete, dass die Schule „verwahrlosen“ könnte. Auf meine Frage an die anderen Mitglieder der Schulleitung entwickelte sich zögernd ein Gespräch darüber, wie der eine und die Andere das Verhalten des Schulleiters erlebte. Es wurde im Coaching deutlich, dass sich die bisherige Art des Schulleiters – individuell und situativ zu führen – in dieser Phase in der Weise verschärfte, dass ein durchgängiges Führungsverhalten der gesamten Leitungsgruppe für das Kollegium nicht mehr zu erkennen war, es verhielt sich oszillierend zwischen Organisations- und Personenebene. Ich nahm das zum Anlass, mit der Gruppe und dem Schulleiter an einem durchgängigen und erkennbaren Leitungsverhalten zu arbeiten.

Wie ging es weiter in dem Prozess und wo steht die Schule heute? Die Schulleitung führte ein halbes Jahr vor dem Ausscheiden des Schulleiters eine zweitägige Pädagogische Tagung mit dem Kollegium durch und wertete das Schulkonzept aus. Alle Elemente und Module wurden durchgesprochen und nach drei Kategorien bewertet: Wovon wollen wir uns trennen, was wollen wir beibehalten und was müssen wir modifizieren. Damit stieg das Kollegium – angeleitet von der Stellvertreterin und der Pädagogischen Leiterin – in einen Prozess des Loslassens und des Weiterentwickelns ein. Dieser Schritt ermöglichte auch dem Schulleiter, los zu lassen und sich auf den Abschied von seinem aktiven Berufsleben einzulassen. Ein Ergebnis daraus war eine gemeinsame Aktion mit der Pädagogischen Leiterin: Beide zogen auf der politischen Hinterbühne die Fäden, um einen passenden neuen Schulleiter an die Schule zu bekommen, was auch gelang.

Der Schulleiter hat den Schuldienst im letzten Sommer verlassen (die staatliche Schulaufsicht hatte eine Verschiebung der Pensionierung abgelehnt). Im letzten Monat seiner Amtszeit wanderte das Kollegium mit ihm zum Abschied einen ganzen Tag durch eine Landschaft, die ihm sehr ans Herz gewachsen war. Die Idee dieser gemeinsamen Wanderung wurde in einer Coachingsitzung vom Schulleitungsteam entwickelt.

Die Dependance ist eine eigenständige Schule geworden und belastet das Kollegium nicht mehr. Seit einem dreiviertel Jahr hat die Schule nun eine neue Schulleiterin, die die Führung stärker in die Hand nimmt. Ich begleite diesen Übergang zurzeit noch und erlebe, wie das Schulleitungsteam gut zusammenarbeitet. Es packt Themen an, die früher tabu gewesen waren. Die Team-Hierarchie-Balance ist immer noch in Bewegung, sie muss sich neu einpendeln.

6. Abschluss und Ausblick

Meine Erfahrung und meine Überzeugung ist: Coaching braucht Dialog. Entwicklung ist auf Offenheit und Experimentieren angewiesen und es ist durch angelernte Instrumente nicht herstellbar. Das Wagnis besteht darin, sich auf die Ereignisse in dem offenen Raum einzulassen. Lee Nicholson formuliert das in seinem Vorwort zu Bohms (1998) Buch: Ein „Prozess direkter Begegnung von Angesicht zu Angesicht (...) sollte nicht mit endlosem Theoretisieren verwechselt werden. In einer Zeit fortschreitender Abstraktionen und nahtloser digitaler Abbilder ist dieses Beharren auf Auseinandersetzung mit dem unbequemen Chaos alltäglicher greifbarer Erfahrung vielleicht am radikalsten“ (Bohm 1998). Das gilt für Dialog und für Coaching.

Literatur

Looss, Wolfgang (1991): Coaching für Manager – Problembewältigung unter vier Augen. Landsberg/Lech: Verlag für Moderne Industrie

Bohm, David/Nicholson, Lee (Hrsg.) (1998): Der Dialog. Das offene Gespräch am Ende der Diskussionen. Stuttgart: Klett-Cotta Cotta (4. Aufl. 2005)

Praxisforschung und Beratung in der Sozialen Arbeit – Arbeit mit Collagen

Gerald Knapp

Am Institut für Erziehungswissenschaft und Bildungsforschung der Alpen-Adria Universität Klagenfurt besteht seit Jahrzehnten der Versuch, verschiedene Ansätze der „Handlungsforschung“ als kritische Reaktion auf das traditionelle Konzept von „Sozialwissenschaft“ zu realisieren (vgl. Klingler 1982; Knapp 1986; Altrichter 1990; Altrichter/Posch 1990; Krall/Messner/Rauch 1995).

Ein wichtiges Motiv für die Suche nach neuen Wegen lag unter anderem darin, das Selbstbewusstsein und Erfahrungswissen in Erziehungs- und Sozialberufen (LehrerInnen, ErzieherInnen, KindergärtnerInnen, Eltern u.a.) zu fördern und zu stärken.

Im folgenden Beitrag werden anhand von Beispielen einige Möglichkeiten zur Verbindung von Praxisforschung und Beratung im Kontext der Sozialen Arbeit verdeutlicht. Im Zentrum steht dabei die Problematik der sozialen Beziehungen und der Zusammenarbeit zwischen Heim, Elternhaus und Schule, die mit Hilfe von Collagen und Rollenspielen mit den Betroffenen untersucht und bearbeitet werden.

1. Soziale Arbeit und Forschung – „lebensweltorientierte Forschung“

Die Frage nach einer angemessenen Verknüpfung von Theorie und Praxis in der Sozialen Arbeit war und ist immer noch schwierig zu beantworten. Die Debatten über Reflexions- und Forschungsmethoden werden fachintern mit besonderer Aufmerksamkeit verfolgt. Dabei tritt das von jeher belastete Verhältnis von Theorie und Praxis in besonderer Schärfe hervor.

Welchen Wert haben „abgehobene“ Gesellschaftstheorien, die Individualisierungs-, Pluralisierungs- und Entgrenzungsprozesse beschreiben, für die Praxis der Sozialen Arbeit? Können SozialpädagogInnen und SozialarbeiterInnen im Verhältnis zu ihren AdressatInnen gleichzeitig als „Forscher“ und als parteilich Handelnde auftreten? „Praxisforschung“ hat die Soziale Arbeit in den letzten Jahren nicht nur maßgeblich bestimmt, sondern ist auch zum Hoffnungsträger für die sozialpädagogische Theorie-Praxis-Diskussion geworden.

Wie jede Forschung, orientiert sich eine „lebensweltorientierte Forschung“ an unterschiedlichen Zielen und Absichten. Während Forschung im „klassischen Sinn“ auf Analyse, Beschreibung und Rekonstruktion der Wirklichkeit aus der Distanz einer eigenen, dem Geschehen gegenüberliegenden Position abzielt, agiert „Forschung als Entwicklung“ im Kontext von Handlungsprojekten, die sie mit Hilfe von Forschungsinstrumenten (z.B. Interviewformen, teilnehmende Beobachtung, Erfahrungsberichten, Dokumentenanalyse) zu klären und voranzutreiben versucht.

Im Mittelpunkt einer „lebensweltorientierten Forschung“ steht die Lebenswelt der AdressatInnen (z.B. Jugendliche, alte Menschen), das Verhältnis zwischen den AdressatInnen und der Sozialen Arbeit sowie die „pädagogisch inszenierten Lebenswelten in Institutionen der Sozialen Arbeit“ (vgl. Thiersch 1998: 86 ff.). Es handelt sich dabei um Forschung als „forschungsgestützte Modellentwicklung“, als „Evaluationsforschung“ oder auch als „Praxisbegleitung“, die in einer lebensweltorientierten Sozialen Arbeit zunehmend bedeutsamer wird und sich gleichsam als integraler Bestandteil einer professionell-institutionalisierten Praxis etabliert hat (vgl. dazu Jakob/v. Wensierski 1997).

Ansätze der „Handlungsforschung“ sind im Rahmen der Sozialen Arbeit in verschiedenen Praxisfeldern denkbar, wie z.B. Verbesserungsversuche auf dem Gebiet der „Jugend(sozial)arbeit“ (vgl. Stigler/Baumann 2004), der „Sozialen Arbeit in der Familie“ (vgl. Knapp 2003), der „Schulsozialarbeit“ (vgl. Heimgartner 2004, Knapp/Lauermann 2007), der „Drogenhilfe“ (vgl. Hutter 2004), der „Altenarbeit“ (vgl. Egger de Campo 2004) u. a.

2. Praxisforschung und Beratung – Rollenhandeln, Widersprüche und Deutungsmuster

Die zentralen Ansatzpunkte für Praxisforschung und Beratung in der Sozialen Arbeit sind die Interaktionsprozesse und Handlungsvollzüge von Individuen in deren jeweiligen sozialen Kontexten. Dabei gehe ich von der Überlegung aus, dass jeder Mensch innerhalb einer bestimmten Institution (Familie, Schule, Heim) in gesellschaftlich definierten Rollen handelt. Dabei können die entstehenden Beziehungsmuster und Interaktionsprozesse entweder unproblematisch sein oder konflikthafte Formen annehmen. Manchmal wird unser Handeln auch durch vorstrukturierte Handlungsabläufe routiniert. Dennoch ist unsere Handlungspraxis nicht frei von Widersprüchen, die durch individuelle Bedürfnisse und Ansprüche der jeweiligen Institution oder der Rolle, die wir erfüllen sollen, entstehen. Die Folge ist, dass daraus konflikthafte Situationen entstehen, die von innen oder von außen kommen.

Zur Erklärung dieser Probleme oder des „abweichenden Verhaltens“ benützen die Menschen „Deutungsmuster“, um das Alltagshandeln in widersprüchlichen oder problematischen Situationen mit Hilfe einer situationsübergreifenden Sinninterpretation verstehbar zu machen. In den interpretativen Deutungsmustern sind ihre „Alltagstheorien“ enthalten, mit denen sie ihre Lebenswelt beschreiben und erklären. Diese Deutungsmuster erfüllen zwei Funktionen:

- eine *Legitimationsfunktion*: Die Menschen rechtfertigen sich aufgrund ihres Alltagswissens. Solche Deutungsmuster harmonisieren vielfach die „objektiven“ Widersprüche der institutionellen Handlungspraxis. Damit wird ein Rechtfertigungsrahmen konstruiert, der es erlaubt, die individuellen Handlungen mit der Erwartungsstruktur der institutionellen Wirklichkeit zu vereinbaren – beispielsweise durch den Mechanismus der Personalisierung, den wir aus der Konflikttheorie kennen.
- eine *Reflexionsfunktion*: Die Menschen thematisieren und problematisieren die institutionellen und persönlichen Widersprüche in einer bestimmten Situation oder in der subjektiven Befindlichkeit. Solche Deutungsmuster konstruieren einen Erklärungsrahmen – vielfach unter Zuhilfenahme von alltagstheoretischer Institutions- oder Sozialkritik.

Deutungsmuster leisten somit eine spezifische Art von „Sinnstiftung“ in jenen Bereichen, in denen Widersprüche zwischen „objektiven Strukturen“ (gesellschaftlichen Normen, Rollen, Ansprüchen) und individueller Handlungspraxis bestehen.

3. Collagen und Rollenspiele in der Praxisforschung und Beratung

Im Rahmen der Forschungs- und Beratungsarbeit zur Problematik der sozialen Beziehungen von ErzieherInnen, Jugendlichen und Eltern in Heiminstitutionen werden „Collagen“ und „Rollenspiele" als Arbeits-, Forschungsverfahren und Ausdrucksformen der „Lebensweltanalyse" angewandt. Ich hatte bereits in den 1980er Jahren vor allem im Rahmen des Modellseminars „Beziehungen zwischen Eltern, Lehrern und Schülern“ (vgl. Klingler 1982: 74 ff.) Gelegenheit, die äußerst fruchtbaren Arbeits- und Forschungsverfahren kennen zu lernen und auf den Bereich der außerschulischen Erziehungsinstitutionen anzuwenden. Als methodisches Konzept kam eine modifizierte Form „themenzentrierter Interaktion" (vgl. Cohn 1976) zur Geltung. Darüber hinaus wurden Ansätze des psychodramatischen Rollenspiels miteinbezogen.

Die Erstellung von Collagen zu einem bestimmten Thema (z.B. soziale Beziehungen, Konflikte, Ängste,) bietet Betroffenen (z.B. SozialpädagogInnen,

Jugendlichen und Eltern) eine hervorragende Möglichkeit, sich gemeinsam mit spezifischen Problemen ihrer Lebenswelt auseinanderzusetzen, wobei sich die Arbeit vor allem auf die unmittelbaren Erfahrungen, auf die Reflexion der alltäglichen Handlungspraxis sowie auf die Probleme, die sich im Zusammenhang mit Beziehungs- und Verständigungsschwierigkeiten in verschiedenen Lebensbereichen (z.B. Familie, Kindergarten, Schule, Heim) ergibt, konzentriert. Die Anwendung dieser aktivierenden Arbeitsformen ist vor allem in kleineren Gruppen sinnvoll, wobei die Erstellung und Interpretation von Collagen durch spezifisch entwickelte „Rollenspiele", die „eigene" und „fremde" Sichtweise in gemeinsamen Gesprächen vertiefen kann. Beide Verfahren helfen, soziale Lernprozesse bei den Betroffenen in Gang zu setzen. Dabei kommt mir als Gruppenleiter die Aufgabe zu, Hilfestellungen, behutsame Anregungen und Impulse zu geben, um den Erfahrungsaustausch und Reflexionsprozess weiterzuführen. Dadurch blieb die Arbeit in der Gruppe nicht nur auf die Analyse der bestehenden institutionellen Bedingungen und der damit verbundenen Schwierigkeiten und Belastungen beschränkt, sondern konnte in Handlungsstrategien der Alltagspraxis von SozialpädagogInnen einfließen. Insofern können „Collagen" und „Rollenspiele" als qualitative Arbeits- und Forschungsmethoden aufgefasst werden, die mit dem Ansatz der „Handlungsforschung" in Verbindung stehen.

3.1 Vorgangsweise bei der Arbeit mit Collagen und Rollenspielen

Nach einer persönlichen Vorstellungsrunde der Gruppe einigen sich die TeilnehmerInnen auf ein gemeinsames Thema, welches über die Collage bearbeitet wird. Dadurch können sie ein Verständnis für die dahinterliegenden oft unbewussten Erwartungen, Einstellungen, Vorurteilsstrukturen und Rollendefinitionen gewinnen. Selbstverständlich können die TeilnehmerInnen dabei eigene Vorschläge und Initiativen zur Vorgangsweise vorbringen, wenn solche Bedürfnisse bestehen. Als Thema können die TeilnehmerInnen der Gruppe beispielsweise die eigene Erlebnisweise einer „Heimeinrichtung" vorschlagen; das heißt: wie sie als HeimleiterInnen, ErzieherInnen, Jugendliche und Eltern die Institution bisher gesehen oder erlebt haben, welche Bedingungen ihnen im Heim förderlich oder hemmend erscheinen, was sie dabei besonders bedrückt, wie sich dieser Umstand auswirkt und wie sie damit umgehen. Dabei ist es wichtig, dass der Gruppenleiter darauf hinweist, dass bei der Erstellung der Collage möglichst eigene Erfahrungen berücksichtigt werden und eine gemeinsame Darstellung der Gruppe wichtig ist. Es kommt dabei nicht auf künstlerische Perfektion an, sondern nur darauf, dass die Gruppen möglichst viele wichtige Gesichtspunkte der jeweiligen „Lebenswelt" darstellen sollen.

Im Anschluss an die Erstellung der Collagen, für die mindestens eine Stunde Zeit zur Verfügung steht, werden die Gestaltungsergebnisse an der Wand aufgehängt und die Sessel zu einem Halbkreis gruppiert. Nach einer Pause kann man zur Besprechung der Collagen übergehen.

Zu Beginn der Besprechung lassen die Gruppenmitglieder die Collagen einige Minuten auf sich wirken und sehen in Ruhe die aufgeklebten Bilder und Sprüche an. Schließlich können sie einander berichten, was sie in der Collage der jeweiligen anderen Gruppe wahrnimmt. Dabei werden vor allem die Bilder, Gedanken und Assoziationen beschrieben, die beim Ansehen der Collage entstehen, wobei die Gruppe, deren Collage besprochen wird, zunächst zuhört und erst danach zu den Äußerungen Stellung bezieht. Für die Besprechung der zweiten Collage gilt dieselbe Vorgangsweise. Durch diese Voraussetzungen kommen zumeist intensive „themenzentrierte Interaktionsprozesse" in Gang, welche die jeweiligen Sichtweisen, Standpunkte und Einstellungen bewusst machen.

Im Anschluss folgen die Rollenspiele, die das gegenseitige Verständnis und die Einsicht in die institutionell vorstrukturierte „Lebenswelt“ auf der Grundlage der Erkenntnisse der Collage vertiefen. Der Gruppenleiter fordert die Gruppenmitglieder auf, in gemischten Kleingruppen alltägliche Situationen aus der Handlungspraxis zu besprechen und in Form eines Rollenspieles darzustellen.

Die Gestaltung der Rollenspiele wird den TeilnehmerInnen völlig freigestellt, wobei sie sich allerdings innerhalb einer Viertelstunde auf eine gemeinsame Situation, die sie darstellen wollen, einigen sollen. Im Rollenspiel soll die Bedingung des „Rollentausches“ erfüllt werden. Beispielsweise sollen die Heimleiter oder ErzieherInnen Jugendliche spielen, während umgekehrt die Jugendlichen einen Erzieher oder Heimleiter darstellen.

Die Rollenspiele werden für eine nachfolgende Reflexion auf Video aufgezeichnet. Zunächst fragt der Gruppenleiter die TeilnehmerInnen, wie sie sich in ihrer Rolle gefühlt haben. Dies ist insofern wichtig, weil dadurch die gefühlsmäßigen Begleiterscheinungen (z.B. Ängste, Ärger, Wut, Machtgefühle) der SpielerInnen bearbeitet werden können.

Anschließend werden einzelne Sequenzen des Rollenspiels im Video angesehen. Die TeilnehmerInnen werden gebeten, auf Ausdrucksformen wie Gestik und Mimik, auf bestimmte Verhaltensweisen und Nebenbemerkungen in den einzelnen Passagen zu achten sowie die Gefühle und Gedanken zu beschreiben, die dabei entstehen. Auf Wunsch werden dann einige Abschnitte nochmals vorgeführt, um einzelne Passagen zu vertiefen. Die Gruppen können aus solchen Rollenspielen nicht nur sehr viel über die institutionellen Voraussetzungen ihrer Institution (z.B. Schule, Heim) erfahren, sondern auch eingeschliffene Verhaltensmuster durch Reflexion verändern.

3.2 Praxisforschung und Beratung in einem Jugendheim

Das Praxisfoschungsprojekt „Soziale Beziehungen und Zusammenarbeit zwischen Heim, Elternhaus und Schule" wurde auf Wunsch von ErzieherInnen und Heimleitern eingerichtet. Die ErzieherInnen, Heimleiter und Jugendlichen sollten die Möglichkeit erhalten, sich gemeinsam mit ihren Problemen auseinanderzusetzen, wobei sich die Arbeit vor allem auf die unmittelbaren Erfahrungen, die Reflexion des Heimalltags sowie auf die Probleme, die sich im Zusammenhang mit Schule und Elternhaus ergeben, beziehen sollten. Aktivierende Arbeitsformen in kleinen Gruppen, insbesonders die Erstellung und Interpretation von Collagen und die Vertiefung der „eigenen" und „fremden" Sichtweise in Form von Rollenspielen sollten das gemeinsame Gespräch erleichtern und helfen, soziale Lernprozesse in Gang zu setzen.

3.2.1 Collagen zum Thema „Heim“ – die Perspektive der Jugendlichen

Als Thema wurde die eigene Erlebnisweise vom „Heim" vorgeschlagen, d.h. wie sie als ErzieherInnen, Heimleiter und Jugendliche das Heim sehen oder erleben, was ihnen im Heim Freude macht und was nicht, was sie im Heim bedrückt, wie sich dieser Umstand auswirkt und wie sie damit umgehen? Außerdem wurde noch darauf hingewiesen, dass dabei möglichst eigene Erfahrungen berücksichtigt werden sollten und eine gemeinsame Darstellung der Gruppe wichtig wäre.

In der Anfangsphase der Besprechung brauchten die TeilnehmerInnen einige Zeit, um sich in die Bilder hineinzudenken und ihre Gedanken und Assoziationen zu ordnen. Schließlich begann die Erzieher- und Heimleitergruppe mit der Interpretation der Collage der Jugendlichen, wobei sie folgende Gesichtspunkte betonten: Einige ErzieherInnen verwiesen sofort darauf, dass im Mittelpunkt der Collage der Jugendlichen ein Schachbrett zu sehen ist, auf dem mehrere Menschen als „Schachfiguren" von zwei Händen, die links und rechts des Schachbrettes angeordnet waren, hin- und hergeschoben werden (vgl. Abb. 1). Sie nahmen an, dass die daraufstehenden Figuren die Jugendlichen symbolisierten. Dann äußerte eine Erzieherin, dass es „ihnen ja gleich erginge“. Auch sie würden sich durch die bestehenden Voraussetzungen (Dienstvorschriften, Jugendschutzgesetze, widersprüchliche Erwartungen usw.) behindert sowie hin- und hergeschoben fühlen. Die Jugendlichen waren wiederum sehr erstaunt darüber, dass die ErzieherInnen so genau verstanden hätten, was sie ausdrücken wollten. Zugleich äußerten die Jugendlichen, dass sie sich in der Tat als „Schachfiguren“ vorkämen, die nach unpersönlichen Regelungen funktionieren sollten.

Heimjugendliche als Schachfiguren

Schülercollage

Einfluß der hierarchischen Heimstruktur auf die sozialen Beziehungen

Schülercollage

Abb. 1 u. 2: Collagen der Jugendlichen

Ein Jugendlicher verwies in diesem Zusammenhang auf den äußeren Rahmen der Collage und betonte, dass die Bilder und Texte, die sie kreisförmig außerhalb des Schachbrettes angeordnet hätten, die gesellschaftlichen Regelungen für das im Zentrum dargestellte Schachspiel darstellen sollten. Die Jugendlichen äußerten, dass die „institutionellen Voraussetzungen", insbesonders die hierarchische Struktur des Heimes mit ihren Über- und Unterordnungsverhältnissen (Heimleiter, ErzieherInnen, Jugendliche) den Erziehungsprozess und die sozialen Beziehungen beeinflussen (vgl. Abb. 2).

Ein Mädchen konkretisierte und ergänzte diese Äußerung, indem sie darauf verwies, dass vor allem die Heimordnung mit ihren Regelungen das Verhalten der Erzieher beeinflusse. Die Erzieher wären aufgrund der Regelungen für Ruhe und Ordnung „verantwortlich", sie hätten darauf zu achten, dass die „Fenster zu wären und es nicht zieht", dass durch Spielen kein Lärm entstünde, („Spielen macht Lärm, und Lärm ist verboten"), dass Jugendliche keinen Alkohol trinken

(„Alkohol nur für Lehrer?“), dass sie keinen sexuellen Kontakt zu Mädchen suchen („Zölibat wirklich nur für Pfarrer?“) und ähnliches mehr.

Im Zusammenhang damit ergab sich ein intensives Gespräch zwischen den ErzieherInnen, Heimleitern und Jugendlichen zur Entstehung und Funktion der Heimordnung. Die Jugendlichen betonten, dass eine Heimordnung nicht durch irgendwelche „Beamte“ des Heimträgers erstellt werden sollte, sondern die Erzieher und Jugendlichen sollten dabei Mitsprachemöglichkeiten haben und Gestaltungsvorschläge einbringen können.

3.2.2 Das Jugendheim als Collage der ErzieherInnen und des Heimleiters

Die Darstellung der ambivalenten und schwierigen Erzieher- und Heimleiterrolle bereitete gleichzeitig den Übergang zur Interpretation der Erzieher- und Heimleitercollage vor. ErzieherInnen und Heimleiter wiesen auf folgende Schwierigkeiten hin: Sie betonten, dass sich die Heime in einer „Ghettosituation“ befänden und als „Lager“ bzw. „Aufbewahrungsstätte“ gesehen würden. Sie fühlten sich isoliert und mit ihren Problemen und Belastungen allein gelassen. Aufgrund der umfangreichen Verpflichtungen und zeitlichen Belastungen bestünden wenige Möglichkeiten, zwischen Heimerziehern und Lehrern Erfahrungen auszutauschen und Probleme zu besprechen (vgl. Abb. 3).

Nach Meinung der ErzieherInnen und Heimleiter sind sie vielfältigen und teilweise widersprüchlichen Erwartungen von Seiten der Heimträger, der Schule, der Eltern und Schüler ausgesetzt. Beispielsweise könnten sie die Erwartung, das Heim solle „Familienersatz“ sein, unter gar keinen Umständen erfüllen. Außerdem äußerten sie, dass die ErzieherInnen vielfach nur als „Erfüllungsgehilfen“ der Schule angesehen würden und ständig im Kreuzfeuer der Kritik stünden. Darüber hinaus würden ihre Erziehungsleistungen von den Lehrern und Eltern viel zu wenig gewürdigt und anerkannt.

Die ErzieherInnen wiesen außerdem auf die umfangreichen Verpflichtungen im „Heimbetrieb“ hin und betonten, dass sie sehr oft zu wenig Zeit und zu geringe Möglichkeiten zum eigenverantwortlichen Handeln hätten. Sie fühlten sich „reglementiert“ und manchmal zu wenig von den Heimleitern unterstützt. Außerdem hätten sie zu wenig Freizeit, wodurch ihre privaten Beziehungen (eigene Familie, Kinder) leiden.

Ein besonderes Problem sei für sie der Umgang mit der Sexualität der Jugendlichen im Heim. Sie waren der Meinung, dass die Sexualität zwar wichtig sei, dass sie aber keinerlei legitime Möglichkeiten sähen, wie die Jugendlichen im Heim damit umgehen könnten (vgl. Abb. 4). Weitere Schwierigkeiten, die angeschnitten wurden, bezogen sich auf Aggressionen der Jugendlichen im

Heim (z.B. zwischen den Jugendlichen, den ErzieherInnen und Jugendlichen). Sämtliche ErzieherInnen stellten einmütig fest, dass aggressive Verhaltensweisen der Jugendlichen im Alltagsleben des Heimes zunehmen. Es falle ihnen schwer, mit den aufgestauten Aggressionen umzugehen und sie würden häufig der Gefahr erliegen, mit Druckmaßnahmen zu reagieren, weil sie sonst keine andere Möglichkeit sehen. Sie wüssten aber, dass diese Erziehungsmaßnahmen auch keine Lösung darstellen.

Ghettosituation der Heime

Erzieher- und Heimleitercollage

Umgang mit Sexualität im Heim

Erzieher- und Heimleitercollage

Abb. 3 u. 4: Erzieher- und Heimleitercollagen

Ein besonderes Problem wären die Beziehungen und die Kontakte zwischen ErzieherInnen, Heimleitern und Eltern. Sie wiesen darauf hin, dass es in den meisten Heimen zu wenig Kontakte mit dem Elternhaus gäbe. Die Eltern erwarteten von den Heimerziehern sehr oft Hilfestellungen im Hinblick auf die schulischen Leistungen und suchten sehr oft die Schuld für das Versagen ihrer Kinder im Heim bzw. bei den ErzieherInnen. Die spärlichen Kontakte und Gespräche zwischen Heimleitern, ErzieherInnen und Eltern beschränken sich in den meisten Fällen einerseits auf Leistungsfragen (z.B. Noten des Kindes), anderseits auf Disziplinschwierigkeiten („Wie verhält sich mein Kind im Heim?"). Die Eltern kämen überhaupt nur dann zu einem Gespräch ins Heim, wenn ihr Kind ungenügende Leistungen erbringt oder besondere Verhaltensschwierigkeiten zeigt. Dabei hätten die Eltern ihrerseits häufig Angst, mit den Heimleitern und ErzieherInnen offen über ihr Kind zu sprechen, weil sie Sanktionen befürchteten. Auf der anderen Seite fühlten sich die ErzieherInnen durch das Verhalten der Eltern verunsichert.

3.2.3 Arbeit mit Collagen – Zusammenfassung der Ergebnisse

Zusammenfassend lassen sich die Stellungnahmen der Gruppe der ErzieherInnen und Heimleiter sowie die der Jugendlichen folgendermaßen charakterisieren: Beide Gruppen betonten in der bildhaften Ausdrucksform der Collage vorwiegend die Schwierigkeiten und Belastungen des Heimlebens. In der Gruppe der Jugendlichen wurden die Auswirkungen der hierarchischen Heimstruktur, die unpersönlichen Regelungen der Heimordnung sowie die Schwierigkeiten, partnerschaftliche Beziehungen aufzubauen, in den Vordergrund gerückt.

Bei der Gruppe der ErzieherInnen und Heimleiter konzentrierten sich die kritischen Stellungnahmen auf die „Ghettosituation" der Heime, das Gefühl der Isolation, die widersprüchlichen Erwartungen der Bezugsgruppen, die umfangreichen Verpflichtungen und zeitlichen, physischen und psychischen Belastungen, aber auch auf die unzureichende öffentliche Anerkennung ihrer Erziehungsleistungen. Darüber hinaus betonten sie aber auch Behinderungen durch gesetzliche Regelungen und Bestimmungen sowie Unsicherheiten und Ängste, mit der Sexualität und Aggressivität der Jugendlichen im Heim umzugehen.

Schließlich verwiesen sie auf die mangelnden Kontakte und Kommunikationsmöglichkeiten mit der Schule und dem Elternhaus. In beiden Gruppen erhielten die negativen Aspekte des Heimlebens weit mehr Gewicht als die positiven Gesichtspunkte. Dennoch ist die intensive Auseinandersetzung im Gespräch nicht nur auf „anprangernde" Stellungnahmen beschränkt geblieben, sondern einige ErzieherInnen und Heimleiter haben auch positive Erfahrungsbeispiele dargestellt (z.B. Einflussnahme der Jugendlichen bei der Erstellung der Heimordnung). Außerdem wurde sowohl von den ErzieherInnen und Heimleitern als auch von den Jugendlichen die Meinung vertreten, sie hätten durch die gemeinsame Arbeit und Interpretation der Collagen das gegenseitige Verständnis und die Einsicht in ihre institutionell vorstrukturierten Lebensbedingungen vertieft. Darüber hinaus erklärten sie, dass solche gemeinsame Auseinandersetzungsprozesse für das gegenseitige Verständnis wichtig wären und zur positiven Gestaltung der persönlichen Beziehungen beitragen würden.

4. Bedingungen für das Gelingen von Praxisforschung und Beratung in der Sozialen Arbeit – ein Resümee

Die Erforschung eigener Praxis nach dem Konzept der „Handlungsforschung" sollte nicht nur der individuellen Fortbildung der Erziehungs- und Sozialberufe dienen, sondern auch zu einer Verbesserung der erforschten sozialpädagogischen Praxis beitragen und einer Weiterentwicklung der sozialpädagogischen Forschung dienen.

Die Schwierigkeiten, die bei der Durchführung solcher Projekte auftreten, erfordern umfangreiche Vorüberlegungen, wenn die Intention besteht, Erziehungs- und Sozialberufe bei solchen Forschungsvorhaben zu betreuen. Folgende Gesichtspunkte scheinen dabei wichtig:

- Die sozialen Beziehungen zwischen ProjektbetreuerIn und PraktikerInnen sollten in einem längerfristigen Arbeitsprozess entwickelt werden, um gegenseitiges Vertrauen und Verständnis aufzubauen. Sonst ist es äußerst schwierig, ein gemeinsames Interesse an dem jeweiligen Projekt aufrechtzuerhalten. Dies bedeutet, dass sowohl die konkreten Inhalte, Zielsetzungen als auch die entsprechenden methodischen Vorgangsweisen in sehr intensiven und zeitaufwändigen Planungsprozessen von allen Beteiligten bearbeitet werden müssen.
- In diesem Zusammenhang ist daher das Problem des nötigen Zeitaufwandes zu berücksichtigen. Da Projekte nach Konzeptionen der „Handlungsforschung" zu länger andauernden Verpflichtungen für alle Beteiligten werden, ist es äußerst wichtig, sich einen genauen Zeitplan für die Entwicklung, Durchführung und Evaluation des jeweiligen Projektes zu erarbeiten.
- Vor allem in der Phase der Projektdurchführung, das heißt während der Erhebung und Interpretation der Daten sowie der schriftlichen Bearbeitung und Darstellung der gewonnenen Erfahrungen bzw. Forschungsergebnisse, können Schwierigkeiten auftreten. Vielfach fühlen sich die Praktiker in dieser Projektphase allein gelassen oder überfordert. Um die Gefahr der „wissenschaftlichen Isolation und Vereinsamung" zu begegnen, ist es wichtig, dass man be-

reits in der Planungsphase kleine Projektteams bildet, um sich regelmäßig zu beratenden Gesprächen treffen sowie offene Fragen und Forschungsprobleme gemeinsam diskutieren zu können.

- Schließlich sollten schon zu Beginn des Projektes die Formen des Verwertungszusammenhanges bzw. der Veröffentlichungen der Forschungsergebnisse überlegt werden, um der Gefahr „wissenschaftlicher Ausbeutung“ entgegenzuwirken. Am zufriedenstellendsten wäre die Entstehung einer gemeinsamen Publikation. Projekterfahrungen und Forschungsergebnisse könnten aber auch in pädagogischen Teambesprechungen und bei Fortbildungstagungen im jeweiligen sozialen Handlungsfeld vorgestellt werden. Damit würde auch ein wichtiger Beitrag zur „institutionsnahen Fort- und Weiterbildung“ geleistet.

Literatur

Altrichter, H. (1990): Ist das noch Wissenschaft? Darstellung und wissenschaftstheoretische Diskussion einer von Lehrern betriebenen Aktionsforschung. Profil Verlag: München

Altrichter, H./Posch, P. (1990): Lehrer erforschen ihren Unterricht. Eine Einführung in die Methoden der Aktionsforschung. Bad Heilbrunn

Cohn, R. C. (1976): Von der Psychoanalyse zur themenzentrierten Interaktion. Stuttgart

Egger De Campo, M. (2004): Arbeitsfeld alte Menschen – ein Plädoyer für die Sozialarbeit. In: Knapp, G. (Hg.): Soziale Arbeit und Gesellschaft. Entwicklungen und Perspektiven. Klagenfurt/Ljubljana/Wien, S. 646-664

Heimgartner, A. (2004): Schulsozialarbeit in den Mittelpunkt. In: Knapp, G. (Hg.): Soziale Arbeit und Gesellschaft. Entwicklungen und Perspektiven. Klagenfurt/Ljubljana/Wien, S. 580-599

Hutter, R. (2004): Sekundärprävention und Sozialarbeit im Rahmen der Drogenhilfe. In: Knapp, G. (Hg.): Soziale Arbeit und Gesellschaft. Entwicklungen und Perspektiven. Klagenfurt/Ljubljana/Wien, S. 636-645

Jakob, G./Wensierski, H. J. v. (Hg.) (1997): Rekonstruktive Sozialpädagogik. Konzepte und Methoden sozialpädagogischen Verstehens in Forschung und Praxis. Weinheim/München

Klingler, J. (1982): Das Modellseminar „Beziehungen zwischen Eltern, Lehrern und Schülern“. In: Interuniversitäres Forschungsinstitut für Fernstudien (Hg.): Perspektiven für Fernstudien Informationen 3, Klagenfurt, S. 74-90

Knapp, G. (Hg.) (1986): Beziehungs- und Kooperationsprobleme in Erziehungsinstitutionen. Klagenfurt

Knapp, G.: Sozialpädagogische Familienhilfe als Handlungsfeld Sozialer Arbeit. In: Lauermann, K./Knapp, G. (Hg.) (2003): Sozialpädagogik in Österreich. Perspektiven in Theorie und Praxis. Klagenfurt/Ljubljana/Wien, S. 370-399

Knapp, G./Lauermann, K. (Hg.) (2007): Schule und Soziale Arbeit. Zur Reform der öffentlichen Erziehung und Bildung in Österreich. Klagenfurt/Ljubljana/Wien

Krall, H./Messner, E./Rauch, F. (Hg.) (1995): Schulen beraten und begleiten. Innsbruck/Wien

Stigler, H./Baumann, H. (2004): Jugend(sozial)arbeit: Grundlagen und Arbeitsfelder. In: Knapp, G. (Hg.): Soziale Arbeit und Gesellschaft. Entwicklungen und Perspektiven. Klagenfurt/Ljubljana/Wien, S. 470-486

Thiersch, H. (1998): Lebensweltorientierte Soziale Arbeit und Forschung. In: Rauschenbach, T./Thole, W. (Hg.): Sozialpädagogische Forschung. Gegenstand und Funktionen, Bereiche und Methoden. Weinheim/München, S. 81-96

Systemische Supervision – Geschichten erzählen und Entwicklung begleiten

Gisela Schwarz, Hannes Krall

Von „systemischer" Supervision zu sprechen enthält eine eigentümliche Redundanz. Kann Supervision überhaupt „nicht systemisch" ansetzen? Beim Versuch im Rahmen eines Beratungsprozesses aus den gegebenen Arbeits- und Organisationskonstellationen herauszutreten und die jeweilige Fragestellung oder das Anliegen von SupervisandInnen „von außen" zu betrachten und neue Sichtweisen und Handlungsperspektiven zu erschließen, richtet den Blick bereits auf „systemische" Gesamtzusammenhänge. In diesem Sinne können wir uns der Sichtweise Varga von Kibéds (vgl. in diesem Band) gut anschließen, wenn er von „systemisch" im Sinne eines Komparativs spricht und fragt: „Systemischer" als was?

Es ist unbestritten, dass sich viele Zugänge im Beratungskontext auf systemische Arbeitsweisen beziehen – traditionelle Zugänge, wie die Verfahren Psychodrama und Soziometrie, die von sich sagen, dass sie immer schon „systemisch" ausgerichtet waren, ebenso wie neuere, die mit dem Beiwort „systemisch" viele wichtige theoretische und praktische Impulse in die Supervision gebracht haben.

Wir haben von diesen unterschiedlichen Ansätzen profitiert und immer wieder versucht, jene Elemente in die Praxis zu integrieren, die uns hilfreich schienen: von den strukturellen, strategischen, konstruktivistischen, konstruktionistischen bis hin zu postmodernen Sichtweisen gab es auf jeweils unterschiedlichen Supervisionsphilosophien aufbauend vielfältige Arbeitsstile und -haltungen, Methodiken und Interventionsformen zu erproben. Reflektierende, lösungsorientierte, konversierende und narrative Arbeitsformen haben uns nachhaltig in der supervisorischen Arbeit geprägt.

Systemische Arbeit ist jedoch keine einheitliche Denk- und Arbeitsweise geworden, sondern ein Konglomerat und in gewissem Sinne offenes Konstrukt unterschiedlicher philosophischer und naturwissenschaftlicher Grundhaltungen geblieben. Es fällt jedoch schwer, über systemische Arbeit etwas zu schreiben – oder genauer gesagt: etwas festzuschreiben. Metaphorisch lassen sich systemische Zugänge mit dem Bild der Arbeit an einem kleinen Webstuhl vergleichen, der uns aus Kindertagen wohl noch gut bekannt ist. Die Faszination für die verschieden färbigen Wollfäden, die ineinander verwoben sind und etwas Neues, Buntes entstehen lassen. Die dabei sich entwickelnden Muster und Strukturen in der Supervision sind zwar grundsätzlich offen, keinesfalls jedoch beliebig.

1. „Eigensinn" und Eigenverantwortlichkeit lebender Systeme

Systemische Arbeitsweisen nehmen nicht nur den Gesamtzusammenhang in den Blick, sondern bauen darüber hinaus auf wesentlichen Grundhaltungen auf. Wenn sich auch „autoritäre" Standpunkte im Zusammenhang mit einem systemischen Arbeitsverständnis nicht von vornherein ausschließen, so ist mit der Bezeichnung „systemisch" – jedenfalls in unserem Verständnis – ein besonderer Respekt vor dem „Eigensinn" lebender Systeme verbunden. Nicht zufällig haben sich gerade in den letzten Jahren Diskussionen um systemische Arbeitsweisen intensiv mit der Frage beschäftigt, in wie weit der „Berater" – wie immer er oder sie sich dann auf der Bühne des sozialen Geschehens auch nennen mag und sich in Szene setzt – über die soziale Definitionsmacht und Lösungsautorität verfügt oder ob diese vielmehr den sozialen Systemen und damit auch den beteiligten Personen innewohnt.

Wir gehen in unserem Verständnis systemischer Arbeit davon aus, dass eine respektvolle Haltung gegenüber den KlientInnen, die Betonung des Dialogs und eine grundsätzliche Orientierung an offenen und demokratischen Perspektiven eine Grundvoraussetzung systemischer Arbeit darstellt. In der Rolle als SupervisorInnen sehen wir uns demnach als BegleiterInnen eines Prozesses, die nicht vorgeben, das Ziel der Reise bereits vorweg zu kennen. Die SupervisandInnen bleiben selbst für die Einschätzung ihrer Arbeitssituation und für das Finden möglicher Lösungswege verantwortlich. Eigenverantwortlichkeit heißt aber auch Zutrauen in die Lösungskompetenzen der SupervisandInnen, die es mit einer Begleitung zu entdecken und zu fördern gilt.

2. Erzählte Geschichten und „striking moments" – Fragen aus der Perspektive des Nichtwissens

Erst die konsequente Haltung, immer einen Schritt hinter den SupervisandInnen oder an deren Seite zu stehen, ermöglicht es, die Position eines Begleiters im gemeinsamen Suchprozess einzunehmen. Dabei wird die Ausgangssituation rekonstruiert – also die „Vorgeschichte" erzählt – und nach „Lösungen" im Sinne von möglichen weiterführenden Geschichten gesucht.

„Unser Leben besteht aus Geschichten" hatte Harry Golishian (1987) der Arbeit eines Beraters vorangestellt. Und unsere Aufgabe als Berater ist es, Verantwortung für die Aufrechterhaltung der Konversation zu tragen und Fragen aus einer Perspektive der Neugierde und des Nichtwissens zu stellen. Keine Fragen also, die den Lernenden zu den bereits vorweg feststehenden Erkenntnissen führen. Und auch keine neugierigen Fragen, die den schalen Nachgeschmack hinterlassen, ausgefragt worden zu sein.

Die unterschiedlichen Schulen systemischer Supervision haben sich mit dieser Kunst zu fragen immer wieder beschäftigt – wie etwa der konversierende („conversational") Stil von Harry Goolishian und Tom Andersen (vgl. Lowe 2005). Demgegenüber hat sich eine stärker strukturierte Art zu fragen positioniert, wie dies z.B. Steve de Shazer (1992) und Insoo Kim Berg in ihrem lösungsorientiertem Ansatz beschreiben oder Michael White und David Epston (2006) in ihrer narrativen Fragehaltung zum Ausdruck bringen.

In der kommunikativ-konversierenden („collaborative") Haltung stellt die BeraterIn Fragen, die sich aus der Antwort der SupervisandInnen ergeben und zur nächsten Frage führen. Ziel dabei ist, das fortschreitende (Selbst-) Erkunden zu fördern und die eigene Geschichte fortzuführen. Es ist ein ständiger Kreislauf des Erkundens und Entdeckens.

Die SupervisorIn achtet dabei auf das Fließen der Kommunikation und auf die bedeutsamen Momente der Veränderung in der sich entwickelnden Geschichte. Shotter und Katz betonen die sorgsame Aufmerksamkeit für diese „striking moments" (Shotter/Katz 1998, zit. n. Lowe 2005: 5), die lebendig, poetisch und andauernd sind. Sie betonen eine „conversational – poetische" Haltung, die die Supervisorin oder Begleiterin dazu führt, mit den bedeutenden Augenblicken einer Konversation in Kontakt zu bleiben.

Das Ansprechen und Sichtbarmachen dieser „striking moments" gelingt, wenn Sprecher und Zuhörer von der Geschichte berührt sind. Dadurch wird der Prozess verlangsamt und die Supervisandinnen können sich auf eine tiefer gehende Exploration einlassen. Fragestellungen sind erlaubt, die auf den ersten Blick eigentümlich klingen mögen: „Wenn sie in das Wort Einsamkeit oder Angst hineinsehen, was würden sie dann sehen?" Oder: „Wenn ihre Tränen in diesem wichtigem Augenblick sprechen würden, was könnten sie dann sagen?" (Anderson 1993).

In der praktischen Arbeit ist es nicht immer leicht, in der begleitenden und fragenden Haltung zu bleiben. Allzu schnell verführen Aufforderungen und Fragen der SupervisandInnen, aktiver einzugreifen und doch etwas von den eigenen Erfahrungen preiszugeben. Auch das eigene Erkennen auf der Seite des Supervisors und der Wunsch dies gleich mitzuteilen oder gar gleich mit den SupervisandInnen als „Lösung" umzusetzen, stellt eine Verführung dar. Dass die SupervisorIn ihre Sicht einbringt, stellt kein grundlegendes Hindernis dar. Keinesfalls darf dies jedoch den Fortgang der Geschichte der SupervisandInnen behindern. Nach unserem Verständnis sollten die SupervisorInnen in der Rolle der Begleitung bleiben und die SupervisandInnen bei ihrer erzählten Entdeckungsreise durch eine manchmal schöne, manchmal auch bedrohliche Landschaft unterstützen.

3. Eine Geschichte hat einen Anfang und ein Ende – Szenen einer supervisorischen Begleitung

Die Geschichte beginnt häufig mit einem Anruf: „Wir sind ein Team einer Beratungsstelle, mit fünf Kollegen und suchen einen Supervisor bzw. eine Supervisorin, wir haben ihre Telefonnummer von Herrn M. bekommen und möchten sie nun fragen, ob sie freie Kapazitäten haben…“. So oder ähnlich beginnen viele Supervisionsgeschichten. Erste Anliegen oder auch schon Inhalte werden vorgebracht. Der Anrufer könnte gleich seine Geschichte ausführlich erzählen.

Diese eine Geschichte neben den anderen in der Supervision erzählten Geschichten bilden den Ausgangspunkt der supervisorischen Arbeit. Und die Entwicklung einer weiterführenden förderlichen Geschichte wird davon abhängen, ob es der Supervisorin mit den SupervisandInnen gelingt, diese ersten, zumeist knapp erzählten Geschichten in breitere zu verwandeln. Möglicherweise werden dominante Geschichten im Arbeitsprozess deutlich, neben oder hinter denen sich aber auch alternative Geschichten zeigen und erzählen lassen. In diesem Sinne ist Supervision der Versuch, zu den „not-yet-said stories“ vorzudringen und diese zu erzählen.

Und gegen Ende eines Supervisionsprozesses? Wie zu Beginn eines gemeinsamen Weges ist es auch gegen Ende die Aufgabe der Supervisorin, den Prozess eines Abschieds sichtbar und verstehbar zu machen – den Gruppenteilnehmern zu helfen, einen Raum für ihren Rückzug zu schaffen und eine respektvolle Fremdheit entstehen zu lassen. Der Prozess der Distanzierung wird bewusst eingeleitet, damit offene Türen sich auch wieder schließen können.

Im Folgenden werden einige Ausschnitte aus einer Teamsupervision vorgestellt, die die beschriebene Arbeitsweise verdeutlichen sollen. Gewählt wurde ein Supervisionsprozess in einem Team, dessen Arbeitsalltag von hierarchischen Strukturen geprägt ist. Die Supervision mit ihrer Ausrichtung an einer „communal perspective“, die den gleichwertigen und gemeinschaftlichen Austausch hervorhebt, schuf zu dieser Alltagskultur einen anregenden Kontrast. Grundlage der gemeinsamen Arbeit war eine demokratische Haltung im reflektierenden Austausch, die alle an diesem Prozess beteiligten Fachleute als kompetent einbezieht. Begleitung erfolgt auf einer Ebene der Gleichwertigkeit im Sinne eines Treffens oder Miteinanders von Fachleuten.

Die Einladung zur Supervision erfolgte von der Pflegedirektion eines Krankenhauses, nachdem das Team einer Intensivstation auf Grund von Konfliktsituationen in den letzten Monaten vermehrt den Wunsch nach einer supervisorischen Begleitung geäußert hatte.

Erste Szene: Die Bedeutung der Zeit und die damit verbundene Entschleunigung des Prozesses: Es ist natürlich zu erwarten, dass in Organisationen wie beispielsweise einer Klinik ein funktionierendes Management, Schnelligkeit bei Entscheidungen und Pragmatismus eine wichtige Rolle spielen. Dies wurde auch bereits in der Anfrage zur Supervision spürbar.

Anruf der Stationsschwester: Ihr Team bräuchte dringend Supervision, da es Beschwerden von Angehörigen gebe. Das ganze Team sei in Aufruhr und wünsche sich Unterstützung von ´außen´. Der Wunsch sei, möglichst bald ein Vorgespräch führen zu können, bei dem auch gleich gesagt werde, wie viele Termine erforderlich wären, um die Situation zu klären. Alle Beteiligten aus den unterschiedlichen Institutionshierarchien würden zustimmen, die Angelegenheit sollte bearbeitet werden, damit wieder Ruhe im Team einkehren könne – und das möglichst schnell.

Es kam zu einem Erstgespräch und in der Folge zur Einladung, die Supervision durchzuführen. Am Beginn war es wichtig, deutlich zu machen, dass eine weiterführende Arbeit – oder eine konstruktive Reisebegleitung – auch eine entsprechende Ausstattung erfordere. Zu dieser Ausstattung gehört auch ein gewisses Maß an Zeit. So bestand ein erster Schritt in der Supervision darin, sowohl die Stationsschwester als auch den Leiter der Pflegedirektion zu einem Kennen lernen einzuladen. Sollte sich eine gemeinsame Arbeitsbasis entwickeln, würde es ein wechselseitiges Geben und Nehmen sein. Mit diesem Schritt sollten auch die Wechselseitigkeit eines Dialogs bzw. Multilogs und die Bedeutung von Zeit im Sinne von Geduld zum Ausdruck kommen.

Dieses Kennen lernen fand statt, wobei auf die „communal perspective“ ein besonderer Wert gelegt wurde und Anerkennung dafür ausgesprochen wurde, nach außen zu gehen und sich Unterstützung zu holen. Die sich aus dem Gespräch ergebende Vereinbarung lautete, dass für einen ersten Schritt in der Supervision zwei Nachmittage bereitgestellt werden, um mit dem Mitarbeiterteam ausführlich über bestehende Anliegen und Perspektiven zu sprechen. Danach würde die Direktion auf Basis der Rückmeldung vom Team entscheiden, ob sich daraus eine supervisorische Weiterarbeit entwickeln könne.

Beim Erstgespräch mit dem gesamten Team wurden zunächst viele Klagen über die Konfliktsituation vorgebracht, es wurde „Ballast abgeworfen“ und der

Wunsch zur Zusammenarbeit mit den Vorgesetzten ausgesprochen. Nach dem Erstgespräch kam es zu weiteren Gesprächen mit Mitgliedern der Leitungsebene und einem weiteren Termin mit dem Team. Schließlich wurde eine kontinuierliche Supervision vereinbart.

Zweite Szene: Das Supervisions-Café und die Suche nach Anerkennung: Der Wunsch nach Anerkennung war bereits nach dem ersten Treffen spürbar. Doch wie kann man es in der Supervision den SupervisandInnen vermitteln, dass sie in einer Arbeitsgemeinschaft ein „anerkanntes" Mitglied sind? Der ausgesprochene Wunsch richtete sich vor allem an „die oben" – also an jene, die in der Hierarchie der Institution übergeordnet sind. Die Überlegung war nun, dass eine Anerkennung „von oben" nur erreicht werden könne, wenn die Arbeit in der Supervision zunächst selbst von wechselseitiger Wertschätzung getragen ist und die SupervisandInnen ihre Arbeit selbst schätzen.

In der Supervision wurde dies einerseits in Form eines respektvollen sprachlichen Miteinanders versucht, andererseits sollte ein kleines „soziales Experiment" diesen Aspekt unterstreichen. So wurde vorgeschlagen, dem offensichtlich dringenden Bedürfnis, sich in der Gruppe über den Arbeitsalltag auszutauschen, nachzugehen und dafür einen entsprechenden Rahmen – oder besser: eine Bühne für Klatsch, Gerüchteküche, Befindlichkeiten oder einfach nur small talk – zu schaffen.

Das Team wurde aufgefordert, bis zum nächsten Treffen den Gruppenraum in ein gemütliches Café umzugestalten. Als es soweit war, wurden alle TeilnehmerInnen gebeten, sich an Kaffeetischen zu dritt über ihre Möglichkeiten nach langen Arbeitstagen aufzutanken und ihre Fähigkeiten und Ressourcen, die sie als Profis für ihren Job mit brachten, zu unterhalten. Kaffee und Kuchen wurden dazu serviert – von der Direktion bereitwillig zur Verfügung gestellt. Das Café sollte deutlich machen, dass für die SupervisanInnen gut gesorgt werde und sie auch Wünsche aussprechen könnten.

Das Café wurde in der supervisorischen Arbeit zu einem Ritual, das immer wieder – wenn auch in wechselnder Form – eingesetzt wurde. Wichtig dabei war jedoch, den Aspekt der wechselseitigen Wertschätzung und Anerkennung zu fördern. So wurden vor allem Fragestellungen einbezogen, die wechselseitige Anerkennung und Wertschätzung förderten, wie beispielsweise: „Welchen Zugewinn an Kompetenz und Wissen haben Sie bei Ihrem Kollegen im Laufe der Zeit bemerkt?" Diese für die SupervisandInnen gegenseitig stützende Art des Miteinanders schuf einen ganz wesentlichen Beitrag zum Aufbau eines neuen Selbstverständnisses bei der täglichen Arbeit.

Es hatte sich im Laufe der Supervision gezeigt, dass die Gruppenteilnehmer ihre schwere Arbeit mit Menschen – oft genug an der Grenze zum Tod – nicht als Belastung wahrnahmen, sondern rein als ihre Aufgabe, die eben in ihrem Alltag zu erledigen war. Im beruflichen Alltag blieb die Tür zur Auseinandersetzung mit diesen Fragen beruflicher Belastung – vermutlich auch um sich vor weiteren Überforderungen zu schützen – fest verschlossen. In der Supervision wurde durch diese Angebote der Zusammenarbeit Platz für diese Themen geschaffen: Leben, Tod, Krankheit, Abschied und Neubeginn konnten von den SupervisandInnen mit ihrer unterschiedlichen Betroffenheit besprochen werden. Klarheit, Zeit und Behutsamkeit waren auf diesem Weg ein wichtiges Handwerkszeug.

Dritte Szene: Das gemeinsame Haus oder die Verbundenheit aller Teile: In der supervisorischen Arbeit wurde immer wieder die Möglichkeit des Rollen- und Perspektivenwechsels – also ein Spiel mit „Als-ob-Positionen" – angeboten, um das „gemeinsame Haus" aus unterschiedlichen Perspektiven zu erkunden. Der große Gewinn der „Als-ob-Positionen" besteht darin, dass sie unser kreatives Potential stärken und uns mit beruflichen Alltagssituationen spielerisch umgehen lassen. Dies erweitert den Handlungsspielraum und erscheint besonders in komplexeren Organisationen wichtig.

Ein Hauptaugenmerk der supervisorischen Arbeit war darauf gerichtet, zwischen den einzelnen Räumen dieses „Hauses für Kranke" zu pendeln – sprich die MitarbeiterInnen und Verantwortlichen für dieses Haus auf den verschiedenen Ebenen miteinander in Kontakt zu bringen. In der Supervision wurde hervorgehoben, dass die Sorge für das Bestehen des Hauses von allen geteilt wird. Das bedeutete, einzelne Türen zu öffnen, andere zu schließen oder anzulehnen, mal dort und mal hier zu sein, offen zu bleiben und nicht der Versuchung nachzugeben, wissen zu wollen, wohin die Reise geht.

Mit dieser Arbeit wurde versucht, einen Prozess zu unterstützen, bei dem einerseits ein wertschätzender Umgang miteinander erworben wird, andererseits aber auch neue innere und äußere Bilder von der Einrichtung kreiert werden. In der Supervision ist das Bild eines großen Hauses mit verschiedenen Etagen und verschiedenen Räumen entstanden – Räume der Begegnung, der Arbeit an Konflikten, der Sorge füreinander und Räume, die einfach nur eine Zeitlang es erlauben, sich zurückzuziehen.

4. Resümee

Systemisches Arbeiten – mag es nun mehr im Strukturellen oder im Dialogischen verankert sein – stützt sich auf gemeinsame Grundhaltungen: Eigenverantwortlichkeit, Neugierde, Vielfältigkeit und Empathie zählen wohl zu den wichtigsten. *Eigenverantwortung* bedeutet, die Frage, das Thema, das Anliegen bei den SupervisandInnen oder dem Team zu belassen und die Verantwortlichkeit nur zu nehmen, wo es um die Bewusstmachung des Themas, das Reflektieren der Inhalte und das Sichtbar-Machen neuer Wege geht. Es geht nicht darum, in den Veränderungsprozess aktiv mit eigenen Lösungsvorschlägen und -ideen einzugreifen. Gerade wenn SupervisandInnen in einem Zustand der Überforderung diese Erwartungshaltung an die SupervisorInnen herantragen, ist es oftmals eine Kunst dem zu widerstehen.

Neugierde ist zu verstehen als eine kreative Neugierde, nicht im Sinne von „nachfragen" oder „darüber reden", sondern als Neugierde, die Menschen ermutigt, etwas von sich und ihren Arbeitsprozessen zu erzählen. Dies bewirkt, dass die SupervisandInnen wieder mit sich selbst besser in Kontakt kommen. *Vielfältigkeit* ist hier als eine Wahlmöglichkeit für die SupervisandInnen zwischen verschiedenen theoretischen und praktischen Ansätzen zu verstehen – je nach Anliegen, Bedarf und Bedürftigkeit. *Empathie* ist die Fähigkeit der SupervisorIn, die SupervisandInnen in ihrem Entwicklungsprozess einfühlsam zu begleiten.

Diese Grundhaltungen der SupervisorIn sollen einen Arbeitsprozess mit den SupervisandInnen in Gang halten – oder wie es Lynn Hoffman (unveröffentlichte e-mail Konversationen, 2002) formuliert: Es sind die „underground rivers", die zwischen Menschen fließen. Wie beim Bau einer Sandburg – wenn Kinder Tunnels von einem Ende der Burg zum anderen graben –, ist es der besondere Moment, wenn sich die Hände beim Durchgreifen durch die Tunnels berühren. Ist dieser Moment der Begegnung in der Supervision gegeben, wird es möglich, unter Zuhilfenahme unterschiedlicher Methoden die SupervisandInnen in ihrem Arbeitsprozess weiter zu begleiten.

Literatur

Anderson, H/Goolishian, H. (1987): Conversations at Sulitjelma: A description and reflection. American Family Therapy Association`s Newsletter

Anderson, H./Goolishian, H. (1986): Human systems as linguistic systems. Family Process, 27, S. 371-393

Andersen, T. (1987): The reflecting team: Dialogues and meta-dialogues in clinical work. Family Process, 26, S. 415-428

Andersen, T. (1993): See and hear, and be seen and heard. In Friedman, S. (ed.): The new language of change. New York: Guilford Press.

de Shazer, Steve (1992): Das Spiel mit Unterschieden, Heidelberg: Carl Auer Verlag

Lowe, R. (2005): Structured Methods and Striking Moments: Using Question Sequences in Living Ways. In: Family Process, 44(1): 65-75

White, Michael/ Epston, David (2006): Die Zähmung der Monster. Der narrative Ansatz in der Familientherapie. Heidelberg: Carl Auer Verlag

III. Praxisforschung von PraktikerInnen: Wie gelangen BeraterInnen zu Erkenntnissen über ihre Tätigkeit?

Supervision und Coaching im schulischen Kontext – ein Modell für eine Institutionalisierung

Erika Mikula

Da Schule und Gesellschaft im Wandel begriffen sind, muss es im schulischen Kontext ein neues Bildungsangebot geben. Inwiefern Supervision und Coaching hier als Methode sinnvoll eingesetzt werden können, soll anhand des Modells „Supervision und Coaching im Einzelsetting und für Kleinteams" in Schulen gezeigt werden. In den Ausführungen werden Rahmenbedingungen, Durchführung und Ergebnisse der Evaluationen beschrieben und Schlüsse für zukünftige Möglichkeiten gezogen.

1. Gesellschaft und Schule verändern sich

Schulen haben sich zunehmend mit Veränderungen, die sowohl von außen als auch von innen kommen, auseinander zu setzen, denn Schule an sich ist durch gesellschaftspolitische Entwicklungen, die sich auf die Sozialisation von Kindern und Jugendlichen auswirken, besonders gefordert. Jugendliche orientieren sich an Werten, die sie einerseits in der Familie und im Freundeskreis vermittelt erhalten und die sie andererseits aus einer konsum- und medienorientierten Welt beziehen. Im schulischen Kontext jedoch kann sich die Auseinandersetzung des Jugendlichen mit Werthaltungen ambivalent gestalten. Die Werthaltungen, die der junge Mensch lebt, können den schulischen Anforderungen widersprechen, können aber auch zu Begegnungen in der Schule führen, die eine persönliche Entwicklung ermöglichen. Immer mehr bringt der Lernende[1] Lebensprobleme in durchaus unterschiedlicher Form in den pädagogischen Alltag ein. Daher benötigt die Lehrkraft – um auch als Mentor wirken zu können – für die Lösung erzieherischer Aufgaben zunehmend mehr Beratungskompetenzen.

Für eine zeitgemäße Schule plädierte bereits Peter Struck (1994) in den 90er Jahren. Das österreichische Schulsystem reagierte u.a. mit Änderungen an Lehrplänen. Lehr- und Führungskräfte müssen daher neue Schlüsselqualifikationen erwerben, um folgenden Anforderungen gerecht werden zu können: Eine Balan-

---

[1] Personenbezogene Bezeichnungen gelten jeweils auch in ihrer weiblichen Form.

ce zwischen Fachwissen, methodischem und fachdidaktischem Wissen und Selbst- und Sozialkompetenz soll angestrebt werden. Unterricht soll kein einseitiges Angebot von Lehrern für Schüler sein, sondern sich durch ein Lern- und Beziehungsangebot auszeichnen. Demnach müssen sich auch Lehrende als Lernende und Forschende verstehen und fähig sein, in ständig wechselnden Situationen professionell zu handeln und zu entscheiden. Personal Mastery (Senge 1996) und eine förderliche Dialogkultur sind in einer Schule anzustreben, die sich als lernende Organisation verstehen und den Herausforderungen der heutigen Gesellschaft konstruktiv begegnen will. Die wesentlichen Ziele liegen u.a. in einer nachhaltigen Wissensvermittlung, in einer effektiven Gestaltung der Lehrer-Schüler-Beziehung, in der Professionalisierung von Selbst- und Sozialkompetenzen.

2. Schule braucht neue Bildungsangebote

Wie kann nun ein Fort- und Weiterbildungsprogramm für Lehrer in einer sich ständig verändernden Schule aussehen? Theoretische Konzepte ohne Blick auf die Praxis versagen genauso wie eine Praxis ohne theoriegeleiteten Hintergrund, wovon ich schon als Lehrerin stets überzeugt war. Deshalb entschied ich mich in meiner Funktion als Mitarbeiterin der Abteilung AHS/BAKIP[2] des Pädagogischen Institutes zunächst eine Bedarfserhebung in diese Richtung durchzuführen und dabei relevante Gruppen im Schulsystem in meine Konzeptentwicklung einzubeziehen. Im Folgenden werden die Quellen und Ergebnisse dieser Bedarfserhebung kurz dargestellt:

- Ein erster Schritt war die Erweiterung des an Veranstaltungsteilnehmer verteilten Feedbackbogens um folgende Frage: „Welche Themen Ihrer schulischen Arbeit sollen sich in den Fort- und Weiterbildungsangeboten finden?" Dieser Fragebogen wurde bei allen von mir geleiteten bundesweiten und regionalen Kursen und Seminaren im Zeitraum von 1997 bis 2004 ausgegeben. Die überwiegende Mehrheit der Rückmeldungen bestätigte die These, dass Lehrer vermehrt Fortbildung mit psychosozialen Thematiken erwarteten.
- Als weitere Informationsquelle dienten Beratungen, die Schulen in Anspruch nahmen, wenn sie einen Schulentwicklungsprozess oder eine schulinterne Lehrerfortbildung planten. Daraus entstanden maßgeschneiderte Seminarangebote wie z.B. Projektmanagement, Praxisreflexion, Teamentwicklung, Lehrer als Multifunktionär (Projektleiter, Fachkoordinator, Schülerberater etc.)

---

2 Allgemeinbildende Höhere Schulen (AHS), Bundesbildungsanstalt für Kindergartenpädagogik (BAKIP)

- Darüber hinaus brachten Rückmeldungen von Lehrern, die das Unterrichtspraktikum (das praktische Ausbildungsjahr) absolvierten, den Hinweis, dass bei wenig ausgebildeter Ichkompetenz das Unterrichten als Überforderung erlebt wird, auch wenn fachliche und fachdidaktische sowie methodische Kompetenzen vorhanden sind.
- Lehrer, die Schul- sowie Unterrichtspraktikanten betreuten, betonten in Interviews[3] den Zusammenhang zwischen Professionalität von Lehrpersonen und deren Selbst- und Sozialkompetenz. Da die Erstausbildung nur wenige persönlichkeitsbildende Elemente enthalte, seien diese Inhalte vermehrt ins Fort- und Weiterbildungsprogramm einzubinden.

Die Auswertung der Datensammlung bestätigte die These, dass es eines umfangreichen Bildungskonzeptes bedürfe, um der Komplexität Schule gerecht zu werden: Fort- und Weiterbildung für einzelne Personen, Gruppen, Teams und die Gesamtorganisation, verknüpft mit kurz-, mittel- und langfristigen Zielen sowie unterschiedlichen Seminardesigns.

Der aufgrund dieser Erhebungen eindeutig nachgewiesene Bedarf wurde sowohl von der Leitung der AHS/BAKIP-Abteilung als auch von der Schulaufsichtsbehörde erkannt, wodurch die Implementierung des von mir entwickelten Modells im Schulsystem durch deren Unterstützung möglich wurde.

3. Supervision und Coaching als ein Weg zu mehr Selbst- und Sozialkompetenz

Für den vorliegenden Artikel wurden nur die Bereiche Supervision und Coaching ausgewählt, andere für die Bedarfsdeckung sinnvolle Methoden und Angebote wie Mediation, Soziales Lernen etc. konnten hier keine Berücksichtigung finden. Innerhalb von Supervision und Coaching wurden folgende Angebote implementiert:

- Gruppensupervision, die mittlerweile zum Standardprogramm gehört und sich als berufsbegleitende Reflexion für Lehrkräfte bewährt
- Supervision von Teams, die als ein Bereich schulinterner Lehrerfortbildung anerkannt ist
- Organisationssupervision, die bei Schulentwicklungsprozessen zur Anwendung kommt

[3] Schul- und Unterrichtspraktikanten, Betreuungslehrer und Direktoren wurden im Rahmen einer Studie 2002 zur Situation im Unterrichtspraktikum interviewt. Die Ergebnisse dienten u.a. zur Entwicklung eines Curriculums für die Ausbildung von Betreuungslehrern.

- Supervision und Coaching in Lehrgängen, bei denen Lehrer zu Supervisoren und Coaches ausgebildet werden
- Supervision im Ausbildungskontext wurde in die Lehrgangscurricula für Mediatoren, für neu ernannte Direktoren und Betreuungslehrer aufgenommen
- Supervision und Coaching für Einzelpersonen und Kleinteams dienen wie alle schon genannten Formen der Professionalisierung der Lehrenden und Leitenden im System Schule und stellen als Beratungsformat ein individuell zugeschnittenes Fort- und Weiterbildungsangebot dar

Nur die letztgenannte Supervisionsform „Supervision und Coaching im Einzelsetting und für Kleinteams" ist der Ausgangspunkt für das im Folgenden dargestellte Supervisionsmodell.

4. Supervision und Coaching im Einzelsetting und für Kleinteams – ein am Individuum orientiertes Fortbildungsmodell

Bevor mit den eigentlichen Supervisionen begonnen werden konnte, waren finanzielle, personelle und organisatorische Fragen zu klären. Den finanziellen Rahmen legte die Schulaufsicht fest, denn Supervision sollte als eine präventive Maßnahme im Zusammenhang mit Burnout, eskalierenden Konflikten und regressiven Dynamiken in der Kommunikationskultur wirksam werden und darüber hinaus zur Qualitätssicherung bei Schulentwicklungsvorhaben beitragen. Für die Pilotphase 2000/01 wurde vom Landesschulrat ein Stundenkontingent in Form von 100 Werteinheiten zugesichert. Aufgrund der zunehmenden Akzeptanz wurde die Stundenzahl sukzessive erhöht, im Jahr 2006/07 konnten 200 Beratungsstunden à 50 Minuten genutzt werden.[4]
Die Auseinandersetzung mit der Problematik, welche Auswirkungen es haben könnte, wenn Supervisoren aus dem System für das System arbeiten, führte zu einer meiner Meinung nach akzeptablen Lösung. Die Supervisoren unterzeichnen eine Vereinbarung, die im Wesentlichen folgende Punkte umfasst:

---

[4] Diese zur Verfügung stehenden Einheiten waren an ein bundesrechtliches Dienstverhältnis gebunden, damit die Supervisionen als Mehrdienstleistung verrechnet werden konnten. Daher mussten die Supervisoren ausschließlich aus dem allgemein- und berufsbildenden höheren Schulbereich kommen. Das System verfügte glücklicherweise über personelle Ressourcen aufgrund von bereits durchgeführten Lehrgängen, denn alle Supervisoren wiesen eine abgeschlossene und zertifizierte Supervisionsausbildung auf. Einige von ihnen sind auch als Organisationsberater sowie als Mediatoren ausgebildet oder haben Zusatzqualifikationen im Bereich der Gestaltpädagogik, der Kommunikation oder der erweiterten Lernformen.

Generell können Lehrer und Leiter aus AHS und BAKIP für Beratung maximal zehn Einheiten pro Semester in Anspruch nehmen. Ort und Zeit vereinbart jeweils der Supervisor mit dem Supervisanden.

Den Erstkontakt nimmt ein Supervisand mit einem Supervisor direkt auf. Der Supervisor lässt sich von der Projektleiterin die voraussichtlich gebrauchten Supervisionseinheiten bestätigen.

Nach Abschluss der Supervision bescheinigt der Supervisor dem Supervisanden bzw. einem Vertreter des Teams die in Anspruch genommene Supervision, wobei eine Bestätigung beim Supervisor bleibt. Die Supervisionseinheiten werden der Projektleiterin zur Verrechnung weitergegeben.

Der Supervisor ist verpflichtet, ein Protokoll mit Themen und Verlauf auf einer Metaebene anzulegen sowie eine Statistik (Zahl der Supervisionen, Zahl der verwendeten Einheiten pro Fall, männlicher/weibliche Supervisand/in) zu führen. Diese anonymisierten Aufzeichnungen werden nach Abschluss der Beratung an die Projektleiterin weitergegeben. Die Supervisoren erklären sich bereit an der jährlichen Projektbesprechung teilzunehmen.

Im späteren Verlauf des Projektes hatten Supervisanden auch die Möglichkeit, anhand eines Fragebogens Rückmeldung zu geben. Diesen konnten sie dem Supervisor überreichen oder der Projektleitung per Post zusenden.

Die organisatorische Frage wurde gelöst, indem man die Organisation auf unterschiedlich eingebundene Personen verteilte. Die Gesamtkoordination und Begleitung oblagen mir als Mitarbeiterin des Pädagogischen Institutes.

Hinsichtlich der konkreten Realisierung stellte sich die berechtigte Frage, ob sich Lehrer und Leiter auf dieses Beratungsformat einlassen werden, einerseits aufgrund der Systemnähe und andererseits durch das Problem, dass keine Mittel für entsprechende Öffentlichkeitsarbeit und gezielte Informationen zur Verfügung standen.

In der Pilotphase der tatsächlichen Durchführung waren nur Supervisionen im Einzelsetting vorgesehen, im weiteren Verlauf konnten auch Kleinteams (2 bis 5 Personen) dieses Reflexionsangebot beanspruchen.

Insgesamt wurden im Zeitraum von September 2000 bis Oktober 2007 an die 60 Personen im Einzelsetting supervidiert bzw. gecoacht und 15 Schulteams begleitet. In den insgesamt 75 Prozessen betrug der Anteil der Männer 12 %. Durchschnittlich dauerte ein Prozess acht bis neun Einheiten. Begonnen wurde die Arbeit im Schuljahr 2000/01 mit elf Supervisorinnen, im Schuljahr 2006/07 waren im Beratungspool 18 Personen, davon drei Männer. Auffallend war, dass die Nachfrage um Supervisionsstunden mit Ende des Wintersemesters sehr groß war, was dazu führte, dass die Ressourcen gegen Ende des Schuljahres bereits verbraucht waren. Über dieses Stundenkontingent hinausgehende Beratungen waren dann auf einer anderen Ebene zu organisieren.

5. Perspektiven und Erfahrungen der Supervisoren

5.1. Supervisionsthemen

Im Folgenden werden aus der sehr umfangreichen Evaluation die 75 Protokolle, welche die Supervisoren verfassten, und die Ergebnisse, die sich aus den Besprechungen in den jährlichen Arbeitssitzungen ergaben, herangezogen. Dabei sind wiederkehrende Anliegen zu Themenkreisen zusammengefasst, wobei der Differenzierung exemplarisch Raum gegeben wird.

Generell zeigte sich eine Konstanz der Themenkreise, die auch bei Ehinger (1994) nachzulesen sind. Es ging im Wesentlichen um Professionalisierung der Lehrtätigkeit auf einer individuellen Ebene und um Erhöhung der Ichkompetenz. Beobachtbar war eine Zunahme von Supervisionsprozessen in den Bereichen Selbst- und Sozialkompetenz im Zusammenhang mit Schule als Organisation. Der Fokus auf das Gesamtsystem könnte aufgrund der Protokolle der Supervisoren u.a. durch die schulinterne und öffentliche Diskussion über Schul- und Unterrichtsentwicklung wie z.B. Schulprogramm, Schulprofil, schulische Projekte, Teamteaching entstanden sein. Eine Reflexion fachdidaktischer und methodischer Aspekte von Unterricht sowie eine Auseinandersetzung mit Elternarbeit kamen nur vereinzelt vor.

Die am häufigsten behandelten Themen in den Supervisionen umfassten jene Bereiche, in denen sich die Lehrkraft als Person auf eine *Reflexion ihrer Ressourcen und Grenzen* im pädagogischen Wirken einließ.

Thematisiert wurden persönliche Einstellungen, Haltungen und Kompetenzen sowie deren Auswirkungen auf die pädagogische Tätigkeit. Dabei wurde als hilfreich erlebt, zu hinterfragen, welche Bedeutung den eigenen Ängsten, Reaktionen und Verhaltensmustern bei Konflikten unter Schülern zukäme und wie diese in der Klasse angesprochen werden könnten. In Hinblick auf die Unterrichtstätigkeit wurde der Frage nachgegangen, inwieweit sich eine persönliche Auseinandersetzung mit erweiterten Lern- und Lehrformen auf die Identität der Lehrkraft auswirke und wie diese von anderen wahrgenommen werde, also was es für die Lehrerrolle bedeute, sich von einem Vortragenden zu einem Mentor entwickeln zu müssen. So arbeitete ein Supervisand z.B. an seinen Potenzialen für eine Veränderung und Neuorientierung in der beruflichen Situation bzw. welche Chancen und Risiken sich bei einem Arbeitsplatz- oder gar Berufswechsel ergäben.

Die immer wieder notwendige Thematisierung der *Rollen und Funktionen* und der daraus abgeleiteten Aufgaben von Lehr- und Leitungspersonen könnte ein Zeichen für häufig vorkommende Rollen- und Aufgabendiffusität im schulischen Kontext sein.

In den Supervisionen wurde deutlich, dass Lehrkräfte aufgrund ihrer Rollenvielfalt ihre Grenzen klar ziehen müssen, um wirkungsvoll bleiben zu können und flexibel zu sein. Ein Klient hatte folgende Rollen gleichzeitig inne: Klassenvorstand, Fachlehrer, Schülerberater, Kustos für sein Fach, Mitglied einer Projektgruppe. Alle diese Rollen und die damit verbundenen Aufgaben und Verantwortlichkeiten hatte er auf unterschiedlichen Ebenen des Systems Schule zu reflektieren. Rollenklärung war auch notwendig bei Übernahme einer Leiterposition, z.B. wenn die Führungskraft aus dem eigenen System gekommen war.

Annähernd gleich oft wie Fragen zur Rollenklärung wurden Themen, die mit *Stress- und Burn-out-Phänonemen* zusammenhängen, als Problem genannt. Bei der Bearbeitung dieser Anliegen stand die Entwicklung und Aktivierung von Ressourcen im Vordergrund, um belastende Zustände im beruflichen Alltag zu minimieren. Einerseits erlebten sich die Personen aufgrund leidvoller Erfahrungen und Frustrationserlebnisse in Schulentwicklungsprozessen belastet. Weiters trugen das von der Schule vorgegebene Arbeitspensum und ein unbefriedigendes Verhältnis von Leistung und Erfolg im Schulsystem zum Gefühl der Überforderung bei. Andererseits setzten sich oftmals Lehrer selbst hohe Anforderungen und fühlten sich überfordert, eine Balance[5] zwischen den verschiedenen Ansprüchen zu halten und für sich selbst entlastende Arbeits- und Zeitstrukturen aufzubauen.

In den Supervisionen kamen *Kommunikation und Konfliktmanagement* für sich allein als Gegenstand weniger oft vor. Die Art, wie diese Fragen bearbeitet wurden, war eher einer Schulung oder einem Training zuzuordnen.

Thematisch ging es um eine Auseinandersetzung mit hinderlichen und förderlichen Kommunikations- und Verhaltensmustern bei der Gesprächsführung mit unterschiedlichen Zielgruppen, um eine Differenzierung von Gesprächsformen wie Beratungs-, Überzeugungs- und Fachgespräch sowie um das Geben und Nehmen von Feedback. Bei der Konfliktthematik wurde der Fokus auf präventive Arbeit gelegt, wobei im Speziellen die Frage nach dem Umgang mit Mobbing eingebracht wurde.

Während sich in den ersten Jahren die Supervisionsthemen mehr auf die Lehrperson und deren Wirken in einer Klasse bezogen hatten, so änderte sich in den folgenden Jahren der Blickwinkel: Die Lehrer nahmen sich mehr in Bezug

---

[5] Es wurde mit dem „Balance-Modell“ (Peseschkian 2005) gearbeitet, das die Bereiche Leistung-Kontakt-Körper/Sinn-Fantasie/Zukunft einbezieht.

zur *Organisation Schule* und deren Subsystemen wahr. Der Fokus lag auf der Fragestellung nach der Wirksamkeit des Einzelnen im System auf Subgruppen und das System selbst. Gleichzeitig ging es um Kontrolle und Möglichkeiten von strukturellen Veränderungen innerhalb des Systems und des Systems selbst.

Im Fokus der Analyse standen z.B. formelle und informelle Strukturen sowie deren Transparenz innerhalb einer Schule. So reflektierte eine Person darüber, wo ihre Verführung lag, immer wieder neue Rollen anzunehmen und neue Aufgaben zu übernehmen, und erkannte, dass es im Grunde mit Positionierung und Anerkennung in der Kollegenschaft zu tun hatte. In einem anderen Supervisionsprozess ging es um die Entwicklung eines Krisen- und Katastrophenplanes, um Vernetzung von schulischen und außerschulischen Beratungsdiensten und um Errichtung eines Beschwerdewesens im Rahmen der Schulpartnerschaft (Eltern – Schülerschaft – Lehrerschaft).

Weiters wurde z.B. in einem Team über den unterschiedlichen Umgang mit Sanktionen bei Verstößen gegen Verhaltensvereinbarungen bei Lehrern und Schülern sowie über die Problematik von Mehrheitsentscheidungen reflektiert. Supervisorische Begleitung wurde aber auch bei der Umsetzung und der Institutionalisierung innovativer Konzepte – wie z.B. Kollegiale Beratung, schulinterne Lehrerfortbildung (SCHILF), Soziales Lernen – sowie von Unterrichtsmodellen an der Schule in Anspruch genommen.

Fragen im Zusammenhang mit *Unterricht* wurden in den supervisorischen Prozessen selten gestellt. Möglicherweise wird das Thema eher der Fachdidaktik zugeordnet. Dort, wo Unterricht ein Thema in der Supervision war, wurden schulspezifisch erforderliche Unterrichtsmethoden im Sinne ganzheitlichen Lernens begleitet, evaluiert und reflektiert, wobei die gezielte Auseinandersetzung mit Moderationstechniken für die Gestaltung von Unterrichtseinheiten, Arbeitssitzungen und Konferenzen das Umsetzen schulischer Inhalte erleichterte.

5.2. Supervisoren im Dialog bei den Vernetzungstreffen

Die jährlichen Arbeitssitzungen der Supervisoren dienten der Berichterstattung, der Vernetzung und der Evaluation. Das Gespräch strukturierte die Projektleiterin anhand von Fragestellungen. Die Ergebnisse werden in der nachfolgenden Beschreibung zusammengefasst wiedergegeben:

(1) *Motivation der Supervisanden:* Eine der Fragestellungen beleuchtete den Aspekt der Motivation der Supervisanden, Beratung zu beanspruchen. Die Su-

pervisoren berichteten, dass Supervisanden mit bestimmten Erwartungen zur Supervision gekommen waren:

- Entlastung in schwierigen beruflichen Situationen
- Analyse, Reflexion und Bearbeitung von aktuellen Situationen im schulischen Umfeld
- Suche nach (außerschulischen) Alternativen aufgrund von Frustrationserlebnissen in Schulentwicklungsprozessen
- Reflexion eigener Verhaltensweisen, verbunden mit dem Ziel neue Muster zu erproben, um sich dadurch größere Handlungs- und Reaktionsspielräume zu erwerben
- Umgang mit Zeitmanagement

(2) *Förderliche Interventionen in der Supervision:* Auf die Frage, welche Interventionen als hilfreich erlebt wurden, gaben Supervisoren u.a. folgende Antworten:

- Das Bewusstmachen von Ressourcen unterstützt Supervisanden in ihrem beruflichen und privaten Handeln, schützt vor belastenden Situationen und wirkt Burnout-Phänomenen entgegen.
- Die Analyse einer Konfliktdynamik ermöglicht Betroffenen zukünftige Situationen zu antizipieren und einzuschätzen sowie Strategien zu ändern, um Ziele erreichen zu können.
- Eine Rollendifferenzierung hilft beim Grenzensetzen im Arbeitsfeld und fördert eine berufliche Identitätsbildung.
- Das Nachdenken über Anspruchs- und Erwartungshaltungen führt zu einer Auseinandersetzung mit eigenen und fremden Werthaltungen.
- Das Entwickeln eines strategischen Zeitmanagements wirkt entlastend, da es einen anderen Umgang mit Aufgaben und Zeit erlaubt.
- Angeleitete Reflexion dient der eigenen Professionalisierung und somit dem System selbst.
- Das Fünfsatzmodell[6] als Methode ist für eine argumentativ angelegte Gesprächsführung förderlich.

(3) *Feldkompetenz der Supervisoren:* Das Thema der Feldkompetenz der Supervisoren wurde immer wieder kontrovers diskutiert. Eine ambivalente Haltung von Seiten der Supervisanden war jedoch nicht festzustellen. Vielmehr wurde betont, dass die Supervisoren durch ihre berufliche Tätigkeit besser imstande wären, an Erfahrungen, Fähigkeiten und Probleme der Klienten anzuknüpfen.

[6] Das Fünfsatzmodell ist eine besondere rhetorische Technik, die eine spezifische Abfolge von Argumenten aufweist (Geißner 1968)

Das Wissen der Supervisoren um strukturelle Zusammenhänge würde darüber hinaus den Einstieg in die eigentliche supervisorische Arbeit und somit einen Transfer der Erkenntnisse auf schulische Gegebenheiten erleichtern.

Supervisoren selbst merkten an, dass sie die Tätigkeit als Berater neben dem Lehrberuf als äußerst bereichernd empfanden.

(4) *Rückmeldung zum Angebot der Einzelsupervision/des Coachings:* Im Angebot für Einzelsupervision und Coaching sahen Lehrer und Leiter eine Chance, im geschützten Rahmen ihre Angelegenheiten gemäß den eigenen Bedürfnissen reflektieren zu können. Spezielle Thematiken könnten nur in einem solchen Setting abgehandelt werden, da Probleme innerhalb der jeweiligen Schulen eher nicht besprochen würden. Es gab Supervisanden, die Nachteile befürchteten, falls ihre Inanspruchnahme einer Supervision bekannt würde, und denen die Wahrung der Anonymität ein wichtiges Anliegen war. Es gab aber auch solche, die sich die Supervisionen wie eine Fortbildungsveranstaltung bestätigen ließen.

(5) *Weitere Anmerkungen und offene Fragen:* In neuen Initiativen liegen Entwicklungs- und Veränderungsmöglichkeiten. In diesem Sinne wurden kritische Anmerkungen und offene Fragen aufgenommen, die im Laufe der Jahre zu Adaptionen des Angebotes führten. Die unten angeführten Aspekte wurden nicht nur von Supervisoren, sondern auch von Personen, die von Supervision in keiner Weise betroffen waren, angesprochen:

- Supervision werde nicht als Möglichkeit zu einer professionellen Reflexion wahrgenommen, würde die Person verunsichern und wäre deshalb abzulehnen.
- Fortbildung für die Supervisoren sowie die Bildung einer Intervisionsgruppe sollten ermöglicht werden.
- Im Team seien zu wenig männliche Supervisoren.
- Besonders kritisch wurde „verordnete" Supervision bewertet. Leiter, die Lehrern eine Supervision empfahlen, verlangten eine Bestätigung der absolvierten Beratungsstunden.
- Finanzielle Mittel für professionelle Vermarktung fehlten. Interne Kommunikationsstrukturen wie z.B. Verankerung im Fortbildungsprogramm, Folder, Information in Direktorenkonferenzen und in Schulen wurden zwar genützt, trotzdem blieb vielen Lehrern das Supervisionsangebot unbekannt. Manche Klienten erhielten nur über persönliche Kontakte Informationen.
- Da die Supervisionen über Mehrdienstleistungen abgerechnet wurden, hing die Höhe der Abgeltung von der Anzahl der Dienstjahre ab und wich mehr oder weniger von freiberuflichen Sätzen ab.

- Kritisch wurde angemerkt, dass das Beratungsangebot nur für Lehrer und Leiter aus AHS und BAKIP gedacht war, Lehrende aus anderen Schulformen sowie Eltern blieben als Klienten unberücksichtigt.

6. Analyse der Ergebnisse: Supervision und Coaching professionalisieren Lehrer

Wie in jedem Beruf wird auch bei Lehrern hohe fachliche Qualifikation, ein hohes Maß an Flexibilität und persönlichem Engagement vorausgesetzt. Im Lehrberuf kommen allerdings noch einige in anderen Berufen weniger ausgeprägte Dimensionen hinzu. Der enge personale Bezug sowie die unmittelbare Verantwortung für jeden einzelnen Schüler macht das Feld Beziehung deutlich – in der Zukunftskommission[7] mit dem Begriff Individualisierung umschrieben. Sowohl in der Erziehung als auch im Unterricht steht die Lehrkraft im Spannungsfeld zwischen pädagogischen Idealen und der Realisierbarkeit im schulischen Alltag. Die Ergebnisse unterstreichen die vielfältigen Herausforderungen für Lehrer, die Diskrepanz zwischen Anspruch und Wirklichkeit zu überbrücken, die Grenzen pädagogischen Handelns zu sehen, die Widersprüche auszubalancieren und Verantwortung als Lehrer zu übernehmen, die den Möglichkeiten und Grenzen der Rolle gerecht werden. Als belastend wird von Lehrern die Zunahme von „verhaltensoriginellen" Schülern erlebt, insbesondere dann, wenn der Klassenverband zu groß ist. Jede einzelne Stunde bedeutet einen enormen Kraftakt, den auch die gesündesten und widerstandsfähigsten Lehrer als schwierig erleben.

Der Wandel in der Familie, der Einfluss der Medien, soziale Spannungen innerhalb einer Klasse sind hinlänglich bekannt. Diese Veränderungen lösen oft hohe Erwartungen an die Lehrerschaft aus: Der Lehrer soll Begabte und weniger Begabte fördern, Integration schaffen, alle Probleme lösen, Ersatzvater bzw. Ersatzmutter sein, usw. Lehrer unterstützen aber gleichzeitig gesellschaftliche Bedürfnisse (z.B. bei der Auslese), haben jedoch trotzdem wenig Ansehen in der Gesellschaft.

Rahmenbedingungen, die durch die Behörde verändert wurden, belasten zunehmend Lehrende wie Vorgesetzte. Die Chance auf Karriere im System Schule schätzen Lehrer als gering ein. Trotz alledem wollen viele Lehrer ihren An-

---

[7] 2003 hatte die für Bildung zuständige Bundesministerin Elisabeth Gehrer eine "Zukunftskommission" eingerichtet, die den Auftrag erhielt, ein Konzept zur Reform des österreichischen Schulwesens zu entwickeln.

spruch auf eine von Qualität getragene Arbeit sichern, gehen an ihre eigenen Grenzen und gefährden dadurch ihre Gesundheit (vgl. Schaarschmidt 2004). „Der immer größer werdende Druck aufgrund steigender zeitlicher und inhaltlicher Anforderungen an unsere Lehrerinnen und Lehrer führt über kurz oder lang zum Burnout", resümiert Ingrid Walther[8]. Daher ist es wichtig, die Beziehung zu den Schülern, die sich ständig verändernde Situation mit professioneller Supervision zu reflektieren, um diesen Zustand, der sich durch hohen Druck auszeichnet, auszugleichen. „Gerade die einfühlsamsten, kompetentesten und sensibelsten Pädagogen sind oft diejenigen, die als erste das Handtuch werfen – das muss nicht sein!", so Walther. „Wir fordern daher die institutionelle Verankerung der Supervision für Österreichs Lehrerinnen und Lehrer."

Ein privatwirtschaftlich geführtes Unternehmen weiß um die Tatsache, dass der Erfolg des Unternehmens gefährdet ist, wenn Mitarbeiter schlechte Arbeitsbedingungen vorfinden und wenn ihnen die Motivation fehlt. Diese Erkenntnis soll im System Schule dazu führen, Supervision und Coaching als Methode der Selbstreflexion zu verankern, um den Lehrer in seinen Rollen zu unterstützen. Dadurch wird verhindert, dass Lehrer ihre Überforderungen an Schüler weiter geben und Lust und Interesse am Lehrberuf verlieren.

Es hat sich auch gezeigt, dass Bewusstseinsarbeit notwendig ist, die darauf abzielt, dass Supervision und Coaching von den im Schulbereich Tätigen als eine Methode reflexiven Handelns für die Professionalisierung angenommen wird. Verantwortliche der Fortbildungsinstitutionen und der Schulaufsicht, welche die Notwendigkeit dieses Beratungsangebotes für Lehrer sowie für Leiter erkennen, müssen auch diesbezüglich unterstützend wirken, denn wie die Rückmeldungen von den Supervisanden und die Gespräche mit den Supervisoren eindeutig ergaben, führen Bewusstseinsarbeit und die Unterstützung der Vorgesetzten zu einem Veränderungsprozess: Anfangs wird die Sorge, die Inanspruchnahme von Supervision oder Coaching könnte sich negativ auf die berufliche Laufbahn sowie den privaten Bereich auswirken, von in der Schule tätigen Personen immer wieder artikuliert. Im späteren Verlauf jedoch wird diesem Aspekt immer weniger Bedeutung beigemessen. Möglicherweise führen auch andere Fortbildungsangebote im psychosozialen Bereich wie z.B. kollegiale Beratung, Krisenintervention etc. sowie Öffentlichkeitsarbeit zusätzlich zu einer veränderten Wahrnehmung. Es entwickelt sich bei Lehrern und Leitern zunehmend eine Haltung, in der supervisorische Arbeit eine Möglichkeit des Lernens

[8] Mag. Ingrid Walther ist Geschäftsführerin der Österreichischen Vereinigung für Supervision. Die wiedergegebenen Aussagen beziehen sich auf eine Presseaussendung der ÖVS vom 14. November 2005

sowohl auf persönlicher als auch auf der Systemebene gesehen wird. Interessant wäre es speziell im Zusammenhang mit der Anwendung von Supervision und Coaching im Einzelsetting der Frage nachzugehen, ob diese den Lehrer in seiner Sozialisation als Einzelkämpfer verstärken oder/und den Lehrer in seiner Arbeit in Gruppen und Teams zu unterstützen vermögen.

7. Resümee: Supervision und Coaching – ein Angebot für alle im System Schule

In den Diskussionen um die Ergebnisse der PISA-Studie, rund um Standards sowie die Vorschläge der Zukunftskommission scheint im Moment die Lehrerpersönlichkeit in den Hintergrund zu rücken. Sie ist jedoch für die Erreichung des Zieles, den Schülern soziale Kompetenzen zu vermitteln, unverzichtbar. Um den Forderungen, die dadurch an die Lehrerpersönlichkeit gestellt werden, gerecht werden zu können, hat sich, wie aus den bereits dargestellten Ergebnissen hervorgeht, gezeigt, dass Lehrer ein für sie speziell zugeschnittenes Fortbildungsangebot wollen, brauchen und erhalten sollen, mit dem sie sich auf persönlicher Ebene weiterentwickeln und Veränderungen in Gang setzen können. Eine wesentliche Aufgabe der Fortbildung muss in Zukunft also eine Erweiterung der Angebote zu den soft skills sein, wobei eher längerfristige Programme den erwünschten Effekt von Nachhaltigkeit erzielen, da Lernprozesse im Persönlichkeitsbereich einer länger dauernden Entwicklung bedürfen.

Mit Supervision und Coaching wird auch ein Beitrag zur Schulentwicklung geleistet, in der alle Qualitätsbereiche wie Lehren und Lernen, Lebensraum Klasse und Schule, Schulpartnerschaft und Außenbeziehungen, Schulmanagement, Professionalität und Personalentwicklung enthalten sind. Schreyögg sieht in der Supervision im schulischen Bereich eine Maßnahme der Personalentwicklung, die durch die Verbindung von Fortbildung und Coaching Prozesse initiieren kann, die sich auf das System Schule unterstützend auswirken (vgl. Schreyögg 2000).

Ein erster Schritt der Vision, Supervision und Coaching im Fortbildungsbereich zu verankern, ist also mit der Implementierung des vorgestellten Modells gelungen. Als ein weiterer Schritt ist daher eine Ausweitung auf alle Schulformen und eine Einbeziehung aller Schulpartner anzustreben.

Literatur

Beucke-Galm, Mechtild/Fatzer, Gerhard/Rutrecht, Rosemarie (1999): Schulentwicklung als Organisationsentwicklung. Zürich: Edition Humanistische Psychologie

Eder, Ferdinand/Posch, Peter/Schratz, Michael/Specht, Werner/Thonhauser, Josef (Hrsg.) (2002): Qualitätssicherung und Qualitätsentwicklung im österreichischen Schulwesen. Bd 17. Innsbruck: StudienVerlag

Ehinger, Wolfgang/Hennig, Claudius (1994): Praxis der Lehrersupervision. Leitfaden für Lehrergruppen mit und ohne Supervisor. Weinheim, Basel: Beltz

Fullan, Michael (1999): Die Schule als lernendes Unternehmen. Konzepte für eine neue Kultur in der Pädagogik. Stuttgart: Klett-Cotta

Geißner, Hellmut (1968): Der Fünfsatz. Ein Kapitel Redetheorie und Redepädagogik. In: Wirkendes Wort. Jg. 18, Heft 4. 258 - 278

Kersting, Heinz J. (Hrsg.) (2001): Supervision und Qualität. Das Aachener Modell der Supervisionsausbildung. Bd 10. Aachen: Kersting

Lohmann, Armin/Minderop, Dorothea (2004): Führungsverantwortung der Schulleitung. Handlungsstrategien für Schulentwicklung im Reissverschlussverfahren. München: Luchterhand

Meyer, Hilbert (2001): Türklinkendidaktik. Aufsätze zur Didaktik, Methodik und Schulentwicklung. Berlin: Cornelsen Scriptor

Möller, Heidi (2001): Was ist gute Supervision? Grundlagen – Merkmale – Methoden. Stuttgart: Klett-Cotta

Pallasch, Waldemar/Mutzek, Wolfgang/Reimers, Heino (Hrsg.) (1996): Beratung – Training – Supervision. Eine Bestandsaufnahme über Konzepte zum Erwerb von Handlungskompetenz in pädagogischen Arbeitsfeldern. Weinheim/München: Juventa Verlag

Peseschkian, Nossrat (2005): Steter Tropfen höhlt den Stein. Mikrotraumen. Das Drama der kleinen Verletzungen. Frankfurt/Main: Fischer Taschenbuch Verlag

Popp, Susanne (1998): Grundrisse einer humanen Schule. Innsbruck: StudienVerlag

Scala, Klaus/Grosssmann, Ralph (1997): Supervision in Organisationen. Veränderungen bewältigen – Qualität sichern – Entwicklung fördern. Weinheim: Juventa

Raditz, Franz (Hrsg.) (2007): Muster und Musterwechsel in der Lehrer- und Lehrerinnenbildung. Perspektiven aus Pädagogik und Fachdidaktik. Wien: Lit Verlag

Schaarschmidt, Uwe (2004): Halbtagsjobber? Weinheim: Beltz

Schlippe, Arist von/Schweitzer, Jochen (1997): Lehrbuch der systemischen Therapie und Beratung. Göttingen: Vandenhoeck & Ruprecht

Schreyögg, Astrid (Hrsg.) (2000): Supervision und Coaching für die Schulentwicklung. Bonn: Deutscher Psychologen Verlag GmbH

Senge, Peter (1996): Die fünfte Disziplin, Stuttgart: Klett-Cotta

Struck, Peter (1994): Neue Lehrer braucht das Land: Ein Plädoyer für eine zeitgemäße Schule. Darmstadt: Wissenschaftliche Buchgesellschaft

Supervision (3.2004): Individualisierung. Weinheim: Beltz

Unterbrink, Thomas/Bauer, Joachim (2006): Lehrergesundheitsprävention: Coaching-Gruppen für schulische Lehrkräfte nach dem Freiburger Modell. In: Supervision (4.2006): System Schule. Weinheim: Beltz

Kompetenzentwicklung in der Praxisbegleitung und Supervision

Anneliese Theuermann

Kompetent in der Begleitung und Beratung von Lernenden zu sein, wird von Pädagoginnen und Pädagogen in unterschiedlichen Handlungsfeldern vermehrt gefordert. In diesem Beitrag wird das Spannungsfeld zwischen der Entwicklung von Beratungskompetenzen von Praxisbegleiter/inne/n in Erziehungs- und Bildungseinrichtungen durch die Fort- und Weiterbildung und die Supervision als professionelle Unterstützung im beruflichen Kompetenzerwerb beleuchtet. Die Reflexion der beruflichen Tätigkeit tritt durch die Supervision in den Vordergrund (vgl. Buchinger/Klinkhammer 2007), wodurch Berufstätige die Möglichkeit erhalten „planmäßigen und nicht-planmäßigen Deutungs- und Handlungsmuster" gegenüber ihren Klienten und dem Kontext zu reflektieren, zu diskutieren oder auch zu verändern (vgl. Schreyögg 1994: 16).

Dem Veränderungsprozess wird eine Theorie der Supervision zu Grunde gelegt, die die Beziehungen und die aktuelle Situation in den Mittelpunkt stellt, wodurch individuelle, interaktionale, soziale und fachliche Aspekte im beruflichen Kontext bearbeitbar werden. Die Richtung dieses Supervisionsprozesses beschreibt Möller (2001: 70) sehr treffend: „Ziel ist dabei, die Förderung von Kompetenz und Performanz der Berufstätigen zu ermöglichen". Kompetenzförderung deutet hier bereits auf eine Divergenz hin, die einerseits Entwicklung von Kompetenzen als Aufgabe einer Institution und andererseits als Entwicklungsprozess einer Person im beruflichen Arbeitszusammenhang versteht.

In der folgenden Auseinandersetzung wird im ersten Teil die Vielfalt des Kompetenzbegriffs anhand exemplarischer Aspekte für die Beratung und Begleitung verdeutlicht. Im zweiten Teil wird ein Praxisbeispiel des Kompetenzerwerbs mit begleitender Supervision vorgestellt und anhand einzelner Ergebnisse diskutiert. Im letzten Abschnitt wird die Entwicklung von Kompetenzen aus der systemisch-konstruktivistischen Sichtweise anhand eines heuristischen Modells zur Kompetenzanalyse erläutert, was als mögliches Hilfsmittel zur Weiterentwicklung von Handlungskompetenzen auf personeller, sozialer und institutioneller Ebene für die Praxisbegleitung und Supervision angewendet werden kann.

1. Kompetenz „entwickeln" – ein komplexes Geschehen

Beratungskompetenzen von Praktiker/inn/en in Ausbildungskontexten zu erweitern, stellt insbesondere Personen in Fort- und Weiterbildungseinrichtungen vor vermehrte Herausforderungen. Der Begriff „Kompetenz" ist äußerst komplex und erschwert durch die verstärkte Verwendung in unterschiedlichen Wissenschaftsdisziplinen die Diskussion und die Operationalisierung in praktischen Feldern. In der nachfolgenden Vertiefung mit den begrifflichen Zugängen sollen Pädagog/inn/en sowie Supervisor/inn/en Ansatzpunkte für die kritische Reflexion bzw. „Erforschung" von Kompetenzen in der Praxis finden.

Der Begriff „Kompetenz" kann je nach Blickwinkel und Kontext durch folgende zwei Bedeutungen charakterisiert werden. Erstens steht die Legitimation einer Person im Mittelpunkt, sich in einer Angelegenheit zu entscheiden oder zu urteilen und zweitens gewinnt die Kapazität einer Person, das berufsspezifische Wissen und Können, sich in einem Sachverhalt je nach Fähigkeiten und Qualitäten zu bereichsspezifischen Problemen zu äußern, an Bedeutung (vgl. Max 1999: 39). Bezogen auf berufliches Handeln lassen sich unterschiedliche wissenschaftliche Herangehensweisen differenzieren. Die Kompetenz kann als inneres Potenzial eines Menschen zur Lebensmeisterung gesehen werden, das das Besondere eines jeden Individuums ausmacht. Weiters kann die Kompetenz als Performanz verstanden werden, was sich in der effektiven Bewältigung von Handlungen und Aufgaben realisiert. Dieses Verständnis von Kompetenz wird in der pädagogischen Diskussion statt dem Leistungsbegriff verwendet, was Franz Weinert (2002) formulierte:

> „Dabei versteht man unter Kompetenzen die bei Individuen verfügbaren oder durch sie erlernbaren kognitiven Fähigkeiten und Fertigkeiten, um bestimmte Probleme zu lösen, sowie die damit verbundenen motivationalen, volitionalen und sozialen Bereitschaften und Fähigkeiten um die Problemlösungen in variablen Situationen erfolgreich und verantwortungsvoll nutzen zu können" (Weinert 2002: 28).

Werden Handlungskompetenzen ins Blickfeld des Interesses gerückt, so wird die Konstruktion von Kompetenz einer Person von größerer Bedeutung. Schmidt proklamiert in diesem Zusammenhang die Wichtigkeit der „*Kompetenzkompetenz*", als wesentliches Element im Umgang mit komplexen Handlungssituationen. Er meint damit die Selbstorganisation „als Resultat der Wechselwirkung von kognitiven, sozialen, emotionalen und motivationalen Ressourcen, als bewusste und reflexive Steuerung des eigenen Lernens in Richtung auf eine reflexive Lebensführung" (Schmidt 2005: 167). Die Entwicklung von Kompetenzen in Erziehungs- und Bildungsinstitutionen hat demnach nicht nur die funktionale Bedeutung von Leistungsergebnissen zu berücksichtigen. Sie muss vermehrt entwicklungsorientierte Interessen in der Kompetenzberatung von beteiligten Personen einbeziehen, die Prozessbedingungen in Lehr-, Lern- und Problemsituationen und die soziale Partizipation, also das „Kompetenzaushandeln“ fördern und stützen. Max (1999: 471) geht sogar von der Annahme aus, dass das „Kompetentwerden“ nicht nur auf die Handlung selbst bezogen werden soll, sondern auch Lernprozesse vor, während und nach der Handlung wesentlich sind.

Welche Bedeutung hat nun Supervision in einem Entwicklungsprozess? Kann diese Frage überhaupt beantwortet werden, wenn man davon ausgeht, dass Supervision eine reflexive Funktion zur kritischen Untersuchung von Praxis und eine dialogische Erweiterung von ethischen Entscheidungsmöglichkeiten ist.

2. Professionalisierung mittels begleitender Supervision

Anhand des folgenden Beispiels zur Entwicklung von Kompetenz in der Praxisbegleitung mit unterstützender Supervision soll eine Möglichkeit des professionellen Kompetenzerwerbs anhand exemplarischer Ergebnisse vorgestellt werden. An der Bundes-Bildungsanstalt für Kindergartenpädagogik in Klagenfurt[1] konzipierte ein Team von ausgebildeten Supervisor/inn/en zwei Fortbildungslehrgänge[2] für Pädagoginnen und Pädagogen in Kindergärten, Horten, Sonderkindergärten und Früherziehungseinrichtungen zur Erweiterung von Kompetenzen in der Begleitung und Beratung von Praktikant/inn/en in der Ausbildung. Das Lehrgangskonzept basierte auf dem Grundverständnis von Fortbildung für Erwachsene als ein kontinuierlicher Prozess des Kompetenzerwerbs im pädagogischen Handeln und der kontinuierlichen Reflexion der Praxis. Zum Unterschied zu anderen Fortbildungen, wo Einzelfortbildungen oder Einzelaspekte von Kompetenzen im Mittelpunkt standen, wurde eine ganzheitliche Konzeption mit einer Metaebene geplant.

Der Lehrgang dauerte 3 Semester und gliederte sich in 4 inhaltliche Module (zu je 2 Tagen). einem Informationsnachmittag und einer begleitenden Supervision über alle drei Semester (9 Abende zu je drei Einheiten).

---

[1] veranstaltet im Rahmen der schulinternen Fortbildung an der Bundes-Bildungsanstalt für Kindergartenpädagogik Klagenfurt, vom Pädagogischen Institut Kärnten und der Kärntner Landesregierung

[2] zwei Durchgänge: DG 1: 2001-2002 (21 Teilnehmer/innen), DG 2: 2003-2004 (15 Teilnehmer/innen)

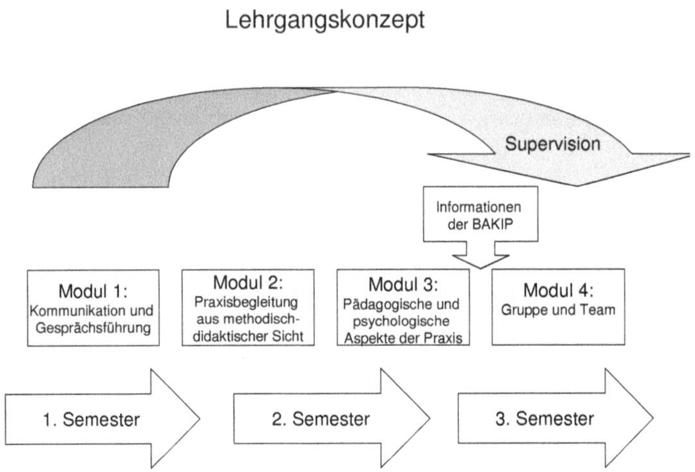

Abb. 1: Fortbildungslehrgang „Kompetenz in der Praxisbegleitung"

Die inhaltliche Konzeption orientierte sich am Erwerb von Kernkompetenzen für die Praxisbegleitung, die sich in den Modulen spiegelten und durch die begleitende Supervision eine reflexive Auseinandersetzung von den Teilnehmenden einforderte. Die Lehrgangsteile wurden von professionellen Referent/inn/en mit Zusatzausbildungen in Beratung, Supervision oder Psychotherapie der Bundes-Bildungsanstalt für Kindergartenpädagogik Klagenfurt, der Pädagogischen Hochschule und der Alpen-Adria Universität gestaltet. Diese Konzeption verlangte von der Leitung klare Vereinbarungen und kontinuierliche Koordinationsbesprechungen zwischen den Beteiligten. Die Supervision durchzog schließlich wie ein roter Faden den gesamten Lehrgang und ermöglichte eine Reflexion der Kompetenzentwicklung im Handlungsfeld mit Praktikantinnen und der kritischen Auseinandersetzung mit Forschungsfragen der Teilnehmer/innen in Bezug auf theoretische, praktische und persönliche Aspekte des professionellen Handelns.

Das Forschungsinteresse galt der Evaluation der Qualität des Fortbildungslehrganges in Bezug auf den Kompetenzerwerb der Teilnehmerinnen für die Begleitung von Praktikant/inn/en in der Praxis. Die Sichtweisen von 15 Teilnehmerinnen des zweiten Durchganges konnten über eine schriftliche Befragung erhoben werden. Dabei waren vorrangig folgende Fragestellungen handlungsleitend: „Wie beurteilen die Teilnehmer/innen ihren Kompetenzerwerb in den Lehrgangsteilen? Welche Begründungen führen sie an? Wie schätzen sie ihren Lernerfolg ein? Wie beurteilen die Teilnehmer/innen die Lehrgangsteile und auch die Supervision für ihre Kompetenzerweiterung? Die Ergebnisse der Werteskalen wurden durch den Vergleich der Mittelwerte aufbereitet und die offenen Antworten durch die qualitative Inhaltsanalyse erschlossen. Nachfolgend werden exemplarische Ergebnisse vorgestellt.

Zusammenfassend lässt sich aus den Evaluationsergebnissen festhalten, dass aus der Sichtweise der Teilnehmerinnen die Lehrgangsteile sehr zur Professionalität in der Praxisbegleitung beigetragen haben. Die subjektiven Einstellungen der Teilnehmerinnen zeigen, dass die Erwartungen für die Teilnahme des Lehrganges zur Perspektivenerweiterung, Kompetenzentwicklung, Professionalisierung und Qualitätsverbesserung in ihrem Beruf überwiegend erfüllt wurden. Die Bedeutung des Lehrganges für die Praxisbegleitung wurde aufgrund folgender Einschätzungen untermauert: Zunahme der Selbstsicherheit und die Möglichkeit der Selbstreflexion in Beratungsprozessen, Erwerb von Werkzeugen zur Hilfestellung, neue und veränderte Sichtweisen und Möglichkeit des Austausches unter Kolleginnen. Für die Erweiterung der Kompetenzen im Lehrgang betonten die Befragten die Gruppenatmosphäre, die Selbsterfahrung im Rahmen der Supervision, der kontinuierliche Verlauf über einen längeren Zeitraum und die unterschiedlichen methodischen Zugänge. Die Teilnehmerinnen nannten unterschiedliche Aspekte, die sie für ihr professionelles Handeln erweitern konnten, wie z.B.: Gesprächsführung, Persönlichkeitsentwicklung, Beratung, Erwartungen realistisch einschätzen, methodisch-didaktische Kompetenzen, sprachliche Kompetenz, Beobachtungskompetenz, Konfliktbewältigung, Qualitätsentwicklung, Selbstbewusstsein, Strukturierung, Teambewältigung, Basiswissen, Reflexionskompetenz, Wahrnehmung und Menschenkenntnis.

Die Gruppe hatte vielfältige Einflüsse auf den Lernprozess. Beispielsweise wurde die Vielfalt der Teilnehmerinnen genannt, die durch unterschiedliche berufliche Schwerpunkte den Horizont erweiterten und neue Sichtweisen ermöglichten. Die Unterstützung und Anregung durch die positive Gruppendynamik, die Sicherheit in der Gruppe, das Vertrauen, die Wertschätzung, die Offenheit und Kritikbereitschaft wurden postuliert. Erschwert haben die Mitarbeit in der Gruppe die Angst vor Bewertung, lange Abstände zwischen den Modulen und die Unterschiedlichkeit der persönlichen Empfindungen in Bezug auf die Gruppe. Die positiven Lerneffekte lassen insbesondere auf die Wichtigkeit der gleichbleibende Gruppenkonstellation und die durchgehende Begleitung durch die Supervision schließen. Den Lernerfolg bewerteten die Befragten nach der fünfteiligen Werteskala (1- sehr groß, 2- groß, 3- mittelmäßig, 4- gering, 5- sehr gering) zwischen sehr groß und groß. Den höchsten Lernerfolg verzeichneten die Teilnehmer/innen für sich persönlich, gefolgt von methodisch-didaktischen Fähigkeiten, vom Lernerfolg für das Arbeitsfeld, die Begleitung von Praktikant/innen und schließlich für die Zusammenarbeit mit den Kolleg/innen. Die Teilnehmerinnen bestärkten, dass sie durch diesen Lehrgang viel bewusster Reflexionen gestalten, Perspektiven erweitern, Prozesse und Inhalte wahrnehmen und Metaebenen einnehmen können. Auch die Reflexion und die Perspektivenerweiterung können auf die kontinuierliche Kompetenzreflexion und die Selbst- und Gruppenerfahrungen in der Supervision bezogen werden, wodurch die einzelnen Lehrgangsteile in den persönlichen Lernprozess integriert werden konnten.

Erhärtet wurden diese Interpretationen in den Ergebnissen einer abschließenden Gruppendiskussion der Teilnehmerinnen, die die Supervision nicht nur für die Fortbildung, sondern auch für ihre tägliche Praxisreflexion forderten. Diese Ergebnisse können einen Anstoß für weitere Auseinandersetzungen und Folgeuntersuchungen bilden, die Supervision im Rahmen von Kompetenzentwicklungsprozessen auch in der Pädagogik und somit in Erziehung- und Bildungseinrichtungen integrieren. Die Forschungsergebnisse von Denner (2000), einer empirischen Untersuchung zur Wirkung schulinterner Supervision und Fallbesprechung, belegen die Erweiterung von Perspektiven und beruflichen Kompetenzen sowie geschlechtsspezifische Erkenntnisse zur Bedeutung der Gruppe. Schließlich kann aus den Erhebungen abgeleitet werden, dass die Kompetenzentwicklung in Bildungskontexten durch Supervision nicht nur unterstützt, sondern auch gefördert werden kann. Darüber hinaus bietet die vertrauensvolle Atmosphäre der Gruppe den sicheren Rahmen, um Kompetenzen zu erproben und neue Lernerfahrungen in einer vielfältigen Konstellation von Teilnehmenden zu machen.

Im folgenden Abschnitt bildet die systemisch-konstruktivistische Sichtweise einen weiteren Ansatzpunkt, sich mit Beratung und Begleitung von Prozessen im Kompetenzerwerb auseinanderzusetzen und zu reflektieren.

3. Kompetenzanalyse aus systemisch-konstruktivistischer Perspektive

Kompetenzen können aus systemisch-konstruktivistischer Perspektive analysiert, untersucht und reflektiert werden. Dies könnte neue Handlungsmöglichkeiten in Beratungsprozessen eröffnen, indem Perspektiven erweitert (Lindemann 2006, Siebert 2003 u.a.), pädagogische Grundhaltungen verändert (Huschke-Rhein 2003, 2002, Reich 1998 u.a.) und Lehren, Lernen und Beraten neu konstruiert (von Glasersfeld 1997, von Schlippe/Schweitzer 1997) werden können. Huschke-Rhein beschreibt eine „Orientierungspädagogik" (2003: 37

ff.), die sich von der Vorbildfunktion zur Orientierungsaufgabe hin entwickelt, und zwar ausgehend von der Selbststeuerung und dem systemischen Denken hin zu Unterstützung, Hilfe und Gestaltung fördernder Kontexte für das pädagogische Handeln. Aus konstruktivistischer Perspektive werden zur Bewältigung von zukünftigen Anforderungen konstruktive Handlungskompetenzen notwendig, diese können als eine

„bewusste Konstruktion von Fähigkeiten, Fertigkeiten und Handlungserfahrungen des Subjekts verstanden werden, die subjektive Erkenntnisprozesse in Gang setzt, die aktiv, kritisch, zukunftsweisend Handlungsmöglichkeiten erweitert und für die kritische Analyse und Diskussion im Handlungskontext bereitstellt" (Theuermann 2008:170).

Aus den Erkenntnissen zur Professionalität von Lehrpersonen wird auch deutlich, dass für die Bewältigung von komplexen Aufgaben neben Wissen und Können auch eine *»aktive, bewusste, sozial ausgehandelte und verantwortungsbewusste pädagogische Handlungskompetenz«* erwartet wird. Aus dem bisher Gesagten kann geschlossen werden, dass letztlich nicht ein Faktor allein für den Kompetenzerwerb herausgefiltert werden kann, sondern nur durch das Subjekt selbst als dynamische Konstruktion zwischen einem förderlichen Rahmen einer sozialen Auseinandersetzung geschaffen werden kann. Dieser Freiraum muss möglich gemacht werden, damit zwischen Anforderungen im Beruf kreativ neue Handlungsalternativen generiert werden können.

Ausgehend vom Kompetenzerwerb als Prozess, in dem Akteure ihre Kompetenzen aufgrund unterschiedlicher Dynamiken konstruieren, verdeutlicht das hypothetische Modell (Abb. 2) die Konstruktion von Kompetenzen. Dieses Modell demonstriert keinen linearen Weg, sondern eine dynamische Erweiterung bestehender Fähigkeiten und Fertigkeiten im Handlungszusammenhang, die sich aus den Elementen eines Kompetenzbewusstseins, einer Kompetenzanalyse, einer Kompetenzreflexion und einer Kompetenzkonstruktion erschließen. Das heuristische Modell bildet eine Hilfskonstruktion über vier Orientierungsrichtungen (Vielfalt, Struktur, Beziehung und Individualität), Kompetenzen bewusst zu machen, zu analysieren, zu reflektieren und schließlich neu zu konstruieren (vgl. Theuermann 2008: 175-197).

Welche Bedeutung hat nun dieses Modell für die Praxisbegleitung und Supervision? Das Kompetenzmodell kann eine Grundlage bilden für die Bewusstwerdung von Kompetenzbereichen, Schwerpunkten oder auch Entwicklungsfeldern, die Analyse von Kompetenzen einzelner Personen aber auch von Gruppen und Teams, die Beratung von Veränderungsprozessen, die kritische Reflexion über die Kompetenzentwicklung auf Metaebene und die Beratung von pädagogischem Handeln, theoretischen Konzepten und pädagogischer Professionalität (vgl. Engel 2004: 109 ff.).

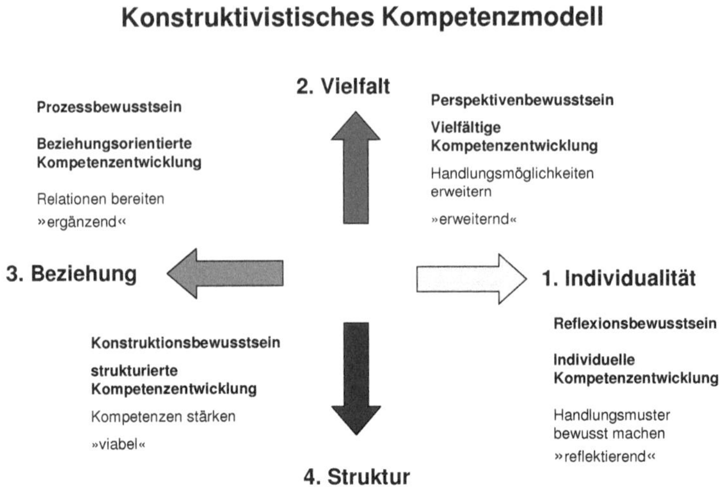

Abb. 2 : Modell zur Konstruktion von Kompetenz (Theuermann 2008: 193)

In der Folge werden aus konstruktivistischer Perspektive diese vier Orientierungsrichtungen als mögliche Handlungsbereiche in Begleitungs- und Beratungsprozessen in Form von Leitgedanken beschrieben:

- *Orientierung in Richtung Individualität:* Aus der Perspektive des radikalen Konstruktivismus kann die Entwicklung subjektiver Kompetenzen als Erweiterung der Handlungsmöglichkeiten in Richtung Subjektorientierung des Lehrens, Lernens, des Wissens- und des Kompetenzerwerbs, durch individuelle Begleitung von Lernprozessen und eine stärkere Ressourcenorientierung in Beratungskontexten verstanden werden (vgl. von Glasersfeld 1997: 43; Huschke-Rhein 2003: 154, 184).

Für Beratungsprozesse bedeutet diese subjektive Perspektive eine Orientierung in Richtung Individualität, indem individuelle Kompetenzen von Lehrenden und Lernenden durch eine reflexive Auseinandersetzung bewusst gemacht werden. Dies setzt ein Reflexionsbewusstsein in der Entwicklung von Fähigkeiten und Fertigkeiten voraus. Prozesse bewusst wahrzunehmen und zu gestalten, kann eine Entwicklungsrichtung markieren, die individuelle Lehr- und Lernprozesse begleitet und unterstützt, Metakommunikation ermöglicht (vgl. Theuermann 2006: 275) und schließlich Ressourcen erschließt (vgl. Mutzek 2002: 25).

• *Orientierung in Richtung Vielfalt:* Diese Orientierungsrichtung bezieht sich auf die Systemumwelt, also den Kontextbezug und weist damit auf die Möglichkeiten hin Freiräume im Handeln zu eröffnen. Systemische Prozesse können zwischen einer Dynamik von Stabilität und Neukonstruktion gesehen werden, wogegen in Richtung Vielfalt die Neukonstruktion im Mittelpunkt der Betrachtung steht (vgl. Siebert 2003: 43). Bereits Heinz v. Foerster formulierte in seinem ethischen Imperativ: „Handle stets so, daß weitere Möglichkeiten entstehen" (2006: 60).

Diese situationsspezifische Perspektive eröffnet erweiterte Lernwege im praktischen Tun. Unterschiedliche methodische Zugänge und vielfältige Erfahrungen im aktiven Handeln stützen ein Perspektivenbewusstsein, das Kompetenzen neu zu ordnen und zu strukturieren vermag. Reichhaltige Arrangements von Lehr-, Lern- und Beratungskontexten lassen kreative und lernanregende „Möglichkeitsräume" (von Schlippe/Schweitzer 1997: 116) zu, die Kompetenzen erfahrbar und begreifbar machen. Insbesondere in einem Supervisionsprozess, in einem „geschützten Raum" (Siebert 1999: 41 f.), können unterschiedliche Situationen erprobt und bewusst konstruiert werden, die vielfältige Herangehensweisen für die Praxis generieren (vgl. Pallasch/Mutzek/Reimers 1996; Hubrig/Hermann 2005; Balgo/Lindemann 2006).

• *Orientierung in Richtung Beziehung:* Vertreter der konstruktivistischen Didaktik betonen die soziale Beteiligung für den Austausch von subjektiven Konstruktionen (vgl. Reich 2002). Aus der soziologischen Weiterentwicklung des systemischen Denkens nach Luhmann sind nicht mehr Individuen im Blickfeld der Betrachtung, sondern Kommunikationen, wobei Systeme die Elemente und die Relationen „erzeugen", aus denen sie bestehen (vgl. Ludewig 2005: 37). Die Orientierung in Richtung Beziehung erfordert professionelle Beratung, einerseits der verantwortungsbewussten Beachtung des Individuums und andererseits die Beachtung der Dynamik der Beziehungen und sich erzeugenden Systeme. Die Reflexion der Rolle, der Aufgabe und Funktion und des Auftrags der Beraterin und des Beraters bilden den Grundstein einer verantwortungsvollen Konstruktion von Kompetenzen nicht nur von Individuen, sondern auch des Kollektivs in einer Gemeinschaft.

Eine interaktionistische Perspektive, die soziale Begegnungen ins Blickfeld rückt, orientiert sich an einem Prozessbewusstsein, das dynamische Konstruktionen dialogisch zu relativieren und neu zu positionieren versucht. Beratungsprozesse sollen schließlich Erfahrungsräume für soziale Konstruktionen schaffen, die Lernenden ergänzende Lernchancen bieten (vgl. Balgo/Lindemann 2006; König 2006 u.a.). Wenn Kompetenzentwicklung als sozialer Aushandlungsprozess verstanden werden soll, so erfordert eine Praxisbegleitung und Supervision zum einen den Fokus aus systemischer Sichtweise im Sinne eines Außenblicks auf die Beziehungen in ihren realen Zusammenhängen zueinander und zum anderen einen konstruktivistischen Blick auf das menschliche Erkennen und Beobachten in Wechselbeziehung zum Beobachteten selbst (vgl. Simon 2006: 12; Lindemann 2006: 208).

- *Orientierung in Richtung Struktur:* Handlungen im Feld der Beratung definiert Ernst von Glasersfeld (1997: 43) als „viabel", im Sinne von gangbar, brauchbar, passend und funktional und relativiert somit die Notwendigkeit *einer* Wahrheit. Es geht also in dieser Orientierungsrichtung um die Viabilitätsprüfung des Kompetenzerwerbs, also um eine pragmatische Perspektive, die auf systemischer Ebene versucht, Kompetenzen wahrzunehmen, zu strukturieren oder überhaupt eine kollektive Aushandlung zu ermöglichen. Dies erfordert ein Konstruktionsbewusstsein, das das Gangbare und die Stärken der Individuen im Erwerb von Fähigkeiten und Fertigkeiten in das Zentrum rückt und im Kollektiv durch eine ethische Auseinandersetzung zu realisieren versucht. Auch Praxisforschung kann einen Rahmen bieten, Kompetenzentwicklung in Systemen aus kritischer Distanz zu hinterfragen und weiterzuentwickeln.

4. Fazit

Praxisbegleitung und Supervision als Unterstützung professioneller Kompetenzentwicklung in pädagogischen Kontexten lassen sich aus der systemisch-konstruktivistischen Sichtweise als „kontinuierliche Diskussion, Reflexion und Veränderung pädagogischer Theorie und Praxis als fortlaufender Austauschprozess" (Lindemann 2006: 224) und als „reflexive Selbstlernkompetenz" (Siebert 2003: 29) begreifen. Der Konstruktionsprozess erfordert jedoch ein verantwortungsvolles und ethisch-reflexives Handeln von Praxisbegleiter/inne/n und Supervisor/inn/en, was durch folgende vier Leitkomponenten angedeutet wird. Die Verantwortung besteht erstens gegenüber der individuellen Entwicklung unter Wahrung der Grenzen des Lebendigen; zweitens gegenüber der Ermöglichung von Handlungsmöglichkeiten unter Wahrung der Autonomie des Einzelnen; drittens gegenüber der sozialen Gestaltung der Begegnung unter Wahrung subjektiver Stärken und viertens gegenüber der systemischen Strukturierung unter Wahrung der Interessen der einzelnen Mitglieder in der Gemeinschaft (vgl. Theuermann 2008: 190 f.). Für diesen Weg der kritischen kompetenzorientierten Praxisbegleitung und -beratung können folgende Fragestellungen hilfreich sein:

- Welche Kompetenznetze oder -muster lassen sich erkennen?
- Welche Kompetenzfelder lassen sich noch erweitern?

- Welche weiteren Handlungsmöglichkeiten lassen sich mit den erweiterten Kompetenzen verbinden?
- Wie lassen sich die neuen Kompetenzen im System integrieren?

Auf diesem Weg zum professionellen Handeln ist eine begleitende Supervision erforderlich, die Supervisand/inn/en zu Beobachter/inn/en ihres eigenen Kompetenzerwerbs und zu Forscher/inn/en ihrer eigenen Lernprozesse werden lässt (vgl. van Kessel 1998: 65). Als Zusammenschau kann Kompetenzorientierung in der Praxisbegleitung und Supervision

- kritische Auseinandersetzung mit der funktionalen und entwicklungsorientierten Kompetenzentwicklung ermöglichen,
- Reflexion individueller und kollektiver Kompetenzideale eröffnen,
- die Bedeutung der Kompetenzentwicklung zwischen Autonomie und sozialer Mitverantwortung im System und gesellschaftlichen Anforderungen transparent machen,
- den Umgang mit Wandel, Problemlösung, neuen Herausforderungen und vernetztem Denken fördern,
- Wirklichkeitskonstruktionen zwischen Individuen bewusst machen und die soziale Aushandlung in der Gestaltung von Strukturen herausfordern und
- schließlich auch als Praxisforschung begriffen werden.

Literatur

Balgo, Rolf/Lindemann, Holger (Hrsg.)(2006): Theorie und Praxis systemischer Pädagogik. Sysiphos Beiträge zur systemischen Pädagogik. Schriftenreihe der Deutschen Gesellschaft für systemische Pädaogigk. Bd.1. Heidelberg: Carl-Auer-SystemeVerlag

Buchinger, Kurt/Klinkhammer, Monika (2007): Beratungskompetenz. Supervision, Coaching, Organisationsberatung. Stuttgart: Kohlhammer

Denner, Liselotte (2000): Gruppenberatung für Lehrer und Lehrerinnen. Eine empirische Untersuchung zur Wirkung schulinterner Supervision und Fallbesprechung. Bad Heilbrunn/Obb.: Klinkhardt

Engel, Frank (2004): Allgemeine Pädagogik, Erziehungswissenschaft und Beratung. In: Nestmann/Engel/Sickendieck (2004): 103-113

Foerster, Heinz von (2006)[18]: Das Konstruieren der Wirklichkeit. In: Watzlawick (2006): 39-60

Glasersfeld, Ernst von (1997): Radikaler Konstruktivismus. Ideen, Ergebnisse, Probleme. Frankfurt a. M.: Suhrkamp

Hubrig, Christa/Herrmann, Peter (2005): Lösungen in der Schule. Systemisches Denken in Unterricht, Beratung und Schulentwicklung. Heidelberg: Caul-Auer

Huschke-Rein, Rolf (2003): Einführung in die systemische und konstruktivistische Pädagogik. Beratung – Selbstanalyse – Selbstorganisation. Weinheim/Berlin/Basel: Beltz Verlag

Kessel va««n, Louis (1998): Theorie und Praxeologie des Lernens in der Supervision. Einige Bausteine aus niederländischer Sicht. In: Berker, P./Buer, F. (1998): 46-68

König, Eckhard (2006): Systemische Beratung. In: Balgo/Lindemann (2006): 215-233

Lindemann, Holger (2006): Konstruktivismus und Pädagogik. Grundlagen, Modelle, Wege zur Praxis. Basel/München: Ernst Reinhardt Verlag

Ludewig, Kurt (2005): Einführung in die theoretischen Grundlagen der systemischen Therapie. Heidelberg: Carl-Auer-Systeme Verlag

Max, Charles (1999): Entwicklung von Kompetenz: ein neues Paradigma für das Lernen in der Schule und Arbeitswelt; Ertrag und Perspektiven der französischsprachigen Kompetenzforschung und ihre Bedeutung als Gestaltungsprinzip von Bildung. Frankfurt am Main/Berlin/Bern et al: Lang

Möller, Heidi (2001): Was ist gute Supervision? Grundlagen – Merkmale – Methoden. Stuttgart: Klett-Cotta

Mutzek, Wolfgang (2002): Ressourcenerschließende Beratung (REB) unter Verwendung Subjektiver Theorien. In: Mutzek/Schlee/Wahl (2002): 22-38

Pallasch, Waldemar/Mutzek, Wolfgang/Reimers, Heino (Hrsg.)(1996): Beratung – Training – Supervision. Eine Bestandsaufnahme über Konzepte zum Erwerb von Handlungskompetenz in pädagogischen Arbeitsfeldern. Weinheim/München: Juventa Verlag

Reich, Kersten (2002)[4]: Systemisch-konstruktivistische Pädagogik: Einführung in Grundlagen einer interaktionistisch-konstruktivistischen Pädagogik. Neuwied/Kriftel: Luchterhand

Schmidt, Siegfried J. (2005): Lernen, Wissen, Kompetenz, Kultur. Vorschläge zur Bestimmung von vier Unbekannten. Heidelberg: Carl-Auer Verlag

Schlippe, Arist von/Schweitzer, Jochen (1997): Lehrbuch der systemischen Therapie und Beratung. Göttingen: Vandenhoeck & Ruprecht

Schreyögg, Astrid (1994): Supervision. Didaktik & Evaluation. Integrative Supervision in der Praxis. Paderborn: Junfermann

Siebert, Horst (1999): Pädagogischer Konstruktivismus: eine Bilanz der Konstruktivismusdiskussion für die Bildungspraxis. Neuwied/Kriftel: Luchterhand

Siebert, Horst (2003): Vernetztes Lernen. Systemisch-konstruktivistische Methoden der Bildungsarbeit. München/Unterschleißheim: Luchterhand

Simon, Fritz B. (2006): Einführung in die Systemtheorie und Konstruktivismus. Heidelberg: Carl-Auer-Systeme Verlag

Theuermann, A. (2008): Kompetenz als Konstruktion. Perspektiven zur Entwicklung konstruktiver Handlungskompetenzen von Lehrerinnen und Lehrern. Alpen-Adria Universität, Dissertationsschrift

Theuermann, Anneliese (2006): Kommunikation über Kommunikation. In: Antonitsch/Delanoy/Palencsar/Theuermann (2006): 251-276

Weinert, Franz E. (2002)[2]: Vergleichende Leistungsmessung in Schulen – eine umstrittene Selbstverständlichkeit. In: Weinert (2002): 17-32

Beratung für freiberufliche EinzelkämpferInnen

René Reichel

In den letzten Jahren werden die Begriffe Einzelsupervision und Coaching immer häufiger synonym verwendet. Auch in diesem Text sind die – durchaus beschreibbaren – Unterschiede zwischen den beiden Begriffen nicht weiter von Bedeutung. Ich spreche in diesem Beitrag einfach von Beratung und meine damit eine Form von Prozessberatung („counseling"), wie sie üblicherweise bei Einzelsupervision oder Coaching verstanden wird.

Wirft man einen Blick auf die Supervisions- und Coachingliteratur, so fällt auf, dass selbständige FreiberuflerInnen praktisch kaum Erwähnung finden. Als Zielgruppe werden in der Regel „Führungskräfte" (siehe z.B. Schreyögg 1995, 1999; Buer 1999: 94; Fischer-Epe 2004, Rauen 2005) angesprochen. Nur fallweise werden „FreiberuflerInnen" ergänzend genannt. Das ist erstaunlich, denn diese Gruppe ist erstens sehr groß und zweitens durch spezifische beratungsrelevante Merkmale gekennzeichnet. Diese beratungsspezifischen Themen zu beschreiben und Anregungen für die Beratungsarbeit zu geben, ist das Ziel dieses Beitrags.

1. Beratungsarbeit mit FreiberuflerInnen – Ansatzpunkte und Herausforderungen

Die Zahl der Ein-Personen-Unternehmen macht inzwischen mehr als die Hälfte aller Unternehmen aus (laut Wiener Wirtschaftskammer 2006). Darunter befinden sich einerseits eher klassische Berufsbilder, wie Kleinbauern, SteuerberaterInnen, RechtsanwältInnen, ÄrztInnen, andererseits aber auch viele „neue Selbständige", wie TrainerInnen, BeraterInnen, TherapeutInnen, VersicherungsmaklerInnen, MasseurInnen usw. Dazu kommen in steigendem Maße Menschen, die zwei oder mehrere berufliche Identitäten haben („Patchwork-Identitäten", „Portfolios"). SupervisorInnen und Coaches sind selbst in hohem Maße dieser Gruppe zuzurechnen.

FreiberuflerInnen sind zumeist mit „struktureller Einsamkeit" konfrontiert. Damit ist gemeint, dass solche Berufstätige keine geeigneten alltäglichen AnsprechpartnerInnen für ihre beruflichen Freuden und Sorgen, Zweifel, Ängste und Ärgernisse haben. Insbesondere fehlt kurzfristige kollegiale Austauschmöglichkeit.[1] Astrid Schreyögg stellt fest, dass die

> „zentralste Ursache für die Tatsache, dass überdurchschnittlich viele Freiberufler Coaching in Anspruch nehmen, (...) sicher ihr generell höheres Maß an beruflicher Einsamkeit (ist). Der Coach erhält dann, wie etwa beim Tennisstar, die Funktion eines beruflichen Solidarpartners, der nicht nur beim Managen, sondern auch bei der Regulation des Gefühlshaushalts helfen soll" (Schreyögg 1995: 42 f. und 61 f.).

In Österreich gibt es für diese Berufsgruppen über die Kammern und das „Forum zur Förderung der Selbständigkeit" (Fo.Fo.S 2008) Beratungsangebote. Diese Beratung ist jedoch fast ausschließlich als Fachberatung („consulting") zu verstehen – also mit Informationen und Tipps zu Rechtsfragen, Finanzierung etc. [2] Diese Themen sind wichtig; sieht man jedoch genauer hin, wird deutlich, dass diese Beratungen in der Regel nur greifen, wenn sie in einen psychosozialen Zusammenhang gestellt werden. Über die Fachberatung hinaus sind etwa folgende Fragen zu beachten: Wie wirken Risikoängste? Wie ändert sich die Zeitstruktur? Was bedeutet das für das Familienleben? Der Bedarf an psychosozialer Unterstützung findet m.E. noch zu wenig Berücksichtigung. Im Vordergrund steht die „ökonomische Ermutigung": „Machen Sie sich selbständig! Sie schaffen das! Wir helfen Ihnen!" Bei einer solchen Beratung, die auf „Performance" abzielt, würde das Ansprechen der tieferen Ängste und Zweifel nur stören. Übersehen wird jedoch, dass eine derartige „Hopp-Auf-Strategie" an der psychosozialen Wirklichkeit der Betroffenen vorbei geht.

2. Beratungsrelevante Themen

Wenn ich mich nun auf das weitgehend unbeackerte Feld der beratungsrelevanten Themen von FreiberuflerInnen begebe, so gehe ich von meinen Erfahrungen als Berater aus.

---

[1] In den letzten Jahren entwickelt sich neben Führungskräften und FreiberuflerInnen ein dritter Typus von „strukturell Einsamen" heraus: Die „Arbeitskraftunternehmer" (Pongratz 2004). Darauf gehe ich im letzten Kapitel dieses Beitrags noch ein.

[2] Eine gewisse Ausnahme bilden hier „Mentoring-Programme", wie sie vor allem für Frauen auf dem Weg in die Selbständigkeit angeboten werden. (vgl. Frauen unternehmen 2007)

2.1 Freiberuflichkeit als Lebensform – Welche biografische Bedeutung hat die Selbständigkeit?

Die ökonomisch argumentierende Ermutigung „Mach dich doch selbständig!“ übersieht, dass Freiberuflichkeit eine Lebensform ist, die sich von geregelten Anstellungsverhältnissen in vielen Aspekten wesentlich unterscheidet. Wenn jemand Selbständigkeit anstrebt, dann sind oft unreflektierte biografische Erfahrungen aus dem Elternhaus oder dem sozialen Umfeld wirksam. Menschen, die auf einem Bauernhof, in einem Gastbetrieb oder einem Arzthaushalt aufgewachsen sind, bringen ganz andere Vorstellungen von der Arbeitswelt mit als Menschen, deren Eltern als Beamte oder als Arbeiter und Angestellte in Industrie oder Handel eine völlig geregelte Arbeitszeit hatten.

Die eigene freie Zeiteinteilung ist z.B. ein Aspekt, der oft mit Sehnsucht angestrebt wird, dann aber in der Realität viele Fragen aufwirft. Ein anderer Aspekt beleuchtet die zur Selbständigkeit gehörende ökonomische Unsicherheit („Wie viele Aufträge werde ich bekommen?“), die dann eben besser oder schlechter mit einem lebenslang gelernten Sicherheitsbedürfnis zusammen passen. Ein weiterer Gesichtspunkt ist die Vorstellung, dass alles besser wird, „wenn ich erst mein eigener Herr bin“. Die Befreiung von hierarchischer Gebundenheit ist ein oft genannter Wert, der mit der Freiberuflichkeit verbunden wird. Dass die Selbstbestimmung auch ihre Kehrseiten hat („alles selbst entscheiden zu müssen“), wird zunächst nicht gesehen.

Es geht also in der Beratung um die Reflexion der Vorbilder und der Wunschbilder, die mit der Lebensform „Freiberuflichkeit“ verknüpft sind. In mehrdimensionaler Weise muss reflektiert werden: Was bedeutet Freiberuflichkeit? „Frei“ wovon und „frei“ wofür? Dabei ist auch die Genderperspektive zu berücksichtigen. Frauen haben noch zu wenige weibliche Vorbilder für Freiberuflichkeit, trauen sich daher weniger zu und geraten daher leichter in den typischen Druck, nicht gut genug zu sein und nicht genug zu tun (vgl. Kühne-Eisendle 2006: 52 f., 62 f.).

2.2 Selbständigkeit und ökonomische Absicherung – Ist die Selbständigkeit mehr vom Müssen oder vom Wollen geprägt?

Die Erfahrung zeigt, dass vier Konstellationen in der Praxis erkennbar sind:

- Wird die Freiberuflichkeit vor allem aus einer Veränderungslust auf der Basis einer gesicherten ökonomischen Basis angestrebt?

- Ist die Selbständigkeit die vielleicht einzig möglich scheinende Alternative zur Armutsgefährdung? Hier müssen bei der Beratung die Existenzängste einen angemessenen Raum haben.
- War der Veränderungswunsch auf Grund bestehender Unzufriedenheiten so stark, dass eine gesicherte Anstellung aufgegeben wird und ökonomische Risiken eingegangen werden? Auch in diesem Fall ist mit wiederkehrenden Selbstzweifeln und Existenzängsten zu rechnen, die oft zusätzlich von Vorwürfen aus dem sozialen Umfeld genährt werden.
- Ist die Freiberuflichkeit „nur" ein zweites Standbein als Ergänzung und Ausgleich zur angestellten Tätigkeit? Geht es in diesem Fall mehr um eine wohltuende Abwechslung oder stecken tiefere Wünsche nach Selbstverwirklichung dahinter?

Diese vier unterschiedlichen Zugänge führen zu völlig verschiedenen Emotionslagen im Umgang mit der neuen Selbständigkeit, manchmal von Euphorie bis zu Hoffnungslosigkeit und Verzweiflung. Das muss in der Beratung wahrgenommen und reflektiert werden, denn davon hängt unter anderem ab, in welchem Maß vordergründige Beratungsthemen oder eher dahinter liegende Fragen und Sorgen zu bearbeiten sind.

2.3 Selbst(un)sicherheit und Feedback – Wie werden die eigenen Kompetenzen eingeschätzt?

„Wie sicher bin ich mir, dass ich das, was ich ab jetzt auf einem freien Markt anbiete, gut kann? Ich habe ja jetzt kein Feedback von Vorgesetzten oder KollegInnen." Die Frage „Bin ich gut genug?" hat natürlich auch einen biografischen und genderspezifischen Aspekt. Auf jeden Fall gibt es aber einen besonderen Bedarf an Feedback über die eigenen Fähigkeiten und Fertigkeiten, der nicht leicht abzudecken ist, wenn man alleine arbeitet. Auch die Frage „Bin ich erfolgreich?" stellt sich plötzlich neu, wenn man in seinem Leben bisher gewohnt war, dass der Erfolg von anderen durch alltägliches Feedback, durch Aufstiegsangebote, in Mitarbeitergesprächen u.a. festgestellt und bewertet wurde. Das Einkommen ist wohl ein klares Indiz, aber manchmal reicht das nicht aus. Selbstevaluation ist gefragt, und dafür brauchen die meisten FreiberuflerInnen Unterstützung.

Hinter der Kompetenzfrage steckt oft auch noch das Professionalitätsproblem, das manche Dienstleistungen belastet (Reichel 2005: 48 ff.). In den meisten Feldern der „Beziehungsarbeit" etwa ist es nicht so klar, „was den Profi zum Profi macht". Unklarheit darüber besteht vor allem dort, wo das wichtigste Arbeitsinstrument das Gespräch ist. „Nur reden", glauben viele, „kann jeder".

2.4 Selbstdarstellung und Selbstvermarktung – Wie erfolgt der Auftritt in der Öffentlichkeit?

Ein gutes Handling mit Werbeträgern – sind es nun Folder, Inserate, Homepage etc. – reicht in der Regel nicht aus, wenn man oder frau sich selbst auf den Markt begibt. Viele FreiberuflerInnen tun sich schwer bei der Frage, wie „glänzend" sie sich präsentieren dürfen/müssen/wollen. In diesem Zusammenhang gibt es vermutlich auch genderspezifische und berufspezifische Aspekte.

Menschen aus therapeutischen Feldern haben u.U. eine ganz angemessene Selbsteinschätzung ihrer Kompetenz, aber ein schlechtes Verhältnis zur Selbstvermarktung. Andere Personen, z.B. im Seminar-, Trainings-, Beratungs- und Coachingbereich, schießen manchmal mit ihrer Selbstdarstellung und ihren Versprechungen über das Ziel hinaus, was wohl eher für Männer als für Frauen gilt. Dabei geht es um die für viele FreiberuflerInnen völlig neuen Kompetenzen in den Bereichen öffentliche Präsenz, Werbung und Akquisition.

In der Beratung ist zu beachten, dass diese Themen viel mit Selbstbild und Selbstwert, also mit Selbst-Bewusst-Sein zu tun haben, was nicht wie bei einer großen Firma mit technisch gekonntem Design überdeckt werden kann. Bei großen Firmen kreieren Profis das Image und die Message, ganz gleich, welche professionelle Einstellungen die Chefs haben. Bei kleinen Unternehmungen funktioniert das nicht; da geht es auch um Glaubwürdigkeit der Person, die hinter der Werbung steckt. Die Präsentation muss daher „stimmig" sein, wenn sie erfolgreich sein will.

2.5 Gesundheit und soziale Absicherung – Wie wird vorgesorgt?

Die banale Tatsache, dass jemand als Angestellte/r auch dann Geld bekommt, wenn er/sie krank ist, als Freiberufler/in aber nicht, hat weitreichende Konsequenzen. Wird diese Tatsache deutlich genug gesehen? Was folgt daraus? Können Ausfälle über ein kollegiales Netzwerk abgefedert werden? Gibt es eine Ausfallsversicherung? Oder lebt er/sie einfach mit dem Risiko? Wie beeinflusst diese Tatsache den Lebensstil? Übergeht jemand z.B. Anzeichen einer Infektion oder wird er/sie übervorsichtig? Wie beeinflussen all die Problemstellungen die Einstellung zu Freizeit und Urlaub? Die Frage: „Welchen Stellenwert hat jetzt das Familienleben?" führt schon zum nächsten Beratungsthema.

2.6 Das private und berufliche soziale Netz – Was benötigt das soziale Umfeld und welche Ressourcen stellt es bereit?

Steht das private Umfeld, vor allem die Familie, vertrauensvoll zur Freiberuflichkeit und ist es unterstützend bei der oft störenden Lebensform (unklare Arbeitszeiten, jederzeit erreichbar)? Wie werden Konflikte geregelt? Das Thema work-life-balance ist bei FreiberuflerInnen ein Dauerthema. Das gilt in ganz besonderem Maße für diejenigen FreiberuflerInnen, bei denen Familienmitglieder auch beruflich beteiligt sind („Familienbetrieb" etwa bei Ärzten, bei Landwirten, im Gastgewerbe). Hier bestehen ein ganz besonderer Reflexionsbedarf und zugleich eine besondere Beratungsproblematik, wenn etwa berufliche Fragen und Familienthemen miteinander verflochten sind.

Und wie steht es mit kollegialer Vernetzung? Gibt es hier Eigenbrötlerei? Gibt es nur Konkurrenz oder auch kollegiale Unterstützung in fachlichen Fragen oder bei Auftragsvermittlung? Gibt es berufspolitische Möglichkeiten (z.B. Netzwerke, Mentoring-Programme u.a.) und werden sie genützt? Gelegentliche Fachgruppen-Meetings bei der Wirtschaftskammer sind da zweifellos zu wenig, um die strukturelle Einsamkeit auszugleichen. Bei manchen zeigt sich eine schrittweise Überlappung von KollegInnenkreis und Freundeskreis. Das kann für die FreiberuflerInnen eine gute Lösung sein, belastet aber manchmal das Familienleben, wenn im Freundeskreis „immer nur über die Arbeit geredet wird".

2.7 Aufbauarbeit und materielle Ressourcen – Wann rechnen sich die Investitionen?

Speziell im Dienstleistungsbereich gehen manche FreiberuflerInnen relativ naiv, d.h. ohne angemessene Vorbereitung in die neue berufliche Praxis, nicht nur, was die finanziellen Investitionen betrifft, auch bei Räumen und Ausstattung. Manche „fangen einfach mal an". Andere investieren viel Zeit und Geld z.B. in wunderbare Räumlichkeiten, „vergessen" aber auf die Kundenwerbung. Auch die Überschneidung von privaten und beruflichen Räumlichkeiten kann zu vorher nicht ausreichend abzuschätzenden Problemen führen. Die Frage des „langen Atems" ist von großer Bedeutung. Manche schätzen die Dauer der Aufbauarbeit falsch ein; es kann ca. fünf Jahre dauern, bis sich eine Freiberuflichkeit „rechnet". Natürlich kann es auch schneller gehen, aber es ist wichtig zu bedenken und zu berechnen, wie lange es notfalls dauern darf, bis man sich einigermaßen gesichert fühlt.

2.8 Selbstorganisation und Administration – Wie wird die eigene (Arbeits-) Organisation gestaltet?

Mit der Selbständigkeit stellen sich ganz neue Themen und Aufgaben: Rechtliche Absicherungen, Finanzabwicklungen, Steuererklärungen, Kundenverwaltung und EDV-Fragen, etc. Dass Freiberuflichkeit auch Selbstorganisation und damit auch Administration heißt, wird vor Beginn der Selbständigkeit gern verdrängt, bei manchen FreiberuflerInnen sogar noch einige Jahre lang. Dann kommt es plötzlich zu Überforderungsgefühlen und zu Frust, vielleicht auch zu Nachzahlungen.

Später kann diese Problematik noch einmal relevant werden, wenn etwa das Ein-Personen-Unternehmen doch so weit expandiert, dass mehrere MitarbeiterInnen dazu kommen und vielleicht eine neue Geschäftsform überlegt werden muss. Für diese Fragen sollte dann unbedingt eine kollegiale Unterstützung oder die der berufpolitischen Einrichtungen beansprucht werden. Auch eine vorschnelle Gründung von Praxisgemeinschaften hat sich schon oft später als konfliktanfällig und sehr belastend herausgestellt.

2.9 Leistung und Bezahlung – Wie erfolgt eine angemessene Preisgestaltung?

Eines der wichtigsten Themen für neue FreiberuflerInnen – besonders im Dienstleistungsbereich – ist der Umgang mit Preisen und Honoraren. Unerfahrene FreiberuflerInnen sind oft sehr unsicher bei der Frage, wie viel sie für Ihre Arbeit verlangen sollen/müssen/wollen (schon das Spielen mit diesen drei Worten deutet bei vielen die Unsicherheit an). Wenn im Kollegenkreis darüber gesprochen wird, stellt sich manchmal später heraus, dass nicht von allen die Wahrheit gesagt wurde. Das Sprechen über Geld enthält ja implizit viele andere Themen wie Selbstwert, Existenzangst, Bewertung des eigenen Berufsbilds. Gleichzeitig wird aber über Geld, wenn überhaupt, eher oberflächlich gesprochen, die impliziten Themen werden vermieden. Dabei wären offene Gespräche über Preisgestaltung, Zahlungsmodalitäten, Ausfallszahlungen usw. sehr wichtig, wie sich gelegentlich in Supervisionen herausstellt.

3. Konsequenzen für die Beratung und die BeraterInnen

Die Darstellung beratungsrelevanter Themen führt zu vier grundlegenden Konsequenzen für die Beratung:

• *Selbstreflexion zu den genannten Themen:* Die angesprochenen psychosozialen Beratungsthemen freiberuflicher Tätigkeit betreffen ja in der Regel auch die BeraterInnen selbst. Eine ausführliche Selbstreflexion zu den aufgeworfenen Themen ist daher Voraussetzung für gute Beratungstätigkeit. Nur so kann verhindert werden, dass „BeraterInnen ihre Schmutzwäsche in fremden Waschmaschinen waschen".
• *Reflexion der Beraterrolle als „berufliche/r Solidarpartner/in":* Astrid Schreyögg (1995: 62) hat den Begriff der „berufliche/r Solidarpartner/in" in die Fachdiskussion eingebracht und damit das Bedürfnis von FreiberuflerInnen angesprochen, mit Hilfe von Beratung und Reflexion der „strukturellen Einsamkeit" zu entkommen. Dies birgt aber auch die Gefahr der Abhängigkeit, wenn der Supervisor/Coach/Berater zum wichtigsten, vielleicht sogar einzigen Reflexionspartner wird. Es sollte daher zur professionellen Ethik gehören, dass eine Beraterin die beruflichen Kommunikationsmöglichkeiten ihres freiberuflichen Klienten unterstützt und fördert, um der Exklusivitätsfalle zu entkommen.
• *Prozessberatung und/oder Fachberatung:* Bei den beschriebenen Beratungsthemen ist die für Supervision sonst charakteristische Abgrenzung zur Fachberatung („consulting") manchmal schwierig. Vor allem, wenn die Freiberuflichkeit für die Supervisand/in neu ist, stellen sich laufend Fachfragen im Prozess, zu denen die Supervisor/in vielleicht selbst Wissen und Erfahrung hat. In diesem Fall wird die Supervisor/in eher zu einer Mentor/in, was eine ganz andere Beziehungsdynamik bewirkt („Bitte sagen Sie mir, was ich tun soll!").
• *Forschung:* Eine weiterführende empirische Untersuchung zu den im Überblick dargestellten Themen und Fragestellungen – z.B. in Form von Masterthesen und Abschlussarbeiten im Rahmen der Supervisionsausbildung – wäre wünschens- und begrüßenswert. Besonders interessant fände ich den Vergleich von Fragestellungen und Zielsetzungen am Beginn einer Beratung mit jenen, die sich im Verlauf einer Beratung ergeben. Meine Hypothese ist, dass „Fragen hinter den eingangs gestellten Fragen" und „Ziele hinter den zu Beratungsbeginn formulierten Zielen" sichtbar werden.

4. Weiterführendes – die „ArbeitskraftunternehmerInnen"

Die hier vorgestellten Gedanken erwecken zunächst den Eindruck, als beträfen sie nur die spezielle Gruppe von Selbständigen/FreiberuflerInnen. Schaut man aber mit dieser „Brille" auf die Situation der angestellten Erwerbstätigen, dann ist erkennbar, dass im Zeitalter des „Neoliberalismus" (ein Begriff der m.E. liberal mit kapitalistisch verwechselt) auch zunehmend Angestellte in dieselben Problematiken geraten. Immer mehr MitarbeiterInnen in immer wieder umstrukturierenden Organisationen sind quasi „firmeninterne Selbständige", die sich laufend um ihre Aufträge, Ressourcen, Image, Karrieresprünge etc. kümmern müssen. Richard Sennett (1998) hat dies in anschaulicher Weise für die USA beschrieben; inzwischen sind die meisten seiner Überlegungen auch auf mitteleuropäische Verhältnisse gut übertragbar. Und sie betreffen keineswegs nur die Arbeitsfelder der „Wirtschaft im engeren Sinne": SozialarbeiterInnen, MitarbeiterInnen in Hochschulen, in Kultur-, Medien- und Bildungseinrichtungen, auch zunehmend Beamte beschäftigen sich mit dem Management ihrer eigenen beruflichen Existenz und Entwicklung. Existenzangst ist heute ein Thema der meisten Berufstätigen und selbst dort wirksam, wo es bei genauem Hinsehen unnötig scheint. So beschreiben Pongratz und Voß (2004), wie in den letzten Jahren vermehrt ArbeitnehmerInnen innerhalb der Betriebe zu „ArbeitskraftunternehmerInnen" werden. Betriebliche Steuerungsinstrumente würden „zunehmend auf die Selbstorganisation der Beschäftigten abstellen und diesen damit einen unternehmerischen Umgang mit der eigenen Arbeitskraft abverlangen" (Pongratz 2004: 17).

Daraus folgt deutlich, wie relevant die Reflexionsthemen von FreiberuflerInnen auch für angestellte Erwerbstätige werden. Somit lohnt sich die aufmerksame Beschäftigung mit den psychosozialen Themen von FreiberuflerInnen: Sie liefert wertvolle Erkenntnisse etwa zum Umgang mit (freier) Zeit, zum Verhältnis von Beruf zu anderen Lebensbereichen oder zur öffentlichen Selbstdarstellung auch für die Beratung von einzelnen Berufstätigen in Organisationen. Und es ist nicht zu übersehen: Wir alle werden immer mehr zu „FreiberuflerInnen", nicht nur als SupervisorInnen und Coaches.

Literatur

Buer, Ferdinand (1999): Lehrbuch der Supervision. Münster: Votum

Buer, Ferdinand/Siller, Gertrud (Hrsg. 2004): Die flexible Supervision. Wiesbaden: VS Verlag für Sozialwissenschaften

Fischer-Epe, Maren (2004): Coaching: Miteinander Ziele erreichen. Reinbek: Rororo

Fo.Fo.S. (Forum zur Förderung der Selbständigkeit) (2008). www.fofos.at (30.6.2008)

Frauen unternehmen (2008). www.alternative-selbststaendigkeit.at (30.6.2008)

Kühne-Eisendle, Margit (2006): Supervision und Coaching mit weiblichen Führungskräften. Eine Strategie wider die Einsamkeit. Saarbrücken: Verlag Dr. Müller

Pongratz, Hans J. (2004): Der Typus „Arbeitskraftunternehmer" und sein Reflexionsbedarf

In: Buer, Ferdinand / Siller, Gertrud (Hrsg. 2004): Die flexible Supervision. Wiesbaden: VS Verlag für Sozialwissenschaften, 17-34

Pongratz, Hans J. / Voß, Günter (Hrsg.) (2004): Typisch Arbeitskraftunternehmer? Befunde der empirischen Arbeitsforschung. Berlin: edition sigma

Reichel, René (Hrsg.) (2005): Beratung – Psychotherapie – Supervision. Einführung in die psychosoziale Beratungslandschaft. Wien: Facultas

Rauen, Christof (Hrsg.) (2005): Handbuch Coaching. Göttingen: Hogrefe

Schreyögg, Astrid (1995): Coaching. Frankfurt/New York: Campus

Schreyögg, Astrid (1999): Coaching – Ergänzung oder Alternative zur Organisationsberatung. In: Pühl, Harald (Hrsg.) (1999): Supervision und Organisationsentwicklung. Opladen: Leske + Budrich

Sennett, Richard (1998): Der flexible Mensch. Die Kultur des neuen Kapitalismus. Berlin: Berlin-Verlag

Babylon Language Coaching – eine Methode zur Behebung von Sprach(lern)blockaden

Georg Gombos

Im folgenden Beitrag wird ein Beispiel eines Coachingverfahrens für Gruppen und Einzelne dargestellt, dessen Effektivität durch bisher ca. dreißig qualitative Nachinterviews evaluiert wurde. Aus diesen werden einige Fallbeispiele vorgestellt, sowie das Verfahren dargestellt. Die Nachinterviews erfolgten mindestens vier Wochen nach den Seminaren. Die TeilnehmerInnen wurden befragt, inwiefern sich etwas für sie verändert habe: verbessert, verschlechtert, gleich geblieben oder anders.[1] Die TeilnehmerInnen antworteten einerseits ganz allgemein auf diese Frage, andererseits wurden sie an ihr Anliegen erinnert (z.B.: Endlich frei Italienisch sprechen!) und gebeten, die Veränderungen seit dem Seminar zu beschreiben. Die Erinnerung an das Anliegen erwies sich oft als notwendig, damit den TeilnehmerInnen der Veränderungsprozess klar wurde. Bei so manchen galt der Satz von Wittgenstein „Die Lösung des Problems des Lebens merkt man am Verschwinden des Problem"[2]. Mit anderen Worten: für manche TeilnehmerInnen hatte sich ihr Problem in der Zwischenzeit schon gelöst und sie konnten sich an es gar nicht mehr gleich erinnern. Erst die Erinnerung an das Problem verhalf ihnen dazu, die Veränderungen einschätzen zu können.

1. Zielgruppe: SprecherInnen zweier oder mehrerer Sprachen

Europa wird sich seiner Mehrsprachigkeit wieder stärker bewusst: EU und Europarat fordern den dreisprachigen Bürger der Zukunft, in Kindergärten, Schulen, in der Erwachsenenbildung wird Sprachunterricht – nicht nur Englisch – angeboten. Mit anderen Worten: Es wird viel Zeit und Geld investiert, damit Menschen verschiedene Sprachen lernen und anwenden können. Gleichzeitig treffen wir auf viele Menschen, die Sprachen gelernt haben, aber es irgendwie

[1] Diese Frageart haben wir von Matthias Varga von Kibéd übernommen, der nach einer Intervention meist zu fragen pflegt: „Wie ist es jetzt? Besser, schlechter, gleich oder einfach anders?"

[2] Wittgenstein, Tractatus logico-philosophicus, 6.521. Den Hinweis auf Wittgenstein verdanken wir auch Matthias Varga von Kibéd.

nicht schaffen, ihre Kenntnisse und Fertigkeiten auch umzusetzen. Babylon[3], eine Methode zur Behebung von Sprach(lern)blockaden unterstützt diese Personen dabei, vorhandene Hindernisse und Blockaden zu lösen und dadurch mit mehr Energie und Freude ihre persönlichen Sprach(lern)ressourcen einzusetzen. Babylon wendet sich an Personen, die endlich eine Sprache im Beruf oder im Privatleben anwenden bzw. lernen wollen. Die Methode kann sprachenunabhängig für jegliche Sprache oder Sprachvariante angewendet werden (sofern es eine gemeinsame Verständigungssprache mit dem Klienten/der Klientin gibt). Sie wirkt blockadenlösend und ressourcenstärkend, ersetzt aber das Lernen der Sprache nicht. Die folgenden beiden Fallbeispiele beziehen sich auf die Sprache Englisch und auf das Sprechen. Nach unseren bisherigen Erfahrungen gibt es allerdings ganz unterschiedliche Anliegen, die sich auf verschiedene Sprachen beziehen können: zum einen auf eine Fremdsprache, zum anderen auf eine Zweitsprache, d.h. auf die Sprache einer ansässigen Minderheit. Bei letzterer ist es oft ein Schritt wieder hin zur Sprache der eigenen Vorfahren.

Fallbeispiel 1: Dora[4] – mit Projektpartnern schriftlich und mündlich auf Englisch kommunizieren: Dora koordiniert Projekte im non-profit Bereich und muss immer wieder mit europäischen Projektpartnern auf Englisch kommunizieren. In der Zeit nach dem Seminar soll sie einen Vortrag in englischer Sprache halten. Sie fühlt sich gehemmt, kann sich aber nicht erklären, warum. Bereits im Babylon-Seminar beginnt sie plötzlich am zweiten Tag mit mir Englisch zu sprechen – einfach so. Einige Zeit nach dem Seminar berichtet sie, dass ihr Problem gelöst sei, der Vortrag auf Englisch sei „super" gelaufen, sie habe sich sicher dabei gefühlt und es hätte sich nichts von ihrem Problem „mit hinein gemischt". Im Seminar sei sie nämlich – über die Begriffe „Muttersprache" und „Vatersprache" reflektierend, daraufgekommen, dass sie Englisch irgendwie mit dem abwertenden Umgang ihres Vaters mit Sprache generell verbunden hatte. Gleichzeitig sei ihr bewusst geworden, dass ihre Mutter kreativ und liebevoll mit Sprache umgegangen sei. Ab dem Moment, ab dem sie Englisch von ihrem Vater trennen konnte, fühlte sie sich befreit und seit damals hätte sie kein Problem mehr, auf Englisch zu kommunizieren. Auf die Frage nach dem Schreiben in der Fremdsprache antwortet sie mehr als ein Jahr nach dem Seminar, dass sie die Übung „Die Tore zur Sprache" (siehe unten) in guter Erinnerung habe, bei der sich ihr Verhältnis zum Schreiben verändert habe. Sie fühle sich gestärkt und könne sich gut vorstellen, auch Englisch zu schreiben.

---

[3] Babylon – eine Methode zur Behebung von Sprach(lern)blockaden wurde von Henriette Katharina Lingg (München), Georg Senoner (Bozen) und Georg Gombos (Klagenfurt) entwickelt. Siehe auch www.babylon-gls.com

[4] Name geändert

Fallbeispiel 2: Daniela[5] *- Seminare auf Englisch halten können:* Daniela braucht Englisch für ihren Beruf: sie ist EDV-Spezialistin, arbeitet für einen weltweit engagierten Konzern und wird immer wieder eingeladen, ihr Wissen in anderen Ländern weiter zu geben. Sie kann sich aber nicht vorstellen, das Training auf Englisch zu halten. Im Vorgespräch erzählt sie, sie hätte in der Schule sowohl zu Englisch als auch zu Französisch eine „katastrophale Beziehung" gehabt, sie hätte allerdings selbständig Italienisch gelernt und bezeichnet ihre Beziehung zu Italienisch als unbelastet. Ihr Problem mit Englisch beschreibt sie mit folgenden Worten:

„Bei Englisch habe ich das Gefühl, ich verstehe die anderen, sie mich nicht – dies ist bei Italienisch anders – ich kann keinen Satz in Englisch von mir geben. Ich komme nicht zu einer pragmatischen Einstellung – also ich komme nicht dazu zu definieren, was ich brauche und lernen müsste, mich gut ausdrücken zu können. Mir wird übel bei der Vorstellung vor 24 Leuten zu stehen und in Englisch zu sprechen und dann kommen noch die Fragen, die ich nicht verstehe. Der Block ist da, in dem Moment, wo die anderen beginnen zu reden – das ist wie eine Mauer zwischen uns. Ich vergesse immer wieder Vokabeln – kann sie mir nicht merken – habe aber grundsätzlich kein Problem, mir etwas zu merken. Ich habe das Bild von Fliesen, die von der Wand fallen und nicht haften bleiben. Wenn ich an Englisch in der Schule denke: Traurigkeit; fühle mich wie eine 13-jährige. Ich war in der Schule gekränkt, gedemütigt wegen Englisch. Wenn ich an ein Seminar auf Englisch denke, bekomme ich einfach Angst – Angst, dem nicht gewachsen zu sein von innen her, der Interaktion. Ich könnte mich vorbereiten – habe jedoch dann Angst wie eine 13-jährige."

Nach einem Seminar und nach einer Systemischen Strukturaufstellung hat sich ihr Problem gelöst: seither hat sie mehrfach ihr Fachwissen erfolgreich in englischer Sprache weitervermittelt.

2. Babylon – ein systemisch-kreativer Ansatz

Der Babylon-Ansatz stellt eine Verknüpfung verschiedener Methoden aus dem Beratungs- und Therapiebereich dar. Ausgehend davon, dass a) Menschen gerne über ihre Sprachbiographie nachdenken und sprechen – und sie damit bewusst als einen Teilaspekt ihrer Identität konstruieren und dass b) Menschen gerne eine Lösung für ihr Problem bzw. Anliegen finden möchten, kombiniert der Babylon-Ansatz ein problemorientiertes mit einem lösungsfokussierten Vorgehen. Die TeilnehmerInnen an den Babylon-Seminaren durchlaufen eine Reihe von Schritten – Ebenen genannt – bei denen sie sich mit verschiedenen Aspekten ihrer Erfahrungen und ihres Anliegens auseinandersetzen.

---

[5] Name geändert

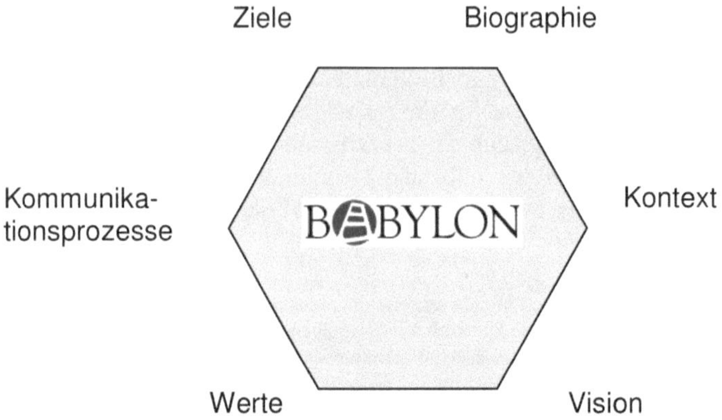

Abb. 1: Die sechs Ebenen des Babylon-Ansatzes

Zu Beginn wird das Anliegen der TeilnehmerInnen erfragt. Hier einige Beispiele (für weitere Beispiele siehe auch Gombos 2006):

- Englisch im Beruf anwenden können
- Panik beim Englischsprechen
- Spontaner, weniger hölzern, geläufig und natürlich Italienisch sprechen
- Von einer Sprache in die andere wechseln können (Italienisch, Deutsch), mich wohl fühlen, wenn ich Deutsch spreche
- Frei und spontan Deutsch sprechen
- Flüssig Französisch sprechen
- Gefühl für die Sprache bekommen, sowohl für Deutsch, aber primär für Englisch
- Ohne Stress Englisch sprechen können
- Ich möchte Slowenisch auf meiner Seite haben. Ich möchte mich auf die Sprache einlassen können, auch wenn ich Fehler mache.
- Mit der „windischen“ Seite in mir versöhnen; dem Slowenischen wieder nähern; inneren Frieden und Zufriedenheit finden; mich „runder fühlen“ (für eine genauere Falldarstellung in Bezug auf die Wiedergewinnung des Zugangs zur Slowenischen Sprache der Vorfahren siehe auch Gombos 2007: 81 ff.).

Auf der Ebene der *Biographie* erfolgt eine geleitete „innere Reise durch die Sprachlernbiographie“ mit anschließender Erzähl- und Austauschphase. Die Teilnehmer machen dann ihre erste Erfahrung mit systemischer Arbeitsweise, indem sie sich in einem „Glaubenspolaritäten-Dreieck“ (vgl. Varga von Kibéd/ Sparrer 2003: 133 ff.) im Raum positionieren und sich dabei mit ihrem jeweiligen Anliegen mit den drei Polen Liebe/Vertrauen, Erkenntnis/Wissen und Ordnung/Struktur in Beziehung setzen. Auf der *Kontext*-Ebene erfolgt eine Auseinandersetzung mit folgenden Fragen:

- In welchen Kontexten nutze ich/brauche ich die Sprache?
- Welche Kontexte erlauben mir einen leichten Zugang?
- Was macht es mir schwer, die Sprache(n) in einem bestimmten Kontext zu verwenden?

Durch das Erstellen einer „systemischen Landkarte meiner Sprachen“ in zeichnerischer Form werden die eher kognitiv orientierten Fragen auf symbolische Art ergänzend bearbeitet.

Auf der Ebene der *Vision* wird die Wunderfrage (vgl. de Shazer 1998; Sparrer 2002: 27) gestellt, d.h. es wird mit den TeilnehmerInnen herausgearbeitet, was anders und besser wäre, wenn sie ihr Anliegen erreicht hätten. Der innere Lösungszustand als eine prinzipielle Möglichkeit tritt zutage und wir gehen davon aus, dass der Klient/die Klientin prinzipiell die nötigen Ressourcen besitzt, um diesen Zustand zu erreichen. Er bzw. sie mag noch einige Unterstützung dafür benötigen, aber es ist prinzipiell sein/ihr „Wunder“ und als vorstellbares „Wunder“ auch erreichbar. „Wunder“ meint hier nicht etwas Irreales oder Übernatürliches sondern die Lösung eines meist lange erfahrenen Problems – hier einer Sprach(lern)blockade – die sich der Klient/die Klientin gar nicht mehr erwartet hat. Wenn jemand Angst vor dem Sprechen einer Sprache hat und sich nach dem Babylon-Seminar plötzlich die Sprache sprechend erlebt, dann erlebt diese Person dies als „Wunder“.

Die Ebene der Vision wird mit einer systemischen Übung abgeschlossen: Es folgt eine Aufstellungsübung, bei der sich die Person mit dem Anliegen (also keinen Repräsentanten) und der Sprache, um die es geht, aufstellt. Bei diesem so genannten „Tango lingue“[6] explorieren beide Beteiligte neue Positionen, bis der/die AnliegenbringerIn meint, es sei eine Verbesserung eingetreten. Anschließend wird die Übung im Plenum nachbesprochen.

Die *Werte*-Ebene beschäftigt sich mit der Frage des sozialen Status einer Sprache und welche Auswirkungen dies für die einzelnen Personen hat. Diese Ebene spielt erfahrungsgemäß bei den prestigereichen Fremdsprachen wie

[6] Der „Tango lingue“ ist von den autopoietischen Aufstellungen inspiriert (Essen 2003).

Englisch oder Französisch eine geringe bzw. eine eher motivierende Rolle. Bei Mehrheits-Minderheitskontexten allerdings können sich hier starke Konflikte zeigen. Sollte ein/e TeilnehmerIn besonders betroffen sein, so kann hier eine Systemische Strukturaufstellung (nach Varga von Kibéd/Sparrer 2003, Sparrer 2002) eingesetzt werden (dies gilt für alle Phasen der Babylon-Arbeit).

Die Ebene der *Kommunikationsstrategien* erweitert die klassischen, aus dem Sprachunterricht bekannten Fertigkeiten des Lesens, Schreibens, Hörverstehens und Sprechens um weitere vier, nämlich dem Eintauchen (als die Fertigkeit, sich auf eine Sprache einzulassen, die man nicht so gut beherrscht wie die Erstsprache), der Körpersprache, der ganzheitlichen Wahrnehmung und der visuellen Wahrnehmung. Diese Ebene kann auf zweierlei Art für die TeilnehmerInnen erfahrbar gemacht werden – zum einen in einer Einzelaufstellung: ein/e AnliegenbringerIn stellt RepräsentantInnen für sich und die Fertigkeiten auf oder zum anderen als kollektive Aufstellung, bei der die Fertigkeiten als fixe Orte (durch Tafeln oder durch RepräsentantInnen) in einem Achteck aufgestellt werden und sich die AnliegenbringerInnen in dieses Feld begeben.

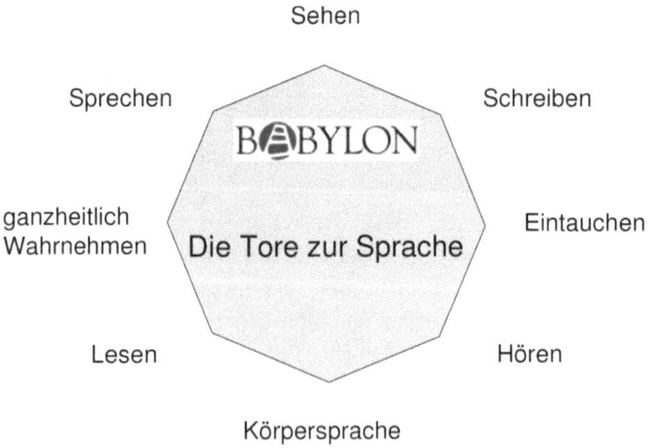

Abb. 2: Die Tore zur Sprache

Die letzte Ebene, die des *Ziels*, lädt die TeilnehmerInnen ein, ein konkretes Ziel in der nahen Zukunft in Bezug auf ihr Sprachenthema zu formulieren und in

Partnerarbeit sich über die nächsten Schritte dazu auszutauschen. Da alle bisherigen Ebenen durch die Anfertigung eines Symbols abgeschlossen wurden, haben die TeilnehmerInnen am Ende sechs Symbole. Sie werden eingeladen, diese nun auf einer geraden Zeitlinie auf dem Boden nach ihrem Gutdünken anzuordnen (das Zielsymbol am entferntesten) und durch das Nachspüren in den jeweiligen Positionen die Stimmigkeit ihres Vorgehens körperlich zu überprüfen. Zusammenfassend lässt sich methodisch sagen, dass das Verfahren verschiedene Ansätze aus Therapie, Beratung und Pädagogik verbindet:

- Gestalttherapie/Gestaltpädagogik: hier lassen wir uns im besonderen von den geleiteten Tagträumen und von der Arbeit mit Symbolen anregen
- Lösungsfokussierter Therapie bzw. Interviewtechnik nach Steve de Shazer (vgl. de Shazer 1998, Sparrer 2002: 27 ff.): Mithilfe der so genannten „Wunderfrage“ kann das genaue Anliegen der TeilnehmerInnen herausgearbeitet werden (siehe Schritt „Vision“)
- Systemische Strukturaufstellungen nach Matthias Varga von Kibéd und Insa Sparrer (vgl. Varga von Kibéd/Sparrer 2003, Sparrer 2002): diese sind besonders für die Bearbeitung von schwierigen und belastenden Situationen sehr hilfreich.
- Autopoietische Aufstellungen nach Siegfried Essen (2003): Diese Aufstellungsformen haben uns zur Entwicklung eigener Formen angeregt. Durch den Einsatz von Bewegung in Aufstellungen ermöglichen sie es den KlientInnen u. a. neue Handlungsoptionen zu erschließen.

Die bisherigen Erfahrungen und die bisher durchgeführten Nachevaluationen (vgl. Gombos 2006) zeigen einerseits, dass Systemische Strukturaufstellungen – wie bei anderen Themen auch – sehr wirksam sind, Sprach(lern)blockaden zu lösen. Der Babylon-Ansatz ermöglicht nun mit allen TeilnehmerInnen (12 bis maximal 16) an ihren jeweiligen Themen gleichzeitig zu arbeiten. Unsere bisherigen Nachevaluationen zeigen, dass die Methode für TeilnehmerInnen mit einem prononcierten Anliegen Lösungen zu Tage fördert und daher als wirksam bezeichnet werden kann. Die TeilnehmerInnen finden selbst ein neues Verhältnis zu ihrem Anliegen und aktivieren vorhandene Ressourcen, um ihr Ziel zu erreichen.

Literatur

de Shazer, Steve (²1998): „... Worte waren ursprünglich Zauber" Lösungsorientierte Therapie in Theorie und Praxis. Systemische Studien Band 14. Dortmund: Verlag modernes Lernen

Essen, Siegfried (2003): Autopoietische Aufstellungsarbeit. In: Praxis der Systemaufstellung 2/ 2003. 34-39

Gombos, Georg (2006): Babylon – vom Zauber der Kommunikation in verschiedenen Sprachen. Eine Methode zur Behebung von Sprach(lern)blockaden. docu 5. Meran: Alpha&Beta Verlag

Gombos, Georg (2007): Mit Babylon leben lernen. Aspekte einer interkulturellen Mehrsprachigkeit. Klagenfurt: Drava

Sparrer, Insa (²2002): Wunder, Lösung und System. Lösungsfokussierte Systemische Strukturaufstellungen für Therapie und Organisationsberatung. Heidelberg: Carl-Auer-Systeme Verlag

Trabant, Jürgen (2003): Europäisches Sprachdenken. Von Platon bis Wittgenstein. München: Verlag C.H. Beck

Varga von Kibéd, Matthias/Sparrer, Insa (⁴2003): Ganz im Gegenteil. Tetralemmaarbeit und andere Grundformen Systemischer Strukturaufstellungen – für Querdenker und solche, die es werden wollen. Heidelberg: Carl-Auer-Systeme Verlag

Varga von Kibéd, Matthias (2005): Ein Metakommentar. In: Weber et. al. (2005). 200-250

Weber, Gunthard/Schmidt, Gunther/Simon, Fritz B. (2005): Aufstellungsarbeit revisited ...nach Hellinger? Mit einem Metakommentar von Matthias Varga von Kibéd, Heidelberg: Carl-Auer Verlag

Wittgenstein, Ludwig: Tractatus logico-philosophicus. In: Wittgenstein, Ludwig: Werkausgabe Bd. 1, Suhrkamp Verlag, Frankfurt am Main 1984

Formale und informale Wirkungen von Coaching im Organisationskontext

Gerhard Liska

In der europäischen Coachingliteratur wird die Frage nach den Wirkungen von Coaching überwiegend positiv beantwortet. So kann Künzli (2005: 240) auf Grund einer Meta-Analyse vergleichender Untersuchungen im Feld des Executive (Führungskraft)-Coachings die Feststellung „Coaching wirkt" ableiten. Die festgestellten Wirkungen korrespondieren mit den Intentionen beziehungsweise Erwartungshaltungen, mit denen die Dienstleistung Coaching eingekauft wird. Darüber hinaus gibt es bei Coaching neben den intendierten Wirkungen auch die nicht intendierten Wirkungen, die informal ablaufen (vgl. Taffertshofer 2006). Ausgehend von der Wirkungsforschung und ergänzt durch eigene Erfahrungen wird in dem Beitrag eine Übersicht über formale und informale Wirkungen von Coaching erarbeitet. Diese Übersicht kann sowohl Praktikerinnen im Feld als Reflexionshilfe dienen, als auch Ausgangspunkt für weitere Untersuchungen sein[1].

1. Zur Bedeutung von Coaching

Der Begriff Coaching wird als Container- bzw. Sammelbegriff gebraucht. Van Kessel, der schwerpunktmäßig niederländische und deutsche Fachliteratur zu Coaching durchforstet hat, weist darauf hin, dass der Begriff Coaching in sich sehr inhomogen ist und unterschiedliche Spielarten und Ausprägungen umfasst (vgl. van Kessel 2002). Ich beschränke mich in meinen Ausführungen auf das Format Coaching, wie es im Unternehmens- bzw. Wirtschaftskontext eingesetzt wird. Zielgruppen von Coaching sind in diesem Zusammenhang Führungskräfte aller Ebenen, zunehmend aber auch Personen mit besonderen Aufgabenbereichen und exponierter Stellung. Coaching wird als unterstützend-steuernde Begleitaktivität verstanden, die in möglichst kurzer Zeit auf eine Verbesserung der Performance in der professionellen Rolle abzielt. Dahinter steckt offensichtlich

[1] Ich verwende in der Folge die weibliche Form, wobei die männliche Seite der Arbeitswelt ausdrücklich mit angesprochen ist.

der Wunsch nach Optimierung auf Grund eines wahrgenommenen oder befürchteten Defizits (van Kessel 2002: 156 f.). Personalentwicklung in diesem Sinne akzentuiert die Förderung des Menschen in seiner professionellen Funktion (Schreyögg 2003: 220).

Coaching als Format professionsbezogener Beratung wird in Unternehmen häufig und mit steigender Tendenz sowohl als Einzel- und Gruppenmaßnahme als auch begleitend im Rahmen unterschiedlicher Personal- und Organisationsentwicklungsprojekte eingesetzt (vgl. z.B. PEF 2004; Schreyögg 2003). Befragungen von Personalmanagerinnen in Deutschland und der Schweiz zeigen, dass Coaching eine große Nachfrage erfährt und für immer mehr Zielgruppen interessant wird (vgl. Mindmove 2005; Böning/Fritschle 2005 zit. n. Rauen 2005a). Die positiven Konnotationen von Erfolg, Gewinnen und Macht, mit denen der Begriff auf Grund seiner Entstehungsgeschichte aus dem Leistungssport in Verbindung gebracht wird, bieten sich als ideale Projektionsfolien an (vgl. Schreyögg 2003).

Vor diesem Hintergrund verstärkter Nachfrage wird verständlich, warum den Fragen nach den Wirkungen von Coaching so große Bedeutung zukommt. Für das Format Coaching stehen abgeschlossene Untersuchungen oder Metaanalysen jedoch kaum zur Verfügung. Im Jahre 2005 hat Künzli Wirkungen von Executive Coaching miteinander verglichen. In dieser Analyse wird Coaching als Instrument der Personalentwicklung von Führungskräften beziehungsweise den Personalverantwortlichen grundsätzlich positiv eingeschätzt. Diesen Resultaten werden Erfahrungen von Praktikerinnen gegenübergestellt, die sich ihrerseits zu Wirkungen von Coaching äußern. Einerseits basieren die Ergebnisse auf positiven und kritischen Rückmeldungen von Coachees und Auftraggeberinnen, andererseits auf persönlichen Wahrnehmungen als Coach.

Künzli arbeitet in seiner Untersuchung auch heraus, dass Coaching zwar nachhaltig, aber zeitverzögert zu wirken scheint. Demzufolge braucht es eine gewisse Verarbeitungszeit nach Abschluss eines Coachingprozesses, damit die Anstöße aus dem Coaching von der Coachee in ihre gelebten Alltagsroutinen übersetzt werden können. Dieses Ergebnis dürfte für zukünftige Evaluierungen von Coaching bedeutsam sein (vgl. Künzli 2005: 239 f.).

2. Formale und informale Aspekte des Wirkens von Coaching

Coaching passiert nicht in einem luftleeren Raum, sondern ist in das „soziale Feld" (Bourdieu) einer Organisation eingebunden. Die Menschen in diesem sozialen Feld stehen in Relationen zueinander, die ein bestimmtes Muster von Machtverhältnissen zur Folge haben. Beratung greift durch ihre Interventionen in diese Machtverhältnisse ein. Einzelne Individuen werden dadurch befähigt, sich gewandter und professioneller im sozialen Feld des Unternehmens zu bewegen. In diesem Sinne kann Coaching auch als Instrument verstanden werden, das Machtverhältnisse in einer Organisation verschiebt. Die einzelnen Menschen werden nicht nur als professionelle Funktionsträgerinnen, sondern auch als politisch handelnde Akteurinnen in einem Wechselspiel von Macht und Konflikten wahrgenommen. Dies gilt umso mehr, je höher in der Hierarchie eines Unternehmens das Coaching angesiedelt ist.

Wenn in einem Coachingprozess bestimmte Ziele angestrebt werden, zeigen sich die Wirkungen dieses Prozesses nicht nur bei der Person, die gecoacht wird, sondern auch als Wechselwirkung auf unterschiedlichen Ebenen. Ist die Coachee beispielsweise Führungskraft, so hat sie Mitarbeiterinnen, eine eigene Vorgesetzte, arbeitet mit Kolleginnen zusammen und ist in eine Organisation eingebunden. In allen diesen Bereichen werden die Auswirkungen eines Coachingprozesses vermutlich wahrnehmbar.

Um der Frage nach möglichen formalen und informalen Wirkungen von Coaching nachgehen zu können, ist es notwendig zu klären, welche organisationale Ebene im Fokus der Betrachtung steht. Petzold (2006) schlägt dafür folgende Strukturierung vor:

- Die Ebene der Mitarbeiterinnen der Coachee,
- die Ebene der Kolleginnen der Coachee,
- die Führungskraft der Coachee
- die Coachee selbst,
- die Coach (beziehungsweise das System Coach-Coachee) und
- die Ebene des Auftraggebersystems (Abteilung, Unternehmen, Organisation)

Ausgehend von diesen unterschiedlichen Wirkungsebenen erfolgt nun der Versuch, festgestellte, angenommene und vermutete Wirkungen von Coaching in Form einer Tabelle zusammenzustellen und zu strukturieren. Ausgangspunkt sind dabei einerseits die Ergebnisse, die Künzli in seiner Metaanalyse darstellt, andererseits die Schlussfolgerungen, die Taffertshofer (2006) und Kühl (2006) ziehen. Zudem fließen eigene Erfahrungen und Wahrnehmungen aus der eigenen Praxis ein.

2.1 Wirkungen in Richtung Mitarbeiterinnen, Kolleginnen und Vorgesetzte

Die Ebene der Mitarbeiterinnen der Coachee ist bislang noch kaum im Fokus des Forschungsinteresses gewesen. Die in der Tabelle 1 angeführten Punkte sind daher aus der Praxis abgeleitete Schlussfolgerungen und vermutete Effekte, die durch Coaching ausgelöst werden.

Eine Führungskraft, die Coaching in Anspruch nimmt, kann von ihren *Kolleginnen* unter Umständen als schwach und „nicht auf dem neuesten Stand seiend“ angesehen werden. Coaching bekommt dann die Punzierung eines Nachhilfeinstruments und wird als Entwicklungs-, Reflexions- und Entlastungsinstrument wohl eher kritisch rezipiert. Trifft dies zu, findet Ausgrenzung statt, wenn und weil Coaching in Anspruch genommen wird. Im Sinne des sozialen Feldes könnte dies als Widerstandsmoment der Kolleginnenschaft verstanden werden, die der tatsächlichen oder vermuteten Professionalisierung einer Kollegin und dem damit zugesprochenen Machtgewinn ein Gegengewicht entgegensetzen will. In diesem Zusammenhang ist zu beachten, dass die Unternehmenskultur eine nicht unerhebliche Rolle dabei zu spielen scheint, wie das Instrument Coaching angenommen wird.

Ebene	**Formale Wirkungen**	**Informale Wirkungen**
Mitarbeiterin der Coachee	• Erhöhung der Arbeitszufriedenheit durch größere Aufgaben- und Rollenklarheit • stärkere Motivation durch verbesserte Feedbackkultur und Ansprache emotionaler Ebenen • besseres Verständnis übertragener Aufgaben durch klarere und effektivere Kommunikation von Seiten der Coachee • Vorbildfunktion der Führungskraft	• ?
Kollegin der Coachee	• Verbesserte Kommunikation durch erhöhte Kommunikationsfähigkeit der Coachee • Weniger Konflikte durch professionelleres Konfliktmanagement von Seiten der Coachee • Effizientere Abläufe und Zusammenarbeit durch größere Aufgaben- und Rollenklarheit	• Stigmatisierung gecoachter Personen als Nachzügler, die C. brauchen um „mithalten zu können“.
Vorgesetzte der Coachee	• Erhöhung der Performance der Mitarbeiterin und ihres Teams durch effizientere und effektivere Abläufe • Erhöhung der Qualifikationen und Kompetenzbereiche der Coachee	• C. als Belohnung, Strafe, Sanktion

Tab. 1: Wirkungen von Coaching auf der Ebene der Mitarbeiterinnen, der Vorgesetzten und der Kolleginnen der Coachee

Wird die Vorgesetzte der Coachee in den Fokus der Betrachtung genommen, so lässt sich in Bezug auf informale Wirkungen vor allem der Punkt herausarbeiten, dass Coaching als Belohnungs- oder Strafmaßnahme missverstanden werden könnte. Die Vorgesetzte könnte dann etwa versuchen, einen Coachingprozess im Sinne eines erhobenen und mahnenden Zeigefingers einzusetzen. Dies würde dazu führen, dass die Coachee das Coaching kaum freiwillig macht, es ihr vielmehr nahegelegt oder dringend empfohlen wird. In dieser Situation kann es für die Coach schwierig sein, eine tragfähige Arbeitsbeziehung zur Coachee aufzubauen.

2.2 Wirkungen in Bezug auf das System Coachee-Coach

Das System Coachee-Coach bildet gewissermaßen den Kern des Coachingprozesses. Zu dieser Ebene können in Bezug auf die formalen Wirkungen einigermaßen gesicherte Aussagen formuliert werden: „Auch wenn die Resultate zum Teil aus methodisch unzulänglichen Studien stammen, scheint eines klar zu sein: Unabhängig von der gewählten Perspektive, dem methodischen Zugang, den Instrumenten oder der Abstraktionsebene: Coaching wirkt und die Wirkungen sind teilweise beträchtlich!" (Künzli 2005: 240; vgl. auch Jansen 2003).

In Bezug auf informale Wirkungen zeigt sich als potenzielle Gefahr die Möglichkeit einer schleichenden Abgabe von Verantwortlichkeiten der eigenen professionellen Rolle der Coachee, insbesondere dann, wenn die Coachingbeziehung über einen längeren Zeitraum andauert und intensiv geführt wird. Die Coach kann in diesem Fall die Rolle einer Übermutter einnehmen, zu der die Coachee vertrauensvoll immer wieder kommt. Dabei erhofft sie sich insgeheim, schwierige Entscheidungen an die Coach delegieren zu können. Hat dieser informale Aspekt eines Coachingprozesses noch überwiegend kritischen Beigeschmack, gilt dies für Situationen, wo dem Coaching ein deutlicher Entlastungseffekt zukommt, nicht mehr. Die Beratungssituation wirkt dann gleichsam als Ventil, wo belastende Gefühle von Ärger abgelassen oder Einsamkeit im Gespräch mit der Coach besprochen werden können. Die Coach übernimmt dann die Rolle der Gesprächs- und Austauschpartnerin, weil adäquate (d.h. in derselben Position, Hierarchiestufe befindliche) Partnerinnen im Unternehmen weitgehend fehlen.

Darüber hinaus schwingen bei der Coachee möglicherweise diffuse Ängste oder negative Emotionen im Vorfeld oder während eines Coachingprozesses mit. Beispiele dafür sind die Angst vor möglichem Gesichtsverlust (Verlust des Images als Macherin), dem Verlust der eigenen Handlungsfähigkeit (wo vorher ein Problem war, gibt es nach dem Coaching plötzlich drei) oder dem Verlust der eigenen Autonomie (Abhängigkeit vom Coaching) (vgl. Martens-Schmid 2007: 17).

Die Ebene der Coach rückt deren Erfahrung, Reife und Integrität ins Bild. Hier besteht die Gefahr, dass sich persönliche Eitelkeiten und Erfolgsgier einschleichen und Coachingprozesse negativ beeinflussen können. Der persönliche

Ruhm, beispielsweise, wenn bestimmte hochrangige Managementpersönlichkeiten oder Vorstände gecoacht werden, kann dann durchaus die Prozessqualität in den Hintergrund rücken.

Ebene	Formale Wirkungen	Informale Wirkungen
Coachee	• Steigerung der Motivation • Erhöhung der Selbstreflexionsfähigkeit • Aktivierung persönlicher Ressourcen • neue Kenntnisse in Gesamtzusammenhängen • Klarheit über eigene und fremde Handlungsmotive und -muster • Verbesserung des Kommunikations- und Führungsverhaltens • Emotionale Entlastung bzw. Austausch • Hilfe in der Visions- und Karriereentwicklung • Coaching als Karrierechance • Erhalt von Wertschätzung • Identitätsarbeit / -bildung	• Externalisierung bzw. Abgabe von Verantwortlichkeiten an die Coach • Coaching als Klagemauer, Coaching als bloßes Ventil ohne Veränderungsintention • Coaching gegen strukturelle Einsamkeit • Ängste auf Seiten der Coachee
Coach	• Erfolgserlebnis durch gelungene Prozesse • persönliche Lern- und Entwicklungsprozesse	• Coaching als Selbstzweck bei übersteigertem Erfolgsanspruch

Tab. 2: Wirkungen von Coaching auf der Ebene Coachee-Coach

2.3 Wirkungen in Bezug auf die Organisationsebene

Die Wirkungen von Coaching auf der Organisationsebene sind komplex. Auf dieser Ebene gibt es auch einige informale Wirkungen, die durchaus positiven Charakter für die Organisation haben können. Informal bleiben sie deswegen, weil sie in der Regel nicht als Gründe für die Beauftragung von Coaching genannt werden. Taffertshofer (2006) führt die Fokussierung von Problembereichen im Vorfeld der Beauftragung eines Beratungsprozesses und den durch die Beratung erzielten Zeitgewinn als solche positiven informalen Wirkungen an. Zeitgewinn in diesem Sinne zielt darauf ab, dass sich die Organisation einem bestimmten Problem nicht sofort stellen muss, sondern dieses durch die Bearbeitung im Beratungsprozess gleichsam unter Quarantäne stellt. Dadurch kann sich eine Lösung für das Problem ergeben, die in der gleichen Art und Weise bei dessen Feststellung nicht möglich gewesen wäre.

Coaching kann aber auch dazu beitragen, Machtpositionen und unternehmenskollektive Vorstellungen zu verfestigen. Diese sind eher kritisch wahrgenommene informale Wirkungen. Da Coaching vornehmlich ein Entwicklungsinstrument für Führungskräfte und andere Personen mit wichtigen Aufgabenbereichen im Unternehmen ist, kann es zum Statussymbol werden. Als solches kann es zu einer Art persönlichem Karriereluxus neben dem gehobenen Dienstwagen und dem Notebook mutieren. Alleine dadurch, dass eine Führungskraft gecoacht wird, steht für sie fest, dass sie zur Riege der „bedeutenden Personen“ des Unternehmens gehört. Die Inhalte und Prozesse der Coachingsitzungen spielen dabei eine untergeordnete Rolle. Coaching wird konsumiert, weil es dem Status der Funktion entspricht und nicht, weil von Seiten der Coachee Interesse an der gemeinsamen Bearbeitung einer Frage besteht.

Darüber hinaus können dysfunktionale kollektive Bilder und Vorstellungen innerhalb einer Organisation aufrechterhalten werden – z.B. tradierte Geschlechterrollen (vgl. Liska 2006). Coaching kann in diesem Sinne als Ort der Selbstvergewisserung männlicher Rollenmodelle und männlichen Führungsverhaltens wirken. Frauen geraten bei der Besetzung von Führungs- und Gestaltungspositionen zumeist ins Hintertreffen.

Coaching kann auch als Transportmittel unternehmensspezifischer Werthaltungen verstanden werden. Dies passiert insbesondere dann, wenn das Coaching von internen Coaches übernommen wird und unternehmensspezifische Führungsgrundsätze und Leitlinien als Hintergrund der Beratungssituation einfließen. Taffertshofer weist beispielsweise darauf hin, dass Coaches vor Auftragserteilung auch daraufhin überprüft werden.

Ebene	Formale Wirkungen	Informale Wirkungen
Organisation	• Erhöhung der Wertschöpfung • Erhöhung der Qualifikation und Kompetenzen • Erhöhung der organisationalen Selbstreflexionsfähigkeit • verbessertes Betriebsklima • Motivations- und Sicherheitsquelle • Zeitgewinn • Fokussierung von Problemfeldern	• Zementierung dysfunktionaler Strukturen und Muster • C. als Statusinstrument, • C. als Abgrenzung • Transportmittel für Werthaltungen und Ideologien • Personalisierung v. Konflikten

Tab. 3: Wirkungen von Coaching auf der Ebene der Organisation

3. Resümee

Berufsbezogene Beratung ist eine immer stärker nachgefragte Dienstleistung. Dabei ist auch der Trend zu bemerken, dass Coachingaktivitäten nicht mehr als isolierte Einzelaktivitäten eingekauft werden, sondern in größere Programme und Strategien eingebunden sind. Wirkungsforschung steht dabei erst am Anfang, auch wenn sie bereits erste Resultate und Anregungen liefert.

Im Rahmen dieses Artikels habe ich versucht, mögliche formale und informale Wirkungen von Coaching einander gegenüberzustellen. Für die tägliche Beratungspraxis bietet die Gegenüberstellung hilfreiche Informationen und Anregungen, um das Instrument Coaching in seiner Komplexität und seinen möglichen Wirkungen besser verstehen zu können. Hier ist die Coach mit ihrer Fähigkeit zu kritischer Reflexion gefragt. Sie muss sich möglicher formaler aber auch informaler Wirkungen von Coaching bewusst sein, um das eigene Handeln in einen größeren (organisationalen) Rahmen einbetten, den Auftrag entsprechend verhandeln und ihrer ethischen Grundhaltung entsprechend arbeiten zu können.

Literatur

Jansen, Anne, Mäthner, Evelyne, Bachmann, Thomas (2003): Evaluation von Coaching. In: OSC 3. 2003, 245-254

Kühl, Stefan (2006): Psychiatrisierung, Personifizierung und Personalisierung. Zur personenzentrierten Beratung in Organisationen. In: OSC 4.2006, 391-405

Künzli, Hansjörg (2005): Wirksamkeitsforschung im Führungskräfte-Coaching. In: OSC 3.2005, 231-243

Liska, Gerhard (2006): Coaching als Instrument zur Aufrechterhaltung der Machtstellung von Männern in Organisationen. OSC 1.2006, 56 – 63

Martens-Schmid, Karin (2007): Die „ganze Person" im Coaching – Ambivalenzen und Optionen. OSC 1.2007, 17 – 28

Mindmove (2005): MindMove Coachingmarkt-Studie 2005, Management Summary. http://www.mindmove.ch/images/stories//mgtsummary05.pdf (Juli 2005)

PEF Privatuniversität für Management (2004): Bedeutung und Einsatz von Coaching in der Personalentwicklung – Forschungsbericht. PEF Privatuniversität Wien

Petzold, Hilarion G. (2002): Coaching als soziale Repräsentation - sozialpsychologische Reflexionen Untersuchungsergebnisse zu einer modernen Beratungsform. FPI-Publikationen. http://www.fpi-publikationen.de/supervision/Petzold-Coaching-Supervision-02-2002.htm (Juli 2005)

Petzold, Hilarion G. (2006): Wirkung von Supervision – Mythos und Wirklichkeit. Ergebnisse empirischer Forschung. Mitschrift eines Vortrages gehalten am 20.10.2006 im Rahmen Themenreihe Supervision 2006/2007 des Regionalteams Wien der ÖVS

Petzold, Hilarion G., Schigl, Brigitte, Fischer, Martin (2003): Supervision auf dem Prüfstand. Wirksamkeit, Forschung, Anwendungsfelder, Innovation. Leske + Budrich

Rauen, Christopher (2005a): Coaching-Newsletter Mai 2005. http://www.coaching-newsletter.de/archiv/2005/2005_02.htm (Juli 2005)

Schreyögg, Astrid (2003): Die Differenzen zwischen Supervision und Coaching. OSC. 3/2003, 217-226

Taffertshofer, Andreas (2006): Funktionen von Coaching in Organisationen - Offizielle Wirkungen, informale und latente Funktionen. Working Paper 5 des Projektes Coaching und Supervision der Helmut Schmidt Universität der Bundeswehr Hamburg. http://www.hsu-hh.de/kuehl/index_kbDnc3cS1bg8cLHk.html (Mai 2007)

van Kessel, Louis (2002): Coaching im Bild? Erscheinungsformen von Coaching in der Fachliteratur. In: Strauß, Angelika/Awecker, Peter (Hrsg.) (2002): Coaching. Schriftenreihe Supervision der Österreichischen Vereinigung für Supervision. Band 4. Innsbruck: Studien Verlag, 137-164

IV. Perspektiven: Wie lassen sich Praxisforschung und Beratung verknüpfen?

Erfahrung – Wissenschaft – Philosophie. Drei Wissenssorten zur Konzipierung von Supervision und Coaching

Ferdinand Buer

Supervision und Coaching liegen nahe beieinander. Wenn ein Experte einen Beratungsprozess, bei dem es um Themen aus der Arbeitswelt geht, hinter der Einwegscheibe – also vom Beratungssystem unbemerkt – beobachtet, wird er Schwierigkeiten haben, eindeutig zu sagen, ob das nun Supervision oder Coaching „war". Diese Etikettierungen haben nämlich für die Gestaltung eines „guten", d.h. Ziel führenden Prozesses so gut wie keine Bedeutung. Diese Etikettierungen werden denn auch nicht mikrosozial, sondern makrosozial vergeben, nämlich durch verschiedene Diskursmächte (vgl. Buer 2007a; 2007c):

- die Fach- bzw. Berufsverbände in ihren Richtlinien und Broschüren
- die Aus- und Fortbildungsstätten in ihren Curricula
- die Referenzwissenschaften in ihren Publikationen
- die institutionellen Auftraggeber in den Kontrakten
- die Instanzen, die Weiterbildungsrichtlinien festlegen
- die Medien, die über diese Formate berichten
- die Printmedien, die diese Publikationen verbreiten
- und dann auch die Praktiker/innen, wenn sie sich untereinander austauschen.

Die Adressaten können sich über die Medien vorinformieren; oft haben sie auch von Bekannten davon gehört. Aber erst wenn es zum Kontrakt geht, wird festgelegt, worum es gehen soll. Und erst hier muss der Praktiker dem potenziellen Klienten gegenüber Farbe bekennen: Aber auch hier spielen oft weniger sachliche Erwägungen eine Rolle als Abrechnungsmodalitäten oder Imagedarstellung bzw. -gläubigkeit (Buer 2004b).

Nun will der Klient aber seriös bedient werden. Da er aber mehr oder weniger Laie ist, muss er auf Zeichen achten, die glaubwürdig Seriosität signalisieren, also auf Titel, auf Publikationen, auf Zertifikate, auf Mitgliedschaften. Und hier kommen die schon oben genannten Diskursmächte wieder ins Spiel. Und auf dieser Ebene wird wieder differenziert: Dann gibt es plötzlich wieder Supervision im Unterschied von Coaching.

1. Konzipierung als Aufgabe

Wenn wir nun wissen wollen, was in Supervisions- bzw. Coachingprozessen tatsächlich geschieht, so muss uns das auf der makrosoziale Ebene aufscheinende Definitionsgewirr aber nicht weiter schrecken: Klient und Berater haben sich in der Praxis nämlich meist recht bald auf eine Terminologie geeinigt. Und für die Güte eines Prozesses ist diese Etikettierung weniger wichtig, wichtig sind gemeinsam gewünschte und für wirksam gehaltene Lernprozesse. Von diesem Geschehen auf der mikrosozialen Ebene haben wir zunächst nur Kenntnisse durch die Praktiker/innen in den Publikationen über ihre eigenen Prozesse. Diese werden aber wohl kaum ihre eigenen Schwächen und Fehler in den Vordergrund stellen. Kontrollsupervisor/innen erfahren zwar noch einiges mehr; sie unterliegen aber der Schweigepflicht. Die in die Öffentlichkeit dringenden Informationen sind also gefiltert, genauer: rosa gefärbt.

Nun können Wissenschaftler/innen „sine ira et studio" Supervisions- bzw. Coachingprozesse von ihnen fremden Berater/innen kritisch untersuchen. Wenn sie diese Prozesse dokumentieren wollen, um sie dann detailliert zu analysieren, können es aber nur wenige sein. Zudem müssen sie erst einmal Supervisor/innen bzw. Coaches finden, die das alles mitmachen. Auch hier finden sich also Selektionsprozesse. Nun kann man auch Berater/innen bzw. ihre Klient/innen befragen. Hier wird aber nur das erzählt, was erzählt wird. Ob aber eine Erzählung das wiedergibt, was tatsächlich stattgefunden hat? Wer kann das wissen...

Schon wegen dieser vielfältigen Filterprozesse ist es nicht einfach, eine *Theorie* eines Formats (Buer 2007b) auszuarbeiten, die den Anspruch erheben kann, die tatsächlichen Geschehnisse in diesen Prozessen „wahrheitsgetreu" nachzuzeichnen und plausibel durchschaubar zu machen. Da ist es wesentlich einfacher, sich auf die *Konzipierung* eines Formats zu beschränken. Dann geht es nur darum, ein Modell zu entwerfen und sich, seinen Klient/innen und der interessierten Öffentlichkeit gegenüber zu behaupten, dass man sich „im Prinzip" danach richtet. Das ist zur Imagepflege wichtig, kann aber auch tatsächlich für das konkrete Handeln im Prozess Orientierung bieten.

Wenn wir also zwischen einer *Theorie*, die die Wirklichkeit kritisch darstellen will, und einem *Konzept*, dass ein zustimmungsfähiges Orientierungsmodell bietet, unterscheiden, dann müssen wir feststellen: Es gibt auf dem Markt nur wenige Versuche einer solchen Theoriebildung. Manches wird zwar Theorie genannt, ist dann aber doch nur ein Konzept (z.B. Birgmeier 2006). Da ich mich (und uns) nicht überfordern möchte, beschränke ich mich hier somit auf einige Anmerkungen zur Konzeptbildung. Und da es sowohl bei der Supervision wie beim Coaching um persönliches Lernen im Arbeitskontext in einem Setting geht, in dem der Kommunikationsmodus Beratung dominant ist, gelten die folgenden Überlegungen für beide Formate gleichermaßen.

Es geht also um die Frage: Welches Wissen benötigen wir, um Modelle zu konzipieren, die zum einen die Erfordernisse und Gegebenheiten der Praxis aufnehmen, zum anderen aber auch möglicherweise kontrafaktisch Maßstäbe setzen und Zielhorizonte eröffnen, die mit guten Gründen angestrebt werden sollten? Ich behaupte: Hierzu benötigen wir das Erfahrungswissen der Praktiker/innen, das Wissen der Wissenschaftler/innen und das Reflexionswissen der Philosophie. In den meisten Publikationen treten diese drei Wissenssorten immer nur vereinzelt oder bis zur Unkenntlichkeit durchmischt auf. Ich meine aber, dass wir mehr davon haben, wenn wir sie klar trennen und erst dann aufeinander beziehen. Dann relativieren sie sich nämlich und bieten nach diesem gegenseitigen Relativierungsprozess gültigeres Wissen als zuvor.

Ich werde also zunächst die Vor- und Nachteile dieser drei Wissenssorten darstellen. Danach werde ich im Geist des Pragmatismus skizzieren, wie diese drei Sorten sinnvoll aufeinander bezogen werden können.

2. Die drei Wissenssorten

2.1 Durchdachte Erfahrung – der Beitrag der Praktiker/innen

Der Vorteil der Praktiker/innen liegt sicher darin, dass sie wirklich dabei gewesen sind. Sie haben Erfahrung, auf jeden Fall mit den Jahren. Zu ihrem Geschäft gehört es, dass sie das, was sie getan haben, kontinuierlich reflektieren und das, was sie zu tun gedenken, immer wieder für jeden Prozess neu konzipieren. Sicher kann man dieses Geschäft auch vernachlässigen und die damit verbundenen Defizite durch suggestive Inszenierungen zu kompensieren suchen. Und das kann durchaus bei den Klient/innen Gefallen finden. Auch können die veröffentlichten Erfahrungsberichte geschönt sein. Und es kann sein, dass der Selbsterkenntnisprozess trotz trainierter Selbstexplorationskompetenz – zumindest zeitweise – vernebelt oder gar systematisch kanalisiert ist.

Wenn diese Beschränkungen dann in Kontrollsupervisionsprozessen zumindest stellenweise aufgehoben werden, tauchen hier sicher Erkenntnisse auf, die tatsächlich „nahe dran" sind. Deshalb bietet sich hier ein großes Feld der Wissensgenerierung über Supervision und Coaching, das vielmehr als bisher systematisch genutzt werden sollte.

Trotz dieser zu beachtenden Einschränkungen sind aber diese durchdachten Erfahrungen der Praktiker/innen die wichtigste Wissensquelle, über die wir verfügen. Und wenn wir die Publikationen – vor allem in den einschlägigen

Fachzeitschriften – genauer anschauen, haben wir hier viele Erfahrungsberichte vor uns: Sie zeigen meist, wie und warum ein bestimmtes Handlungskonzept funktioniert hat. Und viele Praktiker/innen lesen diese Berichte, um sich in ihrer eigenen Praxis bestätigt zu fühlen oder um sich neue Anregungen für ihre Praxis zu holen. Wenn's dann in diesen Texten – oft nur zu Legitimationszwecken – wissenschaftlich wird, schaltet der Leser eh häufig ab.

Dieses Erfahrungswissen ist sicher auch von wissenschaftlich gewonnenem Wissen tangiert, schon weil die Praktiker/innen eine einschlägige Wissenschaftssozialisation mitgemacht haben. Nach den Jahren jedoch bilden sich originäre Kategorien heraus, mit deren Hilfe die eigene Praxis eigenständig zurechtgelegt wird. Das wird in den Publikationen nicht so sichtbar, wie es sich aber tatsächlich in den Gesprächen unter Kolleg/innen zeigt. Das hängt leider mit einer gewissen Wissenschaftsgläubigkeit vieler Praktiker/innen zusammen. Sie haben sich – meist von Wissenschaftler/innen – einreden lassen, Professionalität zeige sich vor allem in der Verwissenschaftlichung ihrer Praxis. Aus diesem Geist stammt auch die Rede von der „Supervision als angewandter Sozialwissenschaft“ (z.B. bei Schreyögg 2004) oder vom „Coaching als angewandter Psychologie“ (z.B. bei Lippmann 2006). Damit wird aber den Wissenschaften eine Vorherrschaft eingeräumt, die durch nichts gerechtfertigt ist.

Und so gibt es leider eine – oft unbewusste – Kollusion zwischen wissenschaftsgläubigen Praktiker/innen und an Vorherrschaft interessierten Wissenschaftler/innen: Viele Praktiker/innen sind froh, wenn sie die Verantwortung für die Seriosität des Formats, das sie verkaufen, der Wissenschaft übergeben können. Und viele Wissenschaftler/innen sind froh, wenn ihnen hier ein dankbares Feld der Forschung und Theoriebildung überlassen wird. Wenn das aber nur so läuft, dürfen sich Praktiker/innen nicht wundern, wenn die Ergebnisse dieser Art von Wissenschaft oft wenig praxistauglich sind.

2.2 Elaborierte Forschung – der Beitrag der Wissenschaftler/innen

Für Supervision wie für Coaching gibt es keine per se zuständigen Wissenschaften. Umfangreichere Forschungs- bzw. Theoriebildungsprozesse finden oft als Qualifizierungsmaßnahmen an Universitäten statt. Und die müssen sich nun mal auf die Wissenschaften konzentrieren, in deren Kontext man promoviert oder habilitiert wird. Hier spielen Psychologie und Pädagogik die Hauptrolle. Die betreuenden und begutachtenden Wissenschaftler/innen sind nun aber oft keine Supervisions- bzw. Coachingexpert/innen. Und die Promovend/innen haben zudem oft keine Ausbildung in dem zu untersuchenden Format absolviert und verfügen erst recht nur selten über eigene längere Praxiserfahrung. Daher gehen die Fragestellungen wie die Herangehensweisen dieser Arbeiten allzu oft an den interessanten Themen vorbei.

Aus diesem Grund habe ich schon 2001 ein Promotionsförderungsprojekt bei der Deutschen Gesellschaft für Supervision angestoßen. Hier werden den Promovend/innen Supervisionsexpert/innen an die Seite gestellt, die für adäquate Untersuchungen praxisrelevanter Fragen sorgen sollen. Manche Promovend/innen haben dieses Angebot bisher dankbar angenommen.

Wenn es überhaupt an Fachhochschulen oder Universitäten Professorenstellen speziell für Supervision bzw. Coaching gibt, dann müssen diese Wissenschaftler/innen auch Praktiker/innen sein, sie müssen schließlich in diesen Formaten dann auch ausbilden. Aus dieser Gruppe gibt es sicher die meisten Publikationen, vor allem längerer Art. Wenn wir aber genau hinsehen, handelt es auch hier meist um Konzepte (so z.B. auch Buer 1999; 2004a) oder erste Ansätze zur Bildung einer kritischen Theorie (so z.B. bei Buer 2004b), sehr selten um Forschungsprojekte im strengen Sinn (z.B. in Bezug auf Supervision: Giesecke u. Rappe-Giesecke 1997; Berker u. Buer 1998; Gaertner 1999; Möller 2001; Petzold u.a. 2003; Siller 2004; DGSv 2006). Das Problem ist, dass Forschung in diesem Feld bisher jedenfalls äußerst selten durch Forschungsgesellschaften oder Stiftungen gefördert wird, fast alles muss mit Bordmittel gemacht werden. Und ich sehe nicht, dass sich das ändert.

Der Vorteil wissenschaftlich elaborierter Forschung wäre also, dass sie differenzierteren Fragestellungen mit größerem Aufwand nachgehen könnte. Der Nachteil ist aber, dass das ressourcenintensiv ist und dazu gegenwärtig zu wenig Geld zur Verfügung gestellt wird. Wer seine Hoffnung also einzig und allein auf die Wissenschaft setzt, um endlich haltbares Wissen generiert zu bekommen, das allgemein Anerkennung findet, hat aufs falsche Pferd gesetzt.

2.3 Begründete Orientierung – der Beitrag der Philosophie

Wenn nun auch das Wissenschaftswissen über Supervision und Coaching gegenwärtig nicht sonderlich ausdifferenziert ist, wenn nun auch das Praxiswissen nicht sonderlich selbstkritisch in der Fachöffentlichkeit erscheint, so kann man doch sagen: Wir verfügen immerhin über so viel Wissen, dass verantwortungsvolle Praxis betrieben werden kann. Was aber weitgehend fehlt, sind fundiert begründete Maßstäbe für eine „gute Praxis“. Diese Gütekriterien ergeben sich nämlich nicht einfach aus Feststellungen, was ist. Wenn etwa aus dem, was ist, geschlossen wird, was sein soll, so handelt es sich dabei um den berühmten „naturalistischen Fehlschluss“. Der taucht z.B. bei Möller auf, wenn sie aus der Untersuchung dreier Supervisionsverläufe „Merkmale exzellenter Supervision im stationären Setting“ ableitet (Möller 2001: 290 ff.). Wissenschaft liefert durch Forschung Deskriptionen, Philosophie kann dagegen Präskriptionen entwerfen und begründen. Und Konzepte bieten Entwürfe, wie etwas gemacht werden sollte. Sie basieren auf Werten und enthalten Normen, deren Sinnhaftigkeit erst einmal plausibel gemacht werden muss.

Praktiker/innen machen zwar in ihrer Praxis Erfahrungen, was gut funktioniert. Sie bemühen sich sicher, aus diesen Erfahrungen für die künftige Praxis die richtigen Konsequenzen zu ziehen. Aber ist das, was funktioniert, tatsächlich auch das Beste? Auch können Wissenschaftler/innen feststellen, was als „best practice“ nicht nur von Klient/innen, sondern auch von Fachleuten angesehen wird. Aber sind diese Qualitätskriterien tatsächlich begründet? Es geht ja nicht nur darum, was fachlich als „state of the art“ angesehen wird. Da sich Supervision wie Coaching mit Menschen befassen, die als Fach- und Führungskräfte verantwortungsvolle Tätigkeiten durchführen, die sich auf Arbeit und Leben vieler Mitmenschen – teilweise erheblich – auswirken (Buer u. Schmidt-Lellek, 2008a), müssen diese Maßstäbe nicht nur fachlich, sie müssen auch ethisch und gesellschaftspolitisch begründet sein.

Bei einer ethischen Begründung geht es nicht nur darum, wie Beratungsprozesse gestaltet sein müssen, damit sie nicht nur nicht schaden, sondern vor allem hervorragend nützen. Die Adressaten müssen auch für ihre eigene Praxis Maßstäbe und Orientierungen an die Hand bekommen, nach denen sie ihr eigenes Tun begründet bewerten können. Und in diese Bewertungen müssen nicht nur die berechtigten Interessen dieser Adressaten, deren Auftraggeber, Mitarbeiter/innen und Kund/innen eingehen. Es muss auch bedacht werden, wie sich diese Praxis auf die Entwicklung der Gesellschaft auswirkt, in der all diese Menschen leben. Es geht also auch um eine soziale oder politische Ethik, die Vorstellungen enthält, wie eine gute Gesellschaft aussehen könnte, zumindest was unbedingt zu verhindern wäre.

Diese philosophische Reflexion wird entweder vermieden mit dem Hinweis: Das sei unwissenschaftlich und führe nur zu schädlicher Moralisierung oder gar Politisierung. Oder sie wird nur indirekt betrieben: Manche affektiv vorgebrachte Kritik lässt auf unterschiedliche politische Gesellschaftsentwürfe schließen (z.B. bei Gaertner 2004; oder bei Gröning 2004). Es wäre schön, wenn diese sozialethischen und gesellschaftspolitischen Debatten häufiger explizit geführt würden. Das setzte aber voraus, dass hier in einem vernünftig geführten Diskurs Argumente ausgetauscht werden. Und wenn das nicht weiterführt, auf faire Weise Abgrenzungen vollzogen werden (wie etwa gegenüber der „Hellingerschaft“). Diese Debatten können aber auch Annäherungen bringen, die immerhin Bündnisse in bestimmten Angelegenheiten ermöglichen würden.

Die akademischen Philosophen beschäftigen sich nun aber nicht mit Supervision und Coaching, von Ausnahmen einmal abgesehen. Daher müssen Praktiker/innen wie Wissenschaftler/innen aus diesem Feld eben selbst philosophieren. Allein dadurch können Maßstäbe für gute Praxis in einem insgesamt gelingenden Leben gewonnen werden.

Um aber diese drei unterschiedlichen Wissenssorten überhaupt aufeinander beziehen zu können, bedarf es einer Metaperspektive. Vermutlich gibt es zu diesem Zweck verschiedene Möglichkeiten. Ich will hier nur die vorstellen, die mir selbst schon länger weitergeholfen hat (Buer 1999: 37 ff.; 2007d; Buer/ Schmidt-Lellek 2008b).

3. Der Pragmatismus – ein Modell der Verbindung der drei Wissenssorten

Diese Denkrichtung wurde in den 70er Jahren des 19. Jahrhunderts in den USA von Charles Peirce, William James, John Dewey und Georg H. Mead begründet (Nagl 1998). Sie hatte in den USA rasch Auswirkungen auf die Psychologie, die Soziologie, die Pädagogik, die Philosophie und die Politikwissenschaft. In Deutschland wurde sie zunächst sehr zurückhaltend aufgenommen, wohl weil ihre Rezeption von zahlreichen Missverständnissen geprägt war. Heute jedoch spielt sie nicht nur in der Pädagogik (Bohnsack 2005), sondern auch in der Philosophie wieder eine prominente Rolle (Fellmann 1991; Craig 1993; Rorty 1994; Joas 2000). Nun vertreten die einzelnen Autoren durchaus unterschiedliche Positionen. Allen gemeinsam ist aber:

- Pragmatisches Denken ist *antifundamentalistisch*. Es bestreitet, dass es „Letztbegründungen“, feststehende Aprioris, invariant gültige „Absoluta“ geben kann. Damit wendet sich der Pragmatismus gegen transzendentalphilosophische, metaphysische oder szientistische Positionen.
- Pragmatisches Denken kritisiert jede *Universalisierung* deterministischer Erklärungsmuster. Jede soziale Entwicklung ist das Resultat historischer Handlungszusammenhänge, die so oder auch anders hätten verlaufen können. Aus Erfahrungen können keine Gesetze abgeleitet werden, nur Handlungsmaximen.
- Pragmatisches Denken ist *pluralistisch*. Es wendet sich gegen die Reduktion unterschiedlichster Wissensformen und Wissenschaftsdisziplinen auf nur ein Wissensideal, das dann leicht zur Orthodoxie gerinnt. Vielmehr kann in jedem Wissen zutreffende Erkenntnis stecken.

Daher zeigt der Pragmatismus eine große Verwandtschaft mit dem Dekonstruktivismus, der postmodernen Philosophie und dem Sozialen Konstruktivismus (vgl. Neubert 1998). In unserem Zusammenhang sind vor allem die folgenden drei Aspekte bedeutsam:

3.1 „Experience" – die Basis allen Wissens

Seit der Antike beherrschen die Dualismen von Theorie und Praxis und von Kultur und Natur das abendländische Denken. Theorie und Kultur werden als das jeweils Höherwertige angesehen und werden somit zum zentralen Gegenstand der traditionellen Philosophie. Der Pragmatismus dagegen – hier vor allem John Dewey (1998) – sieht Praxis und Natur als das Primäre an, aus dem sich alles Weitere evolutionär entwickelt (Engler 1992; Neubert 1998; Jörke 2003). Das, was die Menschen als Naturwesen in ihren alltäglichen Lebensvollzügen tatsächlich machen, sind Erfahrungen. Diese primären Erfahrungen sind emergente Produkte der Natur, wir können auch sagen, der Körperlichkeit des Menschen (Shusterman 2000). Erfahrungen sind das, was wir wirklich haben, und das sind Erfahrungen des In-der-Welt-Seins. Diese primäre Erfahrung wird als Ganzheit erlebt, als Wechselspiel von Aktivität und Passivität in der konkreten Situation. Erst wenn in der unmittelbaren Erfahrung eine Irritation auftritt, sodass die Anpassung an die Umwelt nicht mehr nach gewohnten Mustern erfolgen kann, setzt beim Menschen Denken ein. Erst in diesem reflexiven Problemlöseprozess wird die zunächst unmittelbare Einheit der Erfahrung getrennt. Subjekt und Objekt treten zu analytischen Zwecken so lange auseinander, bis die Reflexion beendet wird und das direkte Erleben wieder hergestellt ist.

Die Qualität der menschlichen Erfahrung ist aber von den gesellschaftlichen Verhältnissen tangiert, in denen die Menschen ihre Erfahrungen machen. So sind die Erfahrungen in der modernen Welt zumeist in sich zerrissen, inkohärent, unabgeschlossen. Wenn dann durch Handeln etwas verändert wird, werden neue Möglichkeiten und Sinnhorizonte eröffnet. Die Folge davon ist Wachstum der menschlichen Erfahrung. Findet dann wieder ein Ausgleich von Aktivität und Passivität, oder genauer zwischen Routine und Kreativität statt, wird diese sekundäre Erfahrung als neue Einheit erlebt, als in sich vollendet und ausgeglichen. Dadurch hat sie einen ästhetischen Charakter gewonnen (Dewey 1988). Es geht Dewey also nicht um mehr Wissen von, sondern um ein Wachstum qualitativer Erfahrung.

Werden Praxisprobleme nicht einfach durch Routine oder bloßes Ausprobieren, sondern durch innovative Kreationen gelöst, spricht Dewey von intelligentem Handeln. Der lebendige Zweifel führt zum Denken, welches, wenn es erfolgreich ist, den Zweifel beseitigt und eine neue Verhaltensgewohnheit („habit") etabliert. Denken oder Erkennen ist also selbst eine Form des Handelns, und zwar die Interaktion, durch die andere natürliche Interaktionen der Steuerung unterworfen werden. Die Erkenntnis hat also eine „instrumentelle“ Funktion: Sie soll die Handlung so kontrollieren, dass sie zu einer Bereicherung unmittelbarer Erfahrung führt. Die sekundäre Erfahrung wird wieder zu einer primären. Wir können auch sagen: Eine sekundäre Erfahrung ist nur dann wahr, wenn sie die primäre Erfahrung qualitativ bereichert. *William James* (Diaz-Bone/ Schubert 1996) drückt diesen Gedanken so aus:

Wahrheit ist „etwas, das wesentlich mit der Art und Weise verbunden ist, in der uns ein bestimmtes Moment unserer Erfahrung zu anderen Momenten führen kann, die zu erreichen der Mühe wert ist. (…) Wenn irgendein Moment unserer Erfahrung uns zu einem wahren Gedanken anregt, so bedeutet dies, dass wir früher oder später, von diesem Gedanken geleitet, wieder in die Besonderheiten der Erfahrung eintauchen und vorteilhafte Verbindungen mit ihnen aufnehmen“ (James 2001: 134f.). D.h.: „Wahrheit *passiert* einer Vorstellung. Sie *wird* wahr, sie wird durch ein Ereignis wahr *gemacht*. Ihre Wahrheit *ist* tatsächlich ein Ereignis, ein Prozess: der Prozess nämlich, in dem sie sich selbst wahr macht, ihre Veri-*fikation*. Die Gültigkeit einer Vorstellung ist nichts anderes als eben dieser Prozess des Sich-geltend-Machens oder der Validierung“ (a.a.O.: 133).

Was bedeutet das alles für unsere Fragestellung? Die praktisch tätigen Supervisor/innen und Coaches sollen gute Erfahrungen machen. Die sind aber an solche Praxen gebunden, die auch ihre Klient/innen gute Erfahrungen machen lassen. Machen sie jedoch schlechte Erfahrungen, müssen sie über ihre Praxis nachdenken. Finden sie für diese Praxisprobleme kreative Lösungen, dann zeigt sich ihr Wahrheitswert darin, dass sie tatsächlich die Klient/innen bessere Erfahrungen in deren Praxiszusammenhängen machen lassen. Es geht also um einen zirkulären Prozess zwischen Theorie und Praxis, dessen Wert an einer verbesserten Praxis der Klient/innen zu messen ist.

Wenn der einzelne Coach diesen Prozess reibungslos in Gang halten kann (evtl. mit supervisorischer Unterstützung), dann ist alles gut: Ein Wachstums an qualitativer Erfahrung seiner Klient/innen ist ja garantiert. Erst wenn diese Prozesse auf breiter Front von den Klient/innen, aber auch von den Coaches selbst als unbefriedigend angesehen werden, dann ist eine kollektive Veranstaltung von Nöten. Hier könnte kollektive Fremdhilfe der individualistischen Selbsthilfe aufhelfen. Hier könnte sekundäres Forschen der primären Forschung weiterhelfen.

Festzuhalten ist: Erfahrung ist nicht nur der Ausgangspunkt jeglicher Erkenntnisbemühungen. Er ist auch der Zielpunkt. Es geht nicht darum, immer mehr Wissen über Supervision oder Coaching anzuhäufen. Es geht darum, die Adressaten dieser Formate bessere Erfahrungen durch verbesserte Praxis machen zu lassen. Das ist das Kriterium.

3.2 Forschung als „inquiry“ auf allen Ebenen

Gute Supervisor/innen bzw. Coaches sind also als die primären Forscher/innen anzusehen: Sie machen mit ihren Klient/innen im gemeinsamen Prozess Erfahrungen, die die mitgebrachten Erfahrungen der Klient/innen verändern sollen. Diese haben nämlich ihre eigenen Erfahrungen in Zweifel gezogen. Sie haben über ihre schlechten Erfahrungen nachgedacht, aber keine Lösung gefunden, die sich in ihrer Praxis „bewährt“ oder „bewahrheitet“ hat, also wieder in primäre Erfahrung übergehen konnte. Deshalb haben sie sich an jemanden gewandt, der sie professionell in diesem Untersuchungsprozess begleiten kann. Zwar setzen die Supervisor/innen und Coaches in dieser professionellen Untersuchung verschiedene Verfahren ein. Doch lässt sich dieser Prozess durchaus als ein Forschungsprozess beschreiben (vgl. Niemeyer 1987; R. Fuhr 1992), der nach Deweys (2002) Modell fünf Phasen umfasst (Krüger 2000):
(1) *Die unbestimmte Situation*: Das Wechselverhältnis von Organismus und Umwelt ist in einer bestimmten Situation in einen Zustand des Ungleichgewichts geraten.
(2) *Die Problembestimmung*: Es muss unterschieden werden: Was kann noch als sicher gelten, was ist dann problematisch? Nur darauf müssen sich die Untersuchungsfragen richten.
(3) *Die Bestimmung der Problemlösung*: Zunächst gilt es, einen Hintergrund von haltbaren Überzeugungen festzuhalten, die für die Lösung offener Fragen genutzt werden können. Die Suche nach Lösungen richtet sich dann auf Antizipationen möglicher Konsequenzen von ersten Mutmaßungen. Diese werden zu klaren Ideen durch den Abgleich von begrifflichem Denken und empirischen Beobachtungen.
(4) *Logisches Denken und rationaler Diskurs*: Die Lösungsidee wird dann mit dem bereits vorhandenen Wissen abgeglichen und so operationalisiert, dass sie experimentell überprüft werden kann, ihre möglichen Konsequenzen sichtbar werden.
(5) *Die Wiederherstellung der unproblematischen Situation.*

Diesen Forschungsprozess nennt Dewey eben nicht *research*, sondern *inquiry*, also Untersuchung, Ermittlung. Dabei ist der Erkenntnisprozess immer auch als Lernprozess angelegt: Die Erkenntnisse sollen in Denk- und Verhaltensgewohnheiten übergehen, die automatisch in vergleichbaren Situationen Berücksichtigung finden.

Ein jeglicher Erkenntnisprozess lässt sich auf dieses Modell beziehen, vom alltäglichen Denkprozess, der allein oder im Dialog mit Nahestehenden vollzogen wird, über einen Untersuchungsprozess, den Professionelle der Beziehungsarbeit anleiten, bis hin zu elaborierten Forschungsprojekten von Wissenschaftler/innen. Die Unterschiede zwischen diesen drei Ebenen sind in diesem Modell nicht prinzipiell gesetzt, sondern ergeben sich graduell. So bewegen sich die Untersuchungsprozesse in der Supervision zwischen alltäglichen Denkprozessen und wissenschaftlicher Forschung. Zentraler Untersuchungsmodus ist die „Abduktion“ im Gegensatz zur Induktion und zur Deduktion, wie sie Peirce herausgearbeitet hat (Nagl 1992: 107 ff.). In Deweys Modell bewegt sich die Abduktion auf der 3. Stufe des Forschungsprozesses:

Der Klient kommt mit seinen bisherigen Lösungsmodellen nicht weiter. Es muss ein neues gefunden werden. Und eben dieser Vorgang ist ein kreativer, er lässt sich logisch nicht beschreiben und eben deshalb auch nicht planen. Peirce nennt diesen Vorgang schließlich etwas hilflos „Raten“. Da das Finden einer neuen Lösung also nicht als Schlussfolgerung nach einer festgelegten Logik durchgeführt werden kann, kann man sich nur durch eine bestimmte Haltung für die Emergenz einer neuen Idee öffnen. Der Sozialforscher Reichertz (2003: 66) beschreibt diese Haltung so:

„Der abduktive Schlussfolgerer ist neugierig, er beobachtet viel und intensiv, stets bereit, sich überraschen zu lassen. Stößt er auf etwas Ungewöhnliches, seine Erwartung Enttäuschendes, dann macht er sich *nicht* schnell seinen Reim darauf. Er macht genau das Gegenteil: er beobachtet weiter, spricht mit sich und anderen, kramt in der Erinnerung nach ähnlichen Erfahrungen, lässt sein ganzes Wissen *‚floatieren'* und wartet darauf, dass sich irgendwann eine mögliche einheitliche Deutung aller oder zumindest vieler überraschender Details einstellen wird“.

Ist das nicht eine wunderbare Beschreibung für die professionelle Arbeit in der Supervision bzw. im Coaching? Der Erkenntnisprozess ist hier allerdings nicht solipsistisch, sondern dialogisch-kommunikativ angelegt: Der Professionelle wie der Klient begeben sich gemeinsam in diesen Untersuchungsprozess. Beide überprüfen zunächst, ob nicht traditionelle Denkmuster (Deutungsmuster, mentale Modelle, Interpretationsfolien) auf diesen Fall angewandt und durch Induktion oder Deduktion Lösungen generiert werden können. Erst wenn das nicht gelingt, ist Abduktion gefragt. Und hier hat der Professionelle für ein entsprechend kreatives Lernfeld zu sorgen, in dem bei ihm wie bei seinem Klienten neue Lösungsideen aufsteigen können.

Und da die Garantierung eines solchen Feldes eben das Schwierigste einer professionellen Tätigkeit ist, benötigt der Professionelle ein ihm passendes Verfahren: Es soll ihn selbst kreativ machen, sodass seine kreative Gestimmtheit auf den Klienten übergeht, dessen verfestigte Denk-, Gefühls- und Handlungsmuster auflockert und neue Ideen aufsteigen lässt.

Dieser Untersuchungsprozess lässt sich als Aktionsforschung oder Handlungsforschung begreifen (vgl. Moser 1995): Die Arbeitszusammenhänge der

Klient/innen werden quasi „natürlich" im Prozess umfassend nacherlebt, um kooperativ konkrete Vorgänge in konkreten Situationen zu untersuchen und Vorstellungen und Kompetenzen zu einer besseren Gestaltung in der Zukunft zu entwickeln.

Supervision bzw. Coaching geschieht also zunächst zur Untersuchung und Verbesserung fremder Erfahrungen. Zugleich muss aber immer dieser Prozess selbst beobachtet und mitreflektiert werden. Aus der Resonanz der Klient/innen bzw. seinen eigenen Beobachtungen kann der Supervisor bzw. Coach auf die Wirksamkeit seiner Bemühungen schließen. Und aus diesen Erfahrungen kann er erkennen, was weiterhilft und was nicht. Wenn das methodisch angeleitet geschieht, kann man mit Fug und Recht von Forschung sprechen. Insofern sind professionelle Beziehungsarbeiter/innen die primären Forscher/innen in diesem Feld. Forschung von Wissenschaftler/innen ist demgegenüber immer sekundär. Sie kann diesen primären Forschungsprozess genauer und ausführlicher dokumentieren, als das üblicherweise den Praktiker/innen möglich ist, um ihn dann differenzierter zu analysieren (z.B. Möller 2001). Und sie kann die vielen Berichte von Praktiker/innen einer Sekundäranalyse unterziehen (z.B. Petzold u.a. 2003). Je näher sie somit an den Erfahrungen der Praktiker/innen dran bleibt, umso praxistauglicher werden die Ergebnisse sein.

Wissenschaftliche Untersuchungen dienen aber oft weniger der Praxisverbesserung, sie haben eher eine Legitimationsfunktion: Es soll gezeigt werden, dass die korrekte Anwendung eines Formats tatsächlich zielführend ist, eine Investition sich also lohnt (vgl. Künzli 2006). Aus der Wirkungs-Forschung dieser Art lässt sich aber nun mal nicht schließen, dass das Coaching, das Frau X Herrn Y anbietet, genau so korrekt verläuft und somit kausal vorhersehbare Ergebnisse erzielen wird. Die Skepsis der Auftraggeber bzw. Nachfrager kann also nicht durch Hinweis auf Forschungsergebnisse dieser Art aufgelöst werden.

Ich halte also das Lamentieren, dass Supervision oder Coaching noch zu wenig erforscht seien, beide Formate sich also noch in einem vorprofessionellen Studium befänden, für völlig unangemessen. Es bedarf nicht so sehr weiterer sekundärer Forschung durch die *scientific community*, sondern einer Ermutigung der *professional community*, ihre primäre Forschung ernster zu nehmen und sie differenzierter zu dokumentieren. Und zu diesem Zweck wäre Kooperation beider Forschergruppen angezeigt.

3.3 Zielbestimmung als demokratischer Prozess

Was aber *sollen* Supervision bzw. Coaching leisten? Der Pragmatismus gibt eine einfache Antwort: Diese Formate sollen mit ihren Mitteln und in ihrem

Rahmen dazu beitragen, dass ihre Klient/innen in Zukunft bessere Erfahrungen machen. Und das soll dadurch geschehen, dass sie Erkenntnisprozesse auslösen, in denen Praxismöglichkeiten aufscheinen, deren Umsetzung wahrscheinlich auch die davon Betroffenen gute Erfahrungen machen lassen. Und für diese Verifikation sollen sie kompetent gemacht und ermutigt werden.

Was nun eine bessere Praxis ist und was gute Erfahrungen sind, das muss in der Supervision bzw. im Coaching antizipiert werden. Und das geht am besten durch einen Rollentausch mit den Betroffenen. Aus diesem Prozess ergeben sich konkrete Vorhaben, für deren Umsetzung der Klient die Verantwortung übernehmen muss. Da aber nicht alle Reaktionen vorhersehbar sind, auch immer vieles dazwischen kommen kann, müssen die dann gemachten Erfahrungen wiederum ausgewertet werden, so dass daraus korrigierende Konsequenzen für die weitere Praxis gezogen werden können.

In diesem Prozess ist der Professionelle zum einen an die Interessen seiner Auftraggeber/innen bzw. Adressaten gebunden. Er ist aber auch seiner Fachlichkeit und seinem Berufsethos verpflichtet. Er muss also einen Weg finden, den er sich selbst bzw. seiner Profession gegenüber verantworten kann. Damit sind Grenzen gesetzt. Innerhalb dieser Grenzen ist aber der Erkenntnisprozess offen. Jenseits von Status und Position kann sich jeder Teilnehmer an einem Supervisions- bzw. Coachingprozess gleichberechtigt einbringen. Was als gute Praxis angesehen wird, muss zwar letztlich der Falleinbringer entscheiden. Er muss sich aber den Bewertungen der anderen stellen.

Auch in der Arbeitswelt selbst müssen im Prinzip alle an dieser neuen Praxis Beteiligten und von ihr Betroffenen für eine Evaluation einbezogen werden. Sinnvoll wären Lösungen, die demokratisch entschieden würden bei vertraglich zugesicherter Akzeptanz der vorgegebenen Primäraufgabe der jeweiligen Arbeitsorganisation.

Insofern werden in Supervision wie im Coaching demokratische Aushandlungsprozesse angestoßen, weil nur sie menschenwürdige und dauerhafte Lösungen bieten können. Supervision und Coaching sind somit Formate, durch die ein Demokratisierungsprozess auch in der Arbeitswelt vorangetrieben wird. Dieser weite und fundamentale Demokratiebegriff ist vor allem von Dewey propagiert worden (vgl. Jörke 2003; Hartmann 2003).

4. Die Verantwortung der Praktiker/innen für gute Konzepte

Aus all diesen Überlegungen folgt: Was letztlich zählt, sind gute Erfahrungen. Und die sollen primär die Adressaten der Supervisions- bzw. Coachingprozesse machen; aber auch die, die von deren Praxis betroffen sind. Darauf haben die

Praktiker/innen zu achten. Dann machen auch sie gute Erfahrungen. Sie sind also die primären Forscher/innen. Die Wissenschaftler/innen haben sie dabei sekundär zu unterstützen. Da dieses Wissen aber unterschiedlich gewonnen wird und unterschiedlichen Filterprozessen ausgesetzt ist, wäre ein systematischer kontinuierlicher Austausch dieser beiden Wissenssorten wichtig. Es sollte in Zukunft also nicht nur Wissenschaftlerkongresse oder Praktikertagungen geben. Es sollten vermehrt auch Veranstaltungen durchgeführt werden, auf denen beide Gruppen ihr je eigenständiges Wissen gegenüberstellen. Erst dann wäre eine gegenseitige kritische Prüfung auf gleicher Augenhöhe möglich.

Ziel wäre die Verbesserung der Praxis von Supervision bzw. Coaching. Und dazu bedarf es primär Konzepte, die auf erfahrungsgesättigtem Wissen beruhen, aber auch wertgebundene Orientierungen eröffnen. Und diese Orientierungen lassen sich eben nicht aus dem, was ist, ableiten. Hier bedarf es einer philosophischen Reflexion. Hier sehe ich gegenwärtig das größte Defizit.

Da gute Konzepte entscheidend sind für gute Praxis, tragen vor allem die Praktiker/innen die größte Verantwortung, dazu das nötige Wissen zusammen zu bekommen. Sie dürfen diese Verantwortung nicht an die Wissenschaft abschieben. Sicher dürfen sie die Wissenschaftler/innen in die Pflicht nehmen, ihren Beitrag dazu zu liefern. Wichtiger aber ist es, den eigenen Forschungsprozess angemessen auszugestalten. Und sie dürfen sich die Maßstäbe und Zielhorizonte nicht einfach allein von ihren Auftraggebern und Adressaten vorgeben lassen. Sie müssen selbständig und eigenverantwortlich festlegen, auf welche Weise immer wieder neu Verbesserungen der Praxis bestimmt werden können, Verbesserungen, die ein Wachstum qualitativer Erfahrungen für möglichst viele gewährleisten. Ein solches Konzept aber ist ein Versprechen, das nach Einlösung verlangt.

Literatur

Berker, Peter / Buer, Ferdinand (Hrsg.) (1998): Praxisnahe Supervisionsforschung. Münster: Votum

Birgmeier, Bernd R. (2006): Coaching und Soziale Arbeit. Grundlagen einer Theorie sozialpädagogischen Coachings. Weinheim: Beltz

Bohnsack, Fritz (2005): John Dewey. Ein pädagogisches Porträt. Weinheim: Beltz

Buer, Ferdinand (1999): Lehrbuch der Supervision. Der pragmatisch-psychodramatische Weg zur Qualitätsverbesserung professionellen Handelns. Münster: Votum

- (Hrsg.) (2004a): Praxis der Psychodramatischen Supervision. Ein Handbuch (2. Aufl.). Wiesbaden: VS Verlag

- (2004b): Über die professionelle Kompetenz, Professionalität kompetent darzustellen. Und welche Rolle die Supervision heute dabei spielt. In: Ders., Siller, Gertrud (Hrsg.): Die flexible Supervision. Wiesbaden: VS Verlag: 161-201.

- (2007a): Beratung, Supervision, Coaching und das Psychodrama. Eine Landkarte zur Orientierung in unübersichtlichem Gelände. ZPS 2. 151-170.

- (2007b): Zehn Jahre Format und Verfahren in der Beziehungsarbeit. Zur Rezeption einer bedeutsamen Unterscheidung. OSC 14. 3. 283-300
- (2007c): Coaching, Supervision und die vielen anderen Formate. Ein Plädoyer für ein friedliches Zusammenspiel. In: Schreyögg, Astrid / Schmidt-Lellek, Christoph (Hrsg.): Konzepte des Coaching. Wiesbaden: VS Verlag: 117-136.
- (2007d): Unsicherheiten im Beratungsdiskurs. Wozu Berater und Beraterinnen Philosophie brauchen – Pragmatismus zum Beispiel. In: Schreyögg, Astrid / Schmidt-Lellek, Christoph (Hrsg.): Konzepte des Coaching. Wiesbaden: VS Verlag: 163-188.
-, Schmidt-Lellek, Christoph (2008a): Einführung. In: Dies.: Life Coaching für Fach- und Führungskräfte. Göttingen: Vandenhoek & Ruprecht
- (2008b): Life-Coaching für Fach- und Führungskräfte. Wie man sinnvoll, glücklich, verantwortlich und stilvoll leben und arbeiten kann. Fundiertes Orientierungswissen für Coaches. Göttingen: Vandenhoek & Ruprecht
Craig, Edward (1993): Was wir wissen können. Pragmatische Untersuchungen zum Wissensbegriff. Frankfurt/M.: Suhrkamp
Deutsche Gesellschaft für Supervision (Hrsg.) (2006): Der Nutzen von Supervision. Verzeichnis wissenschaftlicher Arbeiten. Köln: Eigenverlag
Dewey, John (1934/1988): Kunst als Erfahrung. Frankfurt/M.: Suhrkamp
- (1929/1998): Die Suche nach Gewißheit. Frankfurt/M. : Suhrkamp
- (1938/2002): Logik. Die Theorie der Forschung. Frankfurt/M.: Suhrkamp.
Diaz-Bone, Rainer / Schubert, Klaus (1996): William James zur Einführung. Hamburg: Junius.
Engler, Ulrich (1992): Kritik der Erfahrung: Die Bedeutung der ästhetischen Erfahrung in der Philosophie John Deweys. Würzburg: Königshausen u. Neumann
Fellmann, Ferdinand (1991): Symbolischer Pragmatismus. Hermeneutik nach Dilthey. Reinbek: Rowohlt
Fuhr, Reinhard (1992): Plädoyer für alltägliches Forschen. Gestalttherapie, Sonderheft Forschung, 84-95
Gaertner, Adrian (1999): Gruppensupervision – Theoriegeschichtliche und fallanalytische Untersuchungen. Tübingen.: edition diskord
- (2004): Supervision in der Krise – Expansionismus, Unschärfeprofil und die Ausblendung der Selbstreflexion. In: Buer, Ferdinand / Siller, Gertrud (Hrsg.): Die flexible Supervision. Wiesbaden: VS Verlag: 79-100
Giesecke, Michael / Rappe-Giesecke, Kornelia (1997): Supervision als Medium kommunikativer Sozialforschung. Die Integration von Selbsterfahrung und distanzierter Betrachtung in Beratung und Wissenschaft. Frankfurt/M.: Suhrkamp
Gröning, Katharina (2004): Institutionelle Modernisierung und die flexible Supervision. In. Buer, Ferdinand / Siller, Gertrud (Hrsg.): Die flexible Supervision. Wiesbaden: VS Verlag: 63-76
Hartmann, Michael (2003): Die Kreativität der Gewohnheit. Grundzüge einer pragmatistischen Demokratietheorie. Frankfurt/M.: Campus
James, William (2001): Pragmatismus. Ein neuer Name für einige alte Denkweisen. Darmstadt: Wiss. Buchgesellschaft
Joas, Hans (Hrsg.) (2000): Philosophie der Demokratie. Beiträge zum Werk von John Dewey. Frankfurt/M.: Suhrkamp
Jörke, Dirk (2003): Demokratie als Erfahrung. John Dewey und die politische Philosophie der Gegenwart. Opladen: Leske & Budrich
Krüger, Hans-Peter (2000): Prozesse der öffentlichen Untersuchung. Zum Potential einer zweiten Modernisierung in John Deweys „Logic. The Theory of Inquiry" (1938). In: Joas, Hans (Hrsg.): Philosophie der Demokratie. Frankfurt/M.: Suhrkamp: 194-234
Künzli, Hansjörg (2006): Wirksamkeitsforschung im Führungskräftecoaching. In: Lippmann, Eric (Hrsg.): Coaching. Heidelberg: Springer: 280-294

Lippmann, Eric (Hrsg.) (2006): Coaching. Angewandte Psychologie für die Beratungspraxis. Heidelberg: Springer
Möller, Heidi (2001): Was ist gute Supervision? Grundlagen – Merkmale – Methoden. Stuttgart: Klett-Cotta
Moser, Harald (1995): Grundlagen der Aktionsforschung. Freiburg: Lambertus
Nagl, Ludwig (1992): Charles Sanders Peirce. Frankfurt/M.: Campus
- (1998): Pragmatismus. Frankfurt/M.
Neubert, Stephan (1998): Erkenntnis, Verhalten und Kommunikation. John Deweys Philosophie des „experience" in interaktionistisch-konstriktivistischer Interpretation. Münster: Waxmann
Niemeyer, Christian (1987): Der Praktiker als Forscher – Psychoanalyse als Erkenntnistheorie und als Metatheorie psychologischen und pädagogischen Erkennens und Handelns? Psyche: 193-237.
Reichertz, Jo (2003): Die Abduktion in der qualitativen Sozialforschung. Opladen: Leske & Budrich
Petzold, Hilarion / Schigl, Brigitte / Fischer, Martin / Höfner, Claudia (2003): Supervision auf dem Prüfstand. Opladen: Leske & Budrich
Rorty, Richard (1994): Hoffnung statt Erkenntnis. Eine Einführung in die pragmatische Philosophie. Wien: Passagen
Schreyögg, Astrid (2004): Supervision. Ein integratives Modell. Lehrbuch zu Theorie und Praxis (4. Aufl.). Wiesbaden.: VS Verlag
Shusterman, Richard (2000): Dewey über Erfahrung: Fundamentalphilosophie oder Rekonstruktion? In: Joas, Hans (Hrsg.): Philosophie der Demokratie. Frankfurt/M.: Westdt. Verlag: 81-115
Siller, Gertrud (2004): Ökonomisierungsprozesse im Sozial- und Gesundheitswesen und ihre Folgen für die Supervision aus individueller Perspektive – Empirische Forschungsergebnisse. In: Buer, Ferdinand / Siller, Gertrud (Hrsg.): Die flexible Supervision. Wiesbaden: VS Verlag: 35-62.

Dialog und Lerngeschichten – Nachhaltige Veränderungsprozesse in Organisationen

Gerhard Fatzer

Veränderungsmanagement, Change Management oder Organisationsentwicklung sind heute wichtige Formen, wie Organisationen innovativ und lernfähig werden oder bleiben. Innovationsfähigkeit ist eine der Notwendigkeiten für heutige Unternehmen oder Organisationen aus dem Not-for-Profit Bereich, im Wettbewerb sich zu entwickeln und den Entwicklungsverlauf von einer Pionierorganisation bis hin zu einer differenzierten oder sogar reifen Organisation zu durchlaufen. Vor allem Ed Schein hat in seinen Grundlagenwerken zur „Organisationskultur" (2003) gezeigt, dass eine Organisation je nach ihrer Entwicklungsphase unterschiedliche Kulturen braucht. Veränderungsmanagement ist heutzutage in den meisten Fällen nicht Restrukturierung oder Reform, sondern Kulturentwicklung. Dies wird von den Führungsverantwortlichen oft falsch eingeschätzt. Häufig schlagen Restrukturierungen oder Transformationsprojekte fehl, weil sie dies zu wenig berücksichtigen. Die Forschung zeigt, dass die Misserfolgsquote z.B. bei Fusionen oder Joint Ventures ein erschreckendes Ausmaß von bis zu 70 Prozent erreicht haben. Die beiden hier vorgestellten Ansätze des Dialogs und der Lerngeschichten haben das Potenzial, Veränderungsprozesse nachhaltig zu machen. Sie sind entstanden als Produkte aus den „Fünf Disziplinen", dem Grundlagenwerk von Peter Senge am MIT zur „lernenden Organisation" und als Forschungszweig aus dem Organizational Learning Center (OLC) von Senge.

Dialog ist eine viel versprechende neue Gesprächsform, die als Grunddisziplin einer lernfähigen Organisation betrachtet werden kann. Die Grundideen sind alt und auch schon in anderen Kontexten wie Therapie oder Politik lange bewährt. Neu ist diese Grundlage sowohl in ihrer Anwendung auf Veränderungsprozesse in Teams und Organisationen als auch im interkulturellen Kontext.

Dieser Beitrag soll die Grundformen des Dialogs darstellen und sie in den Anwendungskontext von „Lerngeschichten" in Organisationen und Teams übersetzen. Weiterführende Darstellungen finden sich in der Zeitschrift *Profile*, wo sowohl Dialog als auch „Lerngeschichten" Haupt-Themenschwerpunkt waren (*Profile* 1.2001, 3.2002, 4.2002, 7.2004).

1. Dialog – Grundlagen und Grundfähigkeiten

Die Idee des Dialogs geht zurück auf Versuche in den 80er Jahren, neue Formen des Gesprächs und der Erkenntnis zu praktizieren, und ist eng verbunden mit dem Atomphysiker und Erkenntnis-Philosophen David Bohm. Die grundlegenden Ideen zum Dialog sind in seinem Buch „Der Dialog“ (1993) ausgeführt.

In diversen Dialog-Reihen zu verschiedenen Themen hat Bohm eine Vielzahl von Teilnehmern involviert und auch internationale Dialoge geführt. Dabei war es ihm nicht nur wichtig, Dialoge zu führen, sondern auch Gedanken zum Dialog selbst als Gesprächsform zusammenzutragen.

Dialog ist eine Gesprächsform, die zum Ziel hat, „gemeinsam zu denken“ und die grundlegenden Formen des Denkens darzustellen. Dialog ist eine Kunst und Praxis, die erlernt werden muss und die tiefe Formen der Erkenntnis ermöglicht. Dialog steht im Gegensatz zu einer Diskussion oder Debatte, wo es darum geht, dass einer der Beteiligten Recht hat. Im Dialog haben alle Recht, da alle die Grundlagen ihres Denkens, nämlich ihre Grundannahmen darstellen. Dialog geht aus von vier Grundfähigkeiten oder Dialog-Kernkompetenzen, die nötig sind, um einen Dialog zu führen, nämlich Listening (Zuhören), Voicing (Sprechen, Sich ausdrücken – sozusagen als Gegenstück) dann Respecting (Respektieren) und Suspending (etwas in der Schwebe halten) (vgl. Isaacs 1999).

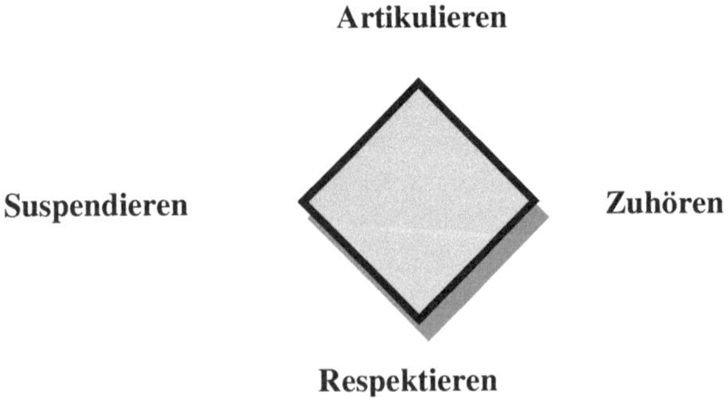

Abb. 1: Kernkompetenzen von Dialog (©Isaacs 1999)

Dialog wird als Gegensatz zu Diskussion oder Debatte gesehen, wo es darum geht, in einer Erörterung Recht zu haben oder einen Sieg davonzutragen. Dialog geht davon aus, dass Wahrheit und Erkenntnis nur im gemeinsamen Erörtern gelingen kann. Wenn man diese Gesprächsform einsetzt als „Begleitform“ oder „Reflexionsmöglichkeit“ bei Veränderungs-, Lern- und Entwicklungsprozessen in Organisationen, bei Personen und Teams, dann kann man die Nützlichkeit und den Stellenwert dieser Gesprächsform für „lernende Organisationen" oder für Transformationsprozesse sehen.

Scharmer (1998) hat in Erweiterung der Fünf Disziplinen von Peter Senge eine neue Übersicht der Grunddisziplinen für Transformationsprozesse gemacht, und Dialog ist neben Prozessberatung eine der Grunddisziplinen. Im Dialog entsteht Kontakt nicht dadurch, dass man sich anschaut oder dass man emotionale Befindlichkeiten austauscht, sondern indem man zusammen denkt. Eine Dialoggruppe unterscheidet sich daher auch grundlegend von einer Selbsterfahrungs- oder Therapiegruppe.

Hauptsächliche Form des Dialogs ist der Kreis. Hilfreich ist die Vorstellung, dass alle zu einem Feuer in der Mitte sprechen. Paradebeispiel ist die Zeltszene der Indianer im Film „Der mit dem Wolf tanzt", wo sich die Indianer beraten, was sie angesichts der Bedrohung durch die Weißen unternehmen sollen.

Der *Dialog* ist primär ein Mittel zur *Entschleunigung*, das angesichts der immer schneller werdenden turbulenten Situationen in und außerhalb der Unternehmen oder Organisationen zentral ist. Die meisten Veränderungsprojekte oder Restrukturierungen scheitern daran, dass sie nicht genügend Zeit zum Experimentieren und Lernen zur Verfügung stellen. Es sind heute verschiedentlich Gesprächsrunden in Form von Dialog etabliert worden, wie z.B. in der Form der „Runden Tische" oder auch in Form „Strategischer Dialoge" von Vorstandsmitgliedern mit allen Beteiligten eines Transformationsprojektes in einem Unternehmen, sei dies Qualitätsentwicklung, Organisationsentwicklung oder Kulturentwicklung.

Ausdrucksfähigkeit (Aspiration) • Fähigkeit, gemeinsame Vision und Klarheit der „Mission" durch das ganze System zu evozieren • Fähigkeit zu inspirierter Führung	***Dialog*** *(Konversation)* • Unterschiedlichkeit, Tiefe bei Entscheidungsprozessen • Entspannung unter Druck • schwierige Themen offen und direkt ansprechen • relevante strategische Fragen ansprechen	***Komplexität*** • unintendierte Resultate von Aktivitäten werden verstanden • Lösungen mit großer Hebelwirkung • Sicht dahinterliegender Gründe für Systemfunktionen

Tab. 1: Grundlagen der lernenden Organisation

Der Dialog verfolgt das Ziel, einen so genannten „Behälter" oder „Container" zur Verfügung zu stellen. Dialoge durchlaufen verschiedene Phasen und damit auch Krisen. Normalerweise hat Alltagskommunikation oder das Gespräch in einem Team oder einer Organisation folgende Formen, wie sie auch bei Scharmer (1998) dargestellt wurden:

- Stimme erheben: seine eigene Wahrheit sprechen; subjektive Perspektive
- Zuhören: Wertschätzung, Empathie
- In der Schwebe halten: Wille, Vorurteile zur Seite zu legen und alles unter diversen Blickpunkten zu betrachten
- Respekt einbeziehen, Platz für eine Diversität von Perspektiven einräumen

Solche Normalformen zeigen auf, warum Dialog nützlich und notwendig ist, um Lern- und Entwicklungsprozesse zu begleiten. Wir haben verschiedentlich begonnen, die Grundformen des Dialogs in Ausbildungsgruppen, bei Führungskräfteentwicklung oder bei gemischten Gruppen – bestehend aus Kunden und Beratern und Managern durchzuführen, durchwegs mit positiven Erfahrungen.

2. Lerngeschichten als Dokumentation von Veränderungsprozessen

Ganz ähnlich wie Dialog im Rahmen der „Fünf Disziplinen" von Peter Senge entwickelt und auf Unternehmenskontexte angewendet wurde, wurden auch die „Lerngeschichten" als Dokumentation von Veränderungsprozessen bei Teams und Organisationen entwickelt. Die Forscher im Kontext der „Fünften Disziplin" um Peter Senge waren vor die Aufgabe gestellt worden, durch Organisationsforschungsansätze „Beispiele von lernenden Organisationen" zu dokumentieren. George Roth als Forschungsdirektor des Organization Learning Center (OLC) stand zusammen mit einer Forschergruppe mit Art Kleiner und der beratenden Stimme von Edgar Schein und Chris Argyris vor dieser Herausforderung. So entstand die „Learning History"-Methode als eine qualitative Forschungsmethode, welche in der Tradition von Dialog, Aktionsforschung, ethnographischen Methoden und Interventionsmethoden der Organisationsentwicklung (wie Großgruppenansätzen) steht. Dies lässt sich illustrieren anhand von Ausschnitten aus George Roths *Learning History Manual* (1996: 2-4):

„Wenn eine Organisation oder ein Team einen Lern- oder Veränderungsprozess durchlaufen hat, brauchen die Mitarbeiter der gesamten Organisation einen Feedbackprozess, der ihnen Orientierung und Unterstützung bietet. [...] Eine Lerngeschichte ist ein Dokument, oder eine Serie von Dokumenten, vor allem in audiovisueller Form, das in einer strukturierten Form gestreut wird in der Organisation [...] Die Lerngeschichte erzählt die Geschichte der Veränderung in den eigenen Worten der Teilnehmer [...] und repräsentiert die Organisation, die zu sich selbst spricht [...] sie enthält Berichte von Aktionen und Resultaten [...] und auch die Beschreibung von Lernmethoden und Techniken – die Absicht, die Tools und das Design einer Intervention [...]. Zu guter Letzt enthält die Lerngeschichte auch die dahinter liegenden Grundannahmen und das „Reasoning" oder die Begründungen, welche zu den Aktionen geführt haben.

Sie enthält die Perspektive einer Vielzahl von Menschen (auch der Personen, welche den Effort nicht unterstützten) [...] und zielt auf das Entwickeln einer Organisationsinfrastruktur ab, um Lernen zu unterstützen [...] Das Dokument wird zu einem Artefakt und kreiert einen Kontext für Dialog, den die Organisation sonst nicht durchführen könnte. Die Produktion einer Lerngeschichte kann 15 bis 90 Manntage über eine Periode von sechs Monaten umfassen, kann also sehr aufwendig sein."

Die meisten Projekte einer Lerngeschichte starten mit drei Fragen:
(1) Wie können wir den Erfolg unserer Organisationsveränderung beurteilen?
(2) Wie kann der Rest der Organisation von dieser Erfahrung profitieren?
(3) Was enthüllen unsere Vorgehensweisen bis jetzt über unsere Möglichkeiten zum Erfolg und unser Potenzial für Misserfolg?

Heutzutage führen viele Organisationen Veränderungsprojekte durch, häufig in Form von Restrukturierungen, Reengineering, Fusionen usw. In den meisten Fällen ist keinerlei Form der gemeinsamen Reflexion der erlebten Geschichte vorgesehen, weil solche Organisationen nicht dafür ausgestattet sind. So versanden dann viele dieser Ansätze, ohne nachhaltige langfristige Wirkung.

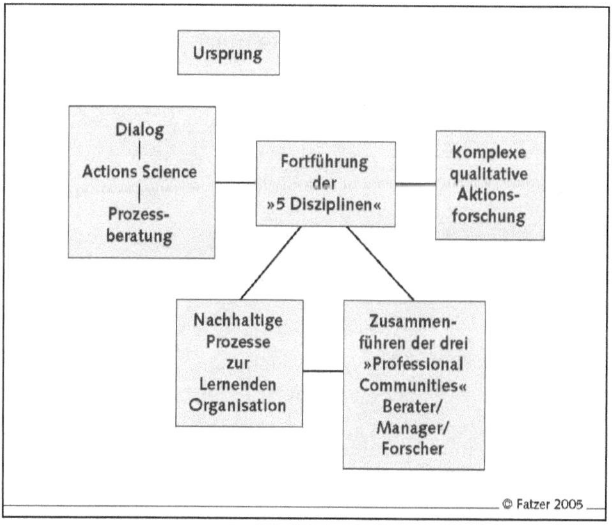

Abb. 2: Lerngeschichte und Nachhaltigkeit von Veränderungsprojekten

Die Forschung zu solchen Veränderungsansätzen zeigt eine Misserfolgsquote von manchmal bis zu 70 Prozent. Natürlich ist eine Lerngeschichte aufwändig, bringt aber gegenüber einem „Survey" diverse Vorteile. Was sind die Vorteile einer „Learning History"?

(1) Sie ist ein Prozess, nicht nur ein Produkt.
(2) Umfragen tendieren dazu, die Antworten zu produzieren, welche durch das Top Management vorgegeben werden.
(3) Umfragen über qualitative Erfahrungen werden in quantitative Formen umgewandelt und werden dadurch inhaltsleer.
(4) Die Methode der „Lerngeschichte" trainiert eine Kerngruppe von internen Mitarbeitern im „reflektierenden Interview" und in der Konzentration des Materials in eine konsistente „Story" der laufenden Transformationsprozesse.
(5) Lerngeschichten können die Skepsis verwenden und einbauen, die unter Mitarbeitern in Transformationsprozessen existiert.
(6) Sie ist eine Geschichte der „effektiven Praktiken" statt der „Best Practices".
(7) Lerngeschichten sind für die Aktionsforschung, was das Mikroskop für die Physik war (Chris Argyris).

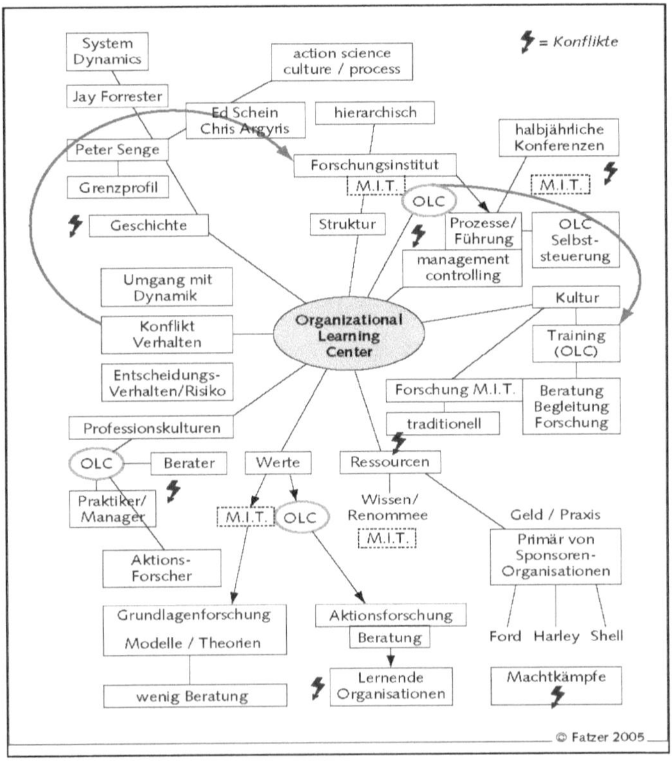

Abb. 3: Lerngeschichten des OLC (Organizational Learning Center)

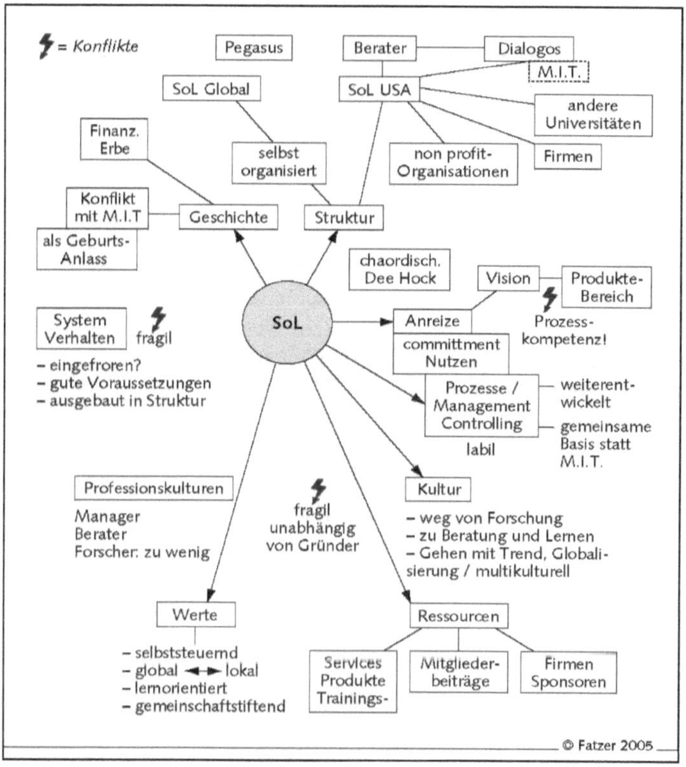

Abb. 4: Lerngeschichten der SoL (Society of Organizational Learning)

Die verschiedenen Stufen des Schaffens einer „Lerngeschichte“ umfassen:
1. Planung: die Grenzen bestimmen. Sie wird typischerweise durch ein Planungsteam durchgeführt. Im Fallbeispiel mit OLC und SoL umfasste diese Phase die Vorinterviews, wo wir mit Schlüsselpersonen die wichtigsten Dimensionen der Befragung und des Interviews und der Dokumentenanalyse bestimmten.
2. Reflektive Forschung: Interviews und Datensammlung. Interne und externe Lernhistoriker führen reflektive Dialoginterviews mit Teilnehmern des Veränderungsprojektes durch. Bei unserem Beispiel war dies in Form von drei Interviewserien, die so aufgebaut waren, dass wir zwar von den gleichen Kernfragen ausgingen, dass sich aber mit fortschreitender Datensammlung immer neue Hypothesen ergaben, welche getestet werden konnten.

3. Distillation: Etablieren von Schlüsselthemen und „Kritischen Handlungsanliegen“. Dies umfasst das Benennen von wichtigen Schlüsselanliegen und Kernhypothesen und auch das Aufzeigen von Dilemmata und Tabuthemen.
4. Schreiben: Produktion eines Übergangobjektes.
5. Validierung: Reflektives Feedback.
6. Dissemination: Anwendung und der Transfer des Lernens.
7. Publikation und Erreichen eines weiteren Publikums.

Die Abbildungen 3 und 4 zeigen eine Übersicht von zwei Lerngeschichten, wie wir sie in Profile 8 unter dem Titel "Wissensentwicklung in Beratungsnetzwerken" dargestellt haben. Es ist die Lerngeschichte von Peter Senge´s zwei Organisationen, mit denen er über 20 Jahre sein Netzwerk aufgebaut hat. Die erste Grafik zeigt das OLC (OrganisationsLernCenter) am M.I.T. in Boston, die zweite Abbildung zeigt SOL (Gesellschaft für lernende Organisation), wie sie seit 10 Jahren jetzt unabhängig besteht.

3. Basisprinzipien von „Lerngeschichten“

Lerngeschichten sind eine Form der Dokumentation von Lernprozessen in Organisationen. Wir haben bereits früher ausgeführt, dass Organisationen heute keine andere Wahl haben als „lernende und innovative Organisationen“ zu sein oder zu werden.

Lernen findet statt als „Lernen aus der Erfahrung“, aber „kollektives Lernen aus der Erfahrung ist problematisch“. Diesen Punkt führt auch Schein aus und er zieht daraus die Schlussfolgerung, dass in den meisten Projekten „einzelne Individuen gelernt haben, aber sehr viel weniger Teams oder die Gesamtorganisation“. Kommunikation, die sich auf Lernen konzentriert, muss Forschung, aber auch mythische oder pragmatische Elemente enthalten. Reine Forschung mit Zahlen ist häufig zu neutral, um Lernprozesse auszulösen. Dies ist im Beispiel von „Unilever“ (Roth 2003) die Geschichte der Wanderung der 150 obersten Führungskräfte.

Niemand kann die gesamte Geschichte aufzeigen, es sind alles Teilaspekte einer Gesamtgeschichte. Alle Einzelsichten sind Reflexionen von allgemeinen Verhaltensmustern in einem System. Organisationen „wissen“, was sie zu hören brauchten, aber es fehlt ihnen oft die Fähigkeit zu hören. Hier wird wieder der Bezug zur Grunddisziplin des Dialogs hergestellt.

Organisationen brauchen eine etablierte Infrastruktur für Reflexion. Claus Otto Scharmer geht hier noch einen Schritt weiter und spricht in seinem „Presencing“- Ansatz von so genannten „Aufwachräumen“.

Geschichten enthalten „Unaussprechbares“. Nehmen wir das Beispiel von Digital Equipment Corporation, so ist es die Heldenstory von Ken Olson, dem Gründer, zusammen mit einer engen Gruppe. Bei Microsoft enthält dies die Story der beiden Gründer, die immer noch zusammen ein erfolgreiches Team bilden. Zusätzlich ist es die Story des dritten Gründers Paul Allen, der sich abgesetzt hat. Das Beispiel von Peter Senge enthält die Story der Gründergruppe um „Innovation Associates“, die Story der beiden Söhne von Jay Forrester (Senge und John Sterman), die Ed Schein in seinem Interview anspricht, und die Story des Teams um Peter Senge (Daniel Kim, Bill Isaacs, Fred Kofman u.a.).

4. Dialog als neue Kommunikationsform im Unternehmen

Wir haben zu Beginn einige wichtige Grundlagen von Dialog als einer vielversprechenden neuen Gesprächsform, die als Grunddisziplin einer lernfähigen Organisation betrachtet werden kann, dargestellt. Es waren dies die Entstehungsgrundlagen, die vier Grundfähigkeiten oder Dialog-Kernkompetenzen, Dialog als eine der neuen Fünf Disziplinen (nach Scharmer 1998) und die Normalkommunikation in Unternehmen als Anlass, in einen Dialog zu treten. Wir möchten in diesem Beitrag auf die Ausweitung von Dialog in die Organisation eingehen und die Notwendigkeit von Dialog bei Veränderungsprozessen illustrieren. Zudem soll auf dem Hintergrund der Arbeiten von Scharmer (2000) der Dialog als eine Form des Organisationslernens erörtert werden.

Betrachtet man heute eine Vielzahl von Veränderungsprojekten in Organisationen wie Restrukturierungen, Installation von Qualitätsmanagement, Reengineering oder jetzt auch flächendeckende Großgruppenansätze wie Zukunftskonferenz, Real Time Strategic Change oder „Open Space“ (vgl. *Profile* 3.2002), so fällt auf, dass viele dieser Ansätze scheitern, weil kein Raum gegeben wird, um die neuen Arbeitsformen, die neuen Abläufe und Prozesse, die Qualitätskriterien bei der Kundenbeziehung etc. in allen Konsequenzen zu bedenken.

Bei all diesen Ansätzen haben wir es mit Lernprozessen von Personen, Teams oder ganzen Systemen zu tun. Vielfach werden solche Veränderungsprozesse durch interne Berater oder Führungskräfte und durch externe Berater unterstützt. Momentan steht die Beraterbranche angesichts von massiven Misserfolgen bei Swissair (durch Mc Kinsey), bei Privatbanken (durch Price Waterhouse) und bei deutschen Projekten unter Beschuss[1].

[1] siehe z.B. div. Beiträge in *Manager Magazin; Bilanz*, Interview mit dem Chef von Mc Kinsey im *Tages Anzeiger* vom 14.8.2001.

Schaut man genauer hin, fällt auf, dass bei diesen Change-Management-Desastern in den meisten Fällen wirksame Qualitäts- und Feedbackmechanismen gefehlt haben. Dies hat sicher damit zu tun, dass fast alle Projekte als Expertenberatungsprojekte angelegt waren, was die erwarteten und bei Schein breit dargestellten Probleme schafft. Untersucht man die Projekte genauer, kann man feststellen, dass Gefäße für einen Dialog unter allen Beteiligten gefehlt haben, dass stattdessen „defensive Routinen" zwischen den Beratern und den Auftraggebern im Gang waren (Argyris 1996a/b) und dass sämtliche Prinzipien guter Prozessberatung (Schein 2000) außer Acht gelassen wurden. Nehmen wir die Grundbeschreibungen von Dialog, könnte diese Gesprächsform einiges von diesen Grundbedingungen guter Veränderungsprojekte erfüllen.

5. Dialog als neue Gesprächsform bei Veränderungsprozessen

Führungskräfte sehen sich mit verschiedenen Herausforderungen konfrontiert: Sie müssen mit den unterschiedlichen Wellen von disruptivem Wandel umgehen, der den Kontext der gesamten Geschäftswelt neu vorgibt. „Eine Welle hat zu tun mit dem Aufstieg der internetbasierten neuen Ökonomie und dem Prozess der ´Digitisierung´. Die zweite hat mit neuen Beziehungsmustern zu tun: Globalisierung (von Märkten, Institutionen und Produkten), der Individualisierung (von Produkten, Menschen und ihren Karrieren) und der Netzwerkstrukturen. Eine dritte, etwas subtilere Dimension des Wandels hat zu tun mit der zunehmenden Relevanz von Erfahrung und Bewusstsein und der dahinterliegenden treibenden Kraft, nämlich der Spiritualisierung" (Scharmer 2000: 3). Dies alles sind Herausforderungen für den Dialog in Organisationen.

Sehen wir uns die alltägliche Kommunikation in Unternehmen oder Organisationen an, so verläuft diese eher als Schattenseite von Dialog. Das Fehlen dialogischer Praxis limitiert die kollektive Intelligenz, die im Dialog entstehen kann. Dialog ist in dem Sinne Grundlage einer lernfähigen Organisation und daher für Führungskräfte sehr wichtig. Die lernende Organisation zeichnet sich dadurch aus, dass die Fähigkeit zur Selbstreflexion und die Fähigkeiten sich offen zu halten, gut ausgebildet sind.

Dies ist auch Grundlage jedes Veränderungsprozesses und jeder guten Führungskraft. Scharmer (2000) weist zu Recht darauf hin, dass im Konzept der lernenden Organisation von Senge das Lernen primär vergangenheitsorientiert ist (nach dem Lernmodell von Kolb). Öfters findet man allerdings nicht diese Offenheit und Bereitschaft bei Führungskräften und in Organisationen. Stattdessen herrscht eine Kommunikation des Schattens.

Wir finden also statt eines Erhebens der Stimme Heuchelei oder politische Kommunikation. Es ist dies ein Stil von Kommunikation, die Argyris als „Eingeübte Inkompetenz" bezeichnet (Argyris 1996a/b); statt des Prinzips „Etwas in der Schwebe halten" finden wir das Streben nach Sicherheit, statt Respektieren finden wir das Durchsetzen mit Gewalt, und statt Zuhören finden wir das Abdriften in die Abstraktion. Wenn man viele der laufenden Veränderungsprojekte anschaut, sind genau diese Verhaltensweisen zu finden. Man kann sie auch umschreiben als „Defensive Routinen" (Argyris 1996a).

Diese Beurteilungen mögen moralisch klingen, aber ich glaube, sie beschreiben recht gut die Alltagspraxis in vielen Unternehmen. Sehen wir uns diverse große Konzerne an, treffen wir häufig bei der Teamentwicklung oberster Führungsstufen politische oder strategische Kommunikation, wo Ehrlichkeit als Schwäche ausgelegt wird. Diese „defensiven Routinen" dienen nach Argyris vor allem zwei Zielen, nämlich sein Gesicht nicht zu verlieren und auch keine Schwäche zu zeigen.

In einen Dialog einzutreten, stellt natürlich ein Risiko dar und wir haben sowohl bei Führungskräften als auch bei Teilnehmern unserer Ausbildungsgruppen erlebt, dass es bei Dialogverläufen Phasen und auch dazugehörige Krisen gibt. Wendet man den Dialog in Gruppen oder Teams an, so ergeben sich folgende Aktionsebenen:

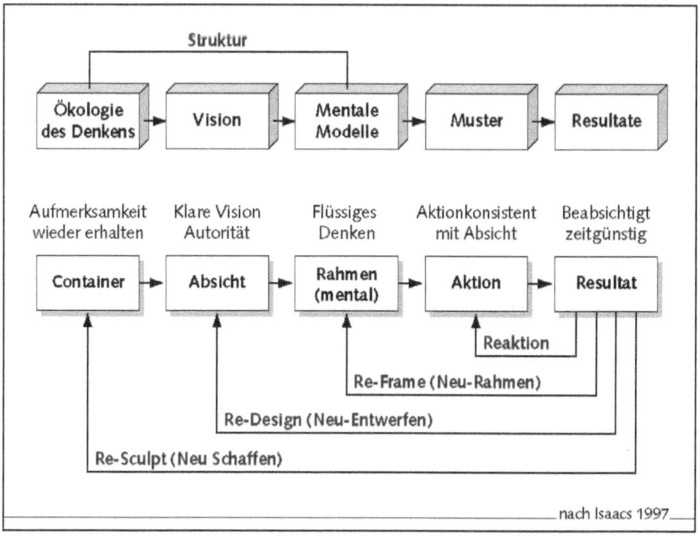

Abb. 5: Aktionsebenen im Dialog (nach Isaacs 1997)

Dieses Modell, das auf Chris Argyris basiert, kann übrigens sehr gut als Landkarte für Lerngeschichten und Teamentwicklung genommen werden. Dialog zeigt sich als allumfassende neue Praxis, die gewinnbringend zur Reflexion von Veränderungsprozessen bei Personen, Teams und Organisationen eingesetzt werden kann.

Literatur

Argyris, C. (1996a): Wenn gute Kommunikation das Lernen verhindert. In: Fatzer, G. (Hg.): Organisationsentwicklung und Supervision: Erfolgsfaktoren bei Veränderungsprozessen (Trias-Kompass 1). Köln: EHP, 109-126

Argyris, C. (1996b): Defensive Routinen gegen Überprüfungen von OE-Projekten. In: Fatzer, G. (Hg.): Organisationsentwicklung und Supervision: Erfolgsfaktoren bei Veränderungsprozessen. Köln: EHP 1996, 127-148

Beucke-Galm, M. (1999): Über die Bedeutung von Dialog in der lernenden Organisation „Schule". In: Beucke-Galm, M./Fatzer, G./Rutrecht, R. (Hg.): Schulentwicklung als Organisationsentwicklung. Köln: EHP, 235-262

Beucke-Galm, M./Fatzer, G./Rutrecht, R. (Hg.) (1999): Schulentwicklung als Organisationsentwicklung. Köln: EHP

Bohm, D. (1993): Der Dialog. Stuttgart: Klett Cotta

Buber, M. (1984): Das dialogische Prinzip. Heidelberg: Schneider

Collins, J. / Porras, J. (1997): Built to last. New York: HarperCollins

Collins, J. (2003): Der Weg zu den Besten. München: dtv

Ellinor, L./Gerard, G. (1999): Dialog im Unternehmen. Stuttgart: Klett Cotta

Garrett, P. (1997): Strategic dialogue. Kursmaterial Trias. Zürich: Trias

Hartkemeyer, M./Hartkemeyer, J./Dhority, L.F. (1998): Miteinander denken. Das Geheimnis des Dialogs. Stuttgart: Klett Cotta

Isaacs, W.N. (1997): Dialogue. Seminarunterlagen Trias Boston. Zürich: Trias

Isaacs, W.N. (1999): Dialogue and the art of thinking together. New York u.a.: Currency. – Dt.: Dialog – die Kunst gemeinsam zu denken. Köln: EHP 2002

Roth, G. (1996): Learning History Manual. Boston: MIT Press

Roth, G. (2003): To the desert and back. The story of the most dramatic business transformation on record. San Francisco: Jossey-Bass

Sackmann, S. (1990): Die Diagnose von sozialen Systemen. In: Fatzer G. (Hg.): Supervision und Beratung. Köln: EHP. – 11. Aufl. 2005

Scharmer C.O. (1998): Darstellungen von der Trias-Konferenz zur »Zukunft der lernenden Organisation« in Stuttgart (zusammen mit Changework)

Scharmer C.O (2000): Presencing. working Paper (s.a. Senge/Scharmer)

Schein, E.H. (1996): Über Dialog, Kultur und Organisationslernen. In: Fatzer, G. (Hg.): Organisationsentwicklung und Supervision: Erfolgsfaktoren bei Veränderungsprozessen (Trias-Kompass 1). Köln: EHP, 209-228

Schein, E.H. (2000): Prozessberatung für die Organisation der Zukunft. Köln: EHP. – 2. Aufl. 2003

Schein, E.H. (2003): Organisationskultur. Köln: EHP

Schein, E.H. (2005): Aufstieg und Fall von Digital Equipment corporation. Eine Learning History oder: DEC ist tot – lang lebe DEC. Köln: EHP

Senge, P./Scharmer, C.O. u.a. (2004): Presence. Cambridge/MA: SoL

Psychodrama und Soziometrie in Supervision und Coaching – Anknüpfungspunkte in der qualitativen Sozialforschung

Hannes Krall

Psychodrama und Soziometrie liefern nicht nur für Supervision und Coaching hilfreiche methodische Bausteine, mit deren Hilfe eine arbeitsplatzbezogene Reflexion von Personen, Teams und Organisationen angeleitet werden kann. Sie bieten darüber hinaus anregende Möglichkeiten Praxisberatung und Praxisforschung zu verbinden. SupervisorInnen und SupervisandInnen können sich mit Hilfe eines szenisch-rekonstruktiven Verfahrens auf einen gemeinsamen Erkundungsprozess einlassen, um eine soziale Situation zu erforschen. Methodisch bieten sich neben den vielen Elementen des Psychodramas Anknüpfungspunkte und Überschneidungen mit anderen qualitativen Verfahren.

In dem Beitrag werden am Beginn das Psychodrama als Verfahren in der Praxisberatung und Praxisforschung vorgestellt und mögliche Ausgangspunkte und Arbeitsebenen in der psychodramatischen Praxisberatung und Praxisforschung angesprochen. Im Anschluss daran werden einige Anknüpfungspunkte des Psychodramas als qualitative Praxisforschung formuliert und Querverbindungen zur ethnografischen („dichten") Beschreibung, zum szenischen Verstehen in der psychoanalytischen Sozialforschung und zur Aktionsforschung thematisiert.

1. Psychodrama und Soziometrie – Bausteine für die Praxisberatung und Praxisforschung

Mit Hilfe von Supervision und Coaching wird im Arbeitsfeld ein Reflexions- und Handlungsraum geschaffen, in dem eine Arbeitssituation zum Untersuchungsgegenstand gemacht wird. Der Supervisor oder Coach ist einerseits selbst forschend tätig, in dem er sich für den Zeitraum der gemeinsamen Arbeit auf das jeweilig angesprochene Arbeitsfeld einlässt, er schafft aber auch einen Rahmen für eine forschende Auseinandersetzung für die am Reflexionsprozess beteiligten Personen, Teams Abteilungen etc. Im gemeinsamen Analyseprozess entstehen reflektierte, „dichte" Beschreibungen (Geertz), die ein erweitertes oder differenzierteres Verstehen einer sozialen Situation ermöglichen und neue Handlungsoptionen eröffnen.

1.1 Konstituenten und Ablauf psychodramatischer Arbeit

Im folgenden Abschnitt wird das psychodramatische Verfahren in der Praxisberatung und Praxisforschung vorgestellt. In der konkreten Arbeit bietet das Psychodrama in der Supervision und im Coaching eine grundlegende Ablaufstruktur. Erwärmung, Spiel oder Aktion und Nachbesprechung mit den verschiedenen Elementen wie der Aufbau einer Szene oder einer soziometrischen Aufstellung, das Einkleiden von Rollen mittels Doppeln oder Interview, die Nachbesprechung mit den Elementen des Rollenfeedbacks, Identifikationsfeedbacks, Sharings und der Prozessanalyse werden an dieser Stelle im Überblick vorgestellt. Am Beispiel des protagonistenzentrierten Psychodramas lassen sich alle Konstituenten psychodramatischer Arbeit darstellen. Das sind

- der *Protagonist,* der ein Anliegen, eine Frage oder eine Problemstellung einbringt und diese als Hauptdarsteller auf der Bühne in Szene setzt. Der Protagonist entscheidet sich freiwillig für die szenische Umsetzung und bestimmt die Inhalte und den Verlauf des Spieles,
- die *Gruppenleitung (meist mit einer Co-Leitung),* die den Gruppenprozess strukturiert und begleitet. Die Leitung ist verantwortlich für die Struktur und den Rahmen des Psychodramas. Sie macht Vorschläge hinsichtlich der Form der Inszenierung und unterstützt den Protagonisten in seiner Arbeit, ohne vorgegebene Lösungen aufzusetzen,
- die *MitspielerInnen in ihren Hilfs-Ich-Rollen*, in denen einzelne Gruppenmitglieder sowohl Teile der Lebenswelt (z.B. Personen im sozialen Umfeld) als auch Anteile der psychischen Innenwelt (z.B. Angst, Zuversicht) des Protagonisten repräsentieren,
- die *Gruppe* als wichtiger sozialer Resonanzkörper für das gesamte Geschehen und als Unterstützung für die einzelnen Gruppenmitglieder und
- die *Bühne* als Ort der Inszenierung, des Spieles und der Aktion.

Der Verlauf einer psychodramatischen Arbeit lässt sich idealtypisch in drei Phasen gliedern:

- *Phase der Erwärmung:* Psychodramatische Einheiten beginnen in der Regel mit einer Einstiegsrunde, bei der nach der momentanen Befindlichkeit gefragt wird und geäußert werden kann, mit welchen Themen, Fragestellungen, Ereignissen etc. sich die GruppenteilnehmerInnen im Augenblick beschäftigen und woran sie in der Gruppe arbeiten wollen. Im Anschluss bieten sich als Erwärmung Einstiegsspiele beispielsweise zur Vertiefung oder Differenzierung eines genannten Themas an. In der Erwärmungsphase wird deutlich, ob es ein oder mehrere Gruppenthemen gibt. Als Vorbereitung für die Spielphase dient die Erwärmung auch der Aktivierung der TeilnehmerInnen.

- *Aktions- oder Spielphase:* Je nach Gruppenentwicklung und Verlauf der Erwärmung kann mit einem Gruppenspiel, einer soziometrischen Übung, einem Protagonistenspiel etc. fortgesetzt werden. Der Psychodramaleiter schlägt ein Spiel vor oder entscheidet mit der Gruppe. Nach dem Einrichten einer Bühne und dem Auswählen von Rollen wird das Spiel in Szene gesetzt.
- *Abschlussphase:* Diese Phase der Nachbesprechung und der Integration setzt sich wiederum aus mehreren Teilschritten zusammen. Dazu zählen Rollenfeedback, Identifikationsfeedback, Sharing und Processing. Nach der Spielphase geben die MitspielerInnen ein *Rollenfeedback.* Sie erzählen, wie sie sich in der Rolle erlebt haben, was sie wahrgenommen haben, was überraschend, irritierend, hilfreich etc. war. Die Rückmeldungen aus ihren Rollen liefern nicht nur wichtige Informationen aus den unterschiedlichen Perspektiven im Sinne einer Komplettierung des Ganzen, sondern unterstützen die Rollenspieler beim Ausstieg aus ihren Rollen. Daher ist besonders bei belastenden Rollen darauf zu achten, dass die MitspielerInnen ausreichend Zeit für ein vollständiges Rollenfeedback erhalten. Im *Identifikationsfeedback* geben die Zuschauer Rückmeldungen darüber, mit welchen Rollenanteilen sie sich im Spiel identifizieren und wessen Perspektiven sie beim Zusehen einnehmen konnten. Danach folgt in einem weiteren Schritt ein *Sharing*, in dem die Gruppenmitglieder mitteilen, welche Aspekte der Rolle bzw. des Spieles sie aus ihrem Lebensalltag kennen. Was haben sie selbst schon erlebt, welche Assoziationen, Erinnerungen, Bezüge tauchen vor dem Hintergrund ihrer eigenen Erfahrungen auf? Das Sharing hat die Funktion, den Protagonisten zu unterstützen und ihn gleichzeitig aus seiner exponierten Lage zu bringen, in dem die anderen Mitglieder der Gruppe aussprechen, welche Aspekte des Spieles ihnen selbst vertraut sind. Die Inhalte des Sharings sind in der Folge auch für die Weiterführung des Gruppenprozesses wichtig. Im *Processing* (Prozessbetrachtung, -analyse) können die im Spiel zutage getretenen Phänomene (z.B. Rollenkonflikte, widersprüchliche gesellschaftliche Erwartungen) eingehender betrachtet oder Fragen zu den gespielten Themen erörtert werden.

Charakteristisch für die psychodramatische Arbeit ist die Verknüpfung von diskursiv sprachlichen und bildhaft szenischen Elementen. Dabei werden in der Supervision unterschiedliche miteinander systematisch verbundene Reflexionsräume genutzt, die vom Supervisor in Absprache mit dem Supervisanden arrangiert werden. „Die Supervisorin (...) stellt Räume und Regieeinfälle zur Verfügung – schafft Erkenntnisquellen durch Bewegung – und begleitet die Supervisanden auf deren Weg des Verstehens, der Veränderung und des Handelns durch Räume und Zeiten“ (Witte 2001: 48).

Katharina Witte unterstreicht, dass ausgehend von der Bühne der Begegnung zwischen dem Supervisor und der Supervisandin der Wechsel auf die Bühne des szenischen Experimentes und somit die Bewegung von gegenwärtigen raum-zeitlichen Konstellationen in zukünftige oder vergangene raum-zeitliche Konstellationen ganz entscheidend ist. Mit Hilfe des Wechsels auf die Bühne des szenischen Experimentes werden andere Sinnesqualitäten (Körperwahrnehmung in einer Situation, Wahrnehmung der Zwischenräume, Abstände, Distanzen, Positionen, Perspektiven, Blickwinkel) und auch die Gefühls- und Willensseite beim Supervisanden aktiviert. Während im Gespräch hirnphysiologisch eher linkshemisphärische Prozesse angeregt werden, kommen im szenischen Experiment durch die Bewegung und die veränderte Körper- und Umweltwahrnehmung verstärkt rechtshemisphärische Wahrnehmungs- und Reflexionsprozesse hinzu.

1.2 Psychodramatische Arrangements und Techniken

Im Gegensatz zum weitgehend formal strukturierten Ablauf des psychodramatischen Verfahrens, das selbstverständlich in der praktischen Arbeit auch variiert werden kann, gibt es ein vielfältiges, manchmal schon unüberschaubares Angebot von konkreten Arbeitsformen auf der „inneren Bühne“ der Imagination, der Zwischenbühne mit Hilfe intermediärer Objekte, wie Handpuppen oder gegenständlichen Symbolen, und der Spielbühne mit RollenspielerInnen im Monodrama oder im Psychodrama in der Gruppe. Mit Begriffen wie psychodramatische Verfahren, Methoden, Techniken, Arrangements etc. versucht man dieses Repertoire an Darstellungs- und Inszenierungsformen zu ordnen. Ferdinand Buer (2001d: 106 ff.) unterscheidet diesbezüglich Arrangements und Techniken. Zu den großen Arrangements zählt er u.a.:

- *Die psychodramatische Inszenierung:* Ein Protagonist stellt in einer szenischen Darstellung etwas von sich oder aus einer vertrauten Interaktion dar. In der Supervision geht es dabei nicht um biografische Entwicklungen des Protagonisten, sondern um das persönliche Involviertsein im arbeitsplatzbezogenen Geschehen oder etwa um die Erprobung zukünftigen Verhaltens.
- *Das Rollenspiel:* Dabei wird von beruflichen Alltagssituationen der SupervisandInnen ausgegangen (z.B. Wie führe ich ein Erstgespräch?), die untersucht oder erprobt werden sollen. Dabei kann das Einüben erwünschten Verhaltens im Vordergrund stehen.

- *Das Stegreifspiel:* Ausgehend von einer Thematik und eines skizzierten Kontextes werden die MitspielerInnen einer Gruppe eingeladen, eine Rolle im Stegreif unter Bezugnahme auf das Thema und die anderen MitspielerInnen zu entwickeln. Die Bühne könnte als öffentlicher Ort (z.B. Autobus, Kaffeehaus) eingerichtet sein, an dem sich unterschiedliche Menschen treffen und sich bezüglich eines Themas (z.B. Sparmaßnahmen in Betrieben) in ein Bühnenspiel verwickeln lassen.
- *Das Soziodrama:* Zu einem vorgegebenen Thema (z.B. Marktorientierung in einer traditionellen Verwaltungsorganisation) nehmen die MitspielerInnen Rollen ein, die idealtypische RollenträgerInnen, gesellschaftliche Instanzen, Prinzipien etc. zum Ausdruck bringen. Ziel dabei kann sein, rollenimmanente Ambivalenzen oder strukturelle Konflikte sichtbar zu machen, um Formen eines angemessenen Umganges damit zu entwickeln.
- *Der Zauberladen:* Die MitspielerInnen treten in einen Handel ein, bei dem sie selbst z.B. Wissen, Fertigkeiten etc. KollegInnen anbieten und anderes dafür erwerben können. Ziel dabei könnte sein, Bewusstseinsarbeit bezüglich der eigenen Kompetenzen, Haltungen, Anforderungen etc. zu fördern und einen ausgewogenen, der Arbeitssituation entsprechenden persönlichen Zugang zu entwickeln.

Kleine Arrangements ermöglichen eine szenische Arbeit auch in kürzeren Supervisionseinheiten. Dazu zählen u.a.:

- *Die Vignette:* Eine kurze Szene wird zur Veranschaulichung einer Situation dargestellt. Dabei wird ein Aspekt eines geschilderten Problems konkretisiert. Eine Vignette kann auch der Erwärmung für ein Thema dienen.
- *Die szenische Komplettierung:* Eine im Geschehen relevante Person wird „eingeflogen“ und steht damit den Teammitgliedern – im Einzelsetting der Supervisandin - zum Rollenwechsel zur Verfügung. Ein Arrangement das im Kontext „permanent abwesende Konfliktfigur“ sehr hilfreich ist.
- *Der „leere Stuhl“:* Es wird eine relevante Person aus dem Arbeitszusammenhang auf einem leeren Stuhl imaginiert bzw. mit einem Mitspieler besetzt, der bezüglich eines vorgebrachten Sachverhalts befragt werden kann.
- *Das Standbild/Die Skulptur:* Ähnlich wie auf einem Foto können beispielsweise MitarbeiterInnen in Form eines Standbildes aufgestellt und betrachtet oder befragt werden. Die Skulptur ist eine Weiterführung eines Standbildes. Eine Skulptur kann genauer ausgestaltet, geformt und verändert werden.
- *Das soziale Atom:* Beziehungen können mit Hilfe eines sozialen Atoms veranschaulicht werden. Dabei werden anhand einer Zeichnung oder in Form einer Aufstellung durch Nähe, Distanz, Blickrichtungen etc. Beziehungen dargestellt

und ausgehend von einer konkreten Fragestellung kann nach Veränderungsmöglichkeiten gesucht werden.

Neben den großen und kleinen Arrangements unterscheidet Buer spezifische Techniken. Dazu zählt er u.a.:

- *Untersuchungstechniken* führen zumeist von einem Interview zur bildhaften, szenischen oder soziometrischen Darstellung und Analyse.
- *Prozessbezogene Veränderungstechniken* sind beispielsweise die Maximierung (ein Aspekt eines Sachverhaltes wird verstärkt oder vergrößert), Tempovariation (Zeitlupen- oder Zeitraffertechnik) oder der Schnitt, also die Unterbrechung einer Szene, um mit einem inneren Monolog oder einem Interview fortzufahren.
- *Personenbezogene Interventionstechniken* sind beispielsweise der innere Monolog (der Supervisand wird aufgefordert Gedanken, Gefühle oder Körperwahrnehmungen auszusprechen), das Doppeln (der Supervisor tritt seitlich hinter den Supervisanden und verbalisiert Wahrnehmungen, Gefühle, Konflikte etc.), das Spiegeln (der Supervisand tritt aus einer Szene heraus und sieht sich von außen wie in einem Spiegel an). Zentrale personenbezogene Techniken sind auch Rollentausch und Rollenwechsel.
- *Integrationstechniken* dienen vor allem dazu, die durch erlebnisaktivierende Techniken erworbenen Einsichten und Fertigkeiten in den beruflichen Alltag zurückzuführen und in das Rollenrepertoire des Supervisanden zu integrieren. Rollen- und Identifikationsfeedback, Sharing und Prozessreflexion sind dabei die zentralen Techniken. Abschließend werden die wesentlichen Ergebnisse der supervisorischen Arbeit ausgehend von der eingangs formulierten Fragestellung des Supervisanden zusammengefasst.

1.3 Die fünf Kommunikationsmodi in der Supervision

Wenn der Supervisor ein Experiment zur weiteren Bearbeitung eines Themas vorschlägt und der Supervisand damit einverstanden ist, treten beide auf die Spielbühne. Vom Aufstehen bis zur Spielbühne wird der Fokus geklärt, durch die Bewegung der Wechsel von einer örtlichen und zeitlichen Realität in eine andere vorbereitet und dadurch auch die Möglichkeit für den Rollentausch und den Rollenwechsel geschaffen (vgl. Witte 2001: 29 ff.). Dabei wird der Kommunikationsmodus gewechselt.

Buer differenziert in der psychodramatischen Supervision zwischen fünf unterschiedlichen Kommunikationsmodi, die unterschiedliche Formen der Auseinandersetzung mit bestimmten Fragestellungen ermöglichen. Als Einstieg in den Supervisionsprozess und zur Abklärung der Rahmenbedingungen dient der Modus der *Konversation*, in der der Supervisor als Dienstleister und der Supervisand als Kunde einander begegnen und die Rahmenbedingungen für eine Supervision klären. Die *Beratung* stellt den zentralen Kommunikationsmodus dar, in der der Supervisor als Berater im Gespräch den Klienten bei einer Klärung seiner Anfrage durch gezieltes Nachfragen unterstützt. Treten fachliche Fragen auf, versucht der Supervisor im Kommunikationsmodus der *Diskussion* diese einer Klärung zuzuführen. Dabei nimmt der Supervisor eine moderierende Rolle ein.

Werden im Beratungsgespräch hinsichtlich der vom Supervisanden eingebrachten Fragestellung widersprechende Positionen, hemmende Konstellationen oder problematische Routinen sichtbar, kann der Supervisor den Kommunikationsmodus eines *Experimentes* vorschlagen. Dadurch können neben den sprachlichen Darstellungen einer Situation mithilfe der diskursiven Symbolik weitere Kommunikationsformen, wie bildhafte und szenische Darstellungsweisen mit ihrer präsentativen Symbolik, miteinbezogen werden. Dies kann den Blick auf eine Problemkonstellation entscheidend erweitern oder verändern und neue Erkenntnisse und Einsichten ermöglichen. Der Supervisor unterstützt dabei als Regisseur die bildhafte oder szenische Umsetzung jener Inhalte, die vom Supervisanden eingebracht werden. Im Experiment werden das Wissen und die Erfahrung des Supervisanden bezüglich einer konkreten Problem- oder Fragestellung durch eigene Erfahrungen erweitert, die sich der Supervisand im Experiment aneignet. Der Perspektivenwechsel – durch Rollentausch oder Rollenwechsel –, die Verfremdung durch Symbolisierung, das körperliche und emotionale Erleben unterschiedlicher Positionen im Spiel oder einer Aufstellung, die Rückmeldungen der MitspielerInnen aus den unterschiedlichen Rollen und die Assoziationen und Ideen sowohl der MitspielerInnen als auch der BeobachterInnen zu den einzelnen Facetten der Darstellung bringen in der Regel reichhaltiges Material für Reflexionen und weiterführende Überlegungen hinsichtlich der Entwicklung und Erprobung von konkreten Handlungsalternativen. Je nach Erfordernis wechselt der Supervisor anschließend wieder in den Kommunikationsmodus der Beratung oder der Diskussion um eine weiterführende Klärung zu ermöglichen. Am Ende einer Supervisionseinheit werden die in den verschiedenen Kommunikationsformen gewonnenen Erkenntnisse hinsichtlich der anfangs eingebrachten Fragestellung in Form eines *Metaloges* zusammengeführt (vgl. Buer 2001b: 18 f.).

2. Psychodrama und Soziometrie – Anknüpfungspunkte im Kontext qualitativer Praxisforschung

Psychodramatische Arbeit setzt in der forschenden und beratenden Auseinandersetzung mit sozialen Phänomenen handelnd an. Ausgehend von einer Frage- oder Problemstellung wird eine soziale Situation zunächst soziometrisch oder szenisch rekonstruiert. Es wird eine erste Fassung einer „Beschreibung" erarbeitet. Diese wird eingehend untersucht und mit Hilfe entsprechender Methoden und Techniken angereichert, ergänzt, erweitert, überarbeitet oder auch neu verfasst. Ziel dabei ist es, ein besseres Verständnis einer sozialen Situation zu gewinnen – sowohl in Bezug darauf, wie sie wahrgenommen und interpretiert werden kann, wie sich entwickelt hat und nicht zuletzt, wie sie umgeschrieben oder neu verfasst werden könnte.

Die fallbezogenen Erkenntnisprozesse beruhen auf den jeweils angewandten methodenspezifischen Möglichkeiten des Beschreibens, Verstehens und Handelns. Diese drei Begriffe sind nicht in einen linearen Zusammenhang zu stellen, sondern wechselseitig aufeinander bezogen und setzen einander voraus. Etwas darstellen, schriftlich, bildhaft oder szenisch beschreiben verlangt eine Handlung, dem ein Verstehen zugrunde liegt. Ebenso ist Verstehen nur als Beschreiben und Handeln möglich: Phänomenen wird Sinn und Bedeutung „zugeschrieben" und sie werden in einen sinnvollen Zusammenhang „gebracht". Verstehen setzt wiederum Handeln und Beschreiben voraus, in dem ein verstehendes Subjekt mit einem Gegenstand oder einem Thema einer inneren oder äußeren Welt in Kontakt tritt, Bedeutungen zuschreibt und sinnvolle Beziehungen herstellt.

Qualitative Forschung setzt sich mit sozialem Handeln, Bedeutungszuschreibungen und Verstehensprozessen in einem sozialen Feld auseinander. Am Beispiel der ethnografischen „dichten" Beschreibung, der psychoanalytischen Sozialforschung und der Aktionsforschung soll dies eingehender dargestellt werden. Mit Hilfe der entsprechenden empirischen Verfahren geht es darum, „die Komplexität von sozialen Phänomenen nicht abstrakt zu konstatieren, sondern *konkret zu veranschaulichen*" (Kelle 2000: 193). Qualitative Forschung strebt eine differenzierte Darstellung komplexer sozialer Wirklichkeit an. Dabei soll eine „hohe Auflösung" oder „Dichte" (Geertz) erreicht werden, wobei dies vor allem durch ein Sich-Einlassen als Forscher und durch eine Nähe zum Objekt erreicht werden kann. Während szenisches Verstehen vor dem Hintergrund psychoanalytischer Sozialforschung und die ethnografisch „dichte Beschreibung" im Sinne eines sich einlassenden und interpretativ zu verstehenden Zuganges primär Erkenntnisgewinn anstrebt, ist die Aktionsforschung nicht nur auf Verstehen und Erkenntnis, sondern auch auf Intervention und Veränderung im Feld gerichtet.

2.1 Die ethnografisch „dichte" Beschreibung

Clifford Geertz betrachtet den Menschen als ein Wesen, das in einem „selbstgesponnenen Bedeutungsgewebe" verstrickt ist, wobei er Kultur als dieses Gewebe ansieht. Er versteht demnach menschliches Verhalten als symbolisches Handeln und fragt nach dessen Bedeutung. Eine Untersuchung von kulturellen Phänomenen ist daher „keine experimentelle Wissenschaft, die nach Gesetzen sucht, sondern eine interpretierende, die nach Bedeutungen sucht" (Geertz 1987: 9).

Der Kulturbegriff nach Geertz „bezeichnet ein historisch überliefertes System von Bedeutungen, die in symbolischer Gestalt auftreten, ein System überkommener Vorstellungen, die sich in symbolischen Formen ausdrücken, ein System, mit dessen Hilfe die Menschen ihr Wissen vom Leben und ihre Einstellung zum Leben mitteilen, erhalten und weiterentwickeln" (Geertz 1987: 46). Geertz spricht von „Symbolsystemen" als Kulturmuster, die eine Informationsquelle „außerhalb der Grenzen des einzelnen Organismus im intersubjektiven Raum allgemeiner Verständigung" (Geertz 1987: 51) darstellen. Diese liefern die Programme, nach denen die Anordnung der sozialen und psychologischen Prozesse erfolgt, die das öffentliche Verhalten steuern. Kulturmuster haben „Modell"-Charakter mit einem doppelten Aspekt: „Modell für etwas" und „Modell von etwas". Die Modelle „verleihen der sozialen und psychologischen Wirklichkeit Bedeutung, d.h. in Vorstellung objektivierte Form, indem sie sich auf diese Wirklichkeit ausrichten und zugleich die Wirklichkeit auf sich ausrichten" (Geertz 1987: 53).

In der ethnografischen Arbeit muss sich der Forscher auf die Praxis der Menschen in einem untersuchten Feld einlassen und „temporäre Mitgliedschaft" (vgl. Honer 2000: 198) erwerben. Kernstück des Forschungszuganges von Geertz ist die Arbeit mit und an der Beschreibung. In der „dichten Beschreibung" geht es um die Erfassung der Vielfalt komplexer, oft übereinander gelagerter oder ineinander verwobener Vorstellungsstrukturen.

Die Aufgabe der „dichten Beschreibung" sieht er darin, die Bedeutung sozialer Ereignisse auf der Grundlage der Beobachtung einfacher Handlungen zu rekonstruieren. Der Versuch, von außen aufgrund von Beobachtungen und Interviews eine Situation oder einen laufenden Prozess zu verstehen, erfordert unterschiedliche Perspektivenübernahmen, die immer wieder einen neuen „fremden Blick" erzeugen. Gleichzeitig geht es um den Versuch, den „native's point of view" zu erschließen. In der supervisorischen Arbeit sind dies die Perspektiven und auch die „Beschreibungen" derer, die an dem zu analysierenden Fall beteiligt sind.

Im Überblick lässt sich dabei die Vorgangsweise folgend zusammenfassen: Der *erste Schritt* beginnt in einer möglichst „erfahrungsnahen" Schilderung des Geschehens, geht aber insofern darüber hinaus, als der Forscher versucht ein „Manuskript" zu lesen, das „nicht in konventionellen Lautzeichen, sondern in vergänglichen Beispielen geformten Verhaltens geschrieben ist" (Geertz 1987: 15). Das szenische Verstehen widmet diesem Gedanken – was etwas später noch genauer ausgeführt wird – besondere Aufmerksamkeit.

Im *zweiten Schritt* versucht Geertz andere Beschreibungen zu entwickeln, die hinter dem beobachteten Phänomen liegen können. Dabei kann sich der Forscher auf andere Informationen aus dem Feld oder aber auch auf Erfahrungen in anderen Kulturen beziehen. Dadurch entstehen mehrere Interpretationsfolien, die miteinander kontrastiert und verbunden werden können. Zwischen diesen Interpretationsebenen bewegt sich der Forscher hin und her, um letztlich eine neue Lesart des ursprünglichen Textes zu erreichen (vgl. Wolff 2000: 88).

Erst in einem *dritten Schritt* werden analytische Schlussfolgerungen im Sinne einer theoretischen Spezifizierung gezogen. Dies betrifft sowohl Aussagen über eine spezifische Kultur, als auch die Beantwortung von Fragen, die über die untersuchte Kultur hinausgehen (z.B. die Bedeutung von Ritualen in einer Kultur, die Konstruktion von Autorität).

Geertz versucht in der „dichten" Beschreibung verschiedene Begegnungen, Ereignisse und Fakten zu kombinieren. Er sieht sich dabei als jemand, der „in den zufälligen Dramen der alltäglichen Welt herumstöbert" (Geertz 1997: 9). Kritiker werfen ihm vor, dass er dabei zu sehr zum distanzierten und distinguierten Beobachter werde und den „native's point of view" häufig missachte. „Obwohl Geertz den mikroskopischen Charakter ‚dichter' Beschreibungen sowie einen szenischen und handlungstheoretischen Kulturbegriff propagiert, sucht er Kultur nicht in kommunikativen Handlungen, sondern primär in Wörtern, Symbolen und Ritualen. Geertz bleibt so vor den Toren der Interaktion stehen" (Wolff 2000: 94). Aus der Sicht psychodramatischen Arbeitens ist diese Kritik nicht unerheblich. Wer psychodramatisch „in den zufälligen Dramen der alltäglichen Welt herumstöbert" bleibt auf die Szenen dieser Welt rückverwiesen, in der mit Hilfe des Rollenwechsels und des Rollentausches der „native's point of view" – also die Perspektive der am sozialen Geschehen Beteiligten – erkundet wird.

2.2 Szenisches Verstehen und psychoanalytische Sozialforschung

Es ist trivial darauf zu verweisen, dass der Alltag der Menschen primär szenisch organisiert ist. Der Besuch in einem Restaurant beispielsweise verläuft nach szenischen Mustern, an denen sich alle Beteiligten orientieren können, ohne sich lange absprechen zu müssen. Würden sich die selben Menschen beim Einkauf, bei einem Fußballspiel, beim Arzt oder bei einem Elternsprechtag in der Schule treffen, würde die Begegnung ganz anders aussehen, aber ebenso nach weitgehend bekannten und eingespielten szenischen Mustern ablaufen.

Obwohl die szenische Organisiertheit unserer Alltagswelt als bekannt vorausgesetzt werden kann, gibt es wenige wissenschaftliche Methoden, die explizit mit szenischen Verfahren der Datenerhebung und Auswertung arbeiten. Dies hat vermutlich damit zu tun, dass Wissenschaft orientiert am naturwissenschaftlichen Modell vorrangig an linearen Ursache- und Wirkungszusammenhängen interessiert ist und in der Tradition der Schriftkultur steht. Aussagen in einem Fragebogen oder einem Interview lassen sich in der Regel auf der inhaltlich-sachlichen Ebene eindeutig zuordnen. Bildhafte oder szenische „Aussagen" sind komplexer, zumeist mehrdeutiger und in Verbindung mit emotionalen Verfärbungen und tiefenhermeneutischen Dimensionen schlichtweg nicht mehr so einfach „systematisch wissenschaftlich" zu kontrollieren.

Das szenische Verstehen wurde von Alfred Lorenzer (1973) vor dem theoretischen Hintergrund und der Praxis der Psychoanalyse entwickelt und kommt der Arbeit im Psychodrama sehr nahe (vgl. Wieser 1993 u. 1994), das als erstes von dem Grundprinzip der „szenischen Organisiertheit menschlichen Seelenlebens" (Ottomeyer 1992: 79) ausging. Zwischenmenschliche Kommunikation wird erst über Symbole (Bedeutungsträger) möglich. Dabei unterscheidet Ottomeyer mit Lorenzer die diskursive Symbolik, die an unsere gesprochene Sprache anknüpft, von der präsentativen (bildhaften) Symbolik. Letztere eignet sich in der zwischenmenschlichen Kommunikation gegenüber der an Struktureindeutigkeit orientierten, diskursiven Sprache besser, Gefühlsgehalt, Wünsche, Abwehrprozesse und Entwürfe der Menschen zu symbolisieren (vgl. Ottomeyer 1987: 77 ff.).

Lorenzer hat das Konzept des szenischen Verstehens von zwei weiteren Verstehensweisen abgegrenzt: dem logischem und psychologischem Verstehen. Beim logischen Verstehen (Informationen, Sachzusammenhänge, Strukturen usw.) wird jede Äußerung sinnvoll im Rahmen der gemeinsam gesprochenen Sprache aufgenommen. Die gesprochenen Sätze stellen den Angelpunkt des logischen Verstehens dar. Das psychologische Verstehen zielt hingegen auf den subjektiven Erlebniszusammenhang (Angst, Aggressivität, Zuneigung usw.), also auch auf die Gefühlsempfindung, wobei das nonverbale Agieren im Einfühlungsvorgang eine entscheidende Rolle spielt.

Während logisches Verstehen sich auf das Gesprochene und psychologisches Verstehen sich auf den Sprecher konzentriert, zielt das szenische Verstehen auf die in der Interaktion sich wiederholenden Verhaltensmuster. Das szenische Verstehen, also das Herausarbeiten eines szenischen Musters, das die Interaktion prägt, wird so zu einer wesentlichen Informationsquelle, um das gemeinsam inszenierte „Bühnenstück“ zu deuten. Dabei lassen sich jedoch logisches, psychologisches und szenisches Verstehen „nur hypothetisch trennen, in der praktischen Interpretationstätigkeit, die eher intuitiv anmutet, gehen sie ineinander über“ (Ottomeyer 1987: 78). Ottomeyer und Wieser heben hervor, dass „die Unschärfe der Bilder und Gesten eine zensurunterlaufende Wirkung (hat). In der präsentativen Symbolik kommt es zu einer gegenseitigen Erläuterung und Komplettierung von Szenen oder szenischen Entwürfen, die das Individuum mehr oder weniger bewusst vorstellt“ (Wieser/Ottomeyer 2000: 693).

Die psychoanalytische Forschungssituation, wie sie etwa auch von Thomas Leithäuser und Birgit Volmerg (1988) auf die Kleingruppenforschung übertragen wurde, erfordert im Gegensatz zu den standardisierten Bedingungen des Experiments einen hohen Grad an subjektiver Beteiligung der Forschenden, da die dabei entstehenden Übertragungen und Gegenübertragungen für den Erkenntnisprozess genutzt werden sollen. Ebenso entscheidend wie das Sich-einlassen-Können mit dem Fremden ist die Fähigkeit, wieder Distanz zu gewinnen, was in der methodischen Selbstreflexion erreicht wird. Dabei stellt sich dem Forscher die Aufgabe, die den Forschungsprozess begleitenden Emotionen, Phantasien, Wünsche, Identifikationen und ähnliches wahrzunehmen. Dies geschieht in einem Zustand der „gleichschwebenden Aufmerksamkeit“ sich selbst gegenüber, gegenüber dem eigenen Ich und seinen freien Assoziationen. Der Forscher ist also zu etwa gleichen Teilen am äußeren Geschehen sowie an seinen inneren Vorgängen interessiert. Beide Ebenen müssen flexibel eingenommen werden können, was in der „gleichschwebenden Aufmerksamkeit“ ein Wechselspiel von Nähe und Distanz bedeutet. Bei der Analyse der wahrgenommenen Inhalte kommt es auf die richtige Beurteilung an, inwieweit sie also Anteile der persönlichen Lebensgeschichte des Forschers sind oder den äußeren Umständen entstammen.

Für die psychoanalytisch orientierte Sozialforschung, wie sie u.a. von den Pionieren der Ethnopsychoanalyse (vgl. Parin/Morgenthaler/Parin-Matthèy 1993) begründet wurde, ist die selbstreflexive Einbeziehung des Forschers nicht nur ein adäquates Mittel zur Relativierung der eigenen Kulturzentriertheit, sondern vor allem auch ein wesentliches Instrumentarium für den Erkenntnisgewinn. Die Analyse von Phänomenen der „Übertragung“ und „Gegenübertragung“ bietet dafür die Grundlage (vgl. z.B. Nadig 1987: 36).

Psychoanalytischer Sozialforschung geht es aber nicht nur um Verstehen sozialer Interaktion, sondern auch um soziale Veränderung. Als Forschungsstrategie ist die psychoanalytische der Tradition einer auf gesellschaftliche Veränderung ausgerichteten Aktions- oder Handlungsforschung zuzuordnen.

2.3 Aktionsforschung

Die historischen Wurzeln der Aktionsforschung liegen in den soziometrischen und gruppentherapeutischen Verfahren von Jacob L. Moreno und den gruppendynamischen Ansätzen von Kurt Lewin. Petzold (1980) und Gunz (1986) konnten anhand von Originalquellen belegen, dass Moreno nicht nur den Begriff der Aktionsforschung prägte, sondern auch wichtige Prinzipien des Aktionsforschungsansatzes formulierte: Arbeit im Feld, Situationsbezogenheit, Forschung mit dem Ziel einer Veränderung unter Einbeziehung aller Betroffenen.

In seinen Arbeiten war es Moreno ein besonderes Anliegen, Menschen nicht zu Objekten von Forschung und Entwicklung zu degradieren, sondern sie zu Beteiligten in einem (Selbster-) Forschungsprozess zu machen. Moreno hatte damit nicht nur den Begriff der „Aktionsforschung" geprägt, sondern auch den Grundstein für die sich später entwickelnden Konzepte der Aktionsforschung, Gruppendynamik und Organisationsentwicklung gelegt, die schließlich von Lewin und seinen Schülern ausgearbeitet wurden (vgl. Petzold 1980; Gunz 1986). Morenos Beitrag zur Entwicklung der Aktionsforschung ist, wie Petzold kritisiert, unverdientermaßen aus dem Blick geraten.

Die Ursprünge der Aktionsforschung lassen sich jedoch nicht alleine auf Moreno und Lewin zurückführen. Neben diesen Ansätzen hatte es noch weitere handlungsorientierte Zugänge gegeben, eine Verbesserung von Arbeits- und Lebenssituationen mit betroffenen Menschen anzustreben und dabei neue Erkenntnisse zu gewinnen. Nicht zu unrecht weist Mayring darauf hin, dass beispielsweise die in den 30er Jahren durchgeführten Marienthal-Untersuchungen (Jahoda/Lazarsfeld/Zeisel 1978) zentrale Elemente der Aktionsforschung enthielten. Als nach Schließung einer Textilfabrik – dem wichtigsten Arbeitgeber in der Region – viele Menschen arbeitslos wurden, untersuchte eine Forschergruppe die soziale Situation. Dabei war es ein Ziel der Forschungsarbeit, die Lebensbedingungen der Menschen zu verbessern (vgl. Mayring 2002: 54).

Aktionsforschung konnte bereits auf eine lange Tradition verweisen, als sie in den 60er und 70er Jahren im Kontext großer forschungsmethodischer Debatten in Deutschland aufgegriffen und ausformuliert wurde (vgl. z.B. Haag 1972; Moser 1975; Horn 1979). Bezug nehmend auf diese Tradition charakterisiert von Wensierski (1997: 108) Aktionsforschung anhand dreier Prinzipien: dem hermeneutischen Prinzip einer verstehenden Lebensweltanalyse, dem Prinzip eines tendenziell symmetrischen Diskurses zwischen Forschern und Beforschten sowie dem Prinzip einer Praxisveränderung durch Forschung (von Wensierski 1997: 108).

Der Zugang zur Aktionsforschung legt die Wahl qualitativer Methoden nahe, kann jedoch nicht auf diese reduziert werden. Charakteristische Merkmale von

Aktionsforschung sind vielmehr, dass die Betroffenen einer sozialen Situation selbst den Forschungsprozess betreiben und dabei von ihren Fragestellungen und Anliegen ausgehen, um dabei die Praxis und das Wissen über diese Praxis weiter zu entwickeln. Aktionsforschung arbeitet mit einem Repertoire an einfachen Methoden, die für Praktiker durchführbar sind und ein vertretbares Verhältnis von Aufwand und Ertrag aufweisen (vgl. Altrichter/Posch 1990: 13). Tagebuch, Beobachtungen, Interviews sind gängige Methoden, aber auch Fragebögen, Tests etc. sind nicht ausgeschlossen. Die Wahl der Methoden muss dem Gegenstand, der Fragestellung und den grundlegenden Orientierungen in der Aktionsforschung gerecht werden.

Die Ausgangspunkte in der Aktionsforschung sind also konkrete Frage- oder Problemstellungen in der jeweiligen Praxis von professionell Handelnden, die ihre Tätigkeit systematisch untersuchen, um eine differenziertere Sicht der Situation und ihrer Veränderungsmöglichkeiten zu erreichen. Aus den daraus gewonnenen Erkenntnissen werden Konsequenzen für die Praxis abgeleitet, die wiederum in weiteren Untersuchungen evaluiert, publiziert und in größeren Forschungsgemeinschaften diskutiert werden. Aktionsforschung vollzieht sich so idealtypisch als kontinuierlicher Aktions-Reflexions-Kreislauf, der zugleich eine Verbesserung der Praxis herbeiführt und praxisrelevante Erkenntnisse hervorbringt. Dabei werden verschiedene Perspektiven im Sinne einer Triangulation gegenübergestellt. Aktionsforscher sind in eine Gruppe eingebunden, um einander als „kritische Freunde" zu unterstützen und Reflexion zu fördern. Darüber hinaus werden die Ergebnisse als „Praktikerwissen" publiziert (vgl. Altrichter et al. 1997: 646 ff.).

3. Resümee und Ausblick: Ausgangspunkte für eine psychodramatische Praxisberatung und Praxisforschung

Psychodramatische Arbeit in der Supervision und im Coaching bringt bei der Darstellung und Analyse von Sachverhalten sowohl diskursive als auch bildhafte und szenische Elemente ein, um der sachlogischen, emotionalen und sozialen Komplexität von arbeitsplatzbezogenen Problemstellungen gerecht zu werden. Dabei bietet das Psychodrama aktionsorientierte bzw. erlebnisaktivierende und multiperspektivische Methoden, mit deren Hilfe Problemstellungen von KlientInnen effizient bearbeitet werden können (vgl. Schreyögg 1998: 12).

Mit Hilfe des psychodramatischen Verfahrens werden Erfahrungs- und Reflexionsräume in der Praxisberatung organisiert. Auf der Begegnungsbühne im Einzelgespräch oder in der Gruppe werden die konkreten Anliegen der beteiligten besprochen und eine Fragestellung für konkretisiert. Auf der Spielbühne können für eine weiterführende Exploration konkrete Situationen, charakteristische Szenen, soziale Beziehungen, Organisationsstrukturen etc. dargestellt und hinsichtlich der Fragestellung genauer untersucht werden.

Die Arbeit auf der Spielbühne hat experimentellen Charakter. Mit Hilfe psychodramatischer Arrangements und Techniken können vergangene oder gegenwärtige Situationen analysiert oder zukünftige Szenarien erprobt werden. Die szenische Arbeitsweise erlaubt sowohl Nähe als auch Verfremdung bezüglich der beruflichen Alltagssituation. Die Stärke psychodramatischer Arbeit liegt in den vielfältigen Möglichkeiten einer experimentellen Erforschung eines Situationszusammenhanges und der Erprobung von Handlungsalternativen, die in eine klar vorgegebene Ablaufstruktur eingebunden und methodisch begründet sind.

Die Ausgangspunkte für Praxisberatung und Praxisforschung können vielfältig sein: anhaltende Konflikte in einem konkreten Arbeitszusammenhang, der Wunsch nach einer professionell begleiteten Reflexion der eigenen Arbeit, Unterstützung von Führungsaufgaben in Einrichtungen, verpflichtende Maßnahmen in Tätigkeitsbereichen mit außerordentlichen Anforderungen an die Beziehungsfähigkeit, Unterstützung bei arbeitsplatzbezogenen Lernprozessen und Bestandteil von Weiterbildungsmaßnahmen, Einführung qualitätssichernder Maßnahmen etc. Sowohl Supervision als auch Coaching setzen bei den Akteuren an und versuchen den Gesamtzusammenhang einer Organisation mit einzubeziehen. Damit sind organisationsstrukturelle (Hierarchien, Aufgabenverteilungen, Arbeitsabläufe etc.) und auch organisationskulturelle Merkmale (Traditionen, Werte, Umgangsformen etc.) ebenso gemeint wie die Entwicklungen im Umfeld einer Organisation.

Gerade die Kultur einer Organisation, also „die gewohnte und tradierte Weise des Denkens und Handelns im Unternehmen, wie sie in mehr oder minder starkem Maße von allen Mitgliedern geteilt werden“ (von Rosenstiel 1993:10), hat sich als wichtiger Ansatzpunkt für die Bewältigung von Veränderungen und Konflikten erwiesen. Die szenische Arbeit in der psychodramatischen Supervision kommt der Vielschichtigkeit von Organisationskultur sehr nahe. Darin inkludiert sind nach Edgar Schein (1995: 29 ff.) die beobachtbaren kulturellen Artefakte (Interaktionen, Strukturen, Prozesse), die bekundeten Werte (Ziele, Strategien, Begründungen) und die Grundprämissen (Wahrnehmungen, Gedanken, Gefühle als Ausgangspunkte für Werte und Handlungen) organisationsbezogenen Handelns. Der Kulturkern, der die zentralen Wert- und Glaubensvorstellungen einer Organisation enthält, „wird aufrechterhalten, weiter ausgebildet, weitergegeben und angereichert durch ein wachsendes Netzwerk von (...) kulturunterstützenden Symbolsystemen wie Geschichten, Mythen, Legenden, Riten, Ritualen und Zeremonien sowie durch die konkreten Produkte der Organisation“ (Sackmann 1983: 393 ff.). Für die Lösung konkreter Problem- und

Aufgabenstellungen bedarf es eines Verständnisses des organisationskulturellen Kontextes, der allerdings erst kommunikativ zu erschließen ist. In der Arbeit mit den sozialen Akteuren erfordert dies in der Supervision die Einbeziehung sachlogischer (z.B. Ziele, Aufgaben, Abläufe), situationslogischer (z.B. Motivationen, Interessenskonflikte, Belastungen), psychologischer (z.B. Identifikationen, Ängste, Bedürfnisse) und bio-überlebenslogischer Perspektiven (Sicherheit des Arbeitsplatzes, Risikobereitschaft, Konkurrenzkampf) (vgl. Schley 1998: 43 f.).

Eine „situationslogische Dramaturgie" ist zu ergänzen mit einem Verständnis von generellen Interpretations- und Arbeitsebenen in der Supervision, in der von einer systemischen Betrachtung eines Arbeitszusammenhanges ausgegangen wird. Die professionelle Beziehungsarbeit mit KlientInnen (KundInnen, PatientInnen etc.) und deren Lebenswelten, die Kooperation in einem Team und die Einbindung in eine Gesamtorganisation sind unter Einbeziehung und Berücksichtigung des gesellschaftlichen Umfeldes Gegenstand der Supervision. Buer unterscheidet in der Supervision vier Interpretations- und Arbeitsebenen:

- Die *Psychik* oder die inneren Welten der Akteure: Sichtweisen, Gedanken, Gefühle, Erfahrungen, Ansprüche, Wünsche, Visionen etc. der involvierten Individuen
- Die *Dialogik* oder die zwischenmenschlichen Welten: bedeutsame Beziehungen zu KlientInnen und Angehörigen, KollegInnen, Vorgesetzten, Fachleuten anderer Einrichtungen etc.
- Die *Systemik* oder die Arbeitswelten der Organisation und die Lebenswelten der MitarbeiterInnen und der AdressatInnen
- Den *Kontext* oder die äußeren Welten der Öffentlichkeit, Politik, Verwaltung, Wissenschaft, Kultur etc. (vgl. Buer 2001b: 19 ff.)

Die Ebene des Kontextes spielt angesichts der gesellschaftlichen Veränderungen eine bedeutende Rolle. Einsparungen im öffentlichen Bereich, schrittweiser Rückzug der staatlichen Verantwortung, privatwirtschaftliche Organisation, Konkurrenz- und Wettbewerbssituation erzeugen vielfach Verunsicherung, auf die die Betroffenen wiederum mit biografisch gefärbten Handlungsmustern reagieren. Für die beratende und forschende Arbeit an diesen Schnittstellen zwischen den einzelnen Individuen und deren Biografien, den organisatorischen Zusammenhängen und den gesamtgesellschaftlichen Entwicklungen erweisen sich psychodramatische Methoden als besonders geeignet. Die psychodramatische Praxisberatung und Praxisforschung arbeitet mit einzelnen Akteuren in ihren jeweiligen sozialen, strukturellen, organisationalen und kulturellen Zusammenhängen. Alle vier Ebenen können Gegenstand der Praxisberatung und Praxisforschung sein, wobei sich aus den unterschiedlichen Interessen und Fragestellungen der Beteiligten entsprechende Gewichtungen auf einer Ebene ergeben können.

Literatur

Altrichter, H./Posch P. (1990): Lehrer erforschen ihren Unterricht. Eine Einführung in die Methoden der Aktionsforschung für Lehrer. Klinkhardt: Bad Heilbrunn

Altrichter, H./Lobenwein, W./Welte, H. (1997): PraktikerInnen als ForscherInnen. Forschung und Entwicklung durch Aktionsforschung. In: Friebertshäuser, B./Prengel, A. (Hrsg.): Handbuch Qualitative Forschungsmethoden in der Erziehungswissenschaft. Juventa: Weinheim und München, S. 640-660

Buer, F. (1999): Lehrbuch der Supervision. Votum: Münster

Buer, F. (Hrsg) (2001a): Praxis der psychodramatischen Supervision. Leske+Budrich: Opladen

Buer, F. (2001b): Einführung in die Psychodramatische Supervision. In: Buer, F. (Hrsg.): Praxis der psychodramatischen Supervision. Leske+Budrich: Opladen, S. 9-27

Buer, F. (2001c): Team- und Orgnisationsentwicklung im Rahmen der Organisationssupervision. Eine Fallstudie. In: Buer, F. (Hrsg.): Praxis der psychodramatischen Supervision. Leske+Budrich: Opladen, S. 75-100

Buer, F. (2001d): Methoden in der Supervision – psychodramatisch angereichert. In: Buer, F. (Hrsg.): Praxis der psychodramatischen Supervision. Leske+Budrich: Opladen, S. 103-126

Geertz, C. (1987): Dichte Beschreibung. Beiträge zum Verstehen kultureller Systeme. Suhrkamp: Frankfurt am Main

Geertz, C. (1997): Spurenlesen. Der Ethnologe und das Entgleiten der Fakten. Beck: München

Gunz, J. (1986): Handlungsforschung. Vom Wandel der distanzierten zur engagierten Sozialforschung. W. Braumüller: Wien

Haag, F. (Hrsg) (1972.): Aktionsforschung: Forschungsstrategien, Forschungsfelder und Forschungspläne. Juventa: München

Honer, A. (2000): Lebensweltanalyse in der Ethnographie. In: Flick, U./von Kardorff, E./Steinke, I. (Hrsg.): Qualitative Forschung. Ein Handbuch. Rowohlt: Hamburg, S. 194-204

Horn, K. (Hrsg) (1979.): Aktionsforschung – Balanceakt ohne Netz? Syndikat: Frankfurt

Kelle, H. (2000): Die Komplexität sozialer und kultureller Wirklichkeit als Problem qualitativer Forschung. In: Flick, U./von Kardorff, E./Steinke, I. (Hrsg.): Qualitative Forschung. Ein Handbuch. Rowohlt: Hamburg, S. 192-208

Leithäuser, T./Volmerg, B. (1988): Psychoanalyse in der Sozialforschung. Eine Einführung am Beispiel einer Sozialpsychologie der Arbeit. Westdeutscher Verlag: Opladen

Lorenzer, A. (1973): Sprachzerstörung und Rekonstruktion. Vorarbeiten zu einer Metatheorie der Psychoanalyse. Suhrkamp Verlag: Frankfurt am Main

Mayring, P. (2002): Einführung in die Qualitative Sozialforschung. Beltz: Weinheim und Basel

Moser, H. (1975): Aktionsforschung als kritische Theorie der Sozialwissenschaft. Kösel-Verlag: München

Nadig, M. (1987): Die verborgene Kultur der Frau. Ethnopsychoanalytische Gespräche mit Bäuerinnen in Mexiko. Fischer: Frankfurt am Main

Petzold, H. (1980): Moreno – nicht Lewin – der Begründer der Aktionsforschung. In: Gruppendynamik. Zeitschrift für angewandte Sozialwissenschaft, 11. Jg., Heft 2, S. 142-166

von Rosenstiel, L. (1993): Unternehmenskultur – einige einführende Anmerkungen. In: Dierkes; M./von Rosenstiel, L./ Steger, U. (Hrsg.): Unternehmenskultur aus Ökonomie, Psychologie und Ethnologie. Campus Verlag: Frankfurt/Main, New York, S. 8-22

Ottomeyer, K. (1987): Lebensdrama und Gesellschaft. Szenisch-materialistische Psychologie für soziale Arbeit und politische Kultur. Deutscher Verlag: Wien

Ottomeyer, K. (1992): Lebensdrama und Entfremdung. Forum Kritische Psychologie 29, S. 109-129

Parin,P./Morenthaler, F./Parin-Matthèy, G. (1993): Die Weißen denken zuviel. Psychoanalytische Untersuchungen bei den Dogon in Westafrika. Europäische Verlagsanstalt: Hamburg

Sackmann, S. (1983): Organisationskultur: Die unsichtbare Einflussgröße. In: Gruppendynamik 14, S. 393-406

Schein, E. (1995): Unternehmenskultur. Ein Handbuch für Führungskräfte. Campus Verlag: Frankfurt/New York

Schley, W. (1998): Systemberatung und situationslogische Moderation: ... denn das Eigentliche steht in keinem Buch. In: Journal für Schulentwicklung 4, S. 40-49

Schreyögg, A. (1998): Coaching. Eine Einführung für Praxis und Ausbildung. Campus Verlag: Frankfurt/New York

Von Wensierski, H.-J. (1997): Verstehende Sozialpädagogik. Zur Geschichte und Entwicklung qualitativer Forschung im Kontext der Sozialen Arbeit. In: Jakob, G./ von Wensierski, H.-J. (Hrsg.): Rekonstruktive Sozialpädagogik. Konzepte und Methoden sozialpädagogischen Verstehens in Forschung und Praxis. Juventa: Weinheim und München, S. 77-124

Wieser, M. (1993): Szenisches Verstehen. WISL. Technical Report 9. Klagenfurt, 30 S

Wieser, M. (1994): Szenisches Verstehen. Ein theoretischer Erkundungsversuch. In: Psychotherapie Forum 2, S. 6-19

Wieser, M./Ottomeyer, K. (2000): Szenisches Verstehen. In: Stumm, G./Pritz, A. (Hrsg.): Wörterbuch der Psychotherapie. Springer: Wien, S. 693

Witte, K. (2001): Der Weg entsteht beim Gehen. Raum, Zeit und Bewegung in der psychodramatischen Supervision. In: Buer, F. (Hrsg.): Praxis der psychodramatischen Supervision. Leske+Budrich: Opladen, S. 29-48

Wolff, S. (2000): Clifford Geertz. In: Flick, U./von Kardorff, E./Steinke, I. (Hrsg.): Qualitative Forschung. Ein Handbuch. Rowohlt: Hamburg, S. 84-96

Komplexe praktische Tätigkeit braucht Forschung. Aktionsforschung und Weiterentwicklung beruflichen Handelns

Herbert Altrichter

Welche Rolle könnte Forschung für Supervision und Beratung spielen? Dieser Beitrag versucht eine (Teil-)Antwort auf diese Frage in drei Schritten zu geben: Zunächst versuche ich zu argumentieren, warum komplexe, nicht-routinehafte praktische Tätigkeit einer begleitenden Reflexion bedarf. Sodann stelle ich das Konzept der Aktionsforschung als eine Möglichkeit vor, solche begleitende professionelle Reflexion anzuregen und zu unterstützen. Im dritten Schritt liefere ich einige Argumente dafür, dass erstens auch „distanziertere Forschung" über Supervision und Beratung (wie auch allgemeiner in Feldern, in denen Menschen an Entwicklung zusammenarbeiten) auf der praktisch-professionellen Reflexion, die für Aktionsforschung charakteristisch ist, aufsetzt. Zweitens zeige ich, dass neue Ansätze der Entwicklungsforschung, wie sie in Zeiten raschen Wandels immer bedeutsamer zu werden scheint, an einigen epistemologischen und organisatorischen Lösungen der Aktionsforschungstradition anschließen können.

1. Charakteristika komplexer Tätigkeit

Hochqualifizierte Handlung, wie sie in professionellen Berufen, wie z.B. in den Berufen von Ärzten, Rechtsanwälten, Psychotherapeuten, LehrerInnen, aber eben auch in Supervision und Beratung, verlangt wird, ist u.a. dadurch charakterisierbar, dass sie nicht nur Routineaufgaben lösen kann, sondern sich auch in „komplexen Situationen“ bewährt, die durch ungewisse, nicht langfristig vorhersagbare Verläufe, durch Mehrdeutigkeit und Interpretationsbedürftigkeit sowie durch Wert- und Interessenskonflikte geprägt sind (vgl. Schön 1983). Ich möchte im Folgenden einige Argumentationslinien über Charakteristika solcher Handlung vorstellen[1].

[1] Der Beitrag gibt in geraffter Form Argumente wieder, die in Altrichter/Posch (2007) sowie Altrichter/ Posch (2008) ausführlicher argumentiert werden.

1.1 Donald Schön: Die Grundstruktur professionellen Handelns in komplexen Situationen

Wie kommt qualitätsvolle Handlung in solchen „komplexen Situationen" zustande? Die übliche Antwort darauf lautet: Um die Probleme professioneller Praxis zu lösen, wenden PraktikerInnen allgemeines Wissen an. Daher wird in der Ausbildung von PraktikerInnen darauf Wert gelegt, dass sie allgemeines, durch Forschung produziertes Wissen lernen – je länger, desto besser. Die Ausbildung folgt einem „Modell technischer Rationalität", das allerdings unzweifelhafte Ziele und feststehende Arbeitsbedingungen voraus setzt (vgl. Schön 1983: 39 ff.). Diese Anforderungen mögen bei einfachen und routinehaften Aufgaben gegeben sein, nicht aber bei der Mehrzahl der Situationen professioneller Praxis, die „komplex" im oben genannten Sinne sind.

Donald Schön (1983) hat in seinem Buch „The Reflective Practitioner" erfolgreiche hochqualifizierte praktische Tätigkeit in realen „komplexen Situationen" untersucht und dabei folgende Charakteristika festgestellt:

- *Problemdefinition:* In komplexen Situationen können PraktikerInnen gar nicht einfach Wissen zur Problemlösung anwenden, weil das „Problem" als solches gar nicht unzweideutig vorliegt. Es muss erst durch den Prozess der Problemdefinition aus der komplexen Gesamtsituation herausgeschält werden, der dadurch die Voraussetzung für das Wirksamwerden allgemeinen Wissens schafft.
- *Vorläufigkeit, Prozesshaftigkeit, Weiterentwicklung:* Diese erste Problemdefinition ist üblicherweise noch nicht der Weisheit letzter Schluss. Erfolgreiche PraktikerInnen beobachten ihre Handlung und damit gleichzeitig, wie zutreffend ihre Problemdefinition ist. Durch diese Handlungserfahrungen versuchen sie auch, diese Problemdefinition weiterzuentwickeln.
- *Entwicklung „lokalen Wissens":* Schließlich sind konkrete Probleme leider nicht immer Spezialfälle einer schon bekannten allgemeinen Theorie. Gerade erfolgreiche PraktikerInnen haben nach Schöns Untersuchungen die Fähigkeit, aus ihren Handlungserfahrungen „lokales Wissen" gleichsam auszufällen. Sie bauen einen speziellen Erfahrungsschatz auf, der ihnen hilft, die Probleme ihres Berufsbereiches kompetent und situationsbezogen anzugehen.

Schöns Konzeption verknüpft professionelles Handeln mit professionellem Lernen. Professionelles Lernen ist dabei nicht nur ein *intellektueller* Vorgang (ein Prozess des Wissenserwerbs und der Wissensanwendung), sondern auch ein *aktiv-praktischer,* ein Tun. Diese Auffassung wird im Bild des *Kreislaufes von Aktion und Reflexion* ausgedrückt (vgl. Abb. 1). Wie an anderer Stelle gezeigt (vgl. Altrichter 1996), sind Schöns handlungstheoretische Vorstellungen mit den

Ergebnissen der mit ganz anderen Methoden vorgehenden *Expertenforschung* (vgl. z.B. Berliner 1992; Bromme 1992) gut vereinbar.

1.2 John Elliott: Der Wertbezug professioneller Handlungen

Bisher wurde professionelles Lernen unter den Begriffen Reflexion und Aktion abgehandelt. Für John Elliott, Initiator einiger für die Entwicklung der englischen Aktionsforschung bedeutsamer Projekte, sind praktische Handlungen Verkörperungen pädagogischer Werte in konkreter Gestalt. Ich denke, dass seine Gedankenfigur auch auf professionelles Handeln im weiteren Sinne übertragbar ist: Eine konkrete professionelle Handlung ist eine (von vielen möglichen) praktische Gestalt professioneller Werte, ist die „professionelle Ethik in Aktion".

In Rückgriff auf die aristotelische Ethik sieht Elliott (1998: 157) Wertvorstellungen als notwendigerweise unscharf und „offenendig" sowie einer Konkretisierung durch Handlung bedürftig an. Aufgrund der Unschärfe und Offenheit der Werte ist die Gestaltung einer Handlung keine einfache „technische" „Anwendung" allgemeiner Prinzipien, sondern eine „konstruktive" Aufgabe, die prinzipiell mit Unsicherheiten befrachtet ist. Akteure „konstruieren" ihre Handlung als eine „spezifische" (d.h. den besonderen Kontexte berücksichtigende) "Interpretation professioneller Werte": Im professionellen Kontext sind alle Handlungen (nicht nur jene, die sich intentional als wertbezogene verstehen) als – explizite oder implizite – "Interpretationen beruflicher Werte" zu verstehen oder anders ausgedrückt: Handlungen müssen sich daraufhin befragen lassen, welche professionellen Werte sich in ihnen ausdrücken. Aus der prinzipiellen Unsicherheit dieser „Übersetzungsleistung" ergibt sich sodann die Verpflichtung, die Beziehung zwischen konkreter Handlung und pädagogischen Werten zu reflektieren.

Professionalität bedeutet auch, diese Werthaftigkeit professioneller Handlungen anzuerkennen und zu reflektieren. Daraus leitet sich auch eine Begründung von Aktionsforschung als Element professioneller Praxis ab: Professionelle müssen nicht nur „technisch effizient" handeln, sondern auch von Fall zu Fall die Passung zwischen konkreten Handlungen und professionellen Werten reflektieren (vgl. Elliott 1998: 157).

1.3 Jean Lave und Etienne Wenger: Die soziale Situierung professionellen Handelns

Bis zu diesem Punkt könnte professionelle Handlung als *individueller* Handlungsvollzug garniert mit etwas Reflexion des Akteurs auf Handlungen und Werte verstanden werden. Für die Ausformung und die Qualität professioneller Berufstätigkeit spielen jedoch verschiedene Formen der Bezugnahme auf die Berufsgruppe, auf die Profession eine große Rolle. Mit Hilfe der „Theorie des Situierten Lernens“ von Lave und Wenger (1991) soll eine Interpretation der Bedeutung dieser Bezüge für professionelles Handeln und Lernen vorgeschlagen werden (vgl. Altrichter 2002).

- *Lernen heißt Sich-Einlassen auf die Welt:* Lave/Wenger beschreiben Lernen nicht primär als einen Prozess des Erwerbs von Lehrsätzen und Wissenstexten, sondern als "Sich-Einlassen" ("social engagement") auf eine – als sozial verstandene – Welt. Lernen ist Tun, ist Handeln, ist eine Art, in der sozialen Welt zu sein, nicht bloß eine Art, Wissen über sie aufzubauen.
- *Lernen ist situiert:* Lernend stehen AkteurIn und Welt in einer wechselseitigen, letztlich unaufhebbaren Abhängigkeit: Ohne konkreten Ort kann man sich Lernen nicht vorstellen. Lernen braucht ein Einlassen auf *bestimmte* soziale Situationen, es schöpft aus ihnen und es ist in einem gewissen Sinne auch an sie gebunden. "*... learning, thinking, and knowing are relations among people engaged in* activity in, with, and arising from the socially and culturally structured world [which is] *itself socially constituted*" (Lave 1991: 67).
- *Lernen geschieht in und durch Praxisgemeinschaften:* Der primäre Ort des Lernens ist nicht der individuelle Geist, sondern sind die Prozesse der "coparticipation" in einer „community of practice“ (vgl. Lave/Wenger 1991: 98). Der primäre Akteur des Lernens ist nicht die Einzelperson, sondern gleichsam eine Gemeinschaft:

> "It is the community, or at least those participating in the learning context, who 'learn' under this definition. Learning is ... distributed among coparticipants, not a one-person act. While the apprentice may be the one transformed most dramatically by increased participation in a productive process, it is the wider process that is the crucial locus and precondition for this transformation. How do masters of apprentices themselves change through acting as colearners and, therefore, how does the skill being mastered change in the process?" (Hanks 1991: 15 f.)

- *Lernen geschieht in sozial strukturierten Situationen:* Durch seine soziale Situierung enthält Lernen "unweigerlich widersprüchliche Interessen" (Lave 1991: 74). Durch ihre spezifische Struktur, ihre Machtverhältnisse und ihre Bedingungen für Legitimität definieren diese "Praxisgemeinschaften" Chancen und Bedingungen auf weiteres professionelles Lernen. "The social structure of this practice, its power relations, and its conditions for legitimacy define possibilities for learning" (Lave/Wenger 1991: 33).

• *Lernen ist Identitätsbildung in Praxisgemeinschaften:* Der Erwerb von Fähigkeiten ist mit Prozessen der Identitätsentwicklung (in der und durch die Mitgliedschaft in einer Praxisgemeinschaft) verbunden; beide Elemente – das Lernen von Fähigkeiten und die Entwicklung von Identität – sind Teil ein und desselben Prozesses (vgl. Lave 1991: 65). Die Konstruktion der Identität eines/r PraktikerIn ist ein kollektives Unterfangen und nur teilweise eine Sache individuellen Selbstgefühls und individueller Biographie (vgl. Lave 1991: 74). Ohne Partizipation gibt es keine Basis für Identität – Personen und Gemeinschaften konstituieren einander (vgl. Lave 1991: 74).

• *Eine Praxisgemeinschaft ist die Bedingung der Bedeutsamkeit handlungsbezogenen Wissens:* „Communities of practice" bilden sich um eine "gemeinsame Unternehmung" *(shared enterprise),* der Menschen längere Zeit nachgehen und dabei einen (partiell) gemeinsamen Stock von Praktiken, Wissen und Artefakten aufbauen.

"As people pursue any shared enterprise over time – working, living, playing together – they develop a common practice, that is, shared ways of doing things and relating to one another that allow them to achieve a joint purpose. Over time, the resulting practice becomes a recognizable bond among those involved." (Wenger 1996)

Professionelles Wissen ist situiert und macht nur in bestimmten Kontexten, nämlich jenen, die durch die "Praxisgemeinschaft" umschrieben werden, Sinn. Für den Erwerb, die Verfeinerung und die Weiterentwicklung professionellen Wissens braucht es daher die Einbettung in entsprechende „Praxisgemeinschaften".

"A community of practice is an intrinsic condition for the existence of knowledge, not least because it provides the interpretive support necessary for making sense of its heritage. Thus, participation in the cultural practice in which any knowledge exists is an epistemological principle of learning." (Lave/Wenger 1991: 98)

1.4 Zwischenfazit

Ich lese aus den dargestellten Ansätzen folgende Aussagen heraus, die für das Handeln und Lernen professioneller PraktikerInnen bedeutsam sind:

• Sowohl die Unsicherheit angemessener Handlung in komplexen Situationen als auch ihr prinzipiell prekärer Wertbezug erfordern die *Reflexion der Handlung* und die Fähigkeit und Bereitschaft, Handlung aufgrund dieser Reflexionsergebnisse *weiterzuentwickeln*, dort wo diese mit Anspruch auf Begründbarkeit (wie z.B. in beruflichen Situationen) auftritt und auf die Notwendigkeit ihrer Weiterentwicklung trifft.

- D.h. aber auch, dass kompetentes professionelles Handeln in komplexen Situationen typischerweise nicht ohne begleitende Lernprozesse erfolgen kann. Und umgekehrt: Professionelles Lernen – im Sinne der Fähigkeit zur Bewältigung der komplexen Situationen des beruflichen Alltags in hochqualifizierten Berufen – mag aus vorbereitenden Lernsituationen, aus Trainings, Vorlesungen usw., Nutzen ziehen, es benötigt jedoch letzten Endes die Fähigkeit zum reflektierenden und weiterentwickelnden Handeln angesichts der komplexen Situationen beruflicher Praxis, es benötigt Handlungserfahrung in komplexen Praxissituationen. *Professionelles Handeln und professionelles Lernen geschehen so gesehen im gleichen Handlungszug.* Sie sind vielleicht graduell als „Akzent" spezifischer Handlungen unterscheidbar, nicht aber als unterschiedliche Handlungen zu konzipieren.
- Indem professionelles Lernen in praktischen Situationen geschieht, die ihrerseits als reflexions- und weiterentwicklungsbedürftig angesehen werden, geht professionelles Lernen, gehen Prozesse der *Wissens- und Könnensentwicklung,* mit solchen der *Entwicklung der praktischen Situation* einher.
- Prozesse der Wissens-, Könnens- und Praxisentwicklung sind weiters mit *Prozessen der Identitätsentwicklung* verwoben.
- Diese Prozesse spielen sich *im Medium einer „Praxisgemeinschaft"* ab, die gerade dadurch charakterisiert ist, dass ihre Mitglieder – meist informell, aber dennoch real engagiert – an Wissens-, Praxis- und Identitätsentwicklung zusammenwirken.

2. Aktionsforschung als Modus professionellen Lernens

Komplexe professionelle Praxis erfordert die Fähigkeit zu „research in the practice context". Aktionsforschung ist eine Systematisierung und Unterstützung solcher praktischer Reflexionsprozesse, die an – für die persönliche und berufliche Weiterentwicklung – strategisch bedeutsamen Fragen einsetzt. Ich verstehe Aktionsforschung als eine Möglichkeit, Kompetenzen für reflektierte professionelle Handlung zu erlernen und zu pflegen. Wie geht nun diese Aktionsforschung vor? Was sind ihre *charakteristischen Merkmale*[2]?

(1) Forschung der Betroffenen: Aktionsforschung ist Forschung, die von Personen betrieben wird, die von der sozialen Situation, die erforscht wird, direkt betroffen sind. Im Falle der sozialen Situation "Unterricht" sind dies zunächst

[2] vgl. Elliott 1985; Altrichter 1990; Altrichter/Feindt 2004; Noffke/Somekh 2005

einmal die Lehrerinnen und Lehrer, in der sozialen Situation „Supervision“ oder „Beratung“ die SupervisorInnen oder BeraterInnen, die berufliche Verantwortung für die produktive Entwicklung dieser Situation übernehmen. Wenn auch die Initiative für Aktionsforschung in der Regel von den „Professionellen“ ausgehen wird, so können sie in den meisten Fällen kaum eine einigermaßen tragfähige Verbesserung der Situation erreichen, wenn sie nicht andere "Betroffene" – je nach dem erforschten Problem werden das SchülerInnen, Eltern, KlientInnen, AuftraggeberInnen usw. sein – zur Mitarbeit gewinnen.

(2) Fragestellungen aus der Praxis: Aktionsforschung setzt an Fragen der beruflichen Praxis an (und nicht an solchen, die vielleicht gerade in der wissenschaftlichen Diskussion *en vogue* sind). PraktikerInnen formulieren Fragestellungen aus ihrer eigenen Erfahrung, die sie als bedeutsam für ihre Berufstätigkeit ansehen. Eine Folge dieser „Problemorientierung“ ist, dass die meisten Fragestellungen in der Aktionsforschung *interdisziplinär* sind, weil sich praktische Probleme üblicherweise nicht an Fachgrenzen halten. Des Weiteren zeigt sich, dass bei der Bearbeitung komplexer praktischer Probleme die *Spezifität des Kontextes* besonderes Augenmerk erfordert. Den AktionsforscherInnen geht es zunächst einmal um *situatives Verstehen* und nicht sogleich darum, allgemeine Aspekte der Situation herauszupräparieren.

(3) In-Beziehung-Setzung von Aktion und Reflexion: Aktionsforschung arbeitet mit einem Repertoire an einfachen Methoden zur Untersuchung und Weiterentwicklung von Praxis, die ein vertretbares Verhältnis von Aufwand und Erfolg aufweisen. Das Wesentliche an Aktionsforschung sind jedoch nicht die einzelnen Methoden. Vielmehr liegt es darin, dass das Handeln in der Praxis und das Schlüsse-Ziehen aus der Handlungserfahrung, dass Aktion und Reflexion eng und immer wieder aufeinander bezogen werden. Beide werden dadurch gewinnen: dem Handeln werden durch die Reflexion neue Möglichkeiten eröffnet, und die Reflexionsergebnisse werden durch das Handeln einer Überprüfung unterzogen.

Praktisch funktioniert das so: Über einen längeren Zeitraum betreiben PraktikerInnen am Ort ihrer Praxis Forschungs- und Entwicklungsarbeit zu ihrer Fragestellung, wobei sie immer wieder Reflexions- und Aktionskomponenten in Beziehung bringen (vgl. Abb. 1): Auf die eigene Praxis zurückblickend versuchen sie, eine Erklärung der abgelaufenen Situation, eine "praktische Theorie", zu entwickeln. Von jeder praktischen Theorie kann man auch nach vorne schauen und Ideen für nachfolgende Handlungen entwickeln.

Der Kreislauf von Aktion und Reflexion endet nicht damit, dass neue Ideen für das praktische Handeln formuliert wurden. PraktikerInnen stehen in der Regel unter Handlungsdruck und werden daher diese Aktionsideen in die Tat umsetzen müssen. Sie werden auch direkt die Auswirkungen ihrer Handlungen (die indirekt ja auch die Auswirkungen ihrer Reflexion, ihrer praktischen Theorien sind), zu spüren bekommen: Dies sollte ein guter Grund für die Fortsetzung der Reflexion und für die Weiterentwicklung der ursprünglichen praktischen Theorie sein. Gerade die Tatsache, dass die Reflexion von PraktikerInnen in ihren alltäglichen Handlungen wurzelt, erlaubt es, eine praktische Theorie einer Serie von Überprüfungen auszusetzen und sie dabei gleichzeitig weiterzuentwickeln und zu verfeinern.

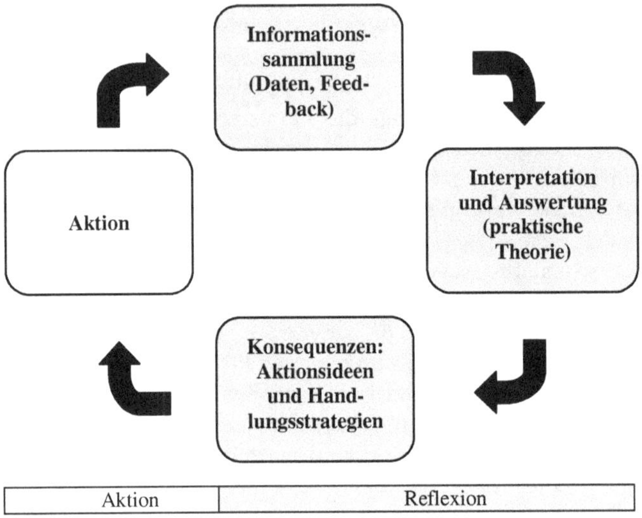

Abb. 1: Der Kreislauf von Reflexion und Aktion

Aktionsforschung bietet PraktikerInnen theoretische und methodische Hilfen, damit solche Reflexion-Aktions-Kreisläufe, die auch im Alltag „natürlich" ablaufen, systematischer, reflexiver und auf einer besseren Informationsbasis erfolgen können. Indem Aktionsforschung Reflexion und Aktion – oder in anderen Worten: Forschung und Entwicklung, Theorie und Praxis – in längerfristigen Zyklen integriert und in Beziehung setzt, nimmt sie eine besondere Haltung zu dem in den Wissenschaften immer wieder diskutierten Theorie-Praxis-Verhältnis ein: Die Entwicklung „praktischer Theorien" ist ein integraler Bestandteil praktischer Entwicklungsarbeit, die ihrerseits Gelegenheit zur Prüfung solcher Theorien bietet (vgl. Noffke/Somekh 2005: 89f.; Altrichter/Posch 2007).

(4) Längerfristige Forschungs- und Entwicklungszyklen: Aktionsforschungsprozesse sind längerfristig und zyklisch. Der Kreislauf von Reflexion und Akti-

on ist eigentliche eine – hoffentlich nach „oben" führende – Spirale, wie Abb. 2 versinnbildlicht, und er wird bei der Weiterentwicklung der Praxis und der Theorien darüber einige Male durchlaufen. AktionsforscherInnen führen häufiger Zwischenanalysen durch, statt große Mengen an Daten anzusammeln. Bei diesen Zwischenbilanzen werden oft Fragestellungen, die sich ja aus der bis dahin entwickelten „praktischen Theorie" ergeben, präzisiert und umformuliert sowie die nächsten Forschungsschritte festgelegt.

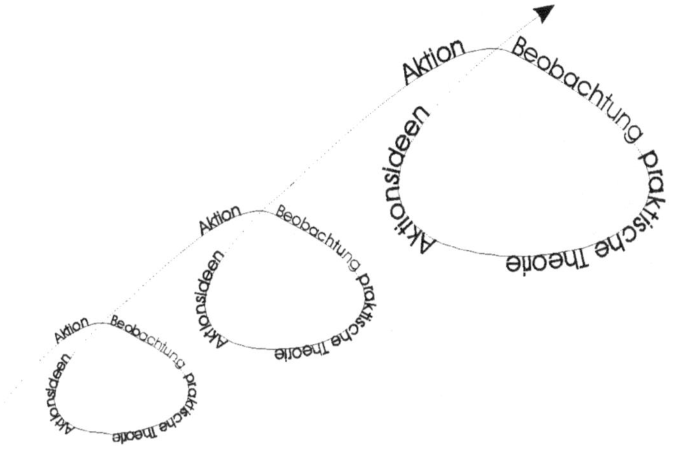

Abb. 2: Längerfristige Forschungs- und Entwicklungszyklen

(5) Konfrontation unterschiedlicher Perspektiven: Ein wesentliches Merkmal von Aktionsforschung besteht weiters darin, verschiedene Perspektiven auf die zu untersuchende Situation zu sammeln und miteinander zu konfrontieren (vgl. Prengel 2003: 603 ff.). Die ForscherInnen werden ermutigt, ihre eigenen Wahrnehmungen z.B. mit solchen von SchülerInnen oder externen BeobachterInnen zu vergleichen. Etwaige „Diskrepanzen" sind Nahrung für die Reflexion; sie bilden oft besonders anregende Ausgangspunkte für die Weiterentwicklung von praktischen Theorien und Handlungsstrategien (z.B. die Diskrepanz zwischen dem Selbstbild einer Lehrerin und der „distanzierteren Perspektive" einer Tonbandaufnahme).

(6) Einbettung der individuellen Forschung in eine professionelle Gemeinschaft: Die Aktionsforschung einzelner PraktikerInnen ist meist in die Kommunikation einer Gruppe eingebettet. AktionsforscherInnen stellen in kollegialen Gruppen inhaltliche und methodische Forschungsprobleme zur Diskussion,

bitten KollegInnen um kritische Rückmeldung und um konkrete Hilfen (z.B. bei der Interpretation einer Rückmeldung). GesprächspartnerInnen sind meist forschende KollegInnen ("kollegiale Supervision"). Von Fall zu Fall werden WissenschaftlerInnen und erfahrene KollegInnen von außen zur Beratung – als "kritische FreundInnen" – hinzugezogen, ohne aber dass die Externen die Verantwortung und Kontrolle über Richtung und Dauer des Vorhabens übernehmen könnten. Diese „kritisch-freundliche“ Zusammenarbeit in kollegialen Gruppen kann der Forschungsarbeit einzelner PraktikerInnen eine neue Qualität verleihen und soll zum Aufbau einer *professionellen Gemeinschaft* der Berufsgruppe beitragen und auf sie vorbereiten.

(7) Vereinbarung ethischer Regeln für die Zusammenarbeit: Die Kontrolle über Beginn, Verlauf und Beendigung eines Forschungsprozesses über Unterricht liegt bei den forschenden PraktikerInnen – auch wenn sie mit externen ForscherInnen, Verwaltungspersonen usw. zusammenarbeiten. Die PraktikerInnen haben ja auch die Konsequenzen ihrer Handlungen zu tragen, weil ihnen keine externe Instanz ihre professionelle Verantwortung abnehmen kann. Dieses Prinzip wird durch Übereinkunft in einem *ethischen Code* abgesichert. Durch die Vereinbarung ethischer Prinzipien sollen die verschiedenen Rollen, Bedürfnisse und Grenzen so klargelegt werden, dass es für alle Beteiligten eines Aktionsforschungsprozesses – aber vor allem für die jeweils Schwächeren – eine gewisse Orientierungssicherheit und eine Basis für die Diskussion von Meinungsverschiedenheiten gibt (vgl. Noffke/Somekh 2005: 90). So enthält ein ethischer Code typischerweise Prinzipien, wie z.B. das Prinzip der *Aushandlung*, demzufolge die Vorgangsweise bei der Gewinnung und Interpretation der Ergebnisse mit anderen direkt Betroffenen der erforschten Situation (wie z.B. KlientInnen, SchülerInnen, Eltern, KollegInnen) zu vereinbaren ist. Ein weiteres ethisches Prinzip ist *Vertraulichkeit*, demzufolge Daten solange Eigentum der Personen bleiben, die sie zur Verfügung gestellt haben, bis diese ihre Verbreitung „autorisiert“ haben.

(8) Veröffentlichung von Praktikerwissen: Elliott (1991) ist überzeugt, dass PraktikerInnen über Berufswissen verfügen, das für ihre BerufskollegInnen ebenso interessant ist wie für ForscherInnen in diesem Arbeitsfeld. Sein Konzept der Aktionsforschung zielt darauf, das professionelle Wissen einzelner Berufstätiger aus seiner privatistischen Isolation zu befreien. Aktionsforschung regt die PraktikerInnen an, die bei der Erforschung ihrer eigenen Praxis gewonnenen Erfahrungen z.B. in Fallstudien, in Fortbildungskursen oder in anderen Medien zu formulieren, zu veröffentlichen und einer kollegialen Diskussion auszusetzen. Dafür gibt es drei Gründe: Erstens ist die Teilnahme an einer „professional community“ ein Mittel, um *individuelle Einsichten auf ihre Brauchbarkeit und ihren Gültigkeitsbereich zu überprüfen und Hinweise für deren*

Weiterentwicklung zu bekommen. Zweitens macht sie praktisches Wissen KollegInnen zugänglich und *verbreitert damit die Wissensbasis der Profession.* Schließlich drückt die Teilnahme an öffentlichen Diskussionen auch eine wichtige gesellschaftspolitische Idee aus: Für eine konstruktive Weiterentwicklung professioneller Berufsbereiche ist es notwendig, dass *PraktikerInnen* ihre Ansichten und ihr *Wissen öffentlich zum Ausdruck bringen,* dass sie verständliche, gut begründete Argumente und Beispiele aus ihrer Praxis anbieten können und dass sie *den Fragen und Anliegen der Öffentlichkeit gegenüber offen* und darauf vorbereitet sind, auf glaubwürdige Weise Rechenschaft über ihre und ihrer Institution Arbeit abzulegen.

(9) Ziele von Aktionsforschung: Aktionsforschung ist typischerweise durch eine doppeltes Ziel gekennzeichnet (vgl. Unger et al. 2007): Es wird gleichzeitig *Erkenntnis* (⇨ als Ergebnis von Reflexion) und *Entwicklung* (⇨ als Ergebnis von Aktion) angestrebt. Sie will sowohl die untersuchte Praxis als auch das praktische und wissenschaftliche Wissen über diese Praxis weiterentwickeln. Aktionsforschung hat weiters den Anspruch, mit den bestehenden Arbeitsbedingungen der Professionellen vereinbar zu sein und durch die Art und Weise ihrer Gestaltung die Professionalität im jeweiligen Berufsbereich – zum Wohle der KlientInnen und der Berufstätigen selbst – weiterzuentwickeln.

3. Forschung zur Unterstützung von Entwicklung

Meine Argumentation bis dato hat folgendermaßen gelautet: Komplexe Praxis erfordert „research in the practice context". Aktionsforschung ist eine Systematisierung und Unterstützung solcher praktischer Reflexionsprozesse, die an – für die persönliche und berufliche Weiterentwicklung – strategisch bedeutsamen Fragen einsetzt. Durch Engagement bei Aktionsforschung können professionelle PraktikerInnen jene Kompetenzen für „research in the practice context" und jenes „situierte, meist fallspezifische Wissen" entwickeln, dass sie benötigen, um mit der Komplexität in ihrem Beruf produktiv umzugehen.

Was hat nun diese „praktische Reflexion" der AktionsforscherInnen mit Wissenschaft zu tun? Wissenschaftliche Forschung ist nun nicht prinzipiell von alltäglichem/beruflichem Erfahrungmachen und von alltäglicher/beruflicher Reflexion verschieden; sie setzt vielmehr auf solchen alltäglichen Fähigkeiten des Wahrnehmens und Analysierens auf und versucht diese durch Systematisierung und Methodisierung weiterzuentwickeln, vor „bekannten Fallgruben" zu schützen und durch Sammlung von Strategien der Forschung, die sich als produktiv herausgestellt haben, zu unterstützen (vgl. Altrichter/Posch 2007).

Insofern ist auch das „situierte“ Wissen, das professionelle PraktikerInnen der Supervision und Beratung durch ihre professionelle Reflexion entwickeln und das in ihr berufliches Handlungsrepertoire eingeht, auch potentiell wertvolles Material für eine „distanziertere Wissenschaft“ zur Kategorienbildung und zur Re-Analyse. Tatsächlich gibt es ja gerade im Feld psychologischer Beratung und sozialarbeiterischer Intervention eine reiche und für die Entwicklung dieser Arbeitsbereiche wesentliche Tradition von Publikationen, durch die fallspezifische Reflexion, in der die zentralen Begriffe und Strategien beispielhaft entwickelt und reflektiert werden, zur Diskussion gestellt werden.

Ich meine nun *nicht*, dass dieser – auf engagierter Reflexion praktischer Erfahrung beruhende – Typ von Forschung der einzige ist, der für die wissenschaftliche Untersuchung von Supervision und Beratung geeignet ist. Ich meine aber sehr wohl, dass er – um der *Pflege der Qualität breiter praktischer Berufstätigkeit* wie um der *Erhaltung und Entwicklung eines wissenschaftlichen Erbes im Feld* mit besonderer Aufmerksamkeit gefördert werden sollte. Und ich meine überdies, dass gegenwärtig ein steigender gesellschaftlicher Bedarf an einer *Entwicklungsforschung* zu beobachten ist, die nicht nur Zustände und Prozesse distanziert erforscht, um nach einer längeren Projektphase eventuelle praktische Empfehlungen abzugeben, sondern die schon im Verlauf von Entwicklungsprojekten in der Lage ist, verantwortliche Rückmeldungen und Ideen für weitere Entwicklungsentscheidungen abzugeben.

Ich möchte diese Behauptung abschließend an einem Forschungskonzept für den Bereich „Public Health“ und den Argumentationen einer Forschergruppe des Wissenschaftszentrums Berlin (WZB; vgl. Wright 2006; Unger et al. 2007) exemplifizieren[3]: Aus der medizinischen und epidemiologischen Forschung ist schon lange und für viele unterschiedliche Kulturen empirisch belegt, dass soziale Benachteiligungen – vor allem Armut und soziale Ungleichheit – fundamentale Ursachen von Krankheiten sind. Diese Perspektive wurde im Jahre 1986 durch die WHO Ottawa-Charta zum ersten Mal auf höchster internationaler Ebene anerkannt. Daraus wurde die Schlussfolgerung gezogen,

> “dass medizinische Maßnahmen durch sozial und politisch gerichtete Aktivitäten ergänzt werden sollen, um die Gesundheit der Bevölkerung zu erhalten bzw. herzustellen. Dabei wird ein Schwerpunkt auf Bürgerengagement gelegt, vor allem durch die Eigenbeteiligung sozial schwacher Bevölkerungsgruppen, um krank machende Lebensumstände zu beseitigen und dadurch die Gesundheitschancen für alle zu erhöhen. Auf diese Weise wurde das Konzept der Partizipation unwiderruflich mit der Praxis der Gesundheitsförderung (und damit auch mit der Primärprävention) in Verbindung gebracht.“ (Wright 2006: 55)

[3] Ein weiteres Beispiel für neuere Ansätze der Entwicklungsforschung ist *Design-Based Research* (vgl. Reinmann 2005).

Public Health ist eine Forschungs- und Arbeitsrichtung, die nach Anschauung der ForscherInnen des WZB auf der Basis dieser Perspektive arbeitet.

„Public Health ist Theorie und Praxis der auf Gruppen bzw. Bevölkerungen bezogenen Maßnahmen und Strategien der Verminderung von Erkrankungs- und Sterbewahrscheinlichkeit durch Senkung von Risiken und Stärkung von Ressourcen." (Schaeffer et al. 1994: 10 f.)

Offenbar liegt hier eine Situation „doppelter Zielsetzung" vor, die mit den Ansprüchen der AktionsforscherInnen vergleichbar ist: Es geht sowohl um „Analyse" eines komplexen sozialen Feldes als auch um dessen Entwicklung, Beeinflussung und Verbesserung (vgl. Unger et al. 2007: 8). Im Rahmen von *Public Health*-Projekten sollen Interventionen gesetzt und Entwicklungen zur Erkrankungsprävention eingeleitet werden. Eine Forderung im Bereich der Gesundheitspolitik ist, dass „alle Handlungen im Gesundheitswesen – ob im Bereich der Primärprävention, Versorgung, Pflege oder Rehabilitation – theoriegeleitet, evidenzbasiert und qualitätsgesichert" (Wright 2006: 59) sein sollen. Der partizipative Ansatz sprengt jedoch die üblichen erkenntnistheoretischen und methodischen Bestimmungen für Forschung, Evaluation und Qualitätssicherung, die im Gesundheitswesen üblich sind.

Die generelle Forderung nach *Evidenzbasierung* von präventiven und gesundheitsfördernden Maßnahmen ist „unbestritten. Offen sind jedoch die Fragen, welche Form von „Evidenz" benötigt wird, wie diese generiert werden kann und wie sie in der Praxis wirksam werden soll." (Unger et al. 2007: 30). Das klassische Beispiel für Evidenzbasierung im Gesundheitsbereich ist das Zulassungsverfahren von Medikamenten, das effektive von wirkungslosen Substanzen trennen und eine Grundlage für die Entscheidung praktizierender Ärzte liefern soll. Die dabei verwendeten biomedizinischen Forschungsmodelle mit ihrem Ideal „hochkomplexer, experimenteller Studiendesigns mit randomisierten Kontrollgruppen" sind aber nicht ohne weiteres auf Prävention und Gesundheitsförderung übertragbar. Der experimentelle Ansatz funktioniert nur bei Situationen, die „relatively simple and clearly definable" sind; Gesundheitsförderungsinterventionen sind aber „usually intrinsically complex and multifactorial" (Tones 2000: 228; vgl. die Parallelität der Argumentation bei Schön 1984: 14). Wright (2006: 62) fasst die Kritik am traditionellen medizinischen Begriff von Evidenzbasierung aus der Perspektive „primärpräventiver Interventionen" folgendermaßen zusammen:

„Die Wirkungsweise dieser Arbeit wird nicht adäquat berücksichtigt, die Übertragbarkeit (externe Validität) jenes Interventionsversuches wird überschätzt, die zum Teil erheblichen Unterschiede innerhalb der Zielgruppe werden nicht beachtet, die Möglichkeit, Kausalität festzustellen, wird überbewertet und der Aufwand, den solche Versuche verlangen, steht in keinem Verhältnis zum Ergebnis." (Wright 2006: 62)

Die Wirksamkeit sozialer Interventionen ist im herkömmlichen Sinn „nur begrenzt nachweisbar“. Komplexe Entwicklungen brauchen begleitende Forschung, doch scheinen sich klassische Forschungsansätze oft gegen die Dynamik von Entwicklungsprojekten zu sperren. In ihrer Suche nach Alternativen gelangt die Forschergruppe Public Health schließlich wieder zu einem Ansatz partizipativer Forschung, den sie Aktionsforschung nennen und durch eine Reihe von Vorschlägen für die Methodisierung und Nachvollziehbarkeit der Prüfprozeduren innerhalb von Entwicklungsprojekten weiterentwickeln (vgl. Wright 2006: 66 ff.; Unger et al. 2007: 29 ff.).

Kann eine solche Forschungsstrategie anerkannten Prinzipien der Wissenschaftlichkeit genügen? Im Laufe der Zeit sind viele Einwände gegen Aktionsforschungskonzepte vorgebracht worden, doch sind es meiner Einschätzung nach kaum die methodologischen, die Aktionsforschung in Verlegenheit bringen könnten (vgl. Altrichter 1990: 157 ff.). So hat das alte Argument, fall- und lokalitätsbezogene Ansätze (wie sie von Entwicklungsforschung notwendigerweise betrieben werden müssen) könnten nichts zu einer auf Generalisierung zielenden Wissenschaft beitragen, durch die rasche Entwicklung qualitativer Ansätze und die Rücknahme unbedingter Generalisierungsansprüche viel von seiner Kraft eingebüßt (vgl. a.a.O.: 166 ff.). Auch das Argument, EntwicklungsforscherInnen wie forschende PraktikerInnen wären zu sehr in eine spezifische Praxis involviert, als dass sie die für Forschung notwendige reflexive Distanz aufbringen könnten, lässt sich leicht als Übertreibung erkennen: Empirische Forschung beruht nicht bloß auf Distanzierung, sondern braucht auch Zugang und Kontakt mit dem untersuchten Feld. Die kritische Distanz zum Gegenstand ist nicht durch ein Vermeiden von Feldkontakt, nicht durch eine „physische“ Distanzierung (nach dem Muster, nur nicht an den Feldakteuren „anzustreifen“) zu erreichen, sondern nur durch eine „reflexive Distanzierung“, die die Modi der notwendigen Involvierung in das Forschungsfeld in Hinblick auf ihre erkenntnisfördernden und -behindernden Aspekte reflektiert (vgl. a.a.O.: 159 ff.; Hameyer 1984: 175). Schließlich ist heute wohl auch das wissenschaftstheoretische Bewusstsein gestiegen, dass es nicht persönliche methodische oder analytische Qualifikationen oder auch spezielle Erhebungs- oder Analyseinstrumente sind, die über die Wissenschaftlichkeit von Ergebnissen entscheiden, sondern letztlich der historisch-soziale Prüfprozess der *scientific community* (vgl. Altrichter 1990: 85 ff.).

Ich meine also nicht, dass für praxisbezogene und Entwicklungsforschungsprozesse andere Kriterien der Wissenschaftlichkeit als für die Grundlagenforschung in den Zentren der Wissenschaft entwickelt werden müssten. Ich meine aber sehr wohl, dass man sich die Prozesse, durch die eine Erfahrung zu einer „wissenschaftlichen“ wird, bewusst machen sollte und keine unrealistischen Anforderungen (wie z.B. dass jede Einzelstudie generalisierbare Ergebnisse erbringen müsste) an die Forschungsbemühungen der „jeweils Anderen“ stellen sollte. Kriterien der Wissenschaftlichkeit können uns jedoch ein sinnvolles Feedback über die Stärken und Schwächen unseres Forschungsbemühens geben. So hat Andreas Dick (2006: 41 f.) Aktionsforschung mit den Prinzipien des US-amerikanischen National Research Council (2002) verglichen, die da lauten:

- “Pose significant questions that can be investigated empirically“
- “Link research to relevant theory”
- “Use methods that permit direct investigation on the question”
- “Provide a coherent and explicit chain of reasoning”
- “Replicate and generalize across studies”
- “Disclose research to encourage professional scrutiny and critique”

Sein Resümee lautet, dass diese Prinzipien bei Aktionsforschung nicht verletzt würden. Dem Replizierungs- und Generalisierungskriterium ist am schwersten zu entsprechen, doch bezieht sich das Generalisierungsgebot ausdrücklich nicht auf Einzelstudien; hingegen ist das Kohärenzkriterium durch iterative Zyklen von Forschung und Entwicklung sogar sehr gut erfüllt (vgl. auch Reinmann, 2005: 66). Aktionsforschung erscheint in diesem Licht also als eine Konzeption, die (1) lange *know how für die Anregung und die Pflege der Reflexion professioneller PraktikerInnen in komplexen Berufen* aufgebaut hat und die (2) einige *epistemologische und organisatorische Vorschläge für Strategien einer Entwicklungsforschung*, deren Bedeutsamkeit in Zeiten raschen Wandels zu steigen scheint, zu machen hat.

Literatur

Altrichter, H. (1990): Ist das noch Wissenschaft? Profil: München

Altrichter, H. (1996): Der Lehrberuf: Qualifikationen, strukturelle Bedingungen und Professionalität. In: Specht, W./Thonhauser, J. (Hrsg.): Schulqualität. StudienVerlag: Innsbruck, 96-172

Altrichter, H. (2002): Die Rolle der „professional community“ in der Lehrerforschung. In: Dirks, U./Hansmann, W. (Hrsg.): Forschendes Lernen. Auf dem Weg zu einer professionellen LehrerInnenbildung und Schulentwicklung. Klinkhardt: Bad Heilbrunn, 17 – 36

Altrichter, H. (2008): Aktionsforschung. In: Horn, K.-P./Kemnitz, H. /Marotzki, W./Sandfuchs, U. (Hrsg.). Lexikon Erziehungswissenschaft. Bad Heilbrunn: Klinkhardt (im Ersch.)

Altrichter, H./Feindt, A. (2004): Handlungs- und Praxisforschung. In: W. Helsper, J. Böhme (Hrsg.): Handbuch der Schulforschung. VS Verlag für Sozialwissenschaften: Wiesbaden, 417 - 435

Altrichter, H./Posch, P. (2007): Lehrerinnen und Lehrer erforschen ihren Unterricht. Unterrichtsentwicklung und Unterrichtsevaluation durch Aktionsforschung. 4. überarbeitete und erweiterte Auflage. Klinkhardt Verlag: Bad Heilbrunn

Altrichter, H./Posch, P. (2008): Forschende Entwicklung und Entwicklungsforschung – Argumente für eine Neubewertung von Aktionsforschungsansätzen in der deutschsprachigen Bildungsforschung. In: Hofmann, F./Schreiner, C./Thonhauser, J. (Hrsg.): Zur Komplementarität von qualitativen und quantitativen Aspekten in der erziehungswissenschaftlichen Forschung. Waxmann: Münster

Berliner, D.C. (1992): The Nature of Expertise in Teaching. In: Oser, F./Dick, A./Patry, J.-L. (Hrsg.): Effective and Responsible Teaching. The New Synthesis. Jossey-Bass: San Francisco, 227-248

Bromme, R. (1992): Der Lehrer als Experte. Zur Psychologie des professionellen Wissens. Haupt: Bern

Dick, A. (2006^2): Praxisforschung als Bindeglied zwischen Wissen und Können. In: Obolenski, A./Meyer, H. (Hrsg.): Forschendes Lernen. Didaktisches Zentrum der Universität: Oldenburg, 39-56

Elliott, J. (1985): Facilitating Action-Research in Schools. Some Dilemmas. In: Burgess, R.G. (Ed.): Field Methods in the Study of Education. Falmer: London, 235-262

Elliott, J. (1991): Action Research for Educational Change. Open University Press: Buckingham

Elliott, J. (1998): The Curriculum Experiment – Meeting the Challenge of Social Change. Open University Press: Buckingham

Hameyer, U. (1984): Interventive Erziehungsforschung. In: Haft, H./Kordes, H. (Hrsg.): Methoden der Erziehungs- und Bildungsforschung. Klett-Cotta: Stuttgart, 145-181

Hanks, W.F. (1991): Foreword. In: Lave, J./Wenger, E.: Situated Learning. Legitimate Peripheral Participation. Cambridge University Press: Cambridge UK, 13-24

Lave, J. (1991): Situating Learning in Communities of Practice. In.: Resnick, L.B./Levine, J.M./Teasley, S.D. (eds.): Perspectives on Socially Shared Cognition. American Psychological Association: Washington, D.C., 63-81

Lave, J./Wenger, E. (1991): Situated Learning. Legitimate Peripheral Participation. Cambridge University Press: Cambridge UK

National Research Council (2002). Scientific Research in Education. National Academic Press: Washington, DC

Noffke, S./Somekh, B. (2005): Action Research In: Somekh, B./Lewin, C. (eds.): Research Methods in the Social Sciences. Sage: London, 89 – 96

Prengel, A. (2003): Perspektivität anerkennen - Zur Bedeutung von Praxisforschung in der Erziehung und Erziehungswissenschaft. In: Friebertshäuser, B./Prengel, A. (Hrsg.): Handbuch qualitative Forschungsmethoden in der Erziehungswissenschaft. Juventa: Weinheim, 599-627

Reinmann, G. (2005): Innovation ohne Forschung? Ein Plädoyer für den Design-Based Research-Ansatz in der Lehr-Lernforschung. In: Unterrichtswissenschaft 331, 52-69

Schön, D.A. (1983): The Reflective Practitioner. Temple Smith: London

Tones, K. (2000): Evaluating health promotion: Beyond the RCT. In: Best Practices: A selection of papers on quality and effectiveness in health promotion presented at the 4th European IUHPE conference on Effectiveness and Quality of Health Promotion. Finnish Center for Health Promotion: Helsinki

Unger, H. von/Block, M./Wright, M. T. (2007): Aktionsforschung im deutschsprachigen Raum. Zur Geschichte und Aktualität eines kontroversen Ansatzes aus Public Health Sicht. Veröffentlichungsreihe der Forschungsgruppe Public Health - Schwerpunkt Arbeit, Sozialstruktur und Sozialstaat. Wissenschaftszentrum Berlin für Sozialforschung (WZB)

Wenger, E. (1996): Communities of Practice. The social fabric of a learning organization. In: Healthcare Forum 39 4 (zit. nach: http://www.trusteemag.com/thfnet/th960401.htm)

Wenger, E. (1998): Communities of Practice. Learning, Meaning, and Identity. Cambridge University Press: Cambridge UK

Wright, M. T. (2006): Auf dem Weg zu einem theoriegeleiteten, evidenzbasierten, qualitätsgesicherten Primärprävention in Settings. In: Jahrbuch für Kritische Medizin 43, 55-73

Verzeichnis der Autorinnen und Autoren

Altrichter Herbert, o.Univ.-Prof. Dr., Vorstand des Instituts für Pädagogik und Psychologie der Johannes-Kepler-Universität Linz, Systemischer Organisationsberater. Arbeitsschwerpunkte: Organisationsentwicklung im Bildungswesen, qualitative Forschungsmethoden, Lehrerbildung

Beucke-Galm Mechthild, Institut für Organisationsberatung und Dialog GmbH; Ausbildungen in Familientherapie, Organisationsentwicklung; Beraterin und Trainerin im Schulbereich, in Wirtschaftsunternehmen und sozialen Institutionen; Lehrtätigkeit an Hochschulen in Hannover und Bielefeld; Lehrsupervisorin in der OE-Ausbildung von TRIAS

Buer Ferdinand, apl. Prof. Dr., Erziehungs- und Sozialwissenschaftler an der Universität Münster, Coach und Supervisor (DGSv) in freier Praxis, Psychodramatiker (DFP/DAGG) und Leiter des Psychodrama-Zentrums Münster

Drexler Arthur, Mag. Dr., wissenschaftlicher Mitarbeiter am Institut für Kommunikation im Berufsleben und Psychotherapie an der Leopold-Franzens-Universität Innsbruck und in freier Praxis tätig; Klinischer Psychologe, Gesundheitspsychologe, Arbeitspsychologe

Fatzer Gerhard, Prof. Dr., Leiter des TRIAS Institut für Coaching, Supervision und OE; Berater von Unternehmen und Institutionen; Ausbildner von Beratern und Coachs; Gastprofessor an Hochschulen (Innsbruck, ETH, Essec, Freiburg; Kassel), Gastforscher als Visiting Scholar an der Sloan School of Management am M.I.T und an der Harvard University

Gombos Georg, ao. Univ.-Prof. Dr., arbeitet am Institut für Erziehungswissenschaft und Bildungsforschung an der Alpen-Adria-Universität Klagenfurt, Psychotherapeut, Supervisor und Coach. Lehrtherapeut am ig-wien, Systemische Strukturaufstellungen nach Matthias Varga von Kibéd und Insa Sparrer. Arbeitsschwerpunkte: Interkulturelle Bildung, Mehrsprachigkeit

Hausinger Brigitte, Dr.[in], Dipl. Supervisorin (DGSv); Dipl. Sozialpädagogin; wissenschaftliche Mitarbeiterin des Instituts Soziale Therapie, Supervision und Organisationsberatung, Universität Kassel; Lehrsupervisorin; Vorstandsmitglied der DGSv; Arbeitsschwerpunkt: Veränderungen der Arbeitswelt in ihrer Relevanz für die Supervision

Heintel Peter, o.Univ.-Prof. Dr., Institut für Philosophie der Uni Klagenfurt; Gastprof. an der Uni Hamburg; Lehrtätigkeit an Uni Graz, an Verwaltungsakademien Bad Godesberg und Wien sowie EPA Bern; Mitglied der wiss. Fakultät des G. Duttweiler Institutes Zürich und des Hernstein International Management Institutes Wien; Organisationsberater

Knapp, Gerald, ao. Univ.-Prof. Dr., arbeitet am Institut für Erziehungswissenschaft und Bildungsforschung an der Alpen-Adria-Universität Klagenfurt; Leiter der Abteilung für Sozial- und Integrationspädagogik. Forschungsschwerpunkte: Sozialpädagogik, Armut und soziale Ausgrenzung

Krall Hannes, ao. Univ.-Prof. Dr., arbeitet am Institut für Erziehungswissenschaft und Bildungsforschung an der Alpen-Adria-Universität Klagenfurt; Lehrsupervisor im ÖAGG, Coach, system. Organisationsberater; Psychotherapeut (Psychodrama); Arbeits- und Forschungsschwerpunkte: Psychotherapie und Beratung, Supervision und Coaching im Sozial- und Bildungsbereich

Liska Gerhard, Mag., Akademischer Supervisor, Coach und Trainer in freier Praxis in Wien; Mitglied im Vorstand der ÖVS; Arbeitsschwerpunkte: Dialogische Kommunikation, Kommunikationsflüsse und –prozesse, kulturspezifische Fragestellungen (Gender, Randgruppen, Interkulturalität)

Mikula Erika, Mag.^a^, arbeitet am Institut für pädagogische Grundwissenschaften, Schulentwicklung und Beratung an der Pädagogischen Hochschule Kärnten, Viktor Frankl Hochschule; Supervisorin (ÖVS); eingetragene Mediatorin; Organisationsberaterin; Ausbildungsleitung für „Supervision und Coaching" und „Mediation"; Lehrsupervisorin; Lehre in Fort- und Weiterbildung

Möller Heidi, Univ.-Prof., Dr.^in^, Dipl.-Psych., Professur für „Theorie und Methodik der Beratung" an der Universität Kassel; Psychoanalytikerin, Organisationsberaterin, Supervisorin, Lehrtherapeutin für Tiefenpsychologie und Gestalttherapie Lehrsupervisorin

Mračnikar Helga, Dr.^in^: Verlagslektorin, MAS für Supervision, Coaching und Organisationsentwicklung

Münch Winfried, Prof. (em.) Dr., lehrte Psychoanalyse, Gruppendynamik und Soziale Beratung an der Fachhochschule Frankfurt am Main. Supervisor; Leiter der Supervisionsausbildung beim Bundesinstitut für Erwachsenenbildung St. Wolfgang (Bifeb) sowie bei TOPS München Berlin e.V.; Mitherausgeber und leitender Redakteur der Zeitschrift supervision (Beltz Verlag)

Ottomeyer Klaus, o.Univ.-Prof. Dr., Leiter der Abteilung für Sozialpsychologie, Ethnopsychoanalyse und Psychotraumatologie am Institut für Psychologie an der Alpen-Adria-Universität Klagenfurt, Supervisor, Psychotherapeut und Obmann von "Aspis. Forschungs- und Beratungszentrum für Opfer von Gewalt"

Reichel René, Dr., Supervisor, Psychotherapeut (Integrative Gestalttherapie); Fachbereichsleiter für "Psychosoziale Beratung" und „Supervision" an der Donau-Universität Krems, Department für Psychosoziale Medizin und Psychotherapie; Ausbildner für Supervision und Coaching

Schigl Brigitte, Dr.^in^, Klinische Psychologin, Psychotherapeutin (Integrative Gestalttherapie), Supervisorin; Lehrgangsleitung für "Supervision und Coaching" am Departement für Psychosoziale Medizin und Psychotherapie der Donau-Universität Krems; Universitätslektorin am Institut f. Psychologie der Uni Graz; freie Praxis in Wien und Krems; Psychotherapie- und Supervisionsforschung

Schwarz Gisela, Dr.^in^, Klinische Psychologin, Systemische Psychotherapeutin, arbeitet in freier Praxis; Arbeitsschwerpunkte: Supervision, Coaching

Theuermann Anneliese, Mag.^a^ Dr.^in^, wiss. Mitarbeiterin am Institut für Erziehungswissenschaft und Bildungsforschung (Koordination der Lehramtsausbildung) an der Uni Klagenfurt; Kindergärtnerin, Horterzieherin; Leitungs- und Referentinnentätigkeit in der Weiterbildung; Mediatorin, Supervisorin

Varga von Kibéd Matthias, apl. Prof. am Institut für Philosophie, Logik und Wissenschaftstheorie der Universität München. Arbeitsschwerpunkte: Paradoxientheorie, formale Wahrheitstheorie, Nichtstandardlogik, Grundlagen der formalen Semiotik, früher und mittlerer Wittgenstein, Grundlagenfragen der Psychotherapie, systemisches Denken, Methodik der systemischen Aufstellungsarbeit

Worsch Michael, Dr., Regisseur und Psychotherapeut; Lehrbeauftragter an Universitäten und Hochschulen; Beratung und Identitätsarbeit, Coaching und Supervision; von 1994 bis 2004 Leiter der Abteilung Schauspiel am Salzburger Landestheater

SPRINGER NATURE

GPSR Compliance

The European Union's (EU) General Product Safety Regulation (GPSR) is a set of rules that requires consumer products to be safe and our obligations to ensure this.

If you have any concerns about our products, you can contact us on ProductSafety@springernature.com

In case Publisher is established outside the EU, the EU authorized representative is:

Springer Nature Customer Service Center GmbH
Europaplatz 3
69115 Heidelberg, Germany

FSC
www.fsc.org
MIX
Papier | Fördert gute Waldnutzung
FSC® C083411

Kolibri 360 GmbH
Ferdinand-Jühlke-Straße 7
99095 Erfurt, Deutschland
produktsicherheit@kolibri360.de